2013 年度国家社会科学基金青年项目“后 4% 时代财政性教育经费投入、使用和监管国际比较研究”（编号：13CGL119）研究成果

后 4% 时代教育财政：

国际比较与中国借鉴

刘强 著

高等教育出版社·北京

内容简介

本书从宏观、中观、微观三个层面，系统梳理了美国、英国、澳大利亚、日本、法国、德国六个国家在各级各类教育的财政经费投入、使用与监管方面的最新政策与具体做法，并选择投入水平、拨款体制、监管机制三个核心问题进行多维度的国际比较分析。本书既探讨了世界主要国家教育财政制度设计理念的异同，又归纳了教育财政发展的基本国际趋势，为我国进入“后4%时代”的教育财政改革提供了诸多值得吸收借鉴的国际经验。

图书在版编目（ＣＩＰ）数据

后4%时代教育财政：国际比较与中国借鉴 / 刘强著. -- 北京：高等教育出版社，2018.1
ISBN 978-7-04-047610-1

Ⅰ. ①后… Ⅱ. ①刘… Ⅲ. ①教育财政-对比研究-世界 Ⅳ. ①G51

中国版本图书馆CIP数据核字(2017)第081609号

策划编辑 梁宝贵　责任编辑 梁宝贵 张 岩　封面设计 李树龙　版式设计 马 云
责任校对 窦丽娜　责任印制 田 甜

出版发行 高等教育出版社
社　　址 北京市西城区德外大街4号
邮政编码 100120
印　　刷 北京铭传印刷有限公司
开　　本 787 mm×960 mm 1/16
印　　张 20.25
字　　数 360千字
购书热线 010-58581118
咨询电话 400-810-0598
网　　址 http://www.hep.edu.cn
　　　　 http://www.hep.com.cn
网上订购 http://www.hepmall.com.cn
　　　　 http://www.hepmall.com
　　　　 http://www.hepmall.cn
版　　次 2018年1月第1版
印　　次 2018年1月第1次印刷
定　　价 59.00元

物 料 号 47610-00

作者简介

刘强，1981 年生，男，甘肃镇原人，英国纽卡斯尔大学哲学博士，北京大学教育学院博士后。现任北京师范大学教育学部部长助理、副教授，亚洲比较教育学会助理秘书长，曾任英国纽卡斯尔大学 E. G. West 研究中心高级研究员、美国 ATLAS 经济研究院访问研究员。主要从事英国教育、教育财政、高等教育国际化、教育研究方法等领域的教学和研究工作。目前独立主持五项国家级、省部级课题，四项国际合作课题，参与多项教育部重大委托课题。出版英文专著两部，在《比较教育研究》《中国高等教育》等核心期刊上发表学术论文 20 余篇。

谨以此书献给我们终生怀念的李文利教授!

序

第二次世界大战以来,大力发展公共教育事业成为世界各国和国际组织的共识。从“千年发展目标”到“教育2030行动框架”,从“终身学习”到“全民教育”,教育已成为全人类的首要事务之一。而这一切都离不开公共财政的支撑。然而,在近年来全球性金融危机的冲击下,世界各国被迫紧缩公共支出,伴随而至的便是对于财政效率的思考与提升。在教育财政这个问题上,如何拓宽教育经费筹措渠道、如何提高教育财政投资效率和效益便成为炙手可热的世界性议题。

中华人民共和国成立后,我国经过数十年的不懈努力,开辟了一条独具特色的教育发展道路,取得了举世瞩目的伟大成就:快速跨越式地实现了9年义务教育的基本普及和高等教育大众化,建成了世界最大规模的教育体系,为更多民众提供了受教育的机会。可以说,这一切都离不开我国教育财政的有力保障。2010年7月由中共中央、国务院正式出台的《国家中长期教育改革和发展纲要(2010—2020年)》指出,我国在经费投入方面,仍存在教育经费保障机制不健全、经费投入不足、管理制度不完善、经费使用效率有待提高等突出问题。目前我国发展已进入新的阶段,经济增长、社会进步、技术创新和社会变革对教育提出了新的更高要求,但关于教育财政体制的很多问题至今没有得到根本性的解决。因此,我们有必要全面了解世界主要国家教育财政的基本情况和最新发展趋势,借以启发我国的教育财政改革思路,丰富我国的教育财政内涵,服务我国教育事业的可持续蓬勃发展。刘强博士的《后4%时代教育财政:国际比较与中国借鉴》便是在这样的大背景下撰写的。

首先,该书深入探讨了各国教育财政制度设计思维的异同。尽管各国的教育事务庞杂,中央和地方各有不同的管辖权限,但所牵涉的主要问题大致相同,而不同国家又有不同的解决方式。该书提供了多个国家教育财政的基本信息,比较分析了各国教育财政的设计思维和理念。

其次,该书梳理了世界主要国家应对教育财政问题的当前做法。该书从宏观、中观、微观三个层面系统描绘了若干代表性国家在财政性教育经费的投入、使用与监管方面的最新政策与具体做法,为我国的教育财政改革提供了可资参考的经验,也为我国今后的相关研究提供了丰富的数据、信息来源。

再次,该书总结了世界主要国家教育财政发展、改革的基本趋势。随着教育问题的变化以及各阶段相关战略、政策的推展,教育财政也会做出相应的变革。尽管不同国家面临相似的教育财政问题时可能采取不同的应对措施,但往往表现出许多共同的趋势。该书对世界主要国家教育财政的发展走向进行了归纳,有助于我国教育财政改革尽早思考前瞻性的应对策略。

此外,该书还通过对教育投入规模、结构和模式的国际比较,分析了我国与其他国家在教育财政支出方面的差距,树立了我国教育财政改革的标杆,明确了教育财政改革的前进方向。

自 20 世纪 90 年代,我国学者便开始重视国际教育政策及教育财政体制的实践和文献,而本书旨在系统、全面和有针对性地梳理、总结国外教育财政政策及最新发展、改革实践的研究成果。我认为该书既可以作为我国高校相关课程的重要教学参考用书,也可作为我国同领域学者、研究生今后开展相关研究时学习、参考的力作。

刘强博士与我是多年的朋友,他曾在北京大学教育学院做博士后研究员,与去年刚刚故去的李文利教授合作开展过很多教育财政方面的学术研究,取得了许多高水平的成果。时光荏苒,如今他已成为北京师范大学教育学部的一名副教授,在著书立说、教书育人的事业中不断成长进步。我在此衷心祝贺,并希望他和他的研究团队在未来能继续开展相关研究,收获更多的优秀成果,也希望能有更多的同行和青年学生加入这一领域,共同为我国的教育财政研究、为改善我国的教育财政做出自己的贡献。

陈晓宇　教授

北京大学教育学院院长

2017 年 11 月

目　录

下篇 专题研究

导　言

公共教育支出占国民生产总值(GNP)或国内生产总值(GDP)的比重是国际上惯用的衡量一国教育财政投入水平的重要指标。20世纪80年代末、90年代初,我国以厉以宁、王善迈为代表的老一辈经济学家通过计量方法和国际比较提出,到2000年我国财政性教育经费支出占GDP比重应达到4%。[①]1993年,中共中央、国务院印发《中国教育改革和发展纲要》,其中第48条提出,“逐步提高国家财政性教育经费支出(包括:各级财政对教育的拨款,城乡教育费附加,企业用于举办中小学的经费,校办产业减免税部分)占国民生产总值的比例,本世纪[②]末达到百分之四”,首次将“4%”作为我国教育的财政投入目标写入中央政府文件。[③]遗憾的是,该目标并没有如期实现。

2010年,我国出台了第二个国家教育规划纲要——《国家中长期教育改革和发展规划纲要(2010—2020年)》。该纲要在第十八章“保障经费投入”中提出:“教育投入是支撑国家长远发展的基础性、战略性投资,是教育事业的物质基础,是公共财政的重要职能。要健全以政府投入为主、多渠道筹集教育经费的体制,大幅度增加教育投入。”并重申“4%”的目标,要求“提高国家财政性教育经费支出占国内生产总值比例,2012年达到4%”[④]。2012年3月5日,时任国务院总理的温家宝同志在十一届全国人大五次会议上作政府工作报告时提出,2012年中央财政已按全国财政性教育经费支出占国内生产总值的4%编制预算,地方财政也要相应安排,确保实现该目标。[⑤]当年,我国财政性教育经费支出21,984.63亿元,迟到12年的“4%”首度实现。

然而,老问题的解决总是伴随着新问题的出现。第一,今后如何建立稳定、长效的财政性教育经费投入机制?有些人士提出继续以未来目标年财政性教育

---

① 厉以宁.教育经济学研究[M].上海:上海人民出版社,1988:3-22.

② 即20世纪。

③ 中共中央、国务院关于印发《中国教育改革和发展纲要》的通知[EB/OL]. http://www.law-lib.com/law/law_view.asp?id=55745.[2016-3-8].

④ 国家中长期教育改革和发展规划纲要(2010—2020年)[EB/OL]. http://www.moe.edu.cn/publicfiles/business/htmlfiles/moe/moe_838/201008/93704.html.[2016-3-8].

⑤ 温家宝:今年教育支出占GDP4%实现1993年目标[EB/OL]. http://news.163.com/12/0305/09/7RQQQ4S300014JB5.html.[2016-3-8].

经费或公共教育支出(即政府教育支出)占 GDP 比重来保障,但究竟是继续保持4%,还是制定一个新的“标杆”?制定新百分比的依据又是什么?我们至今没有得到一个令人信服的答案。而且“4%”提出者之一的王善迈教授也多次公开表示——未来不能再走此路。① 如果没有新的“硬指标”做基准,那么我们又该如何保证教育财政投入能够稳定而充足呢?第二,如何科学合理地分配好、使用好新增经费,优化教育经费投入结构和教育资源配置方式,把钱用在最需要的地方?应该来讲,投入水平只是一个起码的保障,更重要的是要确保在既有投入水平下,实现教育经费的有效、合理分配与使用。在过去,我们一直在追求“量”的保证,如今我们当更加关注“质”的优化。尤其是当前我国正处于经济转型时期,且国民经济增长出现下行,我们更加需要深入思考如何实现教育投入从粗放型向集约型的转型。第三,如何进一步健全我国教育经费监管机制,提高教育经费使用效益,有效防范在教育经费的投入和使用过程中出现浪费、腐败现象。这实际上是前两个问题的另一个方面——量的投入需要一定的监管机制做保障,质的提升同样需要一定的监管机制做后盾。概括来讲,问题就在于进入“后 4% 时代”我国的教育经费该怎样筹措与投入、如何分配与使用、怎么管理与监督。对此,至今为止,学术界和国家决策部门莫衷一是。

实际上,如何科学合理地投入、使用和监管教育经费是世界各国提高教育财政投资效率和效益、促进教育均衡发展、实现教育公平所共同面临的热点问题,许多国家和地区的学术界和实务界均对此进行了诸多探索和尝试。我国的教育财政改革是在 20 世纪 80 年代以来中国经济体制、财政体制、教育体制改革和 90 年代国际社会教育改革的大背景下进行的,并在诸多方面广泛吸取了世界各国经验,尤其是在教育拨款体制、预算管理和监控模式、教育收费、学生资助与成本分担方面,世界各国的经验和教训为我国的改革提供了十分重要的参考。②然而,教育财政改革是一个不断探索、不断创新的过程,全面了解世界主要国家在财政性教育经费的投入、使用和监管方面的基本情况和最新发展趋势,对于进一步拓宽中国教育财政改革思路、丰富中国教育财政内涵和促进中国教育事业发展显得尤为重要和迫切。有鉴于此,2013 年,笔者以“后 4% 时代财政性教育经费投入、使用和监管国际比较研究”为题申报国家社会科学基金项目并获批立项(课题批准号 13CGL119)。现将课题研究成果整理出版,便是此书。

在正文之前,在此先简单梳理一下国内外相关研究的最新进展及同类著述的特点,并对本书的研究思路、写作框架、研究方法、研究和写作团队做一个基本

① 王善迈 .“后 4%”时代财政教育投入的长效机制[N]. 光明日报,2015-12-8(014).

② 陈国良 . 教育财政国际比较[M]. 北京:高等教育出版社,2000:1.

的介绍。

一、国内外相关研究述评

教育财政是世界各国教育事业发展面临的共性问题,也是教育发展诸多问题中的关键问题。虽然国内外对于教育财政的研究已有很长时间,但对于教育财政的概念尚无一个公认的界定。根据梁忠义、李颖合著的《世界教育大系——教育财政》的界定,教育财政是指国家和地方政府根据一定的教育政策,为开展公共教育事业而获得必要的财源,并将其配置于公共教育的各个部门,而进行管理的一系列经济活动的总称,或称之为教育部门的经济活动。它肩负的主要任务是:优化教育资源在各教育部门或各教育部门内部的各教育阶段和领域的配置;为实现教育的机会均等,合理配置教育资源;为实现教育费负担的公正性,确定在何等程度上要求受益者负担,实行受益者负担原则。[①] 从目前国内外教育财政研究文献来看,教育财政可以分为两个层面:一是将教育财政(educational finance)纳入政府公共财政中进行研究,而不单单就教育进行财政分析,主要侧重于政府作为教育财政资源的配置主体,如何实现教育财政总量供给和结构合理配置,如何实现教育财政的公平和效率等方面。二是学校财政(school finance)问题研究,主要以学校作为财政活动的主体,分析学校财政的收支、预算、财务管理等。

近年来,学术界对教育财政问题的关注日益加深。自20世纪80年代以来,我国对于教育财政的研究经历了从关注教育投入数量和比例,到教育投入和分配的效益和效率,到教育资源配置的公平性,再到教育财政政策和运行机制的研究的演变过程,其中也不乏对其他国家教育财政的比较研究。通过对国内在教育财政研究方面的相关文献进行梳理,笔者发现这些研究成果所涉及的内容较为全面,覆盖了教育财政研究的基本内容。从目前我国比较具有代表性的教育财政专著可以看出(见表0–1),其基本架构各有特点,主要包括以下研究领域:(1)教育经费的筹措、分配、管理和监督问题;(2)教育成本问题;(3)财税结构与教育经费问题;(4)教育与个人收益关系问题;(5)教育机会与社会公平问题;(6)教育财政效率问题;(7)教育财务管理问题。

---

① 梁忠义,李颖.世界教育大系——教育财政[M].长春:吉林教育出版社,2000:1.

表 0-1　我国已有的教育财政研究代表作的主要体系架构

作者	书名	主要内容
王善迈等(2012)	《公共财政框架下公共教育财政制度研究》	公共教育财政制度的理论分析、公共教育财政制度的构成、教育筹资制度、公共教育经费的分配制度、政府间教育财政转移支付制度、学费制度、学生资助制度及各级教育财政制度
廖楚晖(2006)	《教育财政学》	教育财政学相关理论、教育财政与经济增长、教育财政成本分析、教育财政效率研究、教育财政管理体制、教育财政与非政府教育投入及其政策分析
李子彪等(2003)	《教育财政学研究》	财政基本概念及财政职能、财政政策的选择与评价标准、公共财政理论、政府间的财政关系、教育产品的属性、教育的成本、教育的个人收益、公共教育的公平、教育经费的配置、教育的财政管理体制
魏新(2000)	《教育财政学简明教程》	教育经费的筹措、教育经费的分配、管理和监督、教育财政管理体制、教育经费配置的公平与效率
盖浙生(1986、1998)	《教育财政学》《教育财政与教育发展》	教育财政学的理论基础、财政收支与教育发展、教育经费与教育发展、补助制度与国民教育发展、补助制度与私立教育发展、学生就学贷款与教育机会的扩增、大学财务制度与大学教育发展、募捐制度与大学教育发展、教师待遇与教育发展、教育财政学的回顾和展望
林文达(1986)	《教育财政学》	基本概念、教育理财的标准、政府教育经费、学费及杂费、社会剩余资金、教育经费支出、家庭教育经费负担及补助、教师待遇、教育预算、教育与所得财富的二次分配、教育与经济稳定和成长
陈彬(1992)	《教育财政学》	教育财政的基本原理、教育财政收入、教育财政支出、教育财政调节、教育财政预算和决算、教育财政监督、教育财政体制、教育财政政策法规、教育财政效益

就系统性的教育财政国际比较研究而言，我国现有成果并不算丰富。总体来看，这些研究有明显的共性，例如都对案例国的现行教育财政体制进行了阐述，都将研究对象的教育层级分为初等、中等教育（或者基础教育）层级和高等教育层级，等等（见表 0-2）。然而，这些研究也因各自的研究问题存在差异，涵盖内容亦各有侧重，例如陈国良（2000）对学生资助制度及其特点和多元经费筹措机制问题进行了专门的阐述，这显然与当时我国要实行高等教育收费制度有密切联系；而梁忠义、李颖（2000）则在其研究内容中加入了私立教育和成人教育方面的教育财政研究。

表 0-2　我国已有的教育财政国际比较研究代表作的主要体系架构

作者	书名	涉及国家	主要内容
陈永明(2006)	《教育经费的国际比较》	美国、英国、法国、德国、加拿大、澳大利亚、日本、韩国、新加坡、印度	社会演变与教育改革、教育行政与财政体制、教育经费预算与运作、对我国的启示
吕炜(2004)	《高等教育财政:国际经验与中国道路选择》	美国、英国、日本、澳大利亚	高等教育财政的定位、高等教育财政拨款体制的国际比较、高等教育经费筹措的国际比较、高等教育成本补偿机制的国际比较、发展中国家高等教育财政的经验与启示
陈国良(2000)	《教育财政国际比较》	美国、英国、日本、澳大利亚、韩国	现行教育财政体制、基础教育财政拨款、高等教育财政预算与拨款、学生资助制度及特点、多渠道教育经费筹措的体制与机制
梁忠义、李颖(2000)	《世界教育大系——教育财政》	美国、日本、英国、韩国	教育财政的历史变迁、现行教育财政体制、初等中等教育财政、高等教育财政、私立教育财政、社会教育(成人教育)财政、教育财政的基本特征、发展趋势和启示

在进入“后4%时代”后,我国部分学者已经开始进一步探寻新时代我国教育财政的未来走向问题。如王善迈教授提出,今后我国不能再以GDP占比作为教育财政投入目标,而应当通过“定标准、定责任、入预算”建立起长效的教育投入保障机制。其中,定标准是指建立和完善各级各类教育办学标准,在此基础上确定各级各类教育生均经费标准和生均财政拨款标准。定责任是要进一步明确财政教育支出应由哪一级财政负担,以及层级政府间事权、财权、财力、支出责任和支出结构。入预算是要求按照宪法和预算法规定,各级政府及其财政部门负责预决算的编制和执行。① 胡咏梅教授则通过对“PISA 2003”数据进行实证分析,探讨了今后我国的教育经费投入结构问题,并认为我国首先应继续扩大各级教育投入,在保持义务教育受教育年限、参与率和提高中等教育受教育年限、参与率的基础上,着力提升教育质量;其次,坚持“三个增长”,努力提高各级教育生均经费,特别是高等教育生均经费;最后,建议教育财政性经费中建立“英才教育基金”,给予天赋高的学生以特殊的人才培养,为我国未来科技和经济的快速

① 王善迈.“后4%”时代财政教育投入的长效机制[N].光明日报,2015-12-8(014).

发展提供充足的精英后备人才。[①] 此外，鲍成中、曾晓东、张学敏、兰正彦等学者也均对“后 4% 时代”中国教育财政的发展走向进行了初步的探索。

在国际上，马丁·卡诺依（Martin Carnoy）主编的《教育经济学国际百科全书（第 2 版）》（*International Encyclopedia of Education Economics*）认为，当前国外教育财政研究主要涉及七大领域：教育财政体系的标准问题，学校财政问题，学生贷款与学费问题，社区对教育的资助问题，教育的国际资助问题，国际教育经费筹措方式与国际教育支出水平比较问题，教育责任在公私之间的划分问题。[②] 通过梳理国外具有代表性的几本教育财政研究专著发现，学校财政是其最主要的研究领域（见表 0–3）。

表 0–3　国外已有的教育财政研究代表作的主要体系架构

作者	书名	主要内容
[美]小费恩·布里姆莱、鲁龙·R. 贾费尔德（2007）	《教育财政学——因应变革时代》（第九版）	教育经济学理论，政府教育投入充分的动因，教育财政投入的公平问题，联邦、州、学区之间财政关系，学校教育财政，教育财政法律与政策
[美]詹姆斯·W. 格思立、马修·G. 斯普林格、R. 安东尼·罗尔、埃里克·A. 霍克（2006）	《现代教育财政与政策》	案例挑战：现代教育财政概述；背景、控制、复杂性和文化：理解现代教育财政框架；现代教育财政机制：筹集和分配财政资源；现代教育财政动力：公平、效率与自由的挑战
[美]布鲁斯·约翰斯通、帕玛拉·马库齐（2006）	《高等教育财政：国际视野中的成本分担》	高等教育财政的国际趋势、成本问题的解决之道、成本分担、学生贷款、高等教育财政和国家竞争性科研体制的发展、学费政策的理论和政治依据
[美]艾伦·R. 奥登、劳伦斯·O. 匹克斯（2003）	《学校理财——政策透视》	导论和概述、学校理财的公平性与充分性、学校教育制度的生产力与效率、公立学校财政政策与财务管理改革

在国际比较研究方面，杰弗逊（Jefferson）和麦克鲁尔（McRuer）曾于 20 世纪 90 年代初对澳大利亚、加拿大和美国的教育财政体制进行国际比较，结果发现：上述三个联邦制国家的教育财政体制在操作层面几乎没有相同之处，三个教育

---

① 胡咏梅，唐一鹏．“后 4 %时代”的教育经费应该投向何处？——基于跨国数据的实证研究[J]. 北京师范大学学报（社会科学版），2014（5）：13–24.

② [美]Martin Carnoy. 教育经济学国际百科全书（第 2 版）[M]. 闵维方，等，译．北京：高等教育出版社，2000：525–584.

财政体制的不同点远远多于其相同之处，并认为造成差异的主要原因是教育财政体制受到各个国家宪法或主流政治文化的影响。[①]近年来，在教育财政国际比较研究方面比较有影响力的当属世界银行人类发展部（the Human Department of the World Bank）启动的"为达成更好教育结果的系统方法——财政"（SABER[②]—Finance）研究计划。该计划旨在通过记录和评估世界各类教育体制中学校财务制度、政策和项目的特点，更深入地理解用于创造和维持基础教育中学生学习所必需条件的资金和管理安排。

该研究团队制定了三个政策目标，即所有教育财政制度都应努力达到：确保充分（ensuring adequacy）、促进公平（promoting equity）和高效运行（performing efficiently），认为其为各国所共享，并从这三个维度对各国的教育财政政策进行了分析（见图 0–1）。三项教育财政政策目标的具体内涵如下：

● 确保充分：教育财政制度应提供充分的资源，以确保所有学生均有机会接受高质量的基础教育。各国均有责任在考虑其发展目标和可用资源的条件下界定充分教育，并确定每个学校达到该成就水平（以学生成果衡量）所需的款项金额。

● 促进公平：教育财政制度的一个关键目标是促进教育机会的公平。通过改善低收入家庭学生的教育成果，减小优越和贫困背景学生、少数和多数群体学生以及女性和男性学生的成就差距来减少收入和社会不公平，通常被认为是政府的责任。

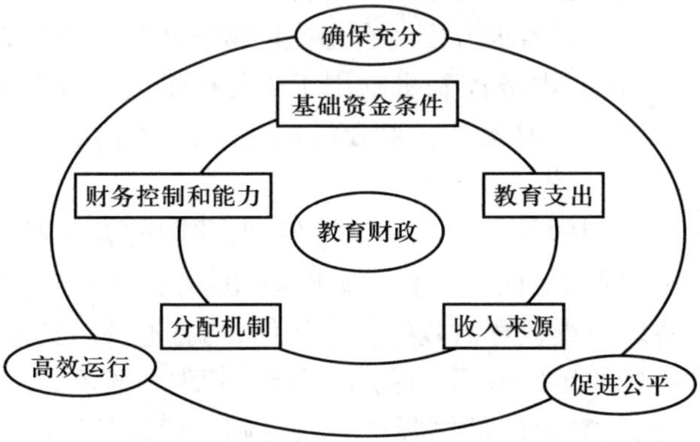

图 0–1　教育财政的政策目标和核心领域

资料来源：*SABER—Finance：Objectives and Conceptual Approach* [EB/OL].http://siteresources.worldbank.org/EDUCATION/Resources/278200-1290520949227/7575842-1299533754312/Summary_Paper.pdf.[2016-4-10].

① A. L. Jefferson，Glen McRuer. *An International Comparison of Education Finance System* [Z]. *Comparative Analysis*，1991：1.

② "The Systems Approach for Better Education Results"的缩写。

• 高效运行：考虑到一国的特定发展阶段，高效的教育制度要求该制度的投入对象具有最大的边际报酬（以学生成果衡量）。考虑到招生的增加以及前所未有的财政危机，在今天，政府、院校和受益人以透明、负责、管理良好的方式使用教育资源可能比之前更加重要。

此外，该研究团队界定了与教育财政相关的五个关键核心领域：学校条件和资源（school conditions and resources）、教育支出（education spending）、收入来源（revenue sources）、分配机制（allocation mechanisms）、财务控制和能力（fiscal control and capacity），其内涵分别为：

• 学校条件和资源：学校应满足最低质量标准，该标准包括基础教学投入、教育条件和其他基础资源，不仅为了吸引学生和教师，还为了提供充分的有益于学习的环境。

• 教育支出：各国对教育的投入为达到其学习目标提供了基础。各级政府和私营部门在教育支出方面的水平都应既考虑总额又考虑生均。

• 收入来源：教育制度需要筹集充足的收入来确保（如被高效地使用）学生在每个教育层级可达到适当的学习目标。拨款来源和经费筹集机制对于教育财政的充分性、可持续性和公平性均具有影响。

• 分配机制：在减少或加大教育机会差异方面，国家能够发挥作用。调整政府间资源流动的规则（这是平衡地区和地方预算的常用工具）以及政府给予学校在管理资源以应对学习需求方面的自由支配额度均影响该教育制度的运行。

• 财务控制和能力：财务控制机制用于监督提供教育服务的预算资源的使用。应向公众提供关于政府预算和财政活动的综合、及时的信息和参与决策的机会，并能够加强监督。①

通过梳理和比较国内外已有相关研究发现，我国的教育财政研究大多偏于宏观，试图构建一个国家层面的完整教育财政图景，从教育财政理论基础、教育财政制度设计到各级各类教育财政的具体运作，均有论及。具体而言，教育财政研究一般以教育经费的运作流程，即筹措、分配、管理与监评为纲，用相关理论与制度分析进行填充；教育财政的国际比较研究则一般以教育层级作为划分和组织内容的边界，用经费的具体运作方法、流程与相关实际财政问题进行填充。从基础与应用的角度看，教育财政研究侧重基础分析，教育财政国际比较研究则侧重实际执行。相比之下，国外的教育财政研究既涵盖了宏观的教育财政问题，

---

① *SABER—Finance: Objectives and Conceptual Approach* [EB/OL]. http://siteresources.worldbank.org/EDUCATION/Resources/278200-1290520949227/7575842-1299533754312/Summary_Paper.pdf. [2016-4-10].

也将学校财政问题作为切入点进行了诸多深入的中观和微观研究，且相对偏重后者。

总体上，公平、充足、效率和选择是国内外共同关注的四大教育财政研究领域，且大部分研究都基于这些维度分析了一国或多国教育经费的筹措体制、教育经费的分配、管理和监督机制等问题。此外，许多国内外教育财政研究都高度关注教育财政供给与教育事业发展引发的财政需求之间的关系，例如，处理满足教育财政支出需求递增与政府财政投入不足的现实问题，处理政府有效地筹集、分配和使用教育财政资金的问题，处理达成教育财政公平与效率矛盾的问题，处理各级各类教育与财政均衡协调发展的问题，处理政府、公众和社会不同教育需求间的矛盾问题等。

二、研究思路与写作框架

本书主体部分包括上、下两篇，上篇为国别研究，下篇为专题研究。上篇是下篇的基础，下篇是上篇的提炼与深化。

（一）国别研究

上篇国别研究系统地描绘了美国、英国、澳大利亚、日本、法国、德国六个国家的教育财政图景。作为国别研究的必要背景，本书在具体展开各层级教育财政论述之前，先简略呈现各国的教育现状、现行教育行政体制和教育财政体制以及与教育财政相关的最新宏观政策等。教育现状部分简要概述各国现行的学制体系及各级各类教育的基本发展状况；教育行政体制阐述各国各级各类教育行政主管部门的构成，及各部门的权限划分和组织关系；教育财政体制则讨论各级政府在教育投入中的职责与分工。此外，本书还根据各国实际，在这一部分简要介绍各国近年来比较重要的宏观教育财政改革政策，旨在了解其发展动向。

国别研究篇主体部分的研究内容及写作框架整体遵循国内通行做法，即在内容的组织上，以教育层级为纲，同时融合进教育财政研究的内在逻辑，即以教育经费的筹措与投入、分配与使用、管理与监督为目。

在教育层级划分上，国际通行做法是将学校教育划分为学前教育、初等教育、中等教育、高等教育及其他形式的教育五类。据此，教育财政也可以相应地分为学前教育财政、初等教育财政、中等教育财政、高等教育财政及其他形式的教育财政。其中，学前教育财政是指学龄前儿童的政府教育经费投入，包括幼儿教育的场所与设施建设支出、管理与行政支出等。初等教育财政是指小学阶段的政府教育经费投入，包括学校的设施建设支出、教师的工资待遇支出以及教学管理与行政支出等。由于这一阶段的教育属于义务教育，其经费来源基本上由政府财政承担。中等教育财政是指中学阶段(包括中专、职校、技校)的政府教育经费投入。在中国,普通的初中教育仍属于义务教育,其经费主要由教育财政承担。中专、技校及部分职校的经费除由政府财政承担一部分外,其余还可以由办学单位承担或者通过非政府方式来筹集。高等教育财政是指大学阶段的政府教育经费投入。高等教育包括专科生、本科生、硕士研究生、博士研究生教育。就高等教育而言,目前世界上绝大多数国家认为其不属于义务教育范围,它的经费来源不应该完全由政府负担。政府仅承担部分教育经费,其余由学校通过收费及社会捐助等手段来解决。本书在写作过程中,考虑到不同国家的义务教育年限不完全一致,教育成本分担机制也存在差异,故在整体遵照学前、初等、中等、高等四级划分标准的同时,根据各国实际情况进行“相似合并、相异分离”的调整。具体而言,如某国的学前教育与初等教育的财政投入体制近乎一样,那么便将二者放在一节中论述,否则各成一节;再比如中等教育一般包括初中教育和高中教育两个亚级,在许多国家前者属于义务教育而后者属于非义务教育,因此相应的财政投入体制也大相径庭,且往往前者近乎初等教育,此时我们便将初中教育与初等教育并作一节讨论,而高中教育另行讨论。

我们一般从三大维度对每一阶段的教育财政问题展开论述。一是各级教育的经费筹措与投入,包括每一级教育的多元筹资格局,尤其是政府教育财政投入的经费来源(如开征何种税费等);各级政府的教育经费投入职责与经费分担比例和投入规模等。二是各级教育的经费分配与使用,包括各级政府间如何进行教育经费转移支付;各类财政性教育经费分别通过何种方式分配至各校;学校将教育经费用在了哪些领域,各自所占比例多少。三是各级教育的经费监督与管理,包括内外部监管体系的基本架构及各监管主体的监管职责、监管内容和监管方式等。

(二)专题研究

专题篇在国别研究的基础之上,选择了投入水平、拨款体制、监管机制三个核心问题进行国际比较分析。一方面旨在探讨各国教育财政制度设计理念的异同。不同国家在面临同一教育财政问题时,可能采取截然不同的应对措施。通过比较分析,理清不同国家的教育财政制度设计理念,可以使我国在借鉴他国经验时能够更好地立足本国国情择优从之而免于盲目照搬。另一方面旨在探寻世界主要国家教育财政发展的未来走向。当今世界处于一个大变革、大发展的时代,各国都在不断开展大型的教育综合改革,教育财政问题也随之更迭不断,但整体上存在着共同的发展趋势。通过比较分析,预测教育财政发展趋势,有助于我国教育财政改革未雨绸缪,尽早做出妥当安排,应对未来挑战。

三、研究方法

基于研究需要和现有研究条件,本书秉持"实证研究"与"规范研究"兼顾、"定量分析"与"定性分析"并重的原则,主要采取了文献研究法和比较研究法。一是通过文献研究,广泛搜集、整理和分析了六个案例国在教育财政方面的重要政策文本、官方报告以及国内外相关研究成果,对当前各国的教育财政政策与实践进行了系统的梳理与呈现。二是通过比较研究,一方面定性比较了案例国的教育财政体制异同,另一方面定量比较了案例国的教育财政投入水平与投入结构。

四、研究与写作团队

本研究涉及英、日、德、法四个语种,非笔者一己之力所能够胜任。因此,笔者虽主持、统筹了课题研究和书稿撰写工作,设计了整体研究思路及各章节具体的写作框架,但本书实为团队通力合作之结晶。本书各章执笔人依次是:导言:刘强、丁瑞常;第一章:荆晓丽;第二章:丁瑞常;第三章:荆晓丽;第四章:王玉清;第五章:张梦琦;第六章:巫锐;第七章:杜浩;第八章:张晓露;第九章:位秀娟、潘鹏飞。丁瑞常、位秀娟、张晓露、杜浩、潘鹏飞共同参与了本书的统稿及审校工作。

最后需要说明的一点是,尽管笔者在设计研究思路和书稿框架时尽可能保持各章节体例一致,但由于各国实际情况存在许多差异,不同国家相关数据资料的可获得性也有不同,加之不同执笔人研究能力略有高下,写作风格也不尽相同,因而本书恐怕难以做到通篇体例、风格、质量完全一致,还望读者海涵。

上篇

国别研究

第一章　美国教育财政

第一节　概　　述

一、美国教育现况

美国宪法第十条修正案规定:宪法未授予联邦政府的权力保留给各州。而宪法没有将教育管辖权授予联邦政府,这意味着美国的教育管辖权在 50 个州政府手中。各州教育的共同之处在于:对中小学生均实行免费的义务教育,并将中小学教育划分为初等教育和中等教育两个层次。儿童在接受初等教育之前会接受 1~3 年的学前教育,在中等教育之后可以接受 2~4 年的高等教育。下面将集中介绍由学前教育、中小学教育与高等教育三个水平构成的美国教育体系(见图 1–1)。

(一) 学前教育

美国幼儿 3~5 岁在学前教育机构接受教育,为升入小学做准备。在美国,实施学前教育的机构主要是托儿所和幼儿园两种。托儿所(nursery school)专指 3~4 岁儿童的学习场所,是儿童进入幼儿园之前的教育机构;幼儿园(kindergarten)是 5 岁儿童正式进入小学前的过渡,大多直接设立在小学里。所有州的 5 岁幼儿在小学附设的幼儿园接受教育都是免费的。近年来普及 4 岁班幼儿园的运动也开始涌动,目前包括佛罗里达州、乔治亚州、俄克拉荷马州、伊利诺伊州、纽约州、西弗吉尼亚州在内的六个州正在为实现这一目标而努力。[①]

根据美国教育部国家教育统计中心(National Center for Education Statistics,

① National Institute for Early Education Research. *Providing Preschool Education for All 4-Year-Olds: Lessons from Six State Journeys* [EB/OL]. http://nieer.org/wp-content/uploads/2016/08/19-1.pdf. [2015–6–16].

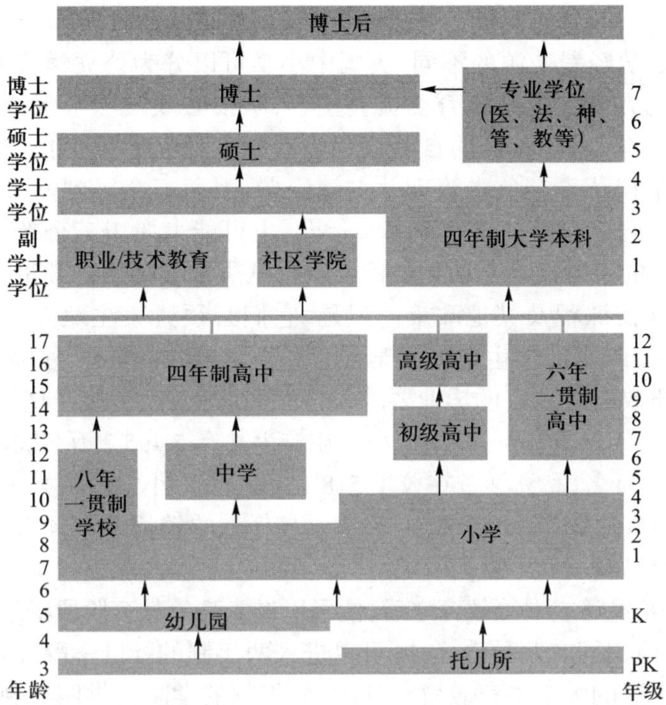

图 1-1 美国现行学制图

备注：美国义务教育年限各州有所不同，11~13 年不等（其中 30 个州 11 年；9 个州 12 年；11 个州 13 年）。

资料来源：National Center for Education Statistics. *Digest of Education Statistics 2013* [EB/OL]. http://nces.ed.gov/pubs2014/2014086.pdf. [2015-6-16].

简称 NCES）2014 年的统计数据，2013 年接受学前教育的 3~5 岁幼儿占该年适龄儿童的 64.75%，注册入学人数约为 787.8 万。其中，托儿所入学人数约为 462.5 万，幼儿园入学人数约为 325.4 万。①

（二）中小学教育

由于各州在划分学制时因地制宜，所以各州的学制并不统一，六三三制、八四制、六六制、五三四制等多种学制在美国并存。通常而言，在接受 1~3 年的学前教育后，学生在 6 岁入小学，接受 5~8 年的小学教育。小学毕业后，进入中学（middle school）或初级高中（junior high school）。最后，学生 18 岁时在高级高

① National Center for Education Statistics. *Digest of Education Statistics 2014* [EB/OL]. http://nces. ed. gov/programs/digest/d14/tables/dt14_202. 10. asp. [2015-6-16]. 此处注册入学人数与托儿所、幼儿园入学人数之和有细微出入，乃统计时四舍五入之故，并非数据有误。后文亦有数据属此情况，不再一一注出。

中(senior high school)或四年一贯制中学(4-year high school)的 12 年级完成义务教育。根据办学经费来源的不同,美国中小学可以分为公立学校和私立学校。公立学校由地方学区及其教育委员会主管,学校必须按照学区统一的政策法规开展教育工作,因此各校的自治权相当有限。私立学校由自选自定并自我调整人员的学校董事会负责管理并自筹经费,因而不会得到州政府或地方政府的支持。它们可能由独立的董事会运营,也可能隶属于某个教区、地方教堂或者州或国家的宗教组织。私立学校可以自己决定教师招聘政策与招生政策,也可以确立该校课程及其他政策。但是,它们必须要关注地方与州的课程政策与毕业政策,以协助学生在公立学校与私立学校之间转学,并确保高中毕业生能够达到州政府所设定的毕业要求,进而顺利升入大学接受高等教育。

截至 2012 年秋季开学,美国中小学在校生共有 5,495.2 万名,其中公立学校在校生 4,977.1 万名,私立学校在校生 518.1 万名①;中小学教师共 352.3 万,在公立学校任教的教师数达 310.9 万,在私立学校任教的教师为 41.4 万②。

(三) 高等教育

学生在 18 岁完成中等教育之后,便可以进入高等教育阶段继续学业。在高等教育阶段,他们拥有两种选择:既可以进入两年制的社区学院和技术学院,也可以接受四年制的大学本科教育。其中,两年制的学院提供四年制大学教育前两年的课程,但更加倾向于职业技术教育。学生在社区 / 技术学院完成两年的学业课程后,同样面临两种选择:获得副学士学位或者转换学分升入四年制大学的三年级。学士学位的获得需要接受四年制的大学本科教育。硕士学位要求学生在本科毕业后从事 1 年以上的科研工作,而博士学位则要求学生在本科毕业后从事 3~4 年的科研工作。专业学校与普通本科教育的入学要求和学制年限存在很大的差异。以医学为例,医学专业学生在进入四年制的医学院之前,通常需要在高校完成 4 年的医学预科学习。另外,还有社区组织、图书馆、宗教机构和企业为成人提供各种教育机会。

根据美国教育部国家教育统计中心在 2014 年发布的数据,2013—2014 学年美国高等院校共有 4,724 所:其中 3,039 所为四年制大学,1,685 所为两年制学院;公立高校(绝大部分是市立、州立的,还有小部分是联邦的)有 1,625 所,私立高校(其中有天主教、基督教等教会办的,还有工业、企业或私人资助设立的)

---

① National Center for Education Statistics. *Digest of Education Statistics 2014* [EB/OL]. http://nces. ed. gov/programs/digest/d14/tables/dt14_105. 20. asp. [2015-6-17].

② National Center for Education Statistics. *Digest of Education Statistics 2014* [EB/OL]. http://nces. ed. gov/programs/digest/d14/tables/dt14_105. 40. asp. [2015-6-17].

3,099 所。[①] 同年，美国高等院校的学生总数为 2,037.6 万人，在公立高校就读的学生达 1,474.6 万，在私立高校就读的学生则为 563.0 万人。[②]

二、美国教育行政管理体制与财政体制

（一）美国教育行政管理体制

作为一个联邦制国家，美国实行的是联邦—州—地方三级分权的教育行政管理体制，教育行政的主要责任在各州，具体责任在 1.3 万个学区，联邦政府没有直接领导和管理教育的权力。联邦—州—地方三级教育部门的管辖范围既有重合，又各有侧重。总体而言，联邦主要通过法律制定、财政资助、项目实施等方式从宏观上保证教育公平与教育质量；州政府负责支持公立儿童早期教育、K–12 教育、高等教育以及技术教育与社区教育机构的发展；地方学区则负责监督公立学前教育机构、小学、中学以及诸多特殊教育、成人学习和职业培训中心的教育教学活动，并对其提供行政支持。

1. 联邦教育行政机构

联邦政府在成立后的很长一个历史时期内并没有涉足教育领域，既没有设立专管全国教育事务的教育部，也没有制订全国性的教育规划。直到 1866 年，俄亥俄州国会议员詹姆斯·加菲德（James A. Garfield）提出在联邦设立教育部的议案，次年，国会通过该议案。1869 年教育部降为隶属于联邦内政部的教育司，1979 年教育司又综合多个联邦机构办公室并升格为内阁一级部门。在创建新教育部时，国会宣布教育部的职责在于：(1) 保证人人有平等的受教育机会；(2) 帮助提高教育质量；(3) 鼓励学生、家长及其他公众参与到联邦教育项目中；(4) 为促进教育质量和效果的提升，支持教育研究和评测的发展，支持信息的共享；(5) 加强联邦教育项目的协调合作，提高教育活动的管理效率；(6) 提高联邦教育项目对总统、国会和公众的可说明性。[③] 在具体工作中，联邦教育部主要行使以下职权：(1) 制定联邦教育财政援助政策，合理分配教育经费并监督经费的使用；(2) 收集学校与研究数据；(3) 关注国家重大教育问题；(4) 保证人人享有平等的受教

---

① National Center for Education Statistics. *Digest of Education Statistics 2014* [EB/OL]. http://nces. ed. gov/programs/digest/d14/tables/dt14_317. 10. asp. [2015–6–18].

② National Center for Education Statistics. *Digest of Education Statistics 2014* [EB/OL]. http://nces. ed. gov/programs/digest/d14/tables/dt14_303. 25. asp. [2015–6–18].

③ U. S. Department of Education. *An Overview of the U. S. Department of Education* [EB/OL]. http://www 2. ed. gov/about/overview/focus/what. pdf. [2015–6–18].

育权利。[①]

2. 州教育行政部门

在美国,教育的主要责任在州政府。尽管各州教育管理职能不同,但它们对教育事业的行政管理体制大致相同。各州都有一个由选举产生或指定人选组成的州教育委员会。该教育委员会处于州教育治理结构的中心,其主要职责包括:(1)制定本州课程标准;(2)制定高中毕业标准;(3)确定专业教育人员的资格;(4)实施本州的教育评估项目;(5)制定地方学区认证标准,并实施教师与教育管理人员职前培训项目;(6)实施《不让一个孩子掉队法案》(*No Child Left Behind Act*)并管理联邦教育援助项目;(7)制定教育管理规章制度。[②]

在教育管理实践中,州教育厅是管理本州教育事务的最高行政机构,负责执行州教育委员会的各项决策,具体职责可以概括为:(1)为各级公共教育提供经费;(2)审批设立私立中小学与高等教育机构;(3)监督与指导地方学校董事会;(4)对中小学的课程、教材、标准和测评提供总体的政策建议;(5)为学校教师及其他教育人员发放资格证书;(6)监督为成年人、残疾人及其他特殊人群提供的教育服务;(7)制定本州教育系统执业资格考核标准;(8)选举或任命公立高等教育机构董事会和州教育董事会的部分或全部人员。[③]

3. 学区教育行政部门

在绝大多数州(夏威夷州除外),公共教育管理职责被进一步划归地方学区。学区是美国管理学校的最基本的教育行政单位。目前,美国有约 1.3 万个学区,学区可大可小,小到只包含一个小镇或乡村,大到覆盖整个城市。由选举产生的教育委员会是地方中小学教育事业的决策机构,负责运营学校,制定和实施本学区的教育政策,聘用并监督专业教学人员,并为学校筹集经费。[④] 学校董事会要根据地方教育委员会制定的教育政策,监督学校运营、经费预算、课程等具体事务。

(二)美国教育财政体制

21 世纪以来,美国的教育投入一直保持在国内生产总值的 7%以上。2010

---

① U. S. Department of Education. *About ED* [EB/OL]. http://www2. ed. gov/about/landing. jhtml?src=ln. [2015-6-18].

② National Association State Boards of Education. *About the State Boards of Education* [EB/OL]. http://www. nasbe. org/about-us/state-boards-of-education/. [2015-6-18].

③ U. S. Department of Education. *Organization of U. S. Education: State Role I—Primary and Secondary Education* [EB/OL]. http://www2. ed. gov/about/offices/list/ous/international/usnei/us/elsec. doc. [2015-6-18].

④ U. S. Department of Education. *Organization of U. S. Education: The Local Role* [EB/OL]. http://www2. ed. gov/about/offices/list/ous/international/usnei/us/local. doc. [2015-6-18].

年,财政性教育投入占国民生产总值的8.0%,财政拨款是教育经费最主要的来源。与教育行政管理体制一样,美国教育财政体制也是联邦—州—地方三级分权制,教育财政的主要责任在州与地方政府。但在各级各类教育机构中,三级政府所肩负的财政职责有相当大的差异。以2011—2012学年为例,全美为各级各类教育机构共投入11,500亿美元。其中公立中小学教育机构收入为6,004.9亿美元,联邦政府拨款610.4亿美元,州与地方拨款5,394.5亿美元,州与地方教育财政投入占该学年教育经费总额的89.8%,联邦政府教育财政投入仅占10.2%。[①] 同年,公立高等教育机构总收入为3,173.1亿美元,其中联邦政府、州政府与地方政府拨款所占的比例分别为17.09%、20.80%和6.49%。[②]

1. 学前教育财政体制

美国政府对学前教育机构的财政投入是通过联邦、州以及地方政府的相互配合实现的,既包括地方政府在获得联邦政府的财政投入后对学前教育机构实行的二次拨付,也包括州或地方政府通过地方财政提供的经费支持。联邦、州与地方对学前教育的财政投入各有使命和监管要求,来自不同公共资金支持的学前教育项目往往不会互相协调。[③] 联邦政府主要通过开端计划(Head Start Program)、Title Ⅰ学前项目(Title Ⅰ Preschool)、儿童早期特殊教育(Early Childhood Special Education)等大型学前教育资助项目帮助低收入、残疾等处境不利儿童接受学前教育,促进教育机会均等。州政府履行具体的幼儿教育管理职责,负责资金的分配、监督、评价等具体工作。州政府和地方政府作为执行单位,同时也要为学前教育提供经费支持。地方政府主要为3~4岁处境不利幼儿提供幼儿园教育,帮助他们做好入学准备。[④]

2. 中小学教育财政体制

中小学教育财政的基本责任在州与地方政府,但是联邦政府每年也提供相当数额的拨款予以资助。联邦政府为促进教育机会均等,会向州教育厅提供补助金,并对地方中小学直接拨付经费。联邦对中小学教育的财政投入一般是以专项拨款的形式发放,主要涉及特殊教育、双语教育、补偿教育等教育优先发展领域。近年来,随着联邦政府在中小学教育政策制定中话语权的增强,联邦政府

---

① National Center for Education Statistics. *Digest of Education Statistics 2014* [EB/OL]. http://nces.ed.gov/programs/digest/d14/tables/dt14_235.20.asp.[2015-6-19].

② National Center for Education Statistics. *Digest of Education Statistics 2014* [EB/OL]. http://nces.ed.gov/programs/digest/d14/tables/dt14_333.10.asp.[2015-6-24].

③ J. T. Hustedt & W. S. Barnett. Financing Early Childhood Education Programs: State, Federal, and Local Issues [J]. *Educational Policy*, 2011(25): 167-192.

④ C. R. Belfield. *Financing Early Childhood Care and Education An International Review* [EB/OL]. http://www.cbcse.org/media/download_gallery/Financing ECCE.pdf.[2014-8-14].

对中小学教育的资助力度也在逐年加大。与联邦政府相比,州政府和地方政府是中小学教育经费的主要提供者。州层面的教育法律通常会规定该州对教育事业的经费投入水平与经费分配方式,要求州政府承担学校运营的基本费用。目前各州教育厅普遍设立学校财务部门(School Finance Division),专门负责中小学教育经费的计算、分配与监管。例如,明尼苏达州教育厅规定学校财务部门的职责包括:实施联邦与州的教育资助政策;为学区与学校提供支持,从而使上述政策在地方层面上得到理解与实施;为学区及学校的财务管理提供技术支持与培训。① 地方学区则主要负责管理公立中小学的经费。在部分州,地方学区教育委员会享有财务独立权,即编制学区教育预算以及制定财产税率等权力。②

3. 高等教育财政体制

与学前教育及中小学教育财政体制一样,美国高等教育实行联邦、州、地方三级教育财政体制。虽然联邦政府下设教育部,但教育部只对高校提供宏观指导、咨询服务和经费资助,高等教育的财权和事权有相当大的部分实际掌握在州政府手中。联邦主要以学生资助和研究经费的形式间接承担高校教育费用。州政府负责管理州立大学的教育经费。另外,州政府还负责分配和管理对私立高等院校的各种资助,如设施资助、常规资助、发放给私立高等学校建设设施的免税债券等。地方政府则承担短期大学和社区学院的教育经费。③

三、美国教育财政立法与最新政策

美国是一个"依法治教"的国家。在教育财政领域,联邦、州、地方的教育财政投入通常是根据联邦宪法、州宪法以及各类教育法规作出具体规定。特别是近年来,联邦政府对教育的干预主要通过制定法律和政策的方式实现。下面以时间为序,对21世纪以来有关美国联邦教育财政的重要政策法案做一简要论述。

(一)《不让一个孩子掉队法案》

2001年,美国国会授权重新修订联邦政府资助中小学教育最重要的法

---

① Minnesota Department of Education. *School Finance* [EB/OL]. http://www. education. state. mn. us/MDE/SchSup/SchFin/index. html. [2015-6-26].

② Center for Public Education. *Money Matters: A Primer on K-12 School Funding* [EB/OL]. http://www. centerforpubliceducation. org/Main-Menu/Policies/Money-matters-At-a-glance/Money-matters-A-primer-on-K12-school-funding. html. [2015-6-26].

③ 张小萍. 公共财政体制下中国高等教育财政投入优化研究[M]. 北京:中国市场出版社,2009:79.

律——《中小学教育法》(*Elementary and Secondary Education Act*)。2002 年 1 月 8 日,时任总统乔治·布什(George W. Bush)签署了修订后的法案,并将其命名为《不让一个孩子掉队法案》。该法案旨在公平公正地为所有儿童提供接受高质量教育的机会,缩小儿童在数学与阅读方面的成绩差距,从而真正实现教育公平。法案的主要内容包括:(1)要求各州建立学生学业成就评价标准与测试体系,将阅读和数学作为学业成就评价核心课程进行州统考;(2)学生学业成就评价要面向特定年级的所有学生,并要求到 2014 年学生 100% 达到熟练程度;(3)设立年度进步奖,对学生学业成就有所改善的州和学区进行奖励,对没有达标的学区、学校进行干预;(4)利用教育券计划、特许学校等市场选择形式,倒逼学区、学校提高绩效与学生学业成就;(5)公开州、学区、学校学生学业成就及相关信息,充分发挥社会和公众的舆论监督作用。① 为保障各项政策得到落实,法案规定 2002—2007 年联邦政府将通过基本拨款、绩效拨款、集中拨款、特定项目拨款等方式为地方教育机构逐年投入 135 亿、160 亿、185 亿、205 亿、227.5 亿、250 亿美元。② 该法案首次将对地方教育的财政补助问题列入联邦法律,从而确立了联邦在美国基础教育财政发展史上的标志性地位。

(二)《改进开端入学准备计划法》

联邦政府发起过许多早期教育项目,但持续时间最长、影响范围最大的当属 1965 年开始实施的开端计划。该项目最初设定的目的是培养稳定的家庭关系,提高儿童的身心健康水平,并建立一个有利于培养儿童强大认知能力的环境。此后 50 年间,联邦政府又数次授权修订,其最新修订成果是 2007 年开始实施的《改进开端入学准备计划法(2007 年)》(*Improving Head Start for School Readiness Act of 2007*)。法案特别强调低收入家庭儿童在认知、社会及情感方面的发展,主张为他们创造一个有利于各方面发展的环境,并为其提供健康、教育、营养方面的服务。

为保障上述政策的落实,法案要求联邦政府在 2008 财年为开端计划拨款 73.5 亿美元,2009 财年拨款 76.5 亿美元,2010 财年拨款 79.95 亿美元,并保证在

---

① 栗玉香,冯国有. 结果公平:美国联邦政府教育财政政策取向与策略[J]. 华中师范大学学报(人文社会科学版),2015(1):161-167. U. S. Department of Education. *The No Child Left Behind Act of 2001* [EB/OL]. http://www2. ed. gov/policy/else c/leg/esea02/107-110. pdf. [2015-6-24].

② U. S. Department of Education. *Title I—Improving the Academic Achievement of the Disadvantaged* [EB/OL]. http://www2. ed. gov/policy/elsec/leg/esea02/pg1. html#sec1001. [2015-6-24].

2011 和 2012 财年至少有如上数额的拨款。[①] 该法案为联邦政府对学前教育拨款提供了强有力的法律保障。

(三)《高等教育机会法》

于 2008 年 8 月 14 日正式施行的《高等教育机会法》(*Higher Education Opportunity Act*)是近十年内对 1965 年《高等教育法》(*Higher Education Act*)所进行的一次重大修订。针对《高等教育法》在新的时代背景下出现的诸多问题,该次修订提出了一系列高等教育财政方面的改革措施,主要包括:(1)建立大学学费的信息披露制度;(2)建立教科书的价格信息提供和成本控制制度;(3)实施州高等教育信息系统试验项目;(4)规定州对高等教育机构的拨款义务;(5)改进联邦学生资助的申请程序;(6)为经济最困难的学生增加助学金资助;(7)规范学生贷款项目;(8)改进大学准备项目。[②] 这些改革措施集中体现出联邦政府旨在促进和改善入学机会、建立可负担和问责的制度的高等教育财政理念。[③]

(四)"力争上游"政策

2009 年 11 月,奥巴马政府发布的《"力争上游"计划实施摘要》(*Race to the Top Program Executive Summary*)决定为教育评价、教育测量、教师专业发展以及教育变革实践四大关键教育领域投资 43.5 亿美元,该教育投资政策被称为"力争上游"政策。该政策以竞争性拨款的形式发放这笔经费,目的是为了鼓励致力于教育创新和变革的州,鼓励提高学生学业成就的州,鼓励促进学生升学和就业的州,鼓励实施联邦教育改革计划的州。[④] 政策规定,凡是在采用新考核标准、提高教师素质、扶持教育质量较差学校、建立学生成绩数据库四方面进行显著改革的州都有资格申请和参加评估。

显然,21 世纪以来美国联邦政府不但从关注教育平等转向更多关注教育财政的充足,将教育投入与教育产出紧密挂钩,更将教育拨款与整个国家的教育改革联系在一起,在相当程度上促进了教育改革与发展。

---

① US Congress. *Improving Head Start for School Readiness Act* [EB/OL]. http://eclkc. ohs. acf. hhs. gov/hslc/standards/law/HS_ACT_PL_110-134. pdf. [2015-6-27].

② 魏建国 . 美国《高等教育法》修订与高等教育财政改革[J]. 北京大学教育评论,2008(4):14-27. U. S. Department of Education. *Higher Education Opportunity Act* [EB/OL]. http://www. gpo. gov/fdsys/pkg/PLAW-110publ315/pdf/PLAW-110publ315. pdf. [2015-6-27].

③ 魏建国 . 美国《高等教育法》修订与高等教育财政改革[J]. 北京大学教育评论,2008(4):14-27.

④ U. S. Department of Education. *Race to the Top Program Executive Summary* [EB/OL]. http://www2. ed. gov/programs/racetothetop/executive-summary. pdf. [2015-6-27].

第二节　美国学前教育财政

一、教育经费的筹措与投入

通过分析学前教育政策法案可以发现，近年来，为给幼儿提供优质教育、促进教育公平，联邦和州政府都在通过学前教育项目拨款不断提高投资额度。

（一）联邦政府的学前教育投入

普及高质量的学前教育是奥巴马政府发展学前教育的重要目标，也是美国发展学前教育的现实需要。优质的学前教育不仅是儿童未来步入学校和获得成功的关键，而且有利于改善教育产出和提高社会劳动生产率。[①] 因此，奥巴马政府特别注重学前教育财政投入，不仅将学前教育的拨款额度提至历史最高，而且将学前教育经费单列，保障学前教育事业的健康运行。美国早期教育研究所（National Institute for Early Education Research）在其发布的《增加对早期学习项目的公共投入》（*Improving Public Financing for Early Learning Program*）中列出了2008—2011年联邦政府资助的主要学前教育项目及其资助金额。由表1-1可见，2008年，联邦政府对学前教育资助171亿美元，此后资助总额逐年增长，2011年联邦政府为学前教育投入200亿美元。联邦政府对学前教育财政支持的持续增加，表明联邦政府在学前教育发展中承担着越来越重要的角色。

表1-1　2008—2011年联邦政府对学前教育的投入

单位：亿美元

	2008年	2010年	2011年
开端计划（Head Start）	62	67*	68
早期开端计划（Early Head Start）	6.88	10*	15.6*
儿童保健补贴（Child Care Subsidies）	52	57*	57*
儿童保健食品项目（Child Care Food Program）	13	14	14
税收抵免（Tax Credits）	22	>22	>22

① U. S. Department of Health & Human Services. *President Obama's Early Learning Initiative* [EB/OL]. http://www.acf.hhs.gov/programs/ecd/early-learning/early-learning-initiative.[2015-6-28].

续表

	2008 年	2010 年	2011 年
DOD 儿童保育(DOD Child Care)	3	7.5	>8
Title Ⅰ学前教育(Title Ⅰ Preschool)	4	5	5.5
特殊儿童学前教育	3.74	5.74*	3.73
婴儿与残疾儿童的早期干预(Early Intervention for Infants and Toddlers with Disabilities)	4.36	6.32*	4.39
家访(Home Visiting)	0	1	2.5
总投入 **	170.98	195.56	200.72***

备注:* 包括《美国复苏与再投资法案》在 2010 财年为其投入的额外经费;** 总投入的增长金额有相当一部分来自《美国复苏与再投资法案》;*** 总投入假设税费抵免延续 2010 年的水平。

资料来源:National Institute for Early Education Research. *Improving Public Financing for Early Learning Programs* [EB/OL]. http://nieer.org/resources/policybriefs/24.pdf. [2015-6-29].

(二) 州政府的学前教育投入

根据美国学前教育财政管理体制,学前教育经费投入的主体是州政府。正如图 1-2 所示,在 2007—2008 学年之前,只有州政府向学前教育提供财政补助。奥巴马总统执政之后,联邦政府越来越认识到学前教育在未来经济社会发展中发挥着不可替代的作用,遂开始加大联邦政府对学前教育的投入并多渠道筹措学前教育经费。尽管如此,州政府对学前教育的投入依然占据绝对的主导地位。

总体来看,21 世纪以来州政府对学前教育的投入逐渐增多。2001—2002 学年州政府投入 34.7 亿美元发展学前教育,到 2011—2012 学年州政府对学前教育投入 51.2 亿美元,增加了 48%。[①] 具体而言,2001—2005 年学前教育经费增速相对缓慢;2006 年以后,随着入学人数的增多,州政府对学前教育的经费投入持续走高,在 2010—2011 学年达到最高。由于州政府对学前教育的投入更容易受短期内政治和经济波动影响,所以在经历金融危机后,奥巴马政府在 2011 年开始采取财政紧缩的政策,2011—2012 学年州政府对学前教育投入也相应减少(见图 1-3)。

需要说明的是,尽管 2011—2012 学年州政府对学前教育投入总额比 2001—2002 学年增长 16.5 亿美元,但这十年间,学前教育机构入学人数的增长

① National Institute for Early Education Research. *Trends in State Funded Preschool Programs: Survey Findings from 2001-2002 to 2011-2012* [EB/OL]. http://nieer-www1.rutgers.edu/sites/nieer/files/Trends%20in%20State%20Funded%20Preschool%20Programs_0.pdf. [2015-6-30].

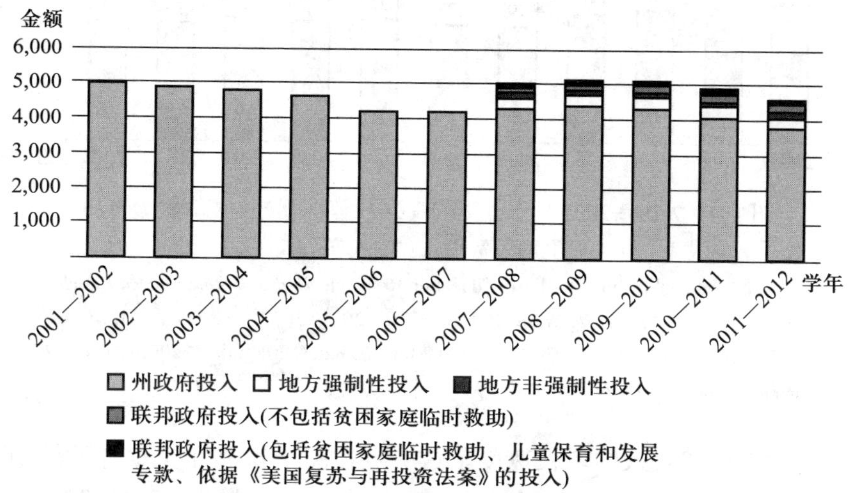

图 1-2 2001—2002 学年至 2011—2012 学年美国学前教育生均经费来源结构(单位:美元)

资料来源:National Institute for Early Education Research. *Trends in State Funded Preschool Programs:Survey Findings from 2001–2002 to 2011–2012* [EB/OL]. http://nieer-www1.rutgers.edu/sites/nieer/files/Trends%20in%20State%20Funded%20Preschool%20Programs_0.pdf.[2015-6-30].

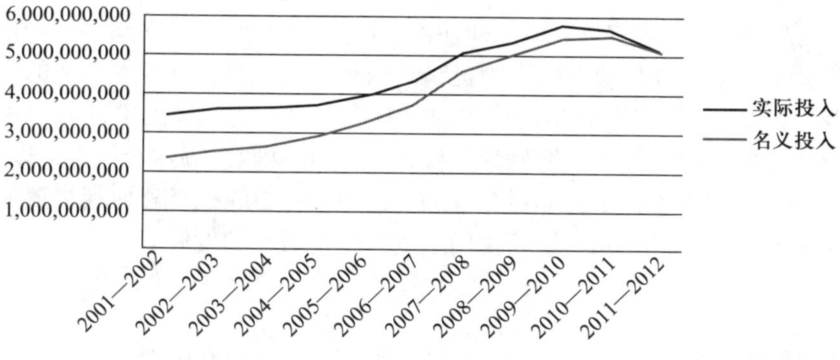

图 1-3 2001—2002 学年到 2011—2012 学年美国州政府学前教育投入趋势(单位:美元)

资料来源:National Institute for Early Education Research. *Trends in State Funded Preschool Programs: Survey Findings from 2001–2002 to 2011–2012* [EB/OL]. http://nieer-www1.rutgers.edu/sites/nieer/files/Trends%20in%20State%20Funded%20Preschool%20Programs_0.pdf.[2015-6-30].

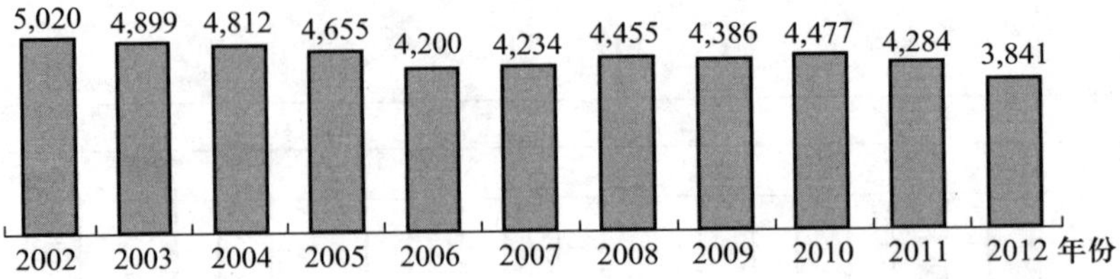

图 1-4 2001—2002 学年至 2011—2012 学年州政府对学前教育的生均经费投入(单位:美元)

资料来源:National Institute for Early Education Research. *Trends in State Funded Preschool Programs: Survey Findings from 2001-2002 to 2011-2012* [EB/OL]. http://nieer-www1.rutgers.edu/sites/nieer/files/Trends%20in%20State%20Funded%20Preschool%20Programs_0.pdf.[2015-6-30].

速度远超过其经费收入的增长速度。这一点在图 1-4 中可以得到证实,州投入的生均学前教育经费从 2001—2002 学年的 5,020 美元降至 2011—2012 学年的 3,841 美元,州政府支出的生均学前教育经费减少了 23%。①

(三) 地方政府的学前教育投入

地方学区的资助对象包括私立学前教育机构和公立中小学开设的学前教育机构。资助方式主要有三种:第一种是地方学区与联邦政府、州政府一同为开端计划、Title Ⅰ等项目提供经费。例如马里兰州的蒙哥马利郡使用 Title Ⅰ项目经费把开端计划发展为全日制项目。②第二种是地方学区为州政府资助的公立学前教育拨款。2009 年,有 14 个州报告地方对州立学前教育资助共计约 4.5 亿美元,其他州的普及学前教育项目即使没有明文规定地方提供配套资金,也对其有隐性要求。第三种是地方政府为提高学前教育质量自行发起本学区的学前教育项目。例如,加利福尼亚州的许多地方政府一直在为当地的学前教育项目提供经费。这些经费来源于当地的烟草税,该税每年征收总额达 5 亿美元以上,其中部分用于支持 5 岁以下儿童的健康发展。2008—2009 学年,加利福尼亚州的地方学区共将 1 亿多美元的烟草税用于支持学前教育的发展。③

---

① National Institute for Early Education Research. *Trends in State Funded Preschool Programs: Survey Findings from 2001-2002 to 2011-2012* [EB/OL]. http://nieer-www1.rutgers.edu/sites/nieer/files/Trends%20in%20State%20Funded%20Preschool%20Programs_0.pdf.[2015-6-30].

② National Opportunity to Learn Campaign. *Strategy 1:Implement Early Childhood and Development Program* [EB/OL]. http://www. otlcampaign. org/vision-2020/strategy-1-implement-early-childhood-and-development-programs.[2015-6-30].

③ California Children and Families Commission. *First 5 California 2008-2009 Annual Report* [EB/OL]. http://www. ccfc. ca. gov/pdf/annual_report_pdfs/Annual_Report_08-09. pdf.[2015-6-30].

二、教育经费的分配和使用

通过各级政府筹措到教育经费后，以科学的分配方式把经费用到教育发展中迫切需要的地方，使教育经费得到合理配置，这是美国学前教育事业健康有序发展的重要保障。

（一）联邦政府学前教育经费的分配和使用

目前，联邦对学前教育的投入基本以项目拨款形式分配，这些项目主要包括开端计划、Title Ⅰ项目、早期儿童特殊教育项目（Early Childhood Special Education）、力争上游——早期学习挑战项目（Race to the Top—Early Learning Challenge）等。2011 年，联邦政府对学前教育共投入 200 亿美元，这里以力争上游——早期学习挑战项目的经费分配为例，介绍联邦学前教育经费的分配和使用情况。

力争上游——早期学习挑战项目是联邦教育部和卫生与公众服务部（Department of Health and Human Services）于 2011 年联合推出的一项投资总额达 5 亿美元的学前教育投资计划。它以公平竞争和财政刺激的方式支持各州的学前教育改革行动，鼓励各州在合理使用现有经费的基础上通过竞争获得联邦拨款，从而促使各州提升学前教育的质量。根据项目聚焦的五大关键领域，专家评审组设计了各州申请的具体标准，分别是：(1) 卓有成效的早期学习与发展计划（65 分）；(2) 州通用课程标准及分层质量评价与改进体系（75 分）；(3) 改善学前教育对儿童发展的成效（60 分）；(4) 加强教师队伍建设（40 分）；(5) 监测改革进展的成效（40 分）。① 申请州各项标准的得分总和直接决定该州在此次拨款竞赛中的排名。

2011 年 12 月 16 日，白宫宣布加利福尼亚、特拉华、马里兰、马萨诸塞、明尼苏达、北卡罗来纳、俄亥俄、罗德岛及华盛顿 9 个州赢得第一批力争上游——早期学习挑战项目的 5 亿拨款。该年获胜州的具体排名及拨款情况见表 1-2。

① 谭娟．美国学前教育改革战略新走向——《力争上游—早期学习挑战》计划述评[J]．比较教育研究，2013(6):72–76. U. S. Department of Education. *Race to the Top—Early Learning Challenge Application for Initial Funding* [EB/OL]. http://www2. ed. gov/programs/racetothetop-earlylearningchallenge/2011-412. doc.[2015-7-2].

表 1-2 2011 年力争上游——早期学习挑战项目拨款情况一览表

排名	获胜州	总得分	拨款金额(美元)
1	北卡罗来纳州	269.6	69,991,121
2	马萨诸塞州	267	50,000,000
3	华盛顿州	263.8	60,000,000
4	特拉华州	261.2	49,878,774
5	俄亥俄州	261	69,993,362
6	马里兰州	252	49,999,143
7	明尼苏达州	250.8	44,858,313
8	罗得岛州	243.8	50,000,000
9	加利福尼亚州	243.6	53,372,935

资料来源:U.S. Department of Education. *Race to the Top—Early Learning Challenge* [EB/OL]. http://www2.ed.gov/programs/racetothetop-earlylearningchallenge/awards.html. [2015-7-2].

该项目每年的排名有所不同。2012 年联邦政府从当年的财政经费中额外拨出 1.33 亿美元资助科罗拉多州、伊利诺伊州、新墨西哥州、俄勒冈州、威斯康星州这 5 个州学前教育的发展。2013 年,联邦政府又拨出 2.81 亿美元用于支持乔治亚州、肯塔基州、密歇根州、新泽西州、宾夕法尼亚州及佛蒙特州学前教育的发展。①

(二) 州政府学前教育经费分配和使用

州政府在学前教育事业的发展中一直发挥着十分重要的作用。州政府一般通过各种项目(例如开端计划)推动学前教育的发展。有的项目由一个机构负责实施,而其他的项目则如图 1-5 所示,可能需要州内几个机构协调开展。因此,各州会采用不同的方式对经费进行分配和使用。通常情况下,有以下三种方式:一是根据项目进行分配,此种分配方式会列出每个学前教育项目所需要的年度经费;二是根据参与机构进行分配,此种分配方式会列出州内每一政府机构对学前教育投入的年度经费;三是综合使用以上两种方式。

(三) 地方政府学前教育经费分配和使用

地方政府通过联邦政府、州政府及征收税款等方式筹措到学前教育经费后,按照该州和该学区教育委员会制订的规划与州政府相互配合,对经费进行分配和使用,以达到发展学前教育的目的。因为各州有许多不同的学区,各学区的

① U. S. Department of Education. *Race to the Top—Early Learning Challenge* [EB/OL]. http://www2. ed. gov/programs/racetothetop-earlylearningchallenge/awards. html. [2015-7-2].

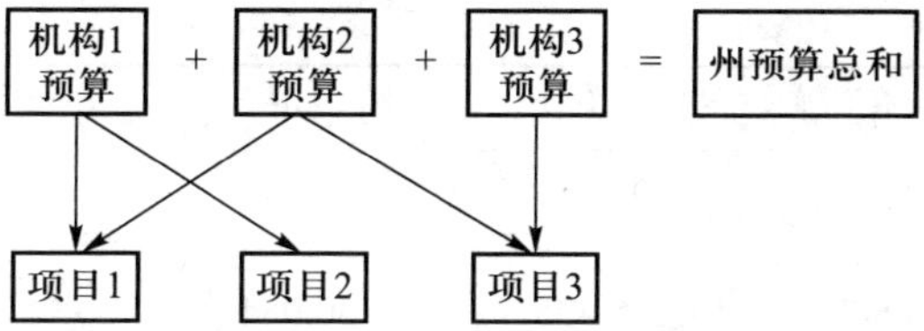

图 1-5 学前教育项目预算流程图

政治、经济、文化等情况各有特点，所以没有一种教育经费分配方式能够适用于所有学区。为此，各学区必须实施自己的经费分配方式。现以 2012 年加利福尼亚州金郡（King County）力争上游——早期学习挑战项目（简称 RTT—ELC）经费为例，来说明地方学区的经费分配方式。

2012 年秋，金郡的 7 个学区参加了联邦组织的旨在提高 PK-12 学生学业成就的力争上游竞赛，并获得 4,000 万美元的联邦资助。[①] 该项目为期四年（2013—2017 年），包括 Start Strong、STEM Strong 和 Stay Strong 三个子项目。其中 Start Strong 的资助对象是学前班至 3 年级（Pre-3rd）的学生。由于学前教育和 1~3 年级的小学教育经费很难分开，所以在此介绍 Start Strong 全部经费的预算，借以探析美国地方学区学前教育经费的经费分配与使用情况（见表 1-3）。

Start Strong 项目经费支出包括人事费用、福利费用、差旅费用、设施费用、契约性费用等直接支出以及其他间接支出，共投入约 110 万美元。这些经费主要用于各学区建立 Pre-3rd 网络信息交流系统，以进行科学评估，提高教育质量。

表 1-3 2013—2017 年金郡 Start Strong 项目经费预算分配表

单位：美元

预算范畴	第一年	第二年	第三年	第四年	合计
人事费用	139,852	346,181	448,228	387,988	1,322,248
附加福利	43,698	110,348	145,740	130,059	429,846
差旅费用	32,042	73,455	75,191	41,309	221,996
设施费用	—	—	—	—	—
办公用品	143,150	289,885	295,551	153,179	881,765
契约性费用	127,500	262,650	270,530	139,323	800,002
培训津贴	—	—	—	—	—

① The Road Map Project. *Race to the Top* [EB/OL]. http://www. roadmapproject. org/collective-action/race-to-the-top/. [2015-7-5].

续表

预算范畴	第一年	第二年	第三年	第四年	合计
其他	39,567	92,955	95,744	53,857	282,123
直接支出合计(1~8行)	525,809	1,175,475	1,330,984	905,714	3,937,981
间接支出	58,226	124,859	143,448	104,439	430,973
申请经费合计(9~10行)	584,035	1,300,334	1,474,432	1,010,153	4,368,953
其他来源的经费	1,044,698	1,614,058	1,662,480	2,283,139	6,604,376
预算合计	1,628,733	2,914,392	3,136,912	3,293,292	10,973,329

资料来源:Road Map District Consortium. *Race to the Top-District Application* [EB/OL].http://www.roadmapproject.org/wp-content/uploads/2012/10/1-RTT-D-Road-Map-District-Consortium-Application.pdf.[2015-7-5].

三、教育经费的管理与监督

美国通常以项目拨款的方式对学前教育经费进行分配,因而也建立了一套以项目为基础的学前教育经费监管体系。学前教育项目在发布项目信息时,一般会以附录的形式提供经费使用与报告指南。本部分同样以力争上游——早期学习挑战项目为例,说明美国学前教育经费监管情况。

力争上游——早期学习挑战项目的经费监管属于全程监管,分为事前监管、事中监管与事后监管三个阶段。项目前期主要采用公开招标和公示招标结果的方式,中期主要采用独立审计、抽样评估、财务报告等方式,后期主要采用独立结算、财务报表公示的方式。

在项目申请前,项目官方网站以招标公告的方式吸引相关组织参与投标。各州在撰写投标申请书时,不仅要列出过去五年间本州用于早期学习与发展项目的财政金额,而且必须预算出其计划项目所需要的财政支持。① 投标申请书所列的财政预算必须要体现项目核心要素,并符合美国政府管理预算局(Office Management and Budget)A-102 号条款的要求。② 项目办公室以此方式选择最佳

① U. S. Department of Education. *Race to the Top—Early Learning Challenge* [EB/OL]. https://www.federalregister.gov/articles/2013/08/30/2013-21139/applications-for-new-awards-race-to-the-top-early-learning-challenge#h-15.[2015-8-12].

② U. S. Department of Education. *Race to the Top—Early Learning Challenge* [EB/OL]. https://www.cfda.gov/index?s=program&mode=form&tab=core&id=cc7d2c675c3486701258a0e52316066a.[2015-8-12].

投标商可以在很大程度上避免招标过程中的腐败行为。在项目实施过程中，财政办公室将会同联邦审计署、州审计厅、州财政厅共同对项目运作机构进行财务审计。依据美国政府管理预算局的 A-133 号条款“审计州政府、地方政府与非营利组织”，花费 50 万美元以上联邦资助的非联邦实体需要接受财务审计，花费 50 万美元以下联邦资助的非联邦实体则免除联邦审计要求[①]，因此，该项目的审计对象是获得 50 万美元以上资助的学前教育机构。项目经费使用与报告指南在说明成本支出范围与成本原则的基础上，明确了教育经费的审计目的与审计标准。该项目的审计目的有二：一是为了确定联邦拨款是否在成本支出范围内使用；二是为了确定联邦拨款的分配方式是否有利于实现公平。为实现以上目的，指南建议抽样评估交易样本，以确定其是否按以下标准执行合同所提出的要求：(1) 支出的必要性与正当性；(2) 反映实际成本支出，而不是预算支出；(3) 依照通用的会计准则计算；(4) 依照拨款文件执行批准采购订单、接收报告、向供应商提供发票、取消支票以及进行人事记录等活动，并按照政府管理预算局成本原则将工资、时间、精力等分配情况编制成文件，文件可以用电子文件形式存储；(5) 审查财务文件，确保成本并非用于满足成本分摊或匹配要求；(6) 确定按照组织批准的间接成本计划收取成本，并审查合同以确定间接成本是对该项目的合理收费。[②] 此外，项目运行机构必须根据合同向州政府提交项目报告，同时需要提交月度报销费用及合同规定的其他费用的报告。在项目后期，项目运行机构与州政府须提交最终的支出报告。项目办公室将对支出报告进行审查，并将其连同项目运作报告一起发布于官方网站，以接受公众监督。

第三节 美国中小学教育财政

一、教育经费的筹措和投入

根据教育行政管理体制，美国中小学教育管理权在地方政府。20 世纪 70

① U. S. Department of Education. *Race to the Top—Early Learning Challenge* [EB/OL]. https://www.cfda.gov/index?s=program&mode=form&tab=core&id=cc7d2c675c3486701258a0e52316066a. [2015-7-5].

② U. S. Department of Education. *Race to the Top—Early Learning Challenge* [EB/OL]. http://www.nctreasurer.com/slg/lfm/audit_acct/single_audit/compliance_supplements/2015%20Compliance%20Supplements/84.412-2015. docx. [2015-7-5].

年代以前，美国中小学教育经费主要由地方政府负责，州政府只起到辅助作用。伴随着《不让一个孩子掉队法案》等法案的实施和修订，联邦、州和地方政府承担的中小学教育经费比例发生显著变化。如表 1–4 所示，1979—1980 学年，州政府拨出的公立中小学教育经费额度第一次超过地方政府，占全部资金的 46.8%，而地方政府则负担 43.4%的公立中小学教育经费。2011—2012 学年，州政府和地方政府各负担 45% 左右的公立中小学教育经费。相比较而言，联邦政府对公立中小学教育的拨款最少，通常不超过 10%。随着教育决策中政府的角色转变，联邦政府对中小学教育投入经费所占比例慢慢提高。2009—2010 学年、2010—2011 学年、2011—2012 学年连续三个学年联邦政府对公立中小学教育经费投入所占份额突破总数的 10%。此外，以其他渠道如私人或团体捐赠等得到的资金一般不超过全部经费的 3%（该部分归入地方投入）。

表 1–4　1919—2020 学年至 2011—2012 学年
美国公立中小学经费来源及其所占比例

年份	来源金额（千美元）				来源金额所占百分比（%）			
	合计	联邦	州	地方	合计	联邦	州	地方
1919—1920	970,121	2,475	160,085	807,561	100	0.3	16.5	83.2
1929—1930	2,088,557	7,334	353,670	1,727,553	100	0.4	16.9	82.7
1939—1940	2,260,527	39,810	684,354	1,536,363	100	1.8	30.3	68.0
1949—1950	5,437,044	155,848	2,165,689	3,115,507	100	2.9	39.8	57.3
1959—1960	14,746,618	651,639	5,768,047	8,326,932	100	4.4	39.1	56.5
1969—1970	40,266,922	3,219,557	16,062,776	20,984,589	100	8.0	39.9	52.1
1979—1980	96,881,164	9,503,537	45,348,814	42,028,813	100	9.8	46.8	43.4
1989—1990	208,547,573	12,700,784	98,238,633	97,608,157	100	6.1	47.1	46.8
1999—2000	372,943,802	27,097,866	184,613,352	161,232,584	100	7.3	49.5	43.2
2000—2001	401,356,120	29,100,183	199,583,097	172,672,840	100	7.3	49.7	43.0
2001—2002	419,501,976	33,144,633	206,541,793	179,815,551	100	7.9	49.2	42.9
2002—2003	440,111,653	37,515,909	214,277,407	188,318,337	100	8.5	48.7	42.8
2003—2004	462,026,099	41,923,435	217,384,191	202,718,474	100	9.1	47.1	43.9
2004—2005	487,753,525	44,809,532	228,553,579	214,390,414	100	9.2	46.9	44.0
2005—2006	520,621,788	47,553,778	242,151,076	230,916,934	100	9.1	46.5	44.4
2006—2007	555,710,762	47,150,608	263,608,741	244,951,413	100	8.5	47.4	44.1

续表

年份	来源金额（千美元）				来源金额所占百分比（%）			
	合计	联邦	州	地方	合计	联邦	州	地方
2007—2008	584,683,686	47,788,467	282,622,523	254,272,697	100	8.2	48.3	43.5
2008—2009	592,422,033	56,670,261	276,525,603	259,226,169	100	9.6	46.7	43.8
2009—2010	597,485,869	75,997,858	259,809,768	261,678,243	100	12.7	43.5	43.8
2010—2011	604,228,585	75,549,471	266,786,402	261,892,711	100	12.5	44.2	43.3
2011—2012	600,488,586	61,043,194	271,452,810	267,992,581	100	10.2	45.2	44.6

备注：1919—2020 学年至 1949—1950 学年数据来源于美国两年一度的教育调查；1959—1960 学年与 1969—1970 学年数据来源于州立学校系统统计；1979—1980 学年数据来源于公立中小学的收入与开支；1989—1990 学年至 2011—2012 学年数据来源于常见数据中心（CCD）的“国家公共教育财政调查”。

资料来源：National Center for Education Statistics. *Digest of Education Statistics 2014* [EB/OL]. http://nces.ed.gov/programs/digest/d14/tables/dt14_235.10.asp. [2015-7-4].

（一）联邦教育经费筹措与投入

为促进教育机会均等，联邦政府会向州提供补助金，或通过幼儿早期教育计划（使低收入家庭的子女接受幼儿园教育）、全国学校午餐计划（向低收入家庭子女提供免费或低价早餐和午餐）、全国国防教育基金（加强数学、科学与技能）等项目向地方中小学教育提供专项拨款，其经费投入约占公立基础教育经费的 10%。其中联邦对中小学教育支持力度最大的两个项目分别是依据《不让一个孩子掉队法案》而为地方学区转移支付的 Title Ⅰ项目（2014 财年投入 144 亿美元）和为州政府转移支付的残疾人特殊教育项目（2014 财年投入 115 亿美元）。① 这些经费主要通过教育部单独或与其他部门合作投入。

联邦政府对中小学教育的拨款主要来自联邦政府所征收的个人所得税和保险税两项税款。其中个人所得税是联邦政府最大的收入来源，占其总收入的 50%。另外，虽然联邦对中小学教育的拨款约占中小学教育经费总额的 10%，但是该笔经费并不是平均地分配给各州，而是根据各州的具体情况进行分配：在某些富裕的州，联邦拨款只占其中小学教育经费的 5% 左右；而在某些欠发达的州，联邦拨款占中小学教育经费的 16% 以上（见图 1-6）。联邦通过这种拨款方式，可以促进教育资源的均衡配置，有利于教育的均衡发展。

① ATLAS. *Pre K-12 Financing Overview* [EB/OL]. http://atlas. newamerica. org/school-finance. [2015-7-4].

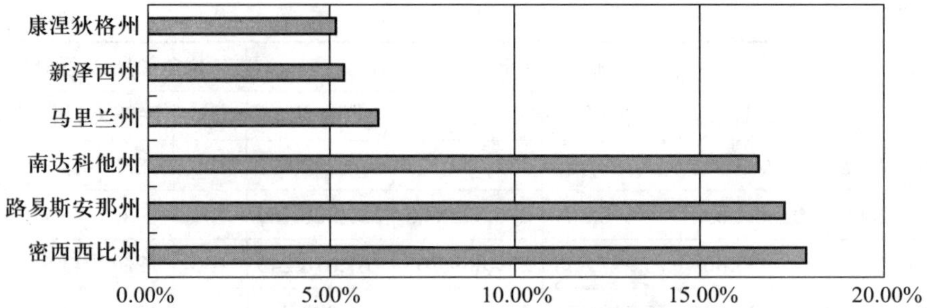

图 1-6 2011—2012 学年公立中小学教育投入中联邦承担比例最高的州和最低的州

资料来源:National Center for Education Statistics. *Digest of Education Statistics 2014* [EB/OL]. http://nces.ed.gov/programs/digest/d14/tables/dt14_235.20.asp.[2015-7-4].

(二) 州政府教育经费筹措与投入

从表 1-4 可以看出,州政府在中小学教育资助方面所扮演的角色是变化最大的。州对中小学教育拨款在全部中小学教育经费中所占比例已经从 20 世纪 30 年代的 20% 上升到 2012 年的 45% 左右,甚至已经超过地方政府拨款所占比例。在 2011—2012 学年,州政府对公立中小学教育投入经费所占比例发生显著变化:有 20 个州对中小学教育投入经费所占比例超过该州中小学教育所有经费的一半。[①]

各州的教育经费来源有很大的差异,通常有个人所得税、销售税、公用事业税费、工商企业税等。2013 财年,明尼苏达州政府为中小学教育投入 196.53 亿美元,其中个人所得税占 43%,销售税占 25%,基金占 9%,工商企业税占 6%,物业税占 4%,烟酒税占 1%,交通运输税占 1%,非税收入占 4%,其他收入占 7%。[②]此外,有些州还靠“乐透奖”(Lottery)的税收来增加州政府的财源。在一州之内,州政府可通过转移支付来平衡调节州内各学区之间的经费差距,但教育投资的州际差距便需要依靠联邦政府的拨款来调节。

(三) 地方学区教育经费筹措与投入

从表 1-4 和图 1-7 可以看出,2011—2012 学年,地方学区为中小学教育拨款 2,680 亿美元左右,占中小学教育经费总额的 44.6%。这部分经费的 80.49% 来自地方征收的财产税,其余部分则来自捐赠、学杂费等私人投入及其他公共收入。

---

① National Center for Education Statistics. *Digest of Education Statistics 2014* [EB/OL]. http://nces. ed. gov/programs/digest/d14/tables/dt14_235. 20. asp.[2015-7-4].

② House Education Finance Committee. *Minnesota K-12 Education Finance System Context and Overview* [EB/OL]. http://www. house. leg. state. mn. us/hrd/issinfo/K12FinOverview. pdf.[2015-7-4].

就地方教育经费来源而言，财产税(property tax)是美国公立中小学教育经费的一个重要来源，约占全美公立中小学教育经费的35%左右。[①]除夏威夷州外，美国49个州的公立中小学教育主要靠地方财产税支持。所谓财产税是地方教育当局以该地区内的土地、商业地产、住宅等不动产以及车辆和船只等私人财产的评估价值征收的“从价税”(advalorem tax)。[②]由于财产税是以财产的价值为基础，因而学区内居民财产的多少直接关系到学区的富有程度。因各地富有程度及征得的税款差异极大，所以各学区之间的教育经费差距也极大。如在加利福尼亚州，最富裕的学区与最贫穷的学区之间生均经费相差几十倍。

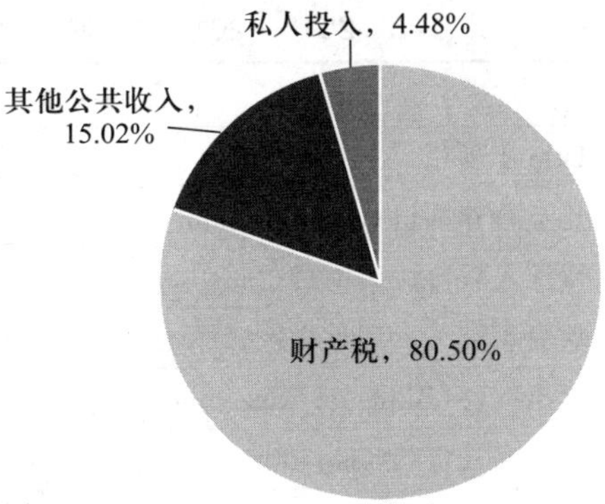

图1-7　2011—2012学年美国地方学区中小学教育投入来源及其所占比例

备注：私人投入包括捐赠和学杂费。

资料来源：National Center for Education Statistics. *Digest of Education Statistics 2014* [EB/OL]. http://nces.ed.gov/programs/digest/d14/tables/dt14_235.20.asp.[2015-7-4].

二、教育经费的分配与使用

(一) 中小学教育经费的分配

1. 联邦政府对中小学教育拨款的分配方式

对中小学教育财政，联邦主要通过立法和教育经费补助的方式参与分配。联邦政府的拨款一般与国家的某种特殊利益或目的联系在一起，有其特定的项目和要求，所以一般以专项拨款的方式进行，如残疾人特殊教育、双语教育、印第安教育、职业教育等(见表1-5)。

因为联邦的教育资助是由教育部、卫生与人类服务部、农业部、劳工部、国防部、能源部等一系列部门分头实施的，许多包含教育的计划含有其他目的，对联邦教育分配情况进行系统的分析非常困难。下面仅以Title Ⅰ为例，具体介绍联邦教育经费的分配。[③]

① National Center for Education Statistics. *Digest of Education Statistics 2014* [EB/OL]. http://nces. ed. gov/programs/digest/d14/tables/dt14_235. 20. asp.[2015-7-4].

② *Tax Code* [EB/OL]. http://www. statutes. legis. state. tx. us/Docs/SDocs/TAXCODE. pdf.[2015-7-4].

③ ATLAS. *NCLB Title I Distribution Formulas* [EB/OL]. http://atlas. newamerica. org/no-child-left-behind-act-title-i-distribution-formulas.[2015-7-6].

表 1–5　2010—2011 学年联邦政府教育部对中小学教育资助的项目及金额

资助项目	资助金额(百万美元)
Title Ⅰ项目	17,114
儿童营养项目(Child Nutrition)	12,479
残疾人教育法案项目(Individuals with Disabilities Education Act)	13,976
政府雇员子女就学学区资助项目(Impact Aid)	1,152
双语教育(Bilingual Education)	372
印第安教育(Indian Education)	104
数学、科学和专业发展(Math,Science and Professional Development)	1,827
安全与拒绝毒品学校项目(Safe and Drug-free Schools)	178
职业技术教育(Vocational and Technical Education)	608
其他教育项目	244,163
总计	74,944

资料来源:美国教育部国家数据统计中心常见数据中心(CCD)文件《地方教育机构(学校)财务调查(F–33)》。

依据《不让一个孩子掉队法案》而发起的 Title Ⅰ项目是联邦最大的中小学教育资助项目,其目的在于改善处境不利儿童的学业成就。在经费分配方面,联邦政府按照以下四种方式向地方学区拨款。

(1) 基本资助拨款(Basic Grant)

基本资助拨款是根据学区内贫困儿童的数量对学区拨款。按照规定,凡有 10 名以上贫困儿童或者贫困儿童所占比例超过 2% 的学区都可获得基本资助拨款,因此几乎所有的学区都能够通过基本资助拨款的方式获得 Title Ⅰ项目经费。在 2014 财年,该项目经费中的 45%(64 亿美元)都是以基本资助拨款的方式分配的。

(2) 整体拨款(Concentration Grant)

整体拨款也是基于学区内贫困儿童的数量对学区进行拨款,但是对贫困儿童的数量有更高的要求。若要获得整体拨款,学区中须至少有 6,500 名或不少于 15% 的贫困儿童(两值中的较小值符合条件即可)。这就意味着如果学区内只有 6,499 名贫困儿童,且贫困儿童数量占学区儿童总量的 14.9%,则该学区不能获得整体补助。只要贫困儿童占该学区儿童总数的 15% 以上,而不论其比例有多高,都会得到同样数额的拨款。2014 年,全美各学区通过整体拨款方式共得到 14 亿美元(项目经费的 9%)的资助。

(3) 定向援助拨款(Targeted Assistance Grant)

与基本资助拨款和整体拨款不同的是,定向援助拨款根据学区的贫困程度对每位贫困学生给予不同数额的资助，所以相比较而言，赤贫学区的儿童会得到更多的资助。如表 1-6 所示，按照 Title Ⅰ项目定向援助拨款公式所列出的贫困儿童权重，贫困儿童比例超过 38.2% 的学区所获得的定向援助拨款额是贫困儿童比例不超过 15.6% 的学区所获得的拨款额的 4 倍；与贫困儿童数量不超过 691 的学区相比，贫困儿童数量超过 35,515 的学区所获得的定向援助拨款额是前者的 3 倍。2014 财年，定向援助拨款作为 Title Ⅰ项目的第二大拨款方式分配了 23% 的项目经费（即 33 亿美元）。

表 1-6　Title Ⅰ项目定向援助拨款公式中贫困儿童的权重

学区内贫困儿童所占百分比	每位儿童的权重	学区内贫困儿童的数量	每位儿童的权重
0~15.6	1	0~691	1
15.6~22.1	1.75	692~2,262	1.5
22.1~30.2	2.5	2,263~7,851	2
30.2~38.2	3.25	7,852~35,514	2.5
>38.2	4	>35,515	3

资料来源：ATLAS. *NCLB Title I Distribution Formulas* [EB/OL]. http://atlas.newamerica.org/no-child-left-behind-act-title-i-distribution-formulas. [2015-7-6].

(4) 教育财政激励拨款（Education Finance Incentive Grant）

联邦政府设立教育财政激励拨款的目的有二：一是为了奖励那些对公共教育投入较多公共资源并公平分配经费的“教育财政优秀州”（good school finance states）；其二是对未能公平分配州与地方教育经费的“教育财政糟糕州”（bad school finance states）中的赤贫学区加倍拨付定向援助拨款。该经费分配方式主要考虑州政府的财政努力（以用在教育上的人均收入百分比衡量）和州立教育财政系统对州和地方教育拨款的公平程度。有数据表明，联邦政府越来越多地使用定向援助拨款和教育财政激励拨款两种方式分配 Title Ⅰ项目经费（见图 1-8），以加大对贫困地区 K-12 教育的扶持力度。2014 财政年度，按照教育财政激励拨款方式分配给地方学区的 Title Ⅰ项目经费比例达 23%，而 2002 财年的分配比例还不足 8%。

2. 州政府对中小学教育拨款的分配方式

与联邦政府相比，州政府对公共中小学教育财政负有更具体、更直接的责任与义务。[①] 各州政府普遍通过对公共中小学教育财政的分配来管理中小学教

① 肖昊，周丹．美国公共基础教育财政的分配模式[J]．教育与经济，2013(3)：69-72.

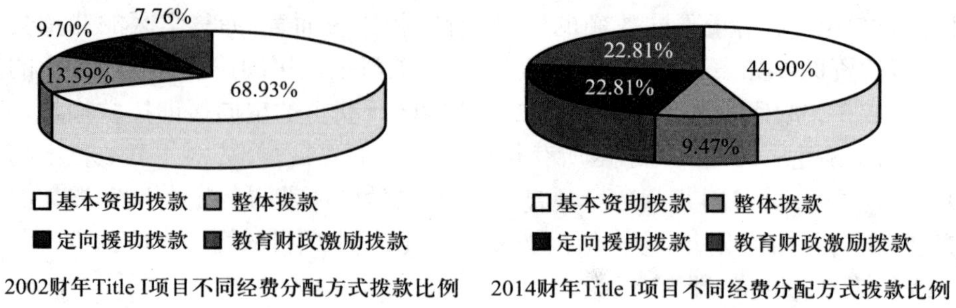

图 1-8 2002 年和 2014 年 Title Ⅰ项目不同经费分配方式拨款比例

资料来源:ATLAS. *NCLB Title I Distribution Formulas* [EB/OL]. http://atlas.newamerica.org/no-child-left-behind-act-title-i-distribution-formulas. [2015-7-6].

育财政收入。但是正如迈克·格里菲斯(Michael Griffith)① 所说,“为确定生均教育经费数额并确定州投入在这笔支出中所占的比例,每个州都开发自己的教育经费分配公式”②。下面将具体说明美国 50 个州和哥伦比亚特区所采用的中小学教育经费分配公式。③

(1) 基本公式(Foundation/Base Formula)。基本公式是美国最常用的中小学教育经费分配方式,目前被佛罗里达州、肯塔基州、伊利诺伊州等 25 个州及哥伦比亚特区应用。按照这种分配方式,各州首先需要确定学生资助的基本数额,然后根据学区的教育财政能力进行调整,进而确定最终的教育经费数量。针对残疾学生、英语学习者等特殊群体,州政府会相应提高生均资助水平。此外,各州的生均经费资助水平也会根据学生的年级权重做出调整。例如,新泽西州规定,1~5 年级学生的权重为 1.00,6~8 年级学生的权重为 1.12,9~12 年级学生的权重则为 1.20。④

(2) 修正版基本公式(Modified Foundation/Base Formula)。加利福尼亚州、纽约州、密歇根州等 12 个州的中小学教育经费分配方式与基本公式法十分相似,但也进行了一些修订,使得两者的功能相当不同。它们最主要的区别在于修正版基本公式并没有为每一所学校设定基准资助数额,而是根据学区设定基准资

① 迈克·格里菲斯是美国国家教育委员会的一名政策分析师,专门从事教育财政研究。

② Michael Griffith. *State Education Funding Formulas and Grade Weighting* [EB/OL]. http://www. lwvri. org/edstudy/2011-EdStudy-IVa-FundingFormulas. pdf. [2015-7-6].

③ Center for Public Education. *Money Matters: A Primer on K-12 School Funding* [EB/OL]. http://www. centerforpubliceducation. org/Main-Menu/Policies/Money-matters-At-a-glance/Money-matters-A-primer-on-K12-school-funding. html. [2015-7-6].

④ Michael Griffith. *State Education Funding Formulas and Grade Weighting* [EB/OL]. http://www. lwvri. org/edstudy/2011-EdStudy-IVa-FundingFormulas. pdf. [2015-7-6].

助数额。

(3) 师资分配公式(Teacher Allocation Formula)。乔治亚州、田纳西州等 7 个州选择基于运营一所学校所需要的教师、管理人员及支持性人员的数量及学生注册数量分配教育经费,这种经费分配方式被称为师资分配公式。

(4) 生均教育经费投入公式。这种经费分配方式并不常见,目前只存在于马萨诸塞州和怀俄明州。生均教育经费投入公式根据学生不同的教育需要分配不同数额的教育经费。

(5) 其他方式。除了以上教育经费分配方式,还有 4 个州使用其他方式分配教育经费。宾夕法尼亚州和罗德岛 2 个州以上一年学区所获得教育经费和该年通货膨胀率为基础分配本年度教育经费;特拉华州使用的是基本公式与师资分配公式相结合的教育财政分配方式;只有一个学区的夏威夷州则通过学生加权公式将经费直接拨付学校。

不管采用何种方式,各学区都会依照最适合的方式从州政府获得可观的教育经费。同时,也有人建议继续改革教育经费分配方式。

3. 地方学区对中小学教育拨款的分配方式

地方学区筹措的教育经费来源一般包括财产税、联邦政府补助、州政府补助以及地方学区的其他收入。学区通常采用一般拨款和专项拨款两种方式将教育经费分配给学校。一般拨款以学校的学生数量为依据向学校拨付经费,覆盖学校行政支持性服务、全体教职员服务、教学支持性服务、学生支持性服务等经常性支出。专项拨款则依据补助条件发放给特定对象,例如针对儿童膳食的儿童营养项目、针对贫困儿童的 Title Ⅰ项目等便以专项拨款的方式分配经费。

(二) 中小学教育经费的使用

对于中小学教育经费的使用情况,可以从《2014 年教育概况》与《2014 年教育统计文摘》最新发布的公立中小学教育经费支出情况探析。

2011—2012 学年,美国公立中小学共支出 6,210 亿美元,生均经费为 12,401 美元,包括 11,014 美元的经常性支出、1,018 美元的基建支出(由学区或承包商完成的房地产和建筑支出)以及 370 美元的学校债务利息(见图 1-9)。美国公立中小学生均 11,014 美元的经常性支出比该年经济合作与发展组织(Organization of Economic Co-operation and Development,简称经合组织或 OECD)国家的生均教育支出平均值 8,789 美元高出 35%,位居 OECD 基础教育生均经费支出第二位,仅次于瑞士。[①]

① National Center for Education Statistics. *The Condition of Education 2014* [EB/OL]. http://nces. ed. gov/programs/coe/indicator_cmd. asp.[2015-7-6].

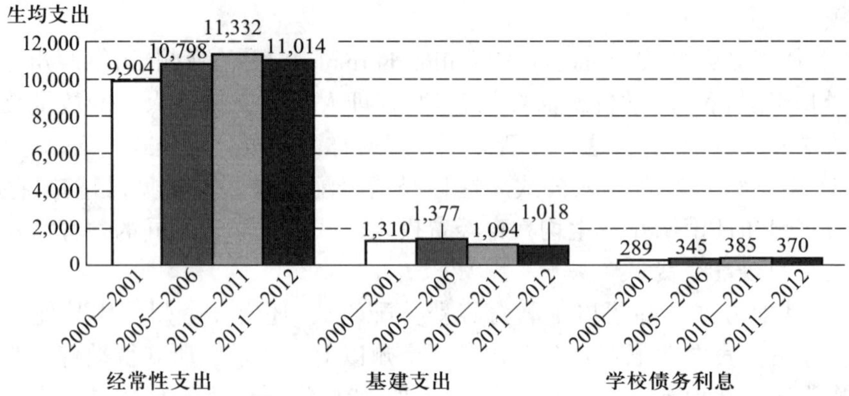

图 1-9 2000—2001、2005—2006、2010—2011 及 2011—2012 学年美国公立中小学生均教育经费支出(单位:美元)

资料来源:National Center for Education Statistics. *The Condition of Education 2014* [EB/OL]. http://nces.ed.gov/programs/coe/indicator_cmb.asp.[2015-7-6].

从图 1-9 也可以看出,2000—2001 学年到 2011—2012 学年,公立中小学的生均经常性支出上涨了 11%(由 9,904 美元提至 11,014 美元,以 2013—2014 年美元的购买力衡量),但实际上,生均经常性支出最高的年份出现在 2008—2009 学年,为 11,537 美元。金融危机后,公立中小学的生均经常性支出逐年下降。2011—2012 学年的生均经常性支出比 2010—2011 学年下降了 3%(即减少了 318 美元)。

具体到经常性支出,教学支出是经常性支出中占比最大的类型,主要包括教师和助教的薪金与福利、教学材料成本及根据合同提供的教学服务等。从图 1-10 可以看出,2011—2012 学年生均教学支出 6,706 美元,约占生均经常性总支出的 61%。尽管 2011—2012 学年美国公立中小学生均教学支出比 2010—2011 学年降低了 3%,但总体来看,2000—2001 学年至 2010—2011 学年,美国公立中小学生均教学支出提高了 14%(从 6,093 美元上涨至 6,823 美元)。另外,近十年来,美国公立中小学学生支持性服务(如指导员和医护人员)生均支出增加了 25%;教学人员服务(如课程开发、员工培训、图书馆和媒体和计算机中心)生均支出增加了 13%。

三、教育经费的管理与监督

根据有关法律法规,中小学教育经费监管的主体是州与地方教育委员会。

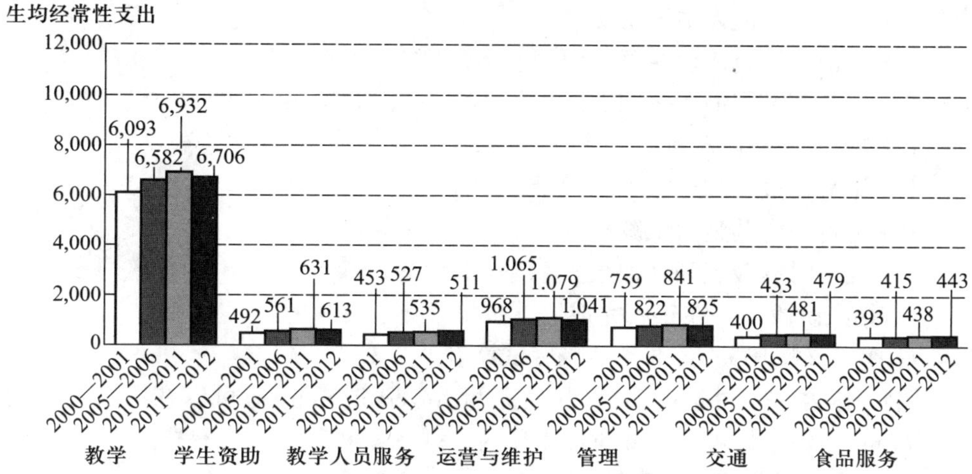

图 1–10　2000—2001、2005—2006、2010—2011 及 2011—2012 学年美国公立中小学生均经常性经费支出类型（单位：美元）

资料来源：National Center for Education Statistics. *The Condition of Education 2014* [EB/OL]. http://nces.ed.gov/programs/coe/indicator_cmb.asp.[2015-7-6].

按照各州的公立学校财务报告手册，地方教育委员会按照州教育委员会规定的程序对中小学教育经费进行管理与监督，并定期向州政府提交财务报告。现以加利福尼亚州为例，说明中小学教育经费的管理与监督情况。①

（一）中小学教育经费决算

中小学教育经费决算是跟踪和报告中小学教育活动中经济交易活动财政影响的一套程序。经费决算周期包括三个阶段：记录阶段、总结和报告阶段以及结束阶段。这三个阶段可以无限重复，具体包括以下 11 步。

1. 记录阶段——一年内需要完成以下所有步骤：

（1）准备源文档或记录中小学已经发生的交易或事件，源文档包含采购订单、发票、凭证、支票和收据等项目。

（2）通过分析交易情况确定与交易相关的和即将公布的经费情况。

（3）交易分析决定相关经费中哪些账目受到影响，如现金、应收账款、应付账款、收入、支出，并决定其他标识特征，如资源、目标和功能。交易将会复式记账并导致所涉及账目的增加或减少。

① California Department of Education. *Audit Guidelines-Requirements* [EB/OL]. http://www. cde. ca. gov/fg/au/ag/requirements. asp.[2015-7-7].

(4) 在适当的报表中记录交易。

(5) 该记录将会体现在总账中的适当账目中。

2. 总结和报告阶段——以下步骤须在一年内和年底定期完成：

(6) 账户余额计算，准备一个试算表。

(7) 调整在报表和总账中的记录。

(8) 准备一个调整后试算表。

(9) 准备财务报表和其他报告。

3. 结束阶段——在年底完成以下步骤：

(10) 名义账户关闭，准备结账后试算表。

(11) 作为一个可选的步骤，扭转条目(reversing entries)可以在第二年开始做好准备，扭转条目可以在此阶段不做讨论。

(二) 中小学教育经费审计

为规范地方学区中小学教育经费的审计流程，加利福尼亚州教育委员会制定了本州中小学教育教育经费审计指南，并规定了中小学教育经费的审计内容、审计标准与审计程序。

1. 审计内容

中小学教育经费审计旨在加强内部控制，识别风险，并评估风险的影响。据此，加州教育委员会对中小学教育经费的审计内容通常包括：

(1) 教育机构的财务报表是否按照美国通用会计准则上报。

(2) 教育机构是否明确内部经费管理职责，充分维护州和联邦的利益。

(3) 联邦和州的教育经费是否按照法律法规或协议支出，这会极大地影响财务报表和项目绩效评价。

(4) 在合同之下产生和报销的直接经费和间接经费是否合理。

(5) 审计指南所需的补充信息是否与财务报表一起作为一个整体呈现。

2. 审计标准

(1) 由美国注册会计师研究所提出的一般审计准则。

(2)《政府审计准则》中财务审计的适用标准。

(3) 由政府管理预算局提出的单一审计要求，该要求适用于州政府、地方政府及非营利组织。

3. 审计程序

政府管理预算局规定审计的目的在于帮助审计员检查当地项目是否符合州及联邦项目的要求。这些程序适用于各州的中小学教育经费审计，除非州对某些项目的审计要求更为严格。一般程序如下：

(1) 对熟悉中小学教育内部决算和管理的官员进行采访。

(2) 根据采访和其他调查工作获得的信息,确定经费使用的性质、时间和范围,包括用来评估的交易数量。

(3) 确定各教育机构是否在员工之间充分分离重大财务职责和责任。

(4) 评估机构签署支票的政策。

(5) 确定交易中的利益冲突。

学校、学区和州教育委员会通过对中小学教育经费的审计与决算,可以确定经费是否按照预算进行分配与使用,提高教育经费的使用效益,有利于保证中小学教育财政机制的健康运行。

第四节 美国高等教育财政

一、教育经费的筹措与投入

21 世纪以来,美国高等教育经费空前增加。据图 1-11,2000—2001 学年至 2011—2012 学年,高等教育经费支出从 3,380 亿美元增加到 4,830 亿美元,同比上涨 43%,占 GDP 比例也由 2.7% 增至 3.2%。这些数据无不彰显美国对高等教

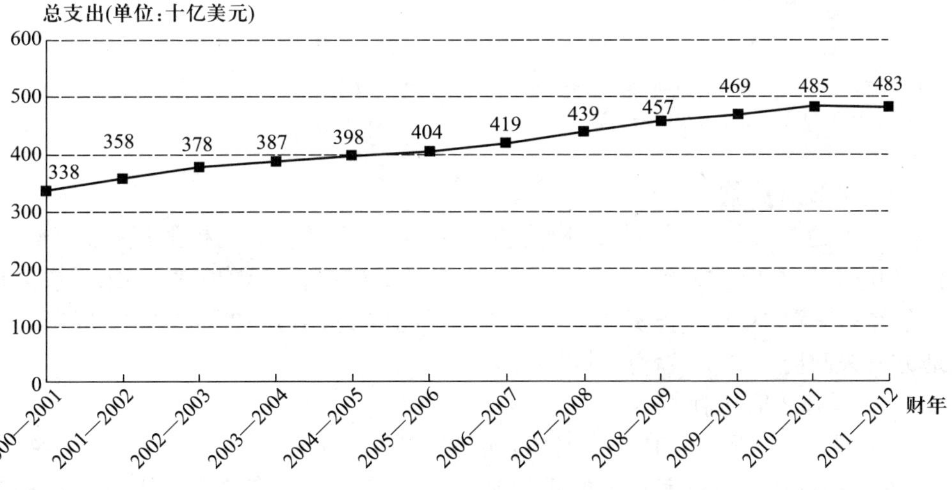

图 1-11 2000—2001 学年至 2011—2012 学年美国高等教育经费支出情况(单位:十亿美元)

资料来源:National Center for Education Statistics. *The Condition of Education 2014* [EB/OL]. http://nces.ed.gov/pubs2014/2014083.pdf. [2015-7-4].

育的重视程度。

总体而言，美国高等教育经费筹措的特点是经费来源多元化，其经费来源可以细化为联邦政府、州政府和地方政府的财政性投入，学生及其家庭所承担的学杂费，学校社会服务和附设企业收入，捐赠收益及其他。但具体到不同类型、不同性质的高校，从不同渠道筹措到的经费占其经费总额的比例大有不同。以2011—2012 学年为例，在两年制和四年制公立高等教育机构的经费来源中，政府资助与拨款分别占 71% 和 40%，政府财政投入是公立高等教育机构经费的主要来源。但是对于私立高等教育机构特别是营利性私立高等教育机构而言，学生及其家庭所承担的学杂费是其教育经费的主要来源。不论是两年制的社区学院还是四年制的大学，营利性高等教育机构中，学生及其家庭所承担的学杂费均占其经费的 89%（见图 1–12）。

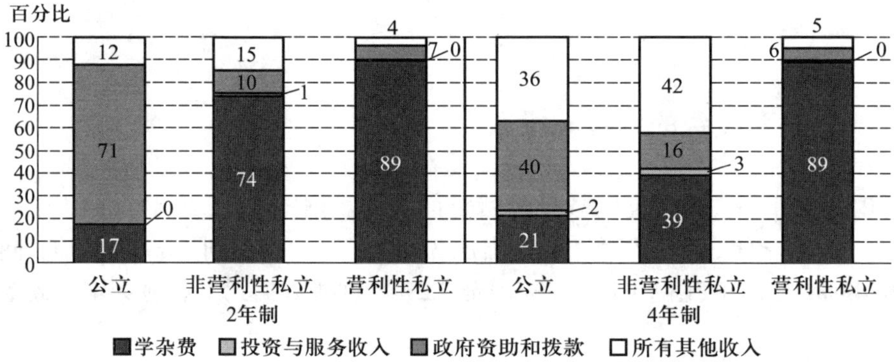

图 1–12 2011—2012 年高等教育机构资金来源及其所占比例

资料来源：National Center for Education Statistics. *The Condition of Education 2014*［EB/OL］. http://nces.ed.gov/pubs2014/2014083.pdf.［2015–7–4］.

（一）政府拨款

美国的高等教育财政以政府为投资主体，特别是公立高校的经费近一半都依赖政府的财政性拨款。虽然近年来政府对高校拨款的增长率一再降低，但在大学经费来源中，政府投资还是占据了主要地位。从图 1–13 可以看出，联邦、州、地方三级政府是高等教育拨款的主体。

1. 联邦政府拨款

如图 1–13 所示，2010—2011 学年联邦政府投入占高等教育全部经费的 17.7%，是美国高等教育收入的重要来源之一。联邦为高等教育投资的途径主要有两种：一种是对学生的资助，联邦教育部或将经费以贷款、奖学金、助学金的方式直接拨付需要资助的学生，或是针对女生、少数民族学生等特殊群体设

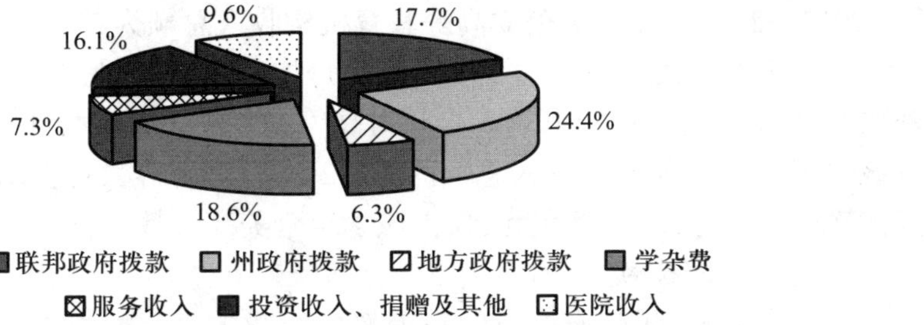

图 1-13　2010—2011 学年美国公立高等教育经费来源构成(%)

备注:

1. 来自联邦政府的收入包括运行性赠款和合同收入、独立运作基金、非运行性拨款和非运行性补助。
2. 来自州政府的收入包括运行性赠款和合同收入、非运行性收入拨款、非运行性补助和资金拨款。
3. 来自地方政府的收入包括运行性赠款和合同收入、独立运作基金、非运行性拨款和非运行性补助。

资料来源:National Center for Education Statistics. *Digest of Education Statistics 2012* [EB/OL]. http://nces.ed.gov/programs/digest/d12/tables/dt12_401.asp. [2015-7-5].

立专门的资助项目;另一种是为科研活动或科研基础设施提供经费,这部分经费主要由卫生与公众服务部、国防部、农业部等职能部门分配,只有少量通过教育部发放。

近年来,联邦政府利用拨款间接调控高等教育的力度在逐渐增强,而且这种方式具有相对优越性。但应当说明的是,与州政府对高校的直接调控相比,联邦政府对大学的影响还是相对有限的。

2. 州政府拨款

与联邦政府相比,美国州政府拥有更为直接的高等教育管理权。州政府不仅可以通过法律和政策规范高等教育发展,而且可以通过财政拨款对高校实施调控。据《2012 年教育统计文摘》,州政府拨款是公立高等院校最主要的经费来源,占其经费总额的 22.68%。[①] 各州对高等教育的拨款无论在总量上还是在比例上都没有规律可循。这也充分反映了美国高等教育以州为管理核心、拨款分权化明显的特点。[②]

美国各州分权而治,对高等教育拨款都立足于本州实际。财力雄厚而且对高等教育发展重视的州一般拨款较多,财力薄弱的州对高等教育拨款则量力而

① National Center for Education Statistics. *Digest of Education Statistics 2012* [EB/OL]. http://nces. ed. gov/programs/digest/d12/tables/dt12_401. asp. [2015-7-5].

② 李宁 . 高等教育财政拨款体制的国际比较及其对我国的启示[J]. 出国与就业(就业版),2010(18):89-90.

行。2012—2013学年全美公立高等教育机构收入总额为3,279.32亿美元。其中，为公立高等教育拨款最多的5个州依次是加利福尼亚州、得克萨斯州、纽约州、密歇根州和宾夕法尼亚州，这5个州对高等教育的拨款额共计1,204.22亿美元，占该学年全美高等教育收入总额的36.72%；而对高等教育拨款最少的5个州，其拨款总额仅为34.75亿美元，仅占该学年全美高等教育收入总额的1.06%。[①]

3. 地方政府拨款

在大多数州，州政府拨付的高等教育经费主要分配给州立大学，而地方办或以地方办为主的社区学院主要依靠地方政府拨款。地方政府一般不给州立大学投资，除非地方有特别需要，而且必须专款专用，并以地方与州立大学合作项目的形式实施。[②]21世纪以来，与州政府不断削减高等教育财政投入的趋势不同的是，地方政府不断增加对高等教育的拨款，对公立高校的拨款额由2000—2001学年的55.82亿美元增加至2012—2013学年的107.26亿美元。[③]

（二）学杂费

由表1–7可知，学杂费是美国高等院校特别是私立高等院校经费的重要来源。在公立高校中，学生及其家庭所承担的学杂费占其教育经费总额的20%左右；而在营利性私立高校中，不论是两年制的社区学院还是四年制的大学，学杂费都占其教育经费的89%左右，使学杂费成为私立高校最主要的经费来源。

表1–7 2006—2007学年至2012—2013学年公私立高等院校学杂费数额及其占教育经费比例

机构		公立高校		非营利性私立高校		营利性私立高校	
类型		学杂费总额（千美元）	占教育经费百分比	学杂费总额（千美元）	占教育经费百分比	学杂费总额（千美元）	占教育经费百分比
学年	2006—2007	44,773,470	16.67%	47,481,431	26.03%	12,329,854	88.21%
	2007—2008	48,070,012	17.60%	50,736,003	36.43%	14,029,958	87.23%
	2008—2009	51,840,367	19.39%	53,707,913	77.77%	16,740,041	86.41%
	2009—2010	55,930,482	18.44%	56,355,862	33.41%	22,374,050	90.64%
	2010—2011	60,240,671	18.60%	60,047,027	28.98%	25,155,815	89.14%

① National Center for Education Statistics. *Digest of Education Statistics 2014* [EB/OL]. http://nces. ed. gov/programs/digest/d14/tables/dt14_333. 20. asp.[2015–7–5].

② 东北财经大学经济与社会发展研究院课题组，张芳．高等教育经费筹措的国际比较[J]. 经济研究参考，2004(60):21–31.

③ National Center for Education Statistics. *Digest of Education Statistics 2014* [EB/OL]. http://nces. ed. gov/programs/digest/d14/tables/dt14_333. 30. asp.[2015–7–5].

续表

机构		公立高校		非营利性私立高校		营利性私立高校	
类型		学杂费总额（千美元）	占教育经费百分比	学杂费总额（千美元）	占教育经费百分比	学杂费总额（千美元）	占教育经费百分比
学年	2011—2012	65,386,643	20.61%	63,021,108	38.93%	24,035,276	89.27%
	2012—2013	68,095,088	20.76%	65,595,255	32.46%	22,483,997	90.73%

备注：2008—2009 年非营利性私立高校学杂费收入占教育经费的 77.77%。与历年数据相比，这一比例骤然增加，这是由于金融危机中非营利性私立高校教育经费的重要来源投资收入严重缩水、高校教育经费总额大幅减少而造成的。

资料来源：根据美国国家教育统计中心发布的《2014 年教育统计文摘》整理而成。

在州政府逐年削减高等教育财政投入的时代背景下，提高学费是美国政府和高校增加教育经费的有效措施。如表 1-7 所示，2012—2013 学年，高等院校学杂费总额为 1,561.74 亿美元。其中，公立高校学杂费总额为 680.95 亿美元，非营利性私立高等教育机构学杂费总额为 655.95 亿美元，营利性高等教育机构学杂费总额为 224.84 亿美元。较之 2006—2007 学年，学杂费占各类高校教育经费比例分别增加 4.09%、6.43% 与 2.52%。从以上数据来看，学杂费占美国高等教育经费的份额增加且保持增长趋势。

（三）投资与服务收入

通过科技成果转化和校企合作获得资金是美国高校经费的另一个重要来源。目前，通过这种方式获得的资金占美国高等教育经费的 21% 左右。[①] 在美国，高校创办和经营企业的情况非常普遍。书店、公寓、洗衣店、自助餐厅等校内附属机构既能为学生勤工助学提供机会，也能为学校增加一定的收入；利用专利和科技成果转化筹措资金的方式则不仅可以促进科学技术的发展，同时还可以提高教学科研设备水平。

（四）社会各界捐赠

美国高等教育拥有悠久的募捐历史。耶鲁大学、斯坦福大学、康奈尔大学等诸多名校都是由私人捐赠而建。此外，美国还有许多大学慈善基金会。据统计，美国现在有 4,500 个基金会从事推动教育发展的捐赠活动。[②] 其中最著名的有卡耐基基金会、洛克菲勒基金会、福特基金会。经过两三百年的发展，社会捐赠已经成为美国高等教育经费非常重要的组成部分。此外，美国许多高校都成立

---

① 李伟，金洁．欧美高校经费筹措多元化途径探析[J]．沈阳建筑大学学报（社会科学版），2008（2）：166-169.

② 孙羽迪．美国高等教育经费来源及启示[J]．现代教育管理，2009（7）：98-100.

了由副校长直接领导的学校发展部，开展募捐和筹款活动。2012 财政年度，斯坦福大学募集到 10.35 亿美元的捐款，这是美国第一个在一年之内能够募集到 10 亿美元以上的高等教育机构。①

近些年来，美国高等教育捐赠的特点集中表现在以下方面：首先，美国高校的募捐范围广阔，已经扩展到全世界。其次，高校接受捐赠的形式多样，有现金捐赠、证券捐赠、信托捐赠和实物捐赠等。最后，高校募捐得到政府支持，政府对捐款收入实行免税优惠政策。②

二、教育经费的分配与使用

（一）高等教育经费的分配

虽然近几年来各级政府投入的高等教育经费及其占高等教育经费总额的比例发生了一些变化，但是高等教育系统的资金分配方式并没有发生太大改变。由于高等教育分权管理以及各州政治、经济、文化等方面的差异，美国各州的高等教育经费分配方式会综合其经济条件、税收状况、高等教育机构入学人数和高校报考率等实际情况而有所差异。

总体而言，在分配方式上，美国 50 个州都通过直接拨款和间接拨款两种方式分配高等教育经费，其中直接拨款是主要的拨款方式。在具体的分配方式上，目前美国 17 个州使用公式拨款，19 个州使用非公式拨款，还有 14 个州综合使用两种分配方式。不管采用公式拨款还是非公式拨款，州政府拨付的经费额度通常与高等教育机构的学生注册量紧密相关。

1. 公式拨款

上文已经提到，美国有 17 个州以公式法向所有高等教育机构分配经费，14 个州使用公式法向部分高等教育机构特别是两年制学院分配经费，另有亚利桑那州、马萨诸塞州、纽约州等 5 个州已经放弃使用或部分放弃使用公式法分配高等教育经费。虽然各州的拨款公式复杂多样，但是通常包含以下基本要素。

(1) 使用公式法分配高等教育经费的各州都会通过公式拨付教学经费。虽然各州的教学经费拨款公式不尽相同，但计算方法普遍与学生注册或完成学分时数紧密相关。

(2) 大多数州的拨款公式中都有运营与设施设备维护这一组成部分。

---

① University World News. *Stanford Is First College to Raise $1 Billion* [EB/OL]. http://www. universityworldnews. com/article. php?story=20130222142508273. [2015-7-5].

② [美]亚瑟·科恩 . 美国高等教育通史[M]. 李子江，译 . 北京：北京大学出版社，2010.

(3) 拨款公式中的其他组成部分普遍依据教学支持资助水平的一定百分比计算,因而也与学生注册量密切相关。(详见表 1–8)

表 1–8 州政府高等教育拨款公式中的主要成分

主要成分	详细内容	计算拨款水平的主要模型
教学	与教学项目相关的活动	使用比率将学生的注册学分时数转换成全职教师数量,然后使用多种方法确定对每位教师的资助水平; 计算学生注册或完成的学分时数,然后根据每一学分时数成本换算,确定资助水平
矫正教学	为矫正教学而拨付的款项	根据矫正教学中学生注册量、登记学分时数以及完成学分时数计算资助水平
运营与设施设备维护	设施设备的管理与使用; 建筑维护; 保管业务; 风景与地面维护、维修与翻新	根据实际建筑面积计算资助水平; 根据学生注册量计算建筑面积
学术支持	支持机构的主要学术使命,例如计算机实验室、学术管理机构以及课程开发与支持	将教学支持资助水平以特定比例算入拨款公式(与学生注册水平紧密相关)
图书馆支持	图书馆服务	根据学生人数计算资助水平; 根据教学支持资助水平的一定百分比计算(因此与学生注册量密切相关); 许多州通过学术支持拨款提供图书馆支持,而不将其作为一个单独成分
学生服务	招生与注册办公室; 正式教学项目之外的学生服务与学生活动	根据教学支持资助水平的一定百分比计算(因此与学生注册量密切相关); 根据学生人数或注册量计算资助水平
机构支持	与机构管理及长期规划相关的执行性活动	根据教学支持资助水平的一定百分比计算(因此与学生注册量密切相关)
社会服务	保持社会服务活动的连续性并推广社会服务	根据教学支持资助水平的一定百分比计算(因此与学生注册量密切相关)
科研	支持机构科研活动	根据教学支持资助水平的一定百分比计算(因此与学生注册量密切相关)
奖学金	资助奖学金	任何州的拨款公式中都不包括决定奖学金资助水平的成分

资料来源:*States' Methods of Funding Higher Education* [EB/OL]. http://www.sri.com/sites/default/files/brochures/revised-sri_report_states_methods_of_funding_higher_education.pdf. [2015-7-7].

2. 非公式拨款

整体来看，目前美国有 19 个州使用非公式法分配高等教育经费，14 个州使用非公式法向四年制高等教育机构分配教育经费。各州所使用的非公式法主要分为以下两种。

(1) "基础加"方式(Base plus method)。这是各州最常用的非公式分配法。其计算方法是在基于上一年的拨款金额做适当的增减，决定增减的因素主要是注册学生的数量。例如在新墨西哥州，任何通过"基础加"方式获得的经费都是通过绩效拨款公式分配而来的。

(2) 基于法律规定的优先发展事项分配经费。某些州只是基于法律或政策规定的优先发展事项分配高等教育经费，拨款数额的多少取决于各州教育经费的绝对数额以及其他州高等教育经费的相对数额。

(二) 学生资助

根据美国教育部国家教育统计中心的数据，2013—2014 学年四年制大学的平均学杂费为每年 24,706 美元，两年制学院的平均学杂费为每年 9,888 美元。与 2001—2002 学年相比，四年制大学、两年制学院的平均学费分别上涨 42.47%、34.81%，而同期收入的增长速度远远低于大学学费的增长速度。① 在大学花费如此昂贵且持续攀升的背景下，美国还能保持庞大的招生规模和高学历人数的持续增长，这同其高等教育资助制度是分不开的。

美国高等教育资助体系经过长期的演变，形成了最为复杂、也最为发达的混合资助模式制度。② 近年来，美国 70% 以上的学生接受资助，资助方式主要包括贷学金(贷款)、助学金(捐款)、奖学金和勤工助学等；资助经费的提供方包括联邦政府、州政府、高等教育机构以及其他社会组织，其中联邦政府在高校学生资助中发挥主要作用。③

1. 学生贷款

贷款作为一种学生资助制度起源于第二次世界大战后美国为保障退伍军人接受高等教育而设立的资助制度，并得到《国防教育法》《高等教育法》等相关法律的保障。大规模的学生贷款始于 20 世纪 70 年代，由政府担保的学生贷款通过银行系统开始广泛向学生发放。近年来，为了减少贷款运作的中间费用，并解决银行贷款利息较高的问题，美国政府开始向学生提供由政府指定的非营

① National Center for Education Statistics. *Digest of Education Statistics 2012* [EB/OL]. http://nces. ed. gov/programs/digest/d14/tables/dt14_330. 10. asp. [2015-7-7].

② 王竞辛 . 美国高等教育学生资助制度研究[D]. 长春：东北师范大学，2007.

③ National Center for Education Statistics. *The Condition of Education 2014* [EB/OL]. http://nces. ed. gov/programs/coe/indicator_cuc. asp. [2015-7-7].

利性机构承办的“直接贷款”。目前,美国联邦政府提供的学生贷款计划主要有帕金斯学生贷款计划(Perkins Student Loan Program)、斯塔福德学生贷款计划(Stafford Student Loan Program)、本科生家长贷款(Parent Loans for Undergraduate Student,简称 PLUS)等。近年来,由于大学学费不断上涨,学生贷款比例逐年上升,生均贷款数额逐年增加,2012—2013 学年近一半的本科生获得贷款资助(见表 1-9)。

表 1-9　2000—2001 学年至 2011—2012 学年美国本科生贷学金数量及其所占比例

学年	生均贷款金额(美元)	贷款学生占学生总数比例(%)
2000—2001	3,764	40.1
2001—2002	3,970	40.7
2002—2003	4,331	41.4
2003—2004	4,193	43.1
2004—2005	4,463	44.0
2005—2006	4,831	44.6
2006—2007	5,014	43.5
2007—2008	6,009	45.6
2008—2009	6,723	46.6
2009—2010	7,019	51.2
2010—2011	6,624	50.1
2011—2012	6,641	51.2
2012—2013	6,899	49.4

资料来源:National Center for Education Statistics. *Digest of Education Statistics 2012* [EB/OL]. http://nces.ed.gov/programs/digest/d14/tables/dt14_331.20.asp.[2015-7-7].

2. 助学金

助学金是一种无偿的“赠予性资助”。在美国,助学金的发放方式有两种:一种由联邦政府或州政府直接拨给高等院校,再由高校发放给学生;一种直接拨付给有需要的学生。据统计,2011—2012 学年,59.1% 的本科生获得助学金,每人获得助学金的额度为 9,230 美元,其中联邦政府拨付 4,580 美元。① 目前,联邦政府设置的助学金项目包括针对中低收入家庭学生的佩尔助学金(Pell Grant)

① National Center for Education Statistics. *Digest of Education Statistics 2014* [EB/OL]. http://nces. ed. gov/programs/digest/d14/tables/dt14_331. 40. asp.[2015-7-7].

和补偿教育机会助学金(Federal Supplemental Educational Opportunity Grants)、大学和高等教育教师教育助学金(Teacher Education Assistance for College and Higher Education Grants)以及伊拉克和阿富汗服务助学金(Iraq and Afghanistan Service Grant)。①

3. 奖学金

与其他资助不同的是,奖学金以学生学习成绩为标准实施资助,与学生及其家庭的经济背景并不直接相关。为充分提高学生对教学与科研的重视程度,美国政府设立了名目繁多而又各具特点的奖学金。这些奖学金通常是由国家卫生研究院、交通部、国家海洋和大气管理局等联邦政府机构部门或与联邦政府有合作伙伴关系的机构发放的。

4. 勤工俭学项目

联邦政府设立勤工助学项目的目的在于为高校学生提供兼职机会,以便他们能够通过自己的劳动获得收入顺利支付教育费用,完成高等教育。联邦工读计划(Federal Work Study Program)是美国最著名的勤工俭学项目。在该计划下,联邦政府将经费划拨给高校,再由高校为有经济需求的本科生和研究生提供兼职工作机会并发放工资。② 学生参与联邦工读计划获得的收入与其工作性质挂钩,时薪要求不低于联邦政府规定的最低薪资标准。③

(三)高等教育经费的使用

2012—2013 学年,美国高等教育支出 4,990 亿美元。其中,公立高等教育机构支出 3,110 亿美元,非营利性私立高等教育机构支出 1,600 亿美元,营利性私立高等教育支出 220 亿美元。④

如图 1-14 所示,包括教师工资和福利在内的教学支出是公立和私立非营利性高等教育机构最主要的支出类别,并在私立营利性高等教育机构经费支出中占第二位。在 2012—2013 学年,公立高等教育机构大约 27% 的经费用在教学上,私立非营利高等教育机构和私立营利性高等教育机构的教学支出分别占 33% 和 25%。其中,教学支出中教师薪资和福利支出占较大比例。公立高等院校教师薪资和福利支出 556 亿美元,占教学支出的 66.98%,占公立高等院校总支出

① Federal Student Aid. *Grants and Scholarships* [EB/OL]. https://studentaid.ed.gov/sa/types/grants-scholarships. [2015-7-7].

② 庄丽君. 美国大学生资助体系现状及发展趋势[J]. 世界教育信息,2015(2):24-28.

③ U. S. Department of Education. *Federal Work-Study (FWS) Program* [EB/OL]. http://www2.ed.gov/programs/fws/index.html. [2015-7-7].

④ National Center for Education Statistics. *The Condition of Education 2014* [EB/OL]. http://nces.ed.gov/programs/coe/indicator_cue.asp. [2015-7-7].

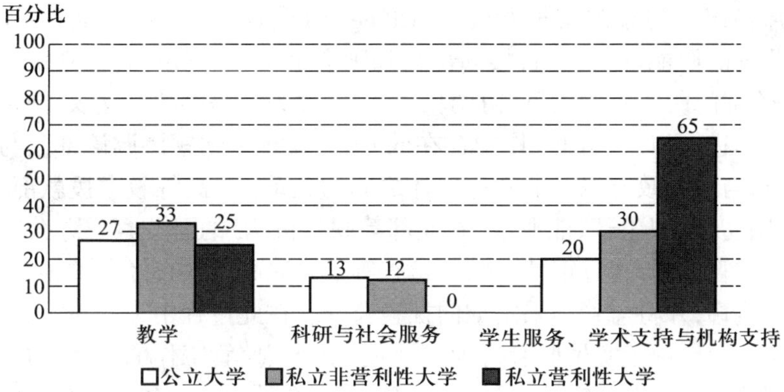

图 1-14　2012—2013 学年高等教育机构支出项目及其占支出总额百分比

资料来源:National Center for Education Statistics. *The Condition of Education 2014* [EB/OL]. http://nces.ed.gov/programs/coe/indicator_cue.asp.[2015-7-7].

的 17.84%。① 同年,私立营利性高等教育机构最大的经费支出类别是学生服务、学术支持和机构运行支持,具体包括招生、学生活动、图书馆和行政活动等事务。通过比较可以发现,上述经费支出在公立高等教育机构和私立非营利性高等教育机构经费支出中分别占 20% 和 30%。在公立高等教育机构经费支出中,其他占比较大的支出类别包括研究经费、医疗服务和机构运营费用;私立非营利性高等教育机构中其他占比较大的经费支出包括机构运营费用、附属企业支出(自营业务如学生公寓)、研究经费、医疗服务、学术支持和学生服务等。②

三、教育经费的管理与监督

从实践角度来看,美国从联邦到高校等各方面都建立了一套相对完善的内外部高等教育经费监管机制。

(一)联邦高等教育经费监管

根据经费监管主体的不同,联邦高等教育经费监管又可以分为内部监管和外部监管两部分。内部监管的主体是拨款部门的总监察长办公室,外部监管的主体是国会及其审计署。

① National Center for Education Statistics. *Digest of Education Statistics 2014* [EB/OL]. http://nces. ed. gov/programs/digest/d14/tables/dt14_334. 10. asp.[2015-7-7].

② National Center for Education Statistics. *The Condition of Education 2014* [EB/OL]. http://nces. ed. gov/programs/coe/indicator_cue. asp.[2015-7-7].

联邦各部门的总监察长办公室（Office of Inspector General，简称 OIG）是履行内部监管的职能部门，它直接向部长和国会负责，职责包括：独立审计、调查、检查、评价部门所实施的项目；协调相关活动，并为其提供政策建议；向部长和国会报告工作进展以及部门工作中存在的问题；就相关问题协调该部门与其他联邦部门、州与地方政府以及非政府实体之间的关系。[①] 高等教育拨款部门（包括教育部、国防部、卫生部、能源部、农业部等联邦机构）的总监察长办公室根据事先制订的监管计划，通过审计、调查、检查等手段对高等教育经费的预算、使用和决算实施监管，并将监管结果定期向社会公开。在此过程中，总监察长办公室必须根据相关操作规范实施监管行为，从而保障经费监管工作的顺利进行。如，美国教育部总监察长办公室的审计依据包括美国会计师协会建立的公认审计标准和公认政府审计标准。

外部监管是指由美国国会对联邦预算所实施的审查与国会审计署（Government Accountability Office，简称GAO）对经费使用情况所实行的事后监管。经费预算完成后，要通过国会辩论、听证、修改、宣读程序、投票批准等程序方可执行。在经费划拨、执行等阶段，国会则以听证等方式对其进行事中监管。此外，国会审计署作为联邦经费监督的外部机构之一，同样有权对高等教育经费进行监督。它可以在任何时候调取任何部门的有关资料，监督其经费支出及使用情况，如果发现问题，有权要求相关部门更正或向国会报告。[②]

（二）高校财务管理

美国高校的财务管理工作通常由一名副校长主管，并设立预算办公室、财务管理办公室、财务风险控制办公室、监察和审计办公室等相应的财务部门，以协助副校长在预算编制、资源分配等管理事务上做出决策。就经费监管而言，具体的行政责任落在高校的审计委员会（Audit Committee）。审计委员会的职责包括审核财务报告流程，执行财务管理，审查内部控制制度，确保大学工作流程符合相关法律法规，并根据审计结果提出建议。在财务审计方面，审计委员会需要评估各部门与财务交易（应付账款、差旅费用、现金处理、工资单等）相关的内部控制，以确保其符合外部审计的要求。审计程序通常包括以下环节：(1) 与校长、副校长以及各部门领导开会讨论审计事宜；(2) 在审计目的之下正确理解其他部门的职能；(3) 与有关管理人员讨论审计目的；(4) 确定审计问题，制定审计目标；(5) 确定审计目标并测试；(6) 开展审计工作；(7) 与被审计单位共同审查审计结

---

① Office of Inspector General. *Mission and Responsibilities* [EB/OL]. http://www2.ed.gov/about/offices/list/om/fs_po/oig/intro.html.[2015-8-10].

② 戴国庆.美国联邦政府科研经费监督管理及其启示[J].科研管理，2006(1):17-22.

果;(8)提出内部审计建议;(9)审查审计建议并获得管理回复;(10)发布审计报告。完成年度财务审计工作后,审计委员会需要将审计报告依次提交至副校长、校长以及大学董事会,并将其公布于学校网站,以供社会监督。

高校在完成财务内部监管工作后,需要指定独立审计人员或国家法定审计人员对其财务报表实施外部审计。外部审计的依据是美国公认审计标准以及《政府审计准则》中适用于财务审计的标准。审计程序则一般包括:评估财务报表重大错报的风险,并判断错报属于舞弊还是单纯错误;评估会计政策的适当性与会计统计的合理性;评价财务报表的整体表现。当然,这些程序不必全部执行,而是由外部审计员自行决定和安排。此外,审计员在完成外部审计报告后应将审计报告提交至州审计办公室,以服务于进一步的监管工作。

第二章　英国教育财政

第一节　概　　述

一、英国教育现状

英国全称“大不列颠及北爱尔兰联合王国”，由英格兰、威尔士、苏格兰（以上为大不列颠）和北爱尔兰组成。四者在政体上相对独立，并存在四个相对独立、各具特点的法定公共教育制度，而其教育财政体制亦因此各自为政。基于对地区代表性以及影响力的考虑，本章以探讨英格兰的教育财政为主，余者兼顾之。

英国学制结构由“公共教育系统”和“私立、自愿和独立教育系统”（private, voluntary and independent sectors，简称 PVI）两部分组成，且二者之间互不牵制。公共教育系统分学前教育、初等教育、中等教育、继续教育（further education）与高等教育；PVI 教育系统包括私立幼儿园、预备学校（preparatory schools）和公学（public schools）等。（参见图 2–1）

2008 年 9 月生效的《英国政府儿童保育法（2006 年）》（*British Government's Childcare Act 2006*）将英国各类公私立幼儿园、小学幼儿班及小班（reception classes）为 0~5 岁儿童（小学入学前）提供的各种保育、教育统称“早期奠基阶段”（early years foundation stage，简称 EYFS）教育，并规定所有 EYFS 办学单位必须依该法在英国政府注册以获得合法办学资格。① 自 2010 年 9 月起，英国所有 3~4 岁儿童每年有权享受 570 小时② 的免费公共学前教育，据统计当前英国 96%

---

① *Childcare Act 2006* [EB/OL]. http://www. legislation. gov. uk/ukpga/2006/21/pdfs/ukpga_20060021_en. pdf. [2015-6-7].

② 通常为每周 15 小时，每年 38 周。

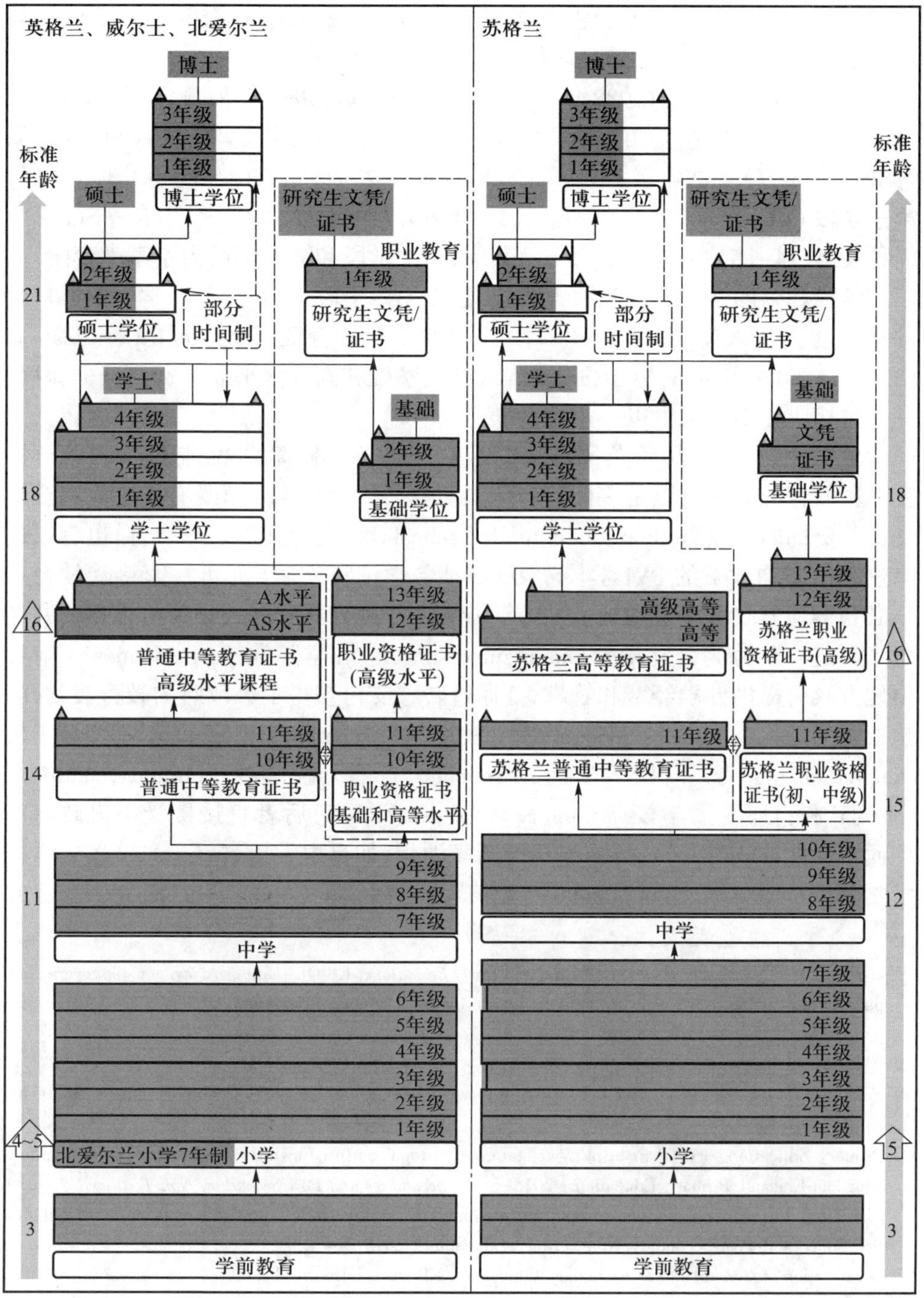
英格兰、威尔士、北爱尔兰
苏格兰
标准年龄
博士
3年级
2年级
1年级
博士学位
硕士
2年级
1年级
硕士学位
部分时间制
研究生文凭/证书
职业教育
学士
4年级
3年级
2年级
1年级
学士学位
基础
基础学位
文凭
证书
A水平
AS水平
普通中等教育证书高级水平课程
13年级
12年级
职业资格证书(高级水平)
11年级
10年级
普通中等教育证书
职业资格证书(基础和高等水平)
高级高等
高等
苏格兰高等教育证书
苏格兰职业资格证书(高级)
苏格兰普通中等教育证书
苏格兰职业资格证书(初、中级)
9年级
8年级
7年级
中学
10年级
6年级
5年级
4年级
3年级
2年级
1年级
北爱尔兰小学7年制
小学
学前教育
21
18
16
14
11
4~5
3
15
12
5

图 2-1　英国现行学制图

的适龄儿童正在接受免费公共学前教育；2013 年 9 月起，符合享受免费学校餐标准的 2 岁儿童（人数近 13 万）亦可享受这一福利。①

英国《教育改革法（1988 年）》（*Education Reform Act 1988*）规定，英国 5②~16 岁青少年儿童必须接受四个学段的义务教育，分别为：第一学段（Key Stage 1，简称 KS1，5~7 岁），1~2 年级；第二学段（Key Stage 2，简称 KS2，7~11 岁），3~6 年级；第三学段（Key Stage 3，简称 KS3，11~14 岁），7~9 年级；第四学段（Key Stage 4，简称 KS4，14~16 岁），10~11 年级。③ 其中，第一学段和第二学段为小学教育阶段；第三学段和第四学段为中学教育阶段，且在第四学段开始分流，即学生根据自己的学习能力和兴趣，选择学习 8~12 门普通中等教育证书（General Certificate of Secondary Education，简称 GCSE）课程或各类基础和高等水平职业资格证书课程，并通过相应证书考试得以毕业和升学。

值得注意的是，尽管英国法律明确规定了义务教育的"强制性"，但儿童接受义务教育的形式可以是多样的。英国所有适龄青少年儿童既有权进入完全得到公共资助的学校（fully publicly funded schools）接受免费的义务教育，也有权选择进入需缴纳学费的 PVI 学校学习（如预备学校和公学），亦可在家接受教育且不必获得地方政府注册和批准。④ 其中，完全得到公共资助的学校可根据公共经费来源进一步分为公立学校（maintained schools）和学院学校（academies）。前者由地方政府提供办学经费和管理，并通过转移支付获得中央政府的教育拨款，需执行国家课程（national curriculum），如社区学校（community schools）、基金会学校（foundation schools）、信托学校（trust schools）、自愿受控学校（voluntary controlled schools）和自愿受助学校（voluntary aided schools）等；后者直接接受中央政府资助而不受地方政府管辖，且不需执行国家课程，如自由学校（free schools）、大学技术学院（university technical colleges）和广播电视学校（studio schools）等。⑤ 除此

---

① *2010 to 2015 Government Policy: Childcare and Early Education* [EB/OL]. https://www.gov.uk/government/publications/2010-to-2015-government-policy-childcare-and-early-education/2010-to-2015-government-policy-childcare-and-early-education#appendix-2-early-years-foundation-stage. [2015-7-4].

② 但英国儿童年满 4 岁便可申请接受义务教育。

③ *Education Reform Act 1988* [EB/OL]. http://www.legislation.gov.uk/ukpga/1988/40/pdfs/ukpga_19880040_en.pdf. [2015-7-4].

④ Primary Education [EB/OL]. https://webgate.ec.europa.eu/fpfis/mwikis/eurydice/index.php/United-Kingdom-England:Primary_Education. [2015-7-4]. *Secondary and Post-Secondary Non-Tertiary Education* [EB/OL]. https://webgate.ec.europa.eu/fpfis/mwikis/eurydice/index.php/United-Kingdom-England:Secondary_and_Post-Secondary_Non-Tertiary_Education. [2015-7-4].

⑤ Organisation of General Lower Secondary Education [EB/OL]. https://webgate.ec.europa.eu/fpfis/mwikis/eurydice/index.php/United-Kingdom-England:Organisation_of_General_Lower_Secondary_Education. [2015-7-4].

以外，英国还设置了特殊学校（special schools）、学生收容所（pupil referral units），以为各种因疾病、学校恐惧症、怀孕等因素而无法在主流学校正常上课的学生提供义务教育，其经费来源可公可私。[①]

完成11年义务教育后，大部分英国学生将接受1~3年（2年为主）的继续教育。因这一阶段位于五年义务性中等教育之后、高等教育之前，故又称第六级教育（sixth form education）、后义务中等教育（post-compulsory secondary education）或高级中等教育（upper secondary education）。第六级教育分学术方向和职业方向两类，虽偏于学术，以培养大学生预备军为主，但并非单纯的升学教育，而是兼具技术教育和生计教育等多重功能，类似我国高中教育却又有所不同，是英国较具特色的一个教育阶段。目前英国主要有三类教育机构可以为16~19岁学生提供第六级教育，即：亦提供义务性中等教育的中学、专门设立的第六学级学院（sixth form colleges）和继续教育学院（further education colleges）。前两者主要向学生提供为高等教育做准备的普通中等教育证书高级水平课程（General Certificate of Education，Advanced Level，简称A-Level），后者除了提供A-Level课程，也提供同等层次的职业教育与培训。完成第六级教育的学生将参加A-Level考试或与其同等层次的高级水平职业资格证书考试，以获得升入高等教育学习的资格。英国《教育与技能法（2008年）》（*Education and Skills Act 2008*）规定，自2015年起，完成11年义务教育但尚未年满18周岁的青少年有义务继续接受教育与培训。[②]因此我们可以在某种程度上认为，第六级教育自此也被纳入英国的义务教育阶段，但这并不意味着所有完成11年义务教育尚未年满18周岁的青少年都有义务进入全日制学校接受第六级教育。除了全日制的第六级学校教育，英国青少年亦可通过学徒制培训或每周20小时的非全日制学习与培训完成这一具有义务性质的后义务教育。[③]

英国《继续教育和高等教育法（1992年）》（*The Further and Higher Education Act 1992*）宣告终结其二元制高等教育体系，赋予所有高等教育机构以独立法人地位和高度自治权，并规定此后任何高等教育机构都可以向枢密院（Privy Council）申请包括学位、文凭、证书在内的所有高等教育学衔授予权，且所有公

① Types of School [EB/OL]. https://www.gov.uk/types-of-school/overview. [2015-7-4].

② *Education and Skills Act 2008* [EB/OL]. http://www.legislation.gov.uk/ukpga/2008/25/pdfs/ukpga_20080025_en.pdf. [2015-7-5].

③ *Education and Skills Act 2008* [EB/OL]. http://www.legislation.gov.uk/ukpga/2008/25/pdfs/ukpga_20080025_en.pdf. [2015-7-5].

立高校[①]均通过“高等教育基金委员会”(Higher Education Funding Council)向中央政府申请、获批公共教育经费。[②]作为后义务教育,与世界上多数国家一样,英国的高等教育也经历了从免费到收费且学费不断上涨的变革。对于这一点,我们将在本章第三节中做更为深入的介绍与探讨。

二、英国教育行政管理体制与财政体制

英国《教育改革法(1988年)》的颁布使其建立了中央与地方共同合作的教育行政管理制度。在有关教育的重大问题上,中央一级的教育部(及其前身)有最终的决定权,但地方教育当局享有实际上的自治权。与之相应,英国的学前与基础教育财政也采取中央、地方分级管理的体制,但其高等教育财政体制当前表现出明显的中央集权特点。从发展趋势来看,英国的教育经费投入、职责分配如今正不断向中央政府集中,而教育经费的使用权又不断向学校下放。换言之,英国教育财政责权的划分越来越呈现出两头(中央政府、学校)大、中间(地方当局)小的哑铃式结构。

(一) 中央政府的教育财政责权

在2010年大选后,英国卡梅伦政府决定在中央一级由两个政府部门分管英国的教育事务:教育部(Department for Education,简称DfE)负责管理3~19岁儿童和青少年的教育和服务,即前高等教育;商业、创新与技能部(Department for Business Innovation and Skills,简称BIS)负责管理高等教育、继续教育和成人技术培训等。英国中央政府的教育经费每年由国会批准,然后分别下拨给两个教育主管部门,由其负责资金的分配与下拨。

1. 教育部

英国教育部是其中央政府24个内阁部门之一,如今设9个执行机构和公共组织,其中就包括专责中央政府学前与基础教育经费投入与监管的教育基金署(Education Funding Agency,简称EFA)。在教育基金署成立之前,前“儿童、学校与家庭部”(Department for Children,Schools and Families,即教育部前身)负责向地方当局下拨公立幼儿园及中小学教育经费,并建立“青年学习署”(Young People's Learning Agency),负责学院学校和16~19岁青年的教育与培训的拨款事务;而“学校伙伴”(Partnerships for Schools)则负责教育资本拨款。2010年11

① 尽管目前英国绝大多数高校都对政府具有较大的财政依赖,但均属独立法人而并不归任何一级政府所有,因此英国公立高校的“公立”指的是经费来源而非所有权。

② *Further and Higher Education Act 1992*[EB/OL]. http://www.legislation.gov.uk/ukpga/1992/13/section/76.[2015-4-4].

月，英国中央政府内部进行了重组，教育部关闭青年学习署并建立教育基金署，以接管前儿童、学校与家庭部及青年学习署的教育拨款事务。2011 年 6 月，教育部又宣布将教育资本拨款也移交给教育基金署负责，学校伙伴因此于 2012 年 3 月关闭。换言之，英国教育部的教育基金署如今基本上承担了其中央一级的所有学前与基础教育财政事务，具体包括：为 3~19 岁学习者以及 3~25 岁有学习困难和残疾的学习者提供教育拨款；为学院学校、大学技术学院、广播电视学校和自由学校提供拨款并进行监管；为学前与基础教育机构、第六级学院提供资本拨款；向 152 个地方当局提供公立学校拨款和为 4,000 所自愿受助学校提供拨款。[①]（见表 2-1）

表 2-1　英国教育基金署及其前身的职能比较

部门		教育基金署	青年学习署	学校伙伴	教育部	新增服务
年度		2012—2013	2011—2012			
负责拨款额度（单位：亿英镑）		510	121	52	333	
服务项目	分配拨款	向学院学校拨款	√			
		向公立学校拨款			√	
		向 16~19 岁学习者拨款	√			
		向接受第六级教育的 14~16 岁学生拨款				√
		确保拨款协议				√
	管理和传送资本项目	分配资本拨款	√	√		
		管理资本项目	√			√
		收集、分析和出版质量保障数据				√
		项目传送				√
	政策举措传送	为被拘禁的 18 岁以下青少年犯提供教育拨款	√			
		为“青年合约”（16~17 岁）拨款				√
	为国会提供保障	报告学院学校、第六级学院、继续教育学院及其他教育提供方的财务管理情况	√			
		报告公立学校的财务管理情况			√	
		报告第六级学院的不佳表现	√			
		将学院信托并入财务报表				√
		协助教育部将学校转型为学院学校和建立自由学校	√			

资料来源：National Audit Office. *Performance and Capability of the Education Funding Agency* [R]. London: The Stationery Office, 2014: 17.

① Responsibilities [EB/OL]. https://www.gov.uk/government/organisations/education-funding-agency/about. [2015-7-11].

2012—2013 年,英国国会为教育部拨款 510 亿英镑,而这笔经费全部交给了教育基金署予以分配。当年,教育基金署将 71%(362 亿英镑)的教育经费划给了地方政府,由其负责转拨给当地公立幼儿园和中小学校;将 103 亿英镑直接拨付给了学院学校;其余的直接下拨给了继续教育学院、第六级学院以及其他教育机构,如慈善学校、民办公助学校等。[①]

2. 商业、创新与技能部

英国强调学术自由和大学自治,因此其高等教育机构不接受任何一级政府的直接管辖,但接受中央政府的财政资助。然而从发展趋势来看,英国政府如今正试图在不影响高校学术自由的前提下,通过拨款这一经济手段不断加强对高校的控制。当前英国中央政府将高等教育及其他继续和成人教育的资助事务交给了商业、创新与技能部。该部成立于 2009 年 6 月 5 日,是一个以发展经济为主要使命的中央政府部门。英国将高等教育及其他继续和成人教育的管理、资助职能从教育部门剥离出来而纳入商业、创新与技能部,体现了其对高等教育及其他继续和成人教育繁荣经济、促进创新和推广终身教育功能的期盼与重视。英国商业、创新与技能部与 50 个执行部门和公共机构共同合作,而其中直接参与教育财政事务的主要包括:英格兰高等教育基金委员会(Higher Education Funding Council for England,简称 HEFCE)、研究理事会(Research Councils)、技能基金署(Skills Funding Agency)和学生贷款公司(Student Loans Company)。

(1) 英格兰高等教育基金委员会

英国总共设有 4 个高等教育拨款委员会分别负责其 4 个地区的高等教育基金管理事务:英格兰高等教育基金委员会、威尔士高等教育基金委员会(Higher Education Funding Council for Wales,简称 HEFCW)、苏格兰高等教育基金委员会(Scottish Higher Education Funding Council,简称 SHEFC)和北爱尔兰就业与学习部(Department for Employment and Learning,简称 DEL)。其中,除了北爱尔兰就业与学习部属于政府部门,其他 3 个高等教育基金委员会均属带有第三方性质的半政府部门,且职能、运行机制基本类似。以英格兰高等教育基金委员会为例,根据 1992 年《继续教育和高等教育法》的规定,英格兰高等教育基金委员会是一个执行性的非政府部门公共机构(executive non-department public body)。这意味着英格兰高等教育基金委员会要在其主管部门——商业、创新与技能部的国务大臣(Secretary of State)所设定的政策框架下进行运作,但它又并非该部的一

① National Audit Office. *Performance and Capability of the Education Funding Agency* [R]. London:The Stationery Office,2014:7.

个子部门，而是拥有清晰的、免于直接政治控制的法定权力的。[①] 商业、创新与技能部国务大臣在每年给高等教育基金委员会的拨款信（grant letter）中告知中央政府下一年度的高等教育政策框架、资金投入规模和投入结构以及高等教育发展规模（学生人数），然后由高等教育基金委员会具体负责各项经费的分配与下拨。

高等教育基金委员会一方面负责具体执行中央政府的高等教育财政预算，直接决定每一所高等教育机构所能获得的政府拨款额度，并保证教育经费得到合理的分配和使用，旨在通过财政战略将中央政府的教育政策清晰地传达给高等教育机构；另一方面通过与高等教育机构的协商、沟通与其他联系，将高等教育机构的意见反映给政府，向国务大臣提供高等教育拨款和发展需求方面的建议。正因如此，人们通常将英国的高等教育基金会界定为中介组织，并认为它们能通过在政府与高等教育机构之间上传下达，避免二者产生正面利益冲突从而发挥"缓冲器"的作用。

（2）研究理事会

英国中央政府为高校提供的教学经费由高等教育基金委员会负责下拨，而科研经费则由高等教育基金委员会和研究理事会组成的"双重支持系统"（Dual Support System）共同负责分配和管理。前者主要负责高校科研活动的经常性支出，以一揽子拨款为主；后者负责专门资助特定科研项目，只提供专项拨款。英国研究理事会亦属于执行性的非政府部门公共机构，目前由7个学科领域的分理事会构成，分别为：人文研究理事会（Art and Humanities Research Council）、生命技术和科学研究理事会（Biotechnology and Biological Science Research Council）、工程和物理科学研究理事会（Engineering and Physical Sciences Research Council）、经济和社会研究理事会（Economic and Social Research Council）、医学研究理事会（Medical Research Council）、自然环境研究理事会（Natural Environment Research Council）、科学和技术设备理事会（Science and Technology Facilities Council）。值得注意的是，与高等教育基金委员会不同，研究理事会负责向高校划拨的科研经费来自商业、创新与技能部提供的科学预算而非教育预算。

（3）技能基金署

技能基金署负责为继续教育中的技能培训尤其是学徒制培训提供资助。

（4）学生贷款公司

学生贷款公司是一个下设于商业、创新与技能部的非营利、非政府公共机

---

① 毕建宏. 英格兰高等教育拨款委员会（HEFCE）简介[Z]. 北京大学中国教育财政科学研究所简报，2011（8）.

构,专门负责英国高校的学生贷款与学生资助事务,具体包括:第一,向高校学生发放助学贷款和奖助学金;第二,代获得助学贷款的学生向其所在高校预付学费;第三,与英国皇家税务与海关总署(HM Revenue and Customs)共同负责高校学生助学贷款还贷工作;第四,为北爱尔兰和威尔士16岁以上学生提供生活费;第五,代表高校发放奖助学金。①

(二)地方政府的教育财政责权

英国现行地方政府机构以都市郡的区、非都市郡、内伦敦和外伦敦的市为地方教育行政单位。每个地方议会设教育委员会和教育局,后者为前者的执行机构,二者合称地方教育当局,共同作为地方教育行政机关。② 英国地方教育主管部门当前负责当地公立幼儿园和中小学校的设置与管理,并为其提供全部或绝大多数教育经费,但资金主要来自中央政府的转移支付,少部分源自本级政府的税收收入。除了政府机构,《学校标准与框架法案(1998年)》(*School Standards and Framework Act 1998*)③ 要求各地方政府组织当地各公、私立幼儿园和中小学的校长及董事会代表组建"学校论坛"(schools forum),以协助其教育主管部门开展学校拨款工作。学校论坛决定地方教育主管部门所能集中留用的学校专用拨款额度,在地方教育主管部门的拨款公式设计过程中发挥着举足轻重的作用,因而在很大程度上影响着地方政府的教育投入决定和学校预算编制。④

在高等教育阶段,自从多科技术学院脱离地方政府管理,取得与大学同等的独立法人地位后,英国地方政府就再没有义务为高等教育提供教育经费。除了自愿为本地高校的学生提供一些奖助学金外,英国地方政府如今已经完全不参与高等教育的经费投入、分配与监管事务。

(三)学校的财政自主权

英国的幼儿园和中小学实行校董事会(board)领导下的校长负责制。校董会是学校内部最高权力机关,负责决策但不干预学校日常工作,要负责审核和通过学校年度预算与决算。校长是学校内部事务的最高行政长官,要负责管理学校预算,掌握着学校的实际财权。英国当前正不断提升其幼儿园和中小学的财政自主权,鼓励地方当局尽可能多地将经费的支配权交给学校校长。

对于高等教育而言,校级管理机构主要有理事会(court)、校务委员会

---

① What We Do [EB/OL]. http://www.slc.co.uk/about-us/what-we-do.aspx. [2015-7-10].

② 李春生.比较教育管理[M].南京:江苏教育出版社,2008:113.

③《教育法案(2002年)》(*Education Act 2002*)对其进行了修订。

④ Schools Forum: A Guide for Schools and Academies [EB/OL]. https://www.gov.uk/schools-forum-a-guide-for-schools-and-academies. [2015-7-10].

(council)、学术评议会(senate)和师生委员会等。在英国,高校校长多为荣誉职务,多由女王、王室成员、地方当局长官或社会名流担任;学校内部事务的主持人实际上是副校长(vice chancellor),并设财务主管(bursar)专责学校财政事务。[①] 理事会是英国高校形式上的最高权力机关,每年召开一次会议,听取副校长的学校工作年度报告(包括财务结算)。校务委员会多由校外人员组成,包括少部分教学、科研人员,是高校内部行政事务的执行机构,负责任命副校长和筹划学校经费。学术评议会负责在学校和学部及院系所之间上传下达,掌握着英国高校的实际决策权。新型大学的领导机构是董事会,负责大学的全面事务。[②] 值得注意的是,英国高校的决策过程是由下而上的。在财务方面,首先是各院系所制订本部门预算方案,然后送评议会和校务委员会审查通过。高校则向高等教育基金委员会提交上一年度决算和下一年度预算以争取拨款。高校在收到年度拨款后,再将经费下拨各院系所。

三、英国教育财政最新政策

(一) 基础教育阶段:建立全国统一的学校拨款公式

英国曾赋予地方教育主管部门以高度的财权,允许地方政府完全自主地决定当地的教育经费投入与分配。这在增强地方政府教育财政体制灵活性的同时,也无可避免地增大了地区间的差异,导致不同地区的同类学校所获拨款相差甚远,公平问题日益突出。此外,许多地区制定的拨款公式过于复杂并存在诸多与学生学业成就无必然关系的拨款因子,且多以历年支出为依据而非以学校、学生特点及实际需要为参照,降低了经费配置的效益与效率以及拨款过程的透明性。为了解决这些问题,英国政府自 2011 年起启动了新一轮的基础教育财政改革。主要改革内容包括简化拨款公式、减小区域投入差异、增强学校财政自主权等,并计划于下一开支审查(Spending Review)期间建立起全国统一的拨款公式。

2011 年 4 月,英国教育部向全国教育专家、教育管理者、教师、家长等利益相关者组织发布了《学校拨款改革咨询:基本原理与准则》(*A Consultation on School Funding Reform: Rationale and Principles*),以征求学校拨款公式改革意见。同年 7 月,英国教育部发布《学校拨款改革咨询:关于建立一个更公平体系的提案》(*A Consultation on School Funding Reform: Proposals for a Fairer System*),提出

① 李春生. 比较教育管理[M]. 南京:江苏教育出版社,2008:132.

② 李春生. 比较教育管理[M]. 南京:江苏教育出版社,2008:133.

了建立全国教育拨款公式的设想及基本思路。

2012年3月,英国教育部出台《学校拨款改革:走向更公平体系的下一步》(*School Funding Reform:Next Steps towards a Fairer System*),制定了一系列具体的改革方案,主要包括:第一,简化地方政府拨款公式,将教育部此前为地方政府制定学校预算提供的37个参考因子削减为10个;第二,使公立学校和学院学校等非地方政府所属学校的拨款公式和拨款方式走向统一;第三,量化对特殊群体的评定标准,以此增强特殊群体附加拨款公式的透明性和一致性;第四,建立最低拨款水平保障,保证各校生均教育经费能够逐年稳步增强;等等。这是英国近十年来首次以学生和学校的实际特点而非以往的支出水平为依据分配学校教育经费。在下一节中,我们将对改革后的拨款体制做一个较为全面的介绍。

(二)高等教育阶段:投资主体由公共部门转向私人

2009年11月9日,英国前工党政府商业大臣曼德尔森(Mandelson)勋爵委托英国石油公司前首席执行官约翰·布朗(John Browne)勋爵针对英国高等教育财政开展独立审查。2010年10月12日,约翰·布朗发布了一份题为《保障高等教育的可持续未来:高等教育拨款与学生财政独立审查》(*Securing a Sustainable Future for Higher Education:An Independent Review of Higher Education Funding and Student Finance*)的报告(简称"布朗报告"),为英国高等教育尤其是本科教育的财政改革提供了诸多政策建议,奠定了英国最近一轮高等教育财政改革的基调,即将高等教育财政的投资主体由公共部门转向私人。

概括来讲,"布朗报告"主要提出了三大本科生教育财政改革建议。第一,本科生教育继续实行2006年开始试行的"毕业后补交学费"政策,但"布朗报告"提议在此基础上做出几点改变:(1)要求本科毕业生年收入高于21,000英镑即开始"补交学费"(简称"建议一");(2)按高于各年通货膨胀率的2.2%向毕业生收取"实际贷款利息",即助学贷款将不再是无息贷款(简称"建议二");(3)毕业生毕业后最多还贷30年(简称"建议三")。第二,为本科生提供更大力度的生活费资助以减少在读学生的家庭经济负担,具体包括:(1)使所有本科生(包括半日制学生)不论其家庭收入高低均有资格每学年申请3,750英镑的生活费贷款以维持其在读期间的日常生活开支(简称"建议四");(2)每年对家庭年收入低于25,000英镑的所有本科生提供额外的3,250英镑补助,对家庭年收入为25,000~60,000英镑的所有本科生提供3,250英镑以内的额外补助(简称"建议五")。第三,解除自2006年起实行的每学年最高3,000英镑(此后逐年据通货膨胀率上调)学费限制,即高校可以根据各自的办学成本自由设定学费标准,但要求每年学费高于6,000英镑的高校向政府上缴一定的税金以防止高校无限制上涨学费(简称“建议六”)。[①]

2010年11月3日,英国国会议员、大学与科技国务大臣戴维·威利茨(David Willetts)依据“布朗报告”在国会上提出了《高等教育基金与学生经济提案》(*Statement on Higher Education Funding and Student Finance*,简称《提案》),并拟定自2012—2013学年起正式实行新收费方案。比照“布朗报告”不难发现,该《提案》完全采纳了“建议一”“建议三”“建议五”,将“建议二”调整为:(1)年收入低于21,000英镑的毕业生继续按通货膨胀率计算贷款利息;(2)年收入达21,000~41,000英镑的毕业生根据年收入高低分别缴纳不同额度的实际贷款利息,贷款利率最高可达3%;(3)年收入高于41,000英镑的毕业生将承担更高比例但低于普通商业贷款利率的实际利息;(4)具体贷款利率标准将在来年得到进一步确定。对于“建议四”,《提案》只提出要为非全日制本科生提供与全日制本科生等额的学费贷款,但并未提及生活费贷款。“建议六”调整为:(1)保留学费上限,但将上限上调为每学年6,000英镑;(2)特殊情况下允许收取高于6,000英镑的学费,但本科生学费决不允许高于9,000英镑;(3)如果高校收取了高于6,000英镑的学费,就需要与“公平入学办公室”(Office for Fair Access)重新签订“入学协议”(Access Agreement),以保证高额学费不会影响公平入学,如高校未实现承诺,则需要向政府缴纳一定的税金,以发展旨在促进公平入学的“国家奖学金项目”(National Scholarship Programme)。[②] 当年12月9日,英国国会通过这一学费上调提案。[③]2011年6月,英国商业、创新与技能部颁布了题为《高等教育:学生处于系统中心》(*Higher Education: Students at the Heart of the System*)的《2011年高等教育白皮书》,宣告英国将自2012—2013学年起正式实行新收费方案。

值得注意的是,尽管“布朗报告”《提案》和《2011年高等教育白皮书》均未直接提及研究生教育的学费问题,但此轮改革要求大幅削减英国高等教育的总体财政经费,并将财政投入重点由直接拨付给高校的教学经费转向着重发展国家助学贷款,意味着英格兰的研究生教育学费定价将身陷两难境地:一方面,研究生教育的教学经费与本科生教育一样会遭到大幅削减,那么学费必然需要上

① *Securing a Sustainable Future for Higher Education: An Independent Review of Higher Education Funding and Student Finance* [EB/OL]. https://www.gov.uk/government/publications/the-browne-report-higher-education-funding-and-student-finance. [2013-9-13].

② *Statement on Higher Education Funding and Student Finance* [EB/OL]. https://www.gov.uk/government/speeches/statement-on-higher-education-funding-and-student-finance--2. [2014-9-13].

③ University Tuition Fee Cap-Set Basic Limit at £6,000 Per Year—9 Dec 2010 at 17:12 [EB/OL]. http://www.publicwhip.org.uk/division.php?date=2010-12-09&number=151&mpn=Mark_Williams&mpc=Ceredigion&house=commons. [2014-9-13].

涨；另一方面，大多数研究生仍然无资格申请国家助学贷款，且本科生教育学费大幅上涨将给本科毕业生带来极大的债务压力，如果研究生教育学费定价过高则势必影响研究生教育的入学率和入学公平。研究生教育在促进英国经济发展和社会进步中有不可替代的重要作用，加之其财政问题长期以来受到忽视，以及近年来本科生教育财政改革对研究生教育财政产生了一些潜在影响，促使英国政府在逐渐完成其本科教育财政改革之后，不得不开始致力于研究生教育阶段的财政改革。

2012 年，英国高等教育委员会（Higher Education Commission）组建了以格拉哈姆·斯皮特尔（Graham Spittle）为主席的调研小组，专门针对英国的研究生教育进行了独立调查，并发布了题为《研究生教育：高等教育委员会独立调查》（*Postgraduate Education: An Independent Inquiry by the Higher Education Commission*）的报告。该报告开篇便指出研究生教育财政问题多年来一直是英国教育改革的一个盲区，并认为这已危及英国研究生教育的健康发展，并将最终影响整个国家的科技发展与国际竞争力，因而建议英格兰高等教育基金委员会加强对英格兰研究生教育财政问题的关注，广泛收集研究生教育成本、学费等数据，以便全面深入了解问题从而采取应对措施。① 目前英格兰研究生教育财政投入体制改革尚处于调研阶段，暂未出台具体的改革方案，但可以肯定的是，英国政府有意将当前仅面向本科生的按收入还款的国家助学贷款制度全面推广至研究生教育阶段，这将在一定程度上解除英国高校担心研究生教育学费上涨影响入学人数的后顾之忧。

第二节 英国学前与基础教育财政

一、教育经费的筹措与投入

当前英国公共教育系统中的幼儿园与中小学的教育经费主要由政府拨款、学校创收和社会捐赠三部分组成，且对政府拨款的财政依赖性极强。以英格兰地区各级公立学校为例，最新统计数据显示，当前其公立幼儿园的教育经费中逾

① Higher Education Commission. *Postgraduate Education: An Independent Inquiry by the Higher Education Commission* [M]. London: Policy Connect, 2012: 1.

80% 来自政府拨款，公立中小学、特殊学校的教育经费中近 95% 都是来自政府拨款(详见表 2-2)。相比之下，PVI 教育系统中除了学前教育阶段的幼儿教育机构可以获得中央政府和地方政府的财政拨款外，公学等私立贵族学校均无法获得政府财政资助，而主要靠收取高额学费和获得捐赠等途径筹措办学经费。①

表 2-2 英格兰公立学校教育经费来源占比统计

学校类型	经费来源	2012—2013 财年	2013—2014 财年	2014—2015 财年
幼儿园	地方政府拨款	65.87%	66.49%	65.15%
	各级政府总拨款	81.50%	80.30%	77.85%
	学校创收	17.76%	19.07%	21.11%
	社会捐赠	0.73%	0.63%	1.05%
小学	地方政府拨款	80.44%	84.60%	81.80%
	各级政府总拨款	94.23%	94.04%	94.25%
	学校创收	5.10%	5.29%	5.11%
	社会捐赠	0.68%	0.67%	0.64%
中学	地方政府拨款	73.88%	78.39%	78.33%
	各级政府总拨款	94.69%	94.89%	94.58%
	学校创收	4.76%	4.59%	4.84%
	社会捐赠	0.55%	0.52%	0.58%
特殊学校	地方政府拨款	80.44%	84.60%	49.99%
	各级政府总拨款	94.23%	94.04%	94.34%
	学校创收	5.10%	5.29%	5.14%
	社会捐赠	0.68%	0.67%	0.52%

资料来源：LA and School Expenditure: 2013 to 2014 Financial Year [EB/OL]. https://www.gov.uk/government/statistics/schools-education-and-childrens-services-spending-2013-to-2014. [2015-7-6]. LA and School Expenditure: 2014 to 2015 Financial Year [EB/OL]. https://www.gov.uk/government/statistics/schools-education-and-childrens-services-spending-2014-to-2015. [2016-3-29].

① *Early Childhood and School Education Funding* [EB/OL]. https://webgate.ec.europa.eu/fpfis/mwikis/eurydice/index.php/United-Kingdom-England:Early_Childhood_and_School_Education_Funding#Capital_Funding. [2015-7-7].

（一）中央政府对学前与基础教育的财政投入

英国长期以来都是由地方政府负责学前和基础教育的供给，然而其绝大多数办学经费并非源自地方政府本级政府的税收，而是源自中央政府的教育预算，归根结底是来自中央政府征收的国税和发行的公债。① 尽管表 2-2 显示各级公立学校主要从地方政府获取政府拨款，但实际上其中绝大多数经费来源于中央政府的转移支付。以 2013—2014 财年为例，当年英格兰地方政府的年度教育支出为 430 亿英镑，其中有 365 亿英镑（85%）来自中央政府的转移支付。②

1. 转移支付

英国中央政府对于地方当局的转移支付当前包括两大类：一类是通用拨款（Current Grants），另一类是资本拨款（Capital Grants），或称投资拨款（Investment Grants）。前者属于中央政府定期拨款项目，用于地方政府的各类行政支出及公共服务的日常支出，教育领域的学校专用拨款（Dedicated Schools Grants，简称 DSG）③、学生补助金（Pupil Premiums）、公立第六级教育拨款（Maintained Sixth Forms Grants）、私人融资计划拨款（Private Finance Initiative Grants）等便属此类。后者属于中央政府专门拨付给地方政府用来购买土地、基建、设备等固定资产的专用经费，地方政府不得随意改变此类经费的用途，如各类教育资本拨款。表 2-3 显示，当前英国中央政府为地方政府提供的各类通用拨款中，超过 1/3 用于教育口；而用于教育的转移支付中，90% 左右为通用拨款。

（1）学校专用拨款

学校专用拨款是当前英国学前与基础教育阶段最主要的财政性教育经费款项，属中央通用拨款，其主要用途包括教师工资、课本、设备经费等。根据经费用途，学校专门拨款被划分为早期教育一揽子拨款（the early years block）、学校一揽子拨款（the schools block）和高需求一揽子拨款（the high needs block）三大部分。

---

① Luke Sibieta, Haroon Chowdry, Alastair Muriel. *Level Playing Field? The Implications of School Funding*[R]. London: CFBT Education Trust, 2008: 20.

② *Public Expenditure Statistical Analyses* [EB/OL]. https://www.gov.uk/government/uploads/system/uploads/attachment_data/file/330717/PESA_2014_-_print.pdf.[2014-08-07].

③ 英国中央政府曾一度根据国家教育优先发展战略需要设置了一些专项拨款，如学校标准拨款（School Standards Grants）和少数民族成就拨款（Ethnic Minority Achievement Grants，简称 EMAG）、确保开端（Sure Start）、儿童早期保育拨款（Early Years & Childcare Grant）、早期干预拨款（Early Intervention Grants）等，但如今均已并入学校专用拨款。参考文献：Early Childhood and School Education Funding [EB/OL]. https://webgate.ec.europa.eu/fpfis/mwikis/eurydice/index.php/United-Kingdom-England:Early_Childhood_and_School_Education_Funding.[2015-7-9].

表 2-3　英国中央政府为英格兰地方当局提供的教育拨款额度统计

单位:百万英镑

类目 \ 年度		2011—2012	2012—2013	2013—2014	2014—2015	2015—2016
通用拨款	学校专用拨款	33,905	30,824	29,167	27,755	26,604
	早期干预拨款	206	448	—	—	—
	学生补助金	556	989	1,365	1,900	1,995
	第六级教育拨款	1,585	1,136	856	991	873
	私人融资计划拨款	600	670	733	747	752
	其他	58	99	1,105	1,359	1,308
	总教育通用拨款	36,910	34,166	33,226	32,752	31,532
	占总通用拨款比例	35.64%	34.50%	33.04%	33.56%	34.20%
资本拨款		4,690	2,033	3,276	3,839	3,370
用于教育的转移支付总额		41,600	36,199	36,502	36,591	34,902
教育通用拨款占用于教育的转移支付总额比例		88.73%	94.38%	91.03%	89.51%	90.34%

备注:2014—2014 年度与 2015—2016 年度的数据为预算数据,前三年度为决算数据。

资料来源:*Public Expenditure Statistical Analyses* [EB/OL]. https://www.gov.uk/government/uploads/system/uploads/attachment_data/file/330717/PESA_2014_-_print.pdf. [2014-08-07].

其中,早期教育一揽子拨款被用于为 2~4 岁儿童提供早期教育①;学校一揽子拨款被用于为 5~18 岁青少年儿童提供中小学教育②;高需求一揽子拨款被用于发展 25 岁及以下青少年儿童特殊教育。

在 2006 年以前,英国中央政府每年根据国家预算,通过“社区和地方政府部”(Department for Communities and Local Government,简称 CLG)以“收入支持拨款”(Revenue Support Grant,简称 RSG)的方式将各项公共事业经费一揽子下拨到各地方当局,其中就包括用于发展学前与基础教育的转移支付。在 2003—2004 年度以前,英国政府通过 1990 年引入的“教育标准支出评估”(Education Standard Spending Assessment,简称 ESSA)从收入支持拨款中划拨出教育经费;2003—2004 年度,英国引入“教育支出份额公式”(Education Formula Spending Share,简称 EFSS)代替教育标准支出评估以计算教育经费。值得注意的是,无论是教育标准支出评估,还是教育支出份额公式,都没有对地方当局对学校拨款

① 不包括附设于中小学的学前班、幼儿班。

② 包括附设于中小学的学前班、幼儿班。

的具体数额作出强制性规定。换言之，地方当局在为学校制定预算时，既可以超过也可以低于中央政府预定的数额。因此英国中央政府往往借此声称地方政府没有为学校制定足够的学校预算。[①] 为了保证中央下拨的教育经费不被地方政府随意挪作他用，英国中央政府自2006—2007年度起不再将教育经费纳入收入支持拨款范围，而改以学校专用拨款的方式向地方政府转移支付教育经费，并规定地方政府必须将此笔经费全部拨给当地学校，以此确保国家教育投入的增长能全部用于学校。

(2) 学生补助金

为了缩小低收入家庭子女与富裕家庭子女之间的学业成就差异，英国中央政府自2011年4月起正式为处境不利儿童、需要地方当局代为收养和来自低收入家庭的中小学生[②]提供教育补助金。[③]英国中央政府统一规定生均拨款标准，由教育基金署分季度下拨至各地方当局及直属学院学校。[④] 从投入力度来看，近年来英国中小学生补助金无论是生均补助标准还是获补助学生比例都在稳步增长。据统计，2011—2012年度的生均补助标准为488英镑，约18%的中小学生能获得补助，英国中央政府为此共投入6.25亿英镑；2012—2013年度的生均补助标准为623英镑，约27%的中小学生能获得补助，英国中央政府为此共投入12.5亿英镑；2013—2014年度的生均补助标准为900英镑，英国中央政府为此共投入18.75亿英镑；2014—2015年度英国的中小学生补助金总额达到25亿英镑。[⑤] 按照2015—2016年度的拨款安排，有三类中小学生有资格获得此类补助：①近6年内享受过免费学校餐福利的学生（Ever 6 FSM）；②由地方政府代为收养的学生；③近5年内享受过“服务儿童补助”的学生（Ever 5 service child）[⑥]，各类学生的生均补助标准如表2–4所示。

① Anne West. Redistribution and Financing Schools in England under Labour: Are Resources Going Where Needs Are Greatest? [J]. *Educational Management Administration & Leadership*, 2009, 37(2): 162–163.

② 包括附设于中小学的学前班、幼儿班学生。

③ 施祖毅. 英国中小学财政性教育经费投入研究[D]. 重庆：西南大学，2014:41.

④ The Pupil Premium [EB/OL]. https://www.gov.uk/government/uploads/system/uploads/attachment_data/file/413222/The_Pupil_Premium.pdf. [2015-7-7].

⑤ Hannah Carpenter, Ivy Papps, Jo Bragg. *Evaluation of Pupil Premium: Research Brief* [R]. London: Department for Education, 2013: 3–5.

⑥ Pupil Premium 2015 to 2016: Conditions of Grant [EB/OL]. https://www.gov.uk/government/publications/pupil-premium-2015-to-2016-allocations/pupil-premium-2015-to-2016-conditions-of-grant. [2015-7-7].

表 2-4 2015—2016 年度英国中小学学生补助金资助标准

获补助学生类型		生均补助标准(英镑)
近 6 年享受过免费学校餐福利的学生	6 岁以下	1,320
	7~11 岁	935
由地方政府代为收养的学生		1,900
近 5 年享受过“服务儿童补助”的学生		300

资料来源:Rates for Eligible Pupils [EB/OL]. https://www.gov.uk/government/publications/pupil-premium-2015-to-2016-allocations/pupil-premium-2015-to-2016-conditions-of-grant. [2015-7-7].

目前英国的学生补助金资助范围仅限于中小学及附设于中小学的学前班和幼儿班学生,但自 2015—2016 年度起,资助范围将下延至学前教育阶段,以提高处境不利的低龄儿童的学业成就。按照英国政府当前的规定,凡是满足以下诸条件之一的 3~4 岁[①]儿童均有资格获得此补助:①被地方政府代为收养者;②其家庭获得以下任何一项资助者:收入支持(Income Support)、基于收入的求职者补贴(Income-based Jobseeker's Allowance)、与收入相关的就业与支持补贴(Income-related Employment and Support Allowance)、《移民与救济法(1999 年)》(*Immigration and Asylum Act 1999*)第六部分规定的资助、国家养老金抵扣(State Pension Credit)保障、儿童税抵扣(Child Tax Credit,不同时享有工作税抵扣且年毛收入低于 16,190 英镑)、工作税抵扣追加(Working Tax Credit Run-on)[②]、通用福利(Universal Credit)。资助标准为生均 0.53 英镑 / 小时,即接受了 520 小时免费学前教育的学生可获得共 302.10 英镑的学生补助金。[③]值得注意的是,英国此类学生补助金并非发放给受资助学生本人,而是划拨给受资助学生所在学校,而学校则使用这笔经费为受资助学生提供各种类型的特殊福利,至于具体的使用方式则由各校自行决定。

(3) 第六级教育拨款

上一节曾经提到,英国的公立中学可为完成义务教育的学生提供第六级教育,然而由于英国的公立中学归地方政府管理,中央政府为这些学校中提供的第六级教育的教育经费当前需通过地方政府代为管理和划拨,且拨款方式与学校专用拨款相似,即由地方政府上报预算,中央政府将经费下拨地方政府,再由地

① 目前,英国 2 岁儿童中只有处境极为不利的才有资格获得免费的学前教育,因此政府不再对其提供此项补助。

② 失去工作税抵扣资格后四个月内所能获得的税费减免福利。

③ *Early Years Pupil Premium:Guide for Local Authorities* [EB/OL]. https://www. gov. uk/early-years-pupil-premium-guide-for-local-authorities. [2015-7-7].

方政府全额纳入学校预算下拨各校。

(4) 私人融资计划拨款

英国政府为了吸引民间资金发展公共教育,特设私人融资计划拨款,每年向地方政府划拨一定的财政拨款以促进其发展民办公助教育。

(5) 资本拨款

与通用拨款有所不同,资本拨款是英国中央政府下拨给学校专门用于资本支出的一类财政性教育经费,其用途具有限定性,通常包括学校建筑新建或维修、购置信息技术设备等。然而与通用拨款类似的是,英国中央政府同样通过教育基金署下拨这笔经费,且一部分通过地方政府间接下发公立学校,一部分直接下发不受地方政府管理的学校,如学院学校等。

根据英国财政部发布的《公共支出统计分析(2015 年)》(*Public Expenditure Statistical Analyses 2015*)中提供的数据,当前英国中央政府对地方政府的转移支付中有 35% 左右的经常性拨款和 30% 左右的资本性拨款专用于教育。① 近年来,英国中央政府通过转移支付方式提供给地方政府的经常性教育拨款占地方政府经常性教育支出的比例一直稳定在 80% 左右;资本性教育拨款所占比例各年不同,低至 39.01%(2012—2013 年度),高达 72.94%(2011—2012 年度)。(见图 2-2)

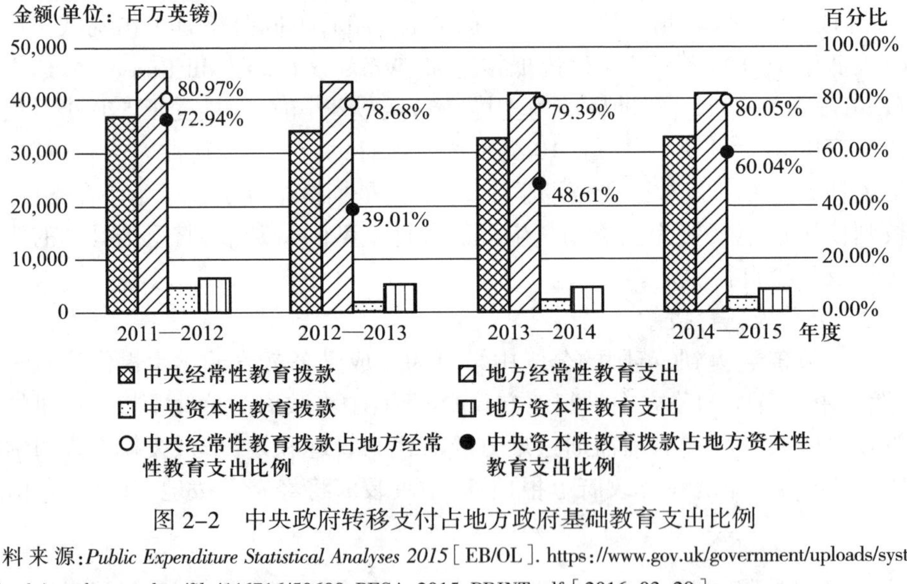

图 2-2 中央政府转移支付占地方政府基础教育支出比例

资料来源:*Public Expenditure Statistical Analyses 2015* [EB/OL]. https://www.gov.uk/government/uploads/system/uploads/attachment_data/file/446716/50600_PESA_2015_PRINT.pdf. [2016-03-29].

---

① *Public Expenditure Statistical Analyses 2015* [EB/OL]. https://www.gov.uk/government/uploads/system/uploads/attachment_data/file/446716/50600_PESA_2015_PRINT.pdf. [2016-03-29].

2. 直接拨款

在《教育改革法(1988 年)》的推动下,近年来越来越多的英国公立学校转型为学院学校,脱离地方政府管控,而直接从中央政府获得教育拨款。除了学院学校(包括自由学校)之外,第六级学院、继续教育学院与部分特殊学校均直接从中央政府获得财政拨款而不受地方政府管辖。英国中央政府通过其教育部下属的教育基金署直接向这些学校下拨各项教育经费,拨款类型和拨款方式与地方当局向公立学校下拨经费的方式基本一致,即包括通用拨款和资本拨款两大类。前者用与地方政府相同的拨款公式进行拨款,后者则采取项目制的方式进行专项拨款。

(二)地方政府对学前与基础教育的财政投入

目前英国地方政府在其学前与基础教育的财政投入过程中发挥着重要的作用,但这一作用主要体现在经费的分配而非经费的投入上。概括来讲,英国地方政府的主要角色是中央政府向学前与基础教育投入的中间人,负责将中央政府的转移支付资金和地方当局的本级投入通过一定的拨款公式下拨到当地每一所学校。

根据英国 1998 年和 2002 年的教育法规定,英国地方政府的教育预算包括学校预算和地方教育主管部门预算两部分。前者用于当地所有学前和中小学办学支出,须全额或绝大多数下拨至各校;后者用于满足地方教育主管部门一年内所有的经费需求,主要包括教育主管部门统筹规划所需费用、一些与学生相关的费用(如学生上学交通费)以及一些非学校教育费用(如本地区青少年和社区教育费用),由地方教育主管部门统一支配,但部分经费也可以专项资金的形式移交学校管理和使用。这两部分预算的制定在原则上由地方教育主管部门决定,但由中央政府做出若干原则性限制,如当前规定:地方政府制定的学校预算年增长率不得低于国家总教育投入的年增长率;非特殊情况下,地方教育主管部门预算的增长不得高于学校预算的增长;地方政府必须将中央政府下拨的学校专用拨款全额纳入学校预算;生均预算要保证逐年增长等。

值得注意的是,尽管英国地方政府直接决定了学前与中小学所能获得的财政预算,但在经费的筹措上,地方政府的本级税收投入所占比例并不高,且英国目前并没有明文规定地方政府的本级教育投入责任和经费匹配要求。换言之,英国地方政府当前在本级经费投入上具有较大的自主性和自愿性。从近几年的统计数据来看,英国地方政府的本级教育投入占地方教育支出的比例波动性较大,最低时仅 5.42%(2010—2011 年度),最高时达到 16.63%(2012—2013 年度)。(见表 2–5)

表 2-5 英格兰地方当局教育支出总额及其本级教育投入所占比例统计

单位:百万英镑

年度	2009—2010	2010—2011	2011—2012	2012—2013	2013—2014
地方政府教育支出	48,512	49,016	45,585	43,422	43,023
中央教育投入	43,353	46,358	41,600	36,199	36,502
地方本级教育投入	5,159	2,658	3,985	7223	6,521
地方本级教育投入所占比例	10.63%	5.42%	8.74%	16.63%	15.16%

备注:地方当局教育支出的经费来源包括中央教育投入和地方投入。

资料来源:*Public Expenditure Statistical Analyses* [EB/OL]. https://www.gov.uk/government/uploads/system/uploads/attachment_data/file/330717/PESA_2014_-_print.pdf. [2014-08-07].

二、教育经费的分配与使用

(一) 教育经费的分配

1. 分配流程

当前英国政府对于学前与基础教育经费的分配主要包括 7 个环节,其中前 3 个环节主要涉及中央政府如何将其教育预算在地方政府间进行分配,后 4 个环节涉及地方政府如何将中央政府及本级政府的教育预算在学校间进行分配。对于直接接受中央政府拨款的学校而言,其教育经费的分配过程基本上也是由这些环节构成。

(1) 中央政府制定教育经费投入总预算。英国国会在“支出审查”环节制定中央政府教育投入总预算。如 2010 年的支出审查一次性制定了未来四个年度(直至 2014—2015 年度)的教育总投入预算。

(2) 中央政府制定学前与基础教育总预算。英国中央政府制定完教育投入总预算后,要结合往年经费执行情况及未来国家发展战略需要,将中央政府的教育总预算分配至各级各类教育。这一环节将确定中央政府对全国学前与基础教育的总投入规模。

(3) 中央政府将分配给学前与基础教育的财政经费划分为不同款项。如前文所述,英国中央政府的教育经费分为不同类别的款项,且不同的款项具有不同的使用范围和拨款标准,借此约束地方政府制定学校预算的自主权。

(4) 地方政府制定学校预算和地方教育当局预算。英国中央政府在每年的 11—12 月向各地方政府公布中央政府下一财年的各项教育拨款初步总预算。地方政府根据自己从中央政府所能获得的各项教育经费额度及本级政府财政收入，参考该地区教育发展需求和上一财年财政计划执行情况，确定下一财年的学校预算和地方教育主管部门预算，并于次年3月31日前公布预算声明（budget statement），包括地方政府教育经费的来源与数量、地方政府集中留用经费的额度、各校所能获得的拨款数量及其计算方法、最低拨款水平等。

（5）地方政府制定学校独立预算（Individual Schools Budge，简称ISB）。英国中央政府规定地方政府要将学校专用拨款全额纳入学校预算，但并不意味着会将其全额下拨到学校，学校专用拨款可以被地方教育主管部门集中留用一部分，以用于学校的午餐、保险、满足有特殊教育需要的学生的特殊需要等事务的支出。学校预算减去地方教育主管部门集中留用经费便是学校独立预算，而该笔经费则会被全额下拨到各校。目前英国由各地方政府自行决定其教育主管部门所能留用的经费额度，但中央政府明确规定，地方教育主管部门集中留用经费的增长不能高于学校独立预算的增长[①]，并鼓励地方政府尽可能多地把教育经费下拨到学校，从而提高校方的财政自主权。（见图2–3）

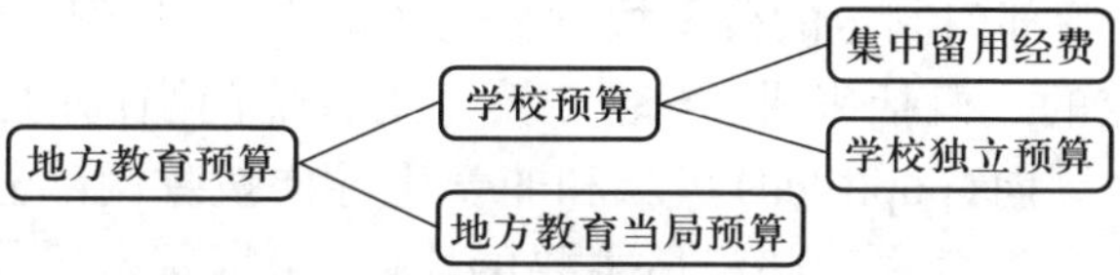

图2–3　地方教育预算组成

（6）地方教育主管部门通过一定的拨款公式向各校分配教育经费。目前英国地方教育主管部门通过两种方式向各校分配教育经费：第一，通过地方教育主管部门自行制定的"公平拨款公式"（fair funding formula）将独立学校预算分配到各校；第二，按照中央政府统一制定的拨款公式将专项经费分配到各校，如学生补助金的分配。[②]

（7）次年10月10日前，各地方政府公布结算声明（out-turn statement），包括地方教育预算分配信息（学校独立预算和集中留用经费）、青少年服务开支信息、各学校收支差额信息等，并保证信息可被公众方便、免费地查阅。（见图2–4）

2. 公平拨款公式

自20世纪90年代起，英国便在全国范围内推广了基础教育公式拨款制度，并规定占绝大多数经费的独立学校预算的拨款公式完全由各地方政府自行设

① 即所谓"集中支出限制"（Central Expenditure Limit）。

② Luke Sibieta，Haroon Chowdry，Alastair Muriel. *Level Playing Field? The Implications of School Funding*[R]. London：CFBT Education Trust，2008：20.

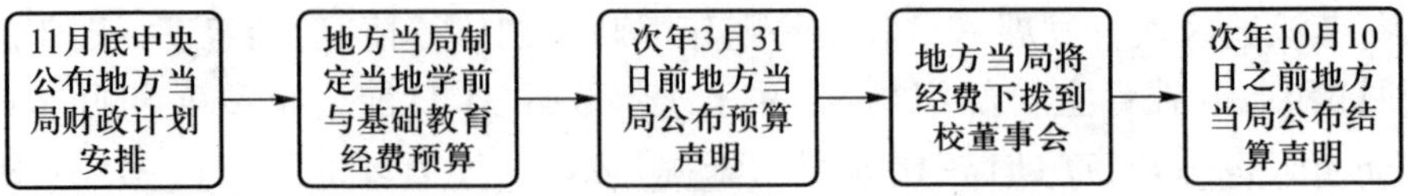

图 2-4 英国学前与基础教育经费分配流程

计。[①]这不可避免地增大了地区间的差异,导致不同地区的同类学校所获拨款相差甚远,公平问题日益突出。此外,许多地区制定的拨款公式过于复杂并存在诸多与学生学业成就无必然关系的拨款因子,且多以历年支出为依据,而非学校、学生特点及实际需要为参照,降低了经费配置的效益与效率以及拨款过程的透明性。

为了解决这些问题,英国政府自 2011 年起启动了新一轮的基础教育财政改革。主要改革内容包括简化拨款公式、减小区域投入差异、增强学校财政自主权等,并计划于下一支出审查期间建立起全国统一的拨款公式。尽管当前英国各地方教育主管部门制定的公平拨款公式仍略有差异,但其基本组成是由中央政府统一规定的。概括来讲,各地方教育主管部门当前的公平拨款公式均将拨款分为学生导向(pupil-led)拨款和非学生导向拨款两部分。其中,学生导向拨款是英国地方教育主管部门最主要的拨款,包括基本拨款(basic per-pupil entitlement)和特殊群体附加拨款两类。英国中央政府规定,各地方教育主管部门[锡利群岛(Isles of Scilly)除外[②]]在 2014—2015 年度进行学校拨款时,至少要将 80% 的学校一揽子拨款用以学生导向拨款。据统计,当年全英格兰 51% 的地方教育主管部门通过学生导向拨款分配了各自 90%~95% 的学校一揽子拨款,43% 的地方教育主管部门通过学生导向拨款分配了 85%~90% 的学校一揽子拨款,全英格兰约 89.56% 的学校一揽子拨款是通过学生导向拨款下拨学校的。[③]非学生导向拨款主要指一笔过拨款(lump sum)和稀疏拨款(sparsity)。

概括来讲,英国地方教育主管部门目前使用的拨款公式可表达为:总拨款 = 基本拨款 + 特殊学生附加拨款 + 一笔过拨款 + 稀疏拨款 + 其他。

(1) 基本拨款 = 生均基本拨款标准 × 学生人数

英国中央政府当前规定,基本拨款是其各地方教育主管部门公平拨款公

① Mihály Fazekas. *School Funding Formulas: Review of Main Characteristics and Impacts* [R]. OECD Education Working Papers, No. 74, Paris: OECD, 2012: 6.

② 锡利群岛只有一所学校。

③ Education Funding Agency. *Schools Block Funding Formulae 2014 to 2015: Analysis of Local Authorities' Schools Block Funding Formulae* [R]. Publication of Education Funding Agency, 2014: 13–14.

式中的必要组成部分，并规定地方教育主管部门可以自行为小学生、KS3 学生和 KS4 学生设定不同的生均拨款标准，即所谓“年龄赋权学生组”（age-weighted pupil unit，简称 AWPU），但中央政府将设定最低拨款标准，如规定 2014—2015 年度的小学生生均基本拨款不得低于 2,000 英镑，KS3 和 KS4 学生不得低于 3,000 英镑。据统计，2014—2015 年度英格兰有 82% 的地方教育主管部门将小学生的生均基本拨款标准定在 2,250~3,250 英镑，少部分高于 4,000 英镑；73% 的地方教育主管部门将 KS3 的生均基本拨款标准定在 3,500~4,500 英镑，77% 的地方教育主管部门将 KS4 的生均基本拨款标准定在 4,000~5,000 英镑。基本拨款不仅是英国地方教育主管部门公平拨款公式的必要组成，而且其大部分教育经费是通过这一方式分配至各校的。以 2014—2015 年度为例，英格兰各地方政府平均通过此法分配了各自 76% 的学校一揽子拨款。①

（2）特殊学生附加拨款 = 生均特殊学生拨款标准 × 特殊学生人数

特殊学生包括贫困生（deprivation）、被地方政府收养的儿童（looked-after children）、学习基础薄弱（low prior attainment）、英语为非母语学生（English as an additional language）、流动人口（mobility）。

① 贫困生附加拨款

英国中央政府当前规定，贫困生附加拨款也是各地方教育主管部门公平拨款公式中的必要组成部分，各地方教育主管部门自行从以下 2 项指标中选择 1~2 项作为贫困生统计依据：（a）享受免费学校餐学生（free school meals，简称 FSM）；（b）影响儿童的低收入指数（Income Deprivation Affecting Children Index，简称 IDACI）。据统计，2013—2014 年度英格兰约 68% 的地方教育主管部门将贫困生附加拨款的生均拨款标准②定在 1,250~2,750 英镑。与基本拨款不同的是，各地方政府通过此公式分配的教育经费比例差异较大，最低的仅用此公式分配了其 1% 的学校一揽子拨款，最高的分配了 20%。③

② 被地方政府收养的儿童附加拨款

英国中央政府当前规定，被地方政府收养的儿童附加拨款是各地方教育主管部门公平拨款公式中的自主选择部分。2014—2015 年度英格兰有 89 个地方

---

① Education Funding Agency. *Schools Block Funding Formulae 2014 to 2015*：*Analysis of Local Authorities' Schools Block Funding Formulae* [R]. Publication of Education Funding Agency，2014：4–5.

② 由于不同地方教育主管部门选择了不同的贫困生评定指标，因而不同地方教育主管部门的生均贫困生附加拨款标准不具有可比性。此处的生均拨款标准是将各地方教育主管部门用于此类拨款的总额度除以享受免费学校餐学生数量所得。

③ Education Funding Agency. *Schools Block Funding Formulae 2014 to 2015*：*Analysis of Local Authorities' Schools Block Funding Formulae* [R]. Publication of Education Funding Agency，2014：6–7.

教育主管部门设定了该拨款。2013—2014 年度英格兰各地方教育主管部门自行从 2012 年 3 月的 SSDA903 数据库中记录的以下 3 项指标中选择 1 项作为被地方政府收养的儿童的统计依据:(a) 被地方政府收养过的儿童;(b) 被地方政府收养过 6 个月以上的儿童;(c) 被地方政府收养过 12 个月以上的儿童。在 2014—2015 年度的拨款公式中,地方教育主管部门只允许使用第一项指标,即 2013 年 3 月的 SSDA903 数据库中记录的被地方政府收养过的儿童。在 2014—2015 年度设定了该类拨款的 89 个地方教育主管部门中,67 个将被地方政府收养的儿童附加拨款的生均拨款标准定在 1,250 英镑以上,且均仅通过该拨款分配了不到 0.4% 的学校一揽子拨款。①

③ 学习基础薄弱附加拨款

英国中央政府当前规定,学习基础薄弱附加拨款是各地方教育主管部门公平拨款公式中的自主选择部分。2014—2015 年度英格兰有 141 个地方教育主管部门在小学拨款中使用了该指标;147 个地方教育主管部门在中学拨款中使用了该指标。对于小学生而言,2014—2015 年度对学习基础薄弱的界定是 1 年级学生在早期基础阶段没有得到很好发展以及 2~5 岁没有达到 73 分或 78 分;对于中学生而言,2014—2015 年度对于学习基础薄弱的界定是在 KS2 阶段英语或数学未达到 4 级及以上水平②。目前不同地方教育主管部门对于该类拨款所设定的生均标准相差甚远。以 2014—2015 年度为例,小学生少者 115 英镑,多者 2,874 英镑,中学生少者 36 英镑,多者 3,229 英镑。据统计,2014—2015 年度,英格兰 67% 的地方教育主管部门通过该方式分配了 2%~6% 的学校一揽子拨款。③

④ 英语为非母语学生附加拨款

英国中央政府当前规定,英语为非母语学生附加拨款是各地方教育主管部门公平拨款公式中的自主选择部分。2014—2015 年度英格兰有 130 个地方教育主管部门设定了该拨款。各地方教育主管部门自行从以下 3 项指标中选择 1 项作为英语为非母语学生统计依据:(a) 在过去一年,(b) 在过去两年,(c) 在过去三年,进入义务教育阶段学习的英语为非母语学生。在 2014—2015 年度,英格兰有 99 个地方教育主管部门将英语为非母语小学生的生均附加拨款标准定在 250~1,000 英镑;3 个地方教育主管部门所定生均拨款标准高于 1,500 英镑。对

① Education Funding Agency. *Schools Block Funding Formulae 2014 to 2015: Analysis of Local Authorities' Schools Block Funding Formulae* [R]. Publication of Education Funding Agency, 2014: 7–8.

② 2013—2014 年度的界定是英语和数学都没有达到 4 级及以上水平。

③ Education Funding Agency. *Schools Block Funding Formulae 2014 to 2015: Analysis of Local Authorities' Schools Block Funding Formulae* [R]. Publication of Education Funding Agency, 2014: 8–10.

于中学生而言，不同地方教育主管部门为该类拨款设定的生均拨款标准差异很大，少则 47 英镑，多者高达 4,500 英镑。由于目前英国义务教育系统中英语为非母语学生的数量很有限，因此各地方政府只划拨出不到 5% 的学校一揽子拨款用于此项拨款。①

⑤ 流动人口附加拨款

英国中央政府当前规定，流动人口附加拨款是各地方教育主管部门公平拨款公式中的自主选择部分。2014—2015 年度英格兰 152 个地方教育主管部门中只有 62 个设定了该项拨款。2013—2014 年度，一所学校只要有学生是流动人口，便有资格获得该项附加拨款；但 2014—2015 年度规定，只有当一所学校的学生中流动人口占到 10% 以上，才有资格获得该项附加拨款，且只有高出 10% 的部分能被纳入拨款范围。举例来讲，假设某所学校 12% 的学生是流动人口，按照 2013—2014 年度的拨款公式，这 12% 的学生均能获得流动人口附加拨款，但按照 2014—2015 年度的拨款公式，只有 2% 的学生能计入流动人口附加拨款范围。2014—2015 年度，各地方教育主管部门为该项拨款设定的生均拨款标准为 10~18,690 英镑，且仅通过该公式各自分配了不到 1.5% 的学校一揽子拨款。②

(3) 一笔过拨款

与基本拨款和特殊学生附加拨款不同的是，一所学校所能获得的一笔过拨款额度与其学生人数无关，而是同一地区学校同一标准。英国中央政府规定，2013—2014 年度各地方教育主管部门可以为每校配备 20 万英镑以下的一笔过拨款；2014—2015 年度规定，各地方教育主管部门可以为小学和中学设定不同的一笔拨款标准，但每校不得超过 17.5 万英镑。尽管英国中央政府当前规定一笔过拨款是各地方教育主管部门公平拨款公式中的自主选择部分，但 2014—2015 年度所有地方教育主管部门都设置了该项拨款，拨款标准从 4.2 万英镑到 17.5 万英镑不等。其中，17 个地方教育主管部门将其小学一笔过拨款标准设定为最高值，即 17.5 万英镑；37 个地方教育主管部门将其中学一笔过拨款标准设定为最高值；99 个地方教育主管部门为其中小学设置了相同的一笔过拨款标准。总体来看，当年英格兰 8.5% 的学校一揽子拨款通过一笔过拨款分配至各校。③

---

① Education Funding Agency. *Schools Block Funding Formulae 2014 to 2015: Analysis of Local Authorities' Schools Block Funding Formulae* [R]. Publication of Education Funding Agency, 2014: 10-11.

② Education Funding Agency. *Schools Block Funding Formulae 2014 to 2015: Analysis of Local Authorities' Schools Block Funding Formulae* [R]. Publication of Education Funding Agency, 2014: 12-13.

③ Education Funding Agency. *Schools Block Funding Formulae 2014 to 2015: Analysis of Local Authorities' Schools Block Funding Formulae* [R]. Publication of Education Funding Agency, 2014: 14-15.

(4) 稀疏拨款

为了应对最新一轮拨款改革及一笔过拨款对农村地区小规模学校的不利影响，英国中央政府在地方政府的建议下，规定地方教育主管部门在2014—2015年度可视当地情况自行设定稀疏拨款，并规定同时具有以下两项特征的学校可获该项拨款：①稀疏距离在2英里以上的小学、中间学校(middle schools)、全程学校(all-through schools)或稀疏距离在3英里以上的中学(secondary schools)；②总在册学生人数低于150名的小学或总在册学生人数低于600名的中间学校、全程学校和中学。其中，稀疏距离的计算方法为：假设A校是a区域内离所有学生家最近的一所学校(无论学生是否在此就读)，B校第二近，那么该区域内所有学生离B校的平均邮政地址直线距离便为A校的稀疏距离。英国中央政府规定，地方教育主管部门在2014—2015年度的拨款中可适当提高获稀疏拨款的"门槛"，如提高稀疏距离要求或降低总在册学生人数上限值，但不允许降低标准；地方教育主管部门可以为不同阶段的学校设定不同的稀疏拨款标准，但每校最多不超过10万英镑；各校获得的此项拨款总额既可以是一样的，也可以随在校学生人数的增加逐渐降低。后一方案显然将使小规模学校获得更多的稀疏拨款。2014—2015年度，英格兰有58个地方教育主管部门存在符合稀疏拨款资格的学校，但其中只有24个设置了该项拨款；而在这24个地方教育主管部门中，除了锡利群岛拨出4%的学校一揽子拨款用于稀疏拨款，其他23个均仅拨出0.01%~0.9%的学校一揽子拨款用于该项拨款。①

3. 最低拨款保障

为了保证各校生均拨款逐年增长和避免拨款制度改革对某些学校的财政经费收入造成不利影响，英国建立了最低拨款保障制度，即保证每个学校获得的生均拨款量不低于往年全国平均水平。具体原理如下：第一，计算上一年度全国各地方教育主管部门公平拨款公式中各项学生导向拨款生均拨款标准平均值；第二，计算上一年度全国各地方教育主管部门公平拨款公式中一笔过拨款和稀疏拨款平均值；第三，各地方教育主管部门根据该年度当地所能获得的拨款总量，对各项学生导向拨款(基本拨款除外)生均拨款标准平均值和非学生导向拨款标准平均值进行调整；第四，各地方政府计算本地区上一年度每项学生导向拨款中获得了拨款的学生人数；第五，将经过步骤三调整后的各项学生导向拨款生均拨款标准平均值乘以步骤四中对应的学生人数，得出各项学生导向拨款的拨款总量；第六，各地方政府根据步骤三调整后的一笔过拨款标准和稀疏拨款

① Education Funding Agency. *Schools Block Funding Formulae 2014 to 2015*: *Analysis of Local Authorities' Schools Block Funding Formulae* [R]. Publication of Education Funding Agency, 2014: 15-17.

标准,计算本地区的一笔过拨款和稀疏拨款(如适用);第七,计算地域成本调整(area cost adjustments,简称 ACAs)值,并对步骤五和步骤六的拨款值进行地域成本调整;第八,各地方教育主管部门计算出步骤七调整后的各项拨款总量;第九,各地方教育主管部门将步骤八计算出的拨款总量除以步骤四计算出的总在册学生人数,得到应用最低拨款水平调整后的生均拨款标准;第十,将步骤九计算出的生均拨款标准与当地上一年度的生均拨款标准值进行比较,择其高者作为下一年度的生均拨款标准。

(二) 教育经费的使用

《教育改革法(1988 年)》赋予了英国学前与中小学机构以高度的财政自主权,学校董事会[①]有权在法律规定范围内自主支配其所获得的一揽子拨款。从全国统计数据来看,英国学前与基础教育经费近 70% 被用于支付教学人员和教学辅助人员的工资、津贴、保险和养老金;近 10% 的经费被用于其他职工(如行政、餐饮、后勤保卫人员等)的工资、津贴、保险、养老金以及职工在职培训等支出,其中行政人员支出大概占总支出的 5%;约 20% 的经费被用于学校的日常运营,如场地、建筑物的日常维护与更新,缴纳水电、燃料费,行政支出等,其中行政支出占总支出的比例不到 1.5%(见图 2-5)。

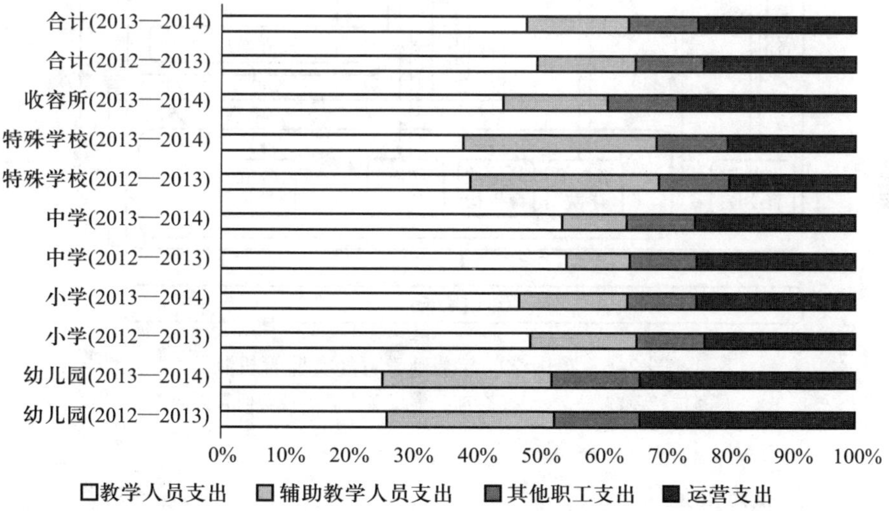

图 2-5　英国学前与基础教育经费的使用

资料来源:Schools,Education and Children's Services Spending:2013 to 2014[EB/OL]. https://www.gov.uk/government/statistics/schools-education-and-childrens-services-spending-2013-to-2014.[2015-7-9].

① 学校董事会通常会委托一个财务委员会管理学校财务。

三、教育经费的管理与监督

“谁给钱谁管理，拿谁的钱向谁负责”是一种最为基本、也是最为常见的教育经费监管模式。然而在英国，“拿钱部门”往往不仅要接受“给钱部门”的问责，如国会、教育基金署、地方教育当局等，有时还需要接受“不给钱”的组织机构的监管，如国家审计局（National Audit Office，简称 NAO）、教育标准局（Office for Standards in Education，简称 OFSTED）等。此外，学生、家长作为教育服务的消费者（或投资者），有权向监管部门揭发检举学校的经费使用不当行为（见图 2-6）。

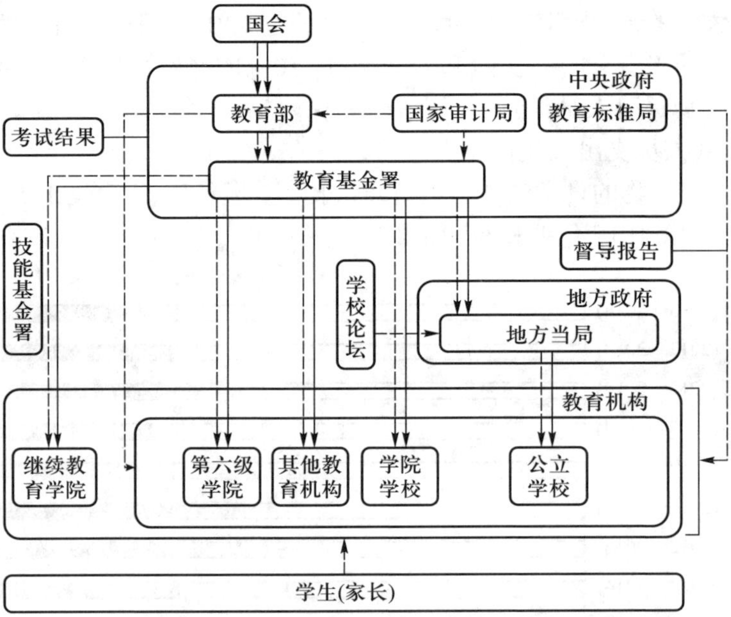

图 2-6 英国学前与基础教育经费监管机制

备注：实线箭头表示拨款方向，虚线箭头表示经费监管方向

（一）拨款方的监管

与多数国家类似，英国任何一级教育经费拨款方（经费流出方）总是兼任经费监管者的角色，并向为自己提供教育经费的上一级拨款单位负责。它们既要决定经费在下一级获得拨款的机构、组织（经费流入方）之间的分配，又要掌握获资助方对其所拨经费的使用情况，并有权也有责任对经费使用不当的获资助方发出警告和进行干预。

1. 国会

英国国会代表纳税人依法制定国家教育总预算，确立各类款项的性质、额度和拨款方式，是全国学前与基础教育最主要的“买单人”，也是全国教育经费的最高监管者和责任承担人。它在向教育部拨款的同时将表明国家当前的教育优先发展领域和传达下一年度经费使用指导方针，直接决定了全国教育财政的整体规模和基本结构。英国国会主要通过审查政府教育预算、决算报告实现对教育经费的监管。尽管当前英国规定由各地方政府自主制定当地拨款公式和地方学校预算，但国会会对此设置若干限制，如学校专用拨款必须全部纳入学校预算中，地方教育当局集中留用经费增长不得高于学校预算的增长，学生导向拨款必须占学校一揽子拨款总额的 80% 以上，等等，并有权否决地方政府不合国会要求的预算方案。

2. 教育部（教育基金署）

英国教育部受其国会委托负责中央政府学前与基础教育经费的分配和监管，并成立教育基金署具体开展该工作。在向地方政府以及学院学校等中央政府直接拨款教育机构拨款时，教育基金署要求受资助方签订拨款协议（funding agreement）并按规定汇报经费使用情况和接受有关部门的监管。以学院学校为例，教育基金署编制的《学院学校财务手册（2015 年）》（*Academies Financial Handbook 2015*）规定，学院学校接受教育基金署拨款时需签署两份拨款协议，一份是各校统一的主要拨款协议（master funding agreement），另一份是根据各校实际情况制订的补充拨款协议（supplement funding agreement）。两份协议将明确受资助方接受拨款后需履行的义务，如达到何等招生规模、保障处境不利学生入学公平等，并要求受资助方对教育经费的使用和管理达到三项基本标准：（1）“合规”（regularity）：依据法律法规、拨款协议和《学院学校财务手册（2015 年）》要求，遵循内部财务程序，处理所有财务收支事务；（2）“得当”（propriety）：按照国会意向和国会指导方针处理财务收支事务；（3）“钱有所值”（value for money）：通过以经济的（economic）、高效的（efficient）和有效的（effective）方式使用教育经费，实现最大的教育产出和社会效益，精简行政，避免铺张浪费。[①] 此外，《学院学校财务手册（2015 年）》还对学院学校教育经费监管机制的建立提出了诸多具体“要求”（must）和“建议”（should）[②]，如受资助教育机构必须委任会计主管（accounting officer）、首席财务官（chief financial officer）、法定（外部）审计等专门

① Education Funding Agency. *Academies Financial Handbook 2015 for Academy Members, Trustees, Accounting Officers, Chief Financial Officers and Auditors* [R]. Publication of Education Funding Agency, 2015: 42.

② 《学院学校财务手册（2015 年）》对学院学校的经费监管提出了两类要求：一类为“must”，即学院学校必须达到的要求；另一类为“should”，即不强制要求，但希望学院学校尽可能做到。

的财务管理、监督人员；必须按时、按要求向教育基金署反馈已审定财务报告；必须将已审定财务报告对众公开；等等。[①] 当受资助方财务出现赤字、预计赤字、现金流动问题、资不抵债风险、其他财务问题（如公共资金使用不当）等财务问题或诸般行政管理问题（包括经费监管体系存在漏洞）时，教育基金署将对其发出“财务改进通知”（Financial Notice to Improve），责其改正，且在问题得到解决之前暂时剥夺其法定权限；如受资助方违背“财务改进通知”规定，教育基金署在特殊情况下将终止拨款协议，并停止继续为其提供教育经费。[②]

3. 地方教育主管部门

地方教育主管部门将直接决定本级政府教育投入力度、教育经费拨款公式以及各校独立学校预算，有权向获资助学校提出入学率、学生学业成就水平等方面要求，并要求获资助学校按要求返回财务报告以供问责。与教育基金署监管学院学校教育经费使用、管理情况的方式类似，各地方教育主管部门将制定本地学校财务管理方案，送教育大臣批准后生效，复本送达各校董事会及校长，并公之于众。各校董事会和校长据此使用和管理本校教育经费，各类会计记录、财务报告送地方教育主管部门审计部门接受审查。即便私人捐赠经费，地方教育主管部门同样要求学校提供相应审计证明。如果一所学校持续、严重地违反当地教育主管部门颁发的财务管理方案的有关规定，地方教育主管部门有权取消该校的教育预算授权以及相应下放的人事权。[③]

4. 校方财务主管部门

英国幼儿园和中小学须按照相关规定成立校董事会和各级财务委员会，并委任财务官、会计主管等财务主管人员以及其他专业财务人员专门负责学校财务事宜。各级财务主管部门都将根据相关规章制度制定本部门经费使用与管理细则，在向用款单位提供教育经费时提出明确的用款规定和会计要求，而部门首席官员要对该部门的教育经费使用、管理情况负全部责任，从而在最微观层面实现对每一笔教育经费使用行为的监管。

（二）非拨款方的监管

非拨款方的监管主要是指那些同时相对独立于教育经费流出方和流入方的第三方组织机构的监管，然其监管行为既可以来自教育经费流出方的委托，也可以来自经费流入方的委托。

---

① Education Funding Agency. *Academies Financial Handbook 2015 for Academy Members, Trustees, Accounting Officers, Chief Financial Officers and Auditors* [R]. Publication of Education Funding Agency, 2015: 44–50.

② Education Funding Agency. *Academies Financial Handbook 2015 for Academy Members, Trustees, Accounting Officers, Chief Financial Officers and Auditors* [R]. Publication of Education Funding Agency, 2015: 10.

③ 施祖毅. 英国中小学财政性教育经费投入研究[D]. 重庆：西南大学，2014：66.

1. 国家审计局

英国国家审计局受任于其国会，是英国最高政府审计机关，完全独立于政府而直接对国会负责，主计审计长（Comptroller and Auditor General）为最高长官。作为国家财政的监督机构，英国国家审计局将对各政府部门、公共机构进行财政审计，并向国会报告财政审计结果。在学前与基础教育财政领域，英国国家审计局当前主要负责审查教育基金署的教育经费投入、使用和监管情况。审查方式主要有三：第一，访谈，即对该部门官员，如经费管理的总负责人、具体经管人等进行采访和调查；第二，检查文件材料，包括部门报告、研究报告、网络资源及上述的国家审计局审计报告等；第三，分析二手资料，主要是部门账目和报告、部门项目信息、中小学和地方教育当局的经费数据等。[①]2014 年 1 月 29 日，英国国家审计局主计审计长发布《教育基金署绩效与能力》（*Performance and Capability of the Education Funding Agency*）审计报告，总结了教育基金署自成立以来的发展历程、绩效表现、不足与挑战及未来发展走向，以便国会和社会公众进行监督、教育基金署自我改进。

2. 教育标准局

英国是世界上最早建立教育督导制度的国家之一，而其建立督导制度的重要初衷便是监管国家所投教育经费的使用效益和效率。尽管如今英国的教育督导制度主要聚焦于对教育质量的督导，但教育经费监管依旧属于其重要职责范围，如《教育与督导法案（2006 年）》（*Education and Inspections Act 2006*）第一章第 118 条规定，总督学有责任向国务大臣汇报拨给学校的财政资源是否得到有效利用。[②]1992 年成立的教育标准局是目前英国国家级教育督导机构，为准部级机构，与教育部平行，在行使职权上保持相对独立性。[③]按照督导对象的不同，教育标准局的督导工作分为督学和督政两部分。在教育经费监管方面，督政主要是指监督地方当局履行教育投入责任，保障教育经费投入充足、分配合理和使用有效。2014 年 11 月，英国教育标准局颁布《支持学校改进的地方当局监管框架》（*The Framework for the Inspection of Local Authority Arrangements for Supporting School Improvement*）。该框架指出，教育标准局的功能之一便是促进它所督导和管理的地方当局成为“客户导向的”（user-focused），能够有效益、有效率地使用教育资源；督政内容之一便是地方当局的教育经费是否用得“钱有所值”，是否

① 施祖毅．英国中小学财政性教育经费投入研究［D］．重庆：西南大学，2014：66.

② *Education and Inspections Act 2006*［EB/OL］. http://www. legislation. gov. uk/ukpga/2006/40/section/118.［2015-7-12］.

③ 王璐．英国现行教育督导制度的机构设置、职能范围与队伍建设［J］．比较教育研究，2013（10）：34.

实现了有效的学校改进，是否用在了最需要的地方。[①]除了督政，英国公立学校、中央政府直接拨款学校及部分独立学校还需要接受教育标准局的督学，而学校的财务管理是其重要督导内容之一。在教育经费的管理与使用方面，督学关注的不是教育资金的总量和分配方式，而是学校使用资金的效益与效率，包括：学校管理者对学校财政的定位，对学校财政的认识，经费使用决定对学校教学产生的主要影响；学校管理者对资金有效管理的理解，学校是否达到学校财政管理标准（Financial Management Standard in Schools）；利用学校资金发展学校重点领域，以提高学生学业成就；学校资金使用的正当性和有效性；学校财政计划的有效性。[②]相比督政，督学更加注重的是从学生学业成就的角度而非教育经费的使用、管理本身来评价受督导机构的财政效益与效率。2015 年 1 月，教育标准局颁布了英国最新的《学校督导框架》（*The Framework for School Inspection*）。与督政的目标和内容相似，督学的功能之一便是促进它所督导和管理的学校成为"客户导向的"，能够有效益、有效率地使用教育资源；督学内容之一便是学校的教育经费是否用得"钱有所值"，是否实现了有效的学校改进，是否用在了最需要的地方。[③]

3. 学校论坛

在上一节我们曾经提到，英国地方政府依法成立学校论坛，以协助地方教育主管部门的拨款工作。学校论坛对于教育经费的监管主要体现为监督地方教育主管部门的投入行为，影响地方教育主管部门的投入决定等。[④]

4. 内、外审计

英国政府要求所有教育主管部门以及教育机构委任内、外审计以审查财务账目的真实性。以教育机构为例，英国通常由校董事会（或类似组织）同时委任内、外审计，但为了保证审计工作的独立性和审查结果的客观性，无论是内部审计还是外部审计，均不允许由董事会成员、财务委员会委员等"内部人员"兼任，必须委任第三方专业人员负责。

---

① OFSTED. *The Framework for the Inspection of Local Authority Arrangements for Supporting School Improvement* [R]. Manchester: Publication of OFSTED, No: 130040, 2014: 6, 8, 14.

② 施祖毅 . 英国中小学财政性教育经费投入研究[D]. 重庆：西南大学，2014: 64.

③ OFSTED. *The Framework for School Inspection* [R]. Manchester: Publication of OFSTED, No: 120100, 2015: 4, 14.

④ Gill Featherstone, Tami McCrone, David Sims and Clare Southcott. *Executive Summary: A Best Practice Review of the Role of Schools Forums* [R]. Berkshire: National Foundation for Educational Research, 2012: 1–2.

第三节　英国高等教育财政

一、教育经费的筹措与投入

尽管英国绝大多数高校属于公立性质并接受政府拨款资助，但为了保护高校的学术自由，当前英国政府赋予所有高校以独立法人地位而不使其归属任何一级政府直接管辖。前文已述，英国如今通过带有中介性质的高等教育基金委员会和研究理事会向高校划拨中央政府提供的教育经费，地方政府对于高等教育既不具有法定投入义务，也不参与其财政拨款、监管事务。

第二次世界大战以前，英国高等教育的办学经费主要来自政府资助和社会捐赠，学生无须缴纳学费，且可以获得一定的助学金；20 世纪 80 年代末，随着国家公共资金的紧缺和高校规模的扩张，向学生收取学费开始成为英国高校筹措教育经费的重要途径，且其所占比重日益增大。英国高校当前主要通过五种途径筹措教育经费，分别为：高等教育基金委员会拨款、学费收入、科研拨款、社会捐赠和投资收入及其他；前三者占高校总教育经费的 80% 左右。从图 2-7 可

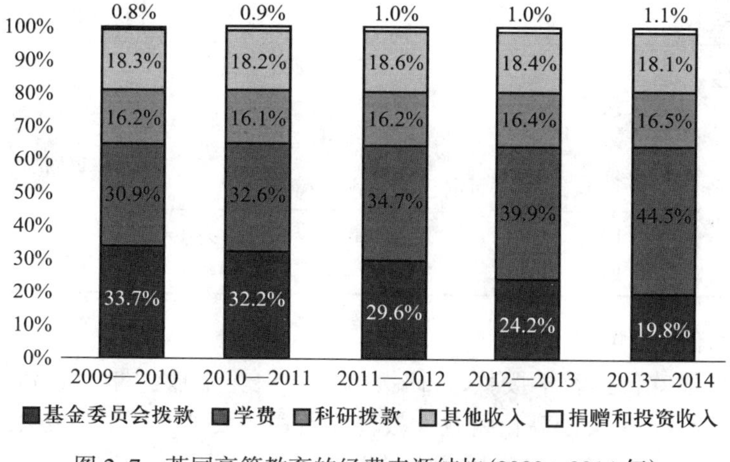

图 2-7　英国高等教育的经费来源结构（2009—2014 年）

资料来源：Higher Education Statistics Agency Free Statistics Online [EB/OL]. https://www.hesa.ac.uk/component/datatables/?view=category&Itemid=121&catdex=1. [2015-7-6].

以看出，近年来英国高校从研究理事会获得的科研拨款总量和比例均保持相对稳定，但从高等教育基金委员会获得的拨款逐年减少，而这一“缺口”几乎得到了学费收入的同幅度“填补”。然而也正是因为学费制度的建立，英国政府如今不仅要继续对高等教育办学机构提供拨款（尽管拨款力度不断减小），还要对接受高等教育的学生本人（或其家庭）提供资助以降低学费制度对教育公平的潜在的负面影响。

（一）英国政府对高校的资助

1. 高等教育基金委员会拨款[①]

目前英格兰高等教育基金委员会向高校提供的财政拨款包括一揽子性质的循环性拨款（recurrent funding）和专款专用性质的非循环性拨款（non-recurrent funding）两部分。（见表 2–6）

表 2–6 英格兰高等教育基金委员会向高校提供的财政拨款类型比较

<table>
<tr><th></th><th>分类</th><th>时间</th><th>目标</th><th>影响拨款的主要因素</th></tr>
<tr><td rowspan="3">循环性拨款：用于正在开展的、核心的、非短期项目</td><td>教学</td><td rowspan="3">每年3月公布大致款额，8月开始正式拨款</td><td>分担高校的教学成本</td><td>学科成本、学生人数和特点（如弱势群体数量）、高校是否在伦敦等</td></tr>
<tr><td>科研</td><td>支持高校科研质量最高的科研单位的科研活动和研究生培养</td><td>科研质量、科研成本、活跃科研人员数量</td></tr>
<tr><td>知识交流基金</td><td>支持高校和企业的合作</td><td>项目所产生的经济效益；已获资助</td></tr>
<tr><td rowspan="3">非循环性拨款：用于灵活地补充循环性拨款无法资助的项目</td><td>专项资本拨款</td><td rowspan="3">视具体情况而定</td><td>支持高校的基础设施建设</td><td rowspan="3">视具体情况而定</td></tr>
<tr><td>特殊基金</td><td>支持高校的国家级设施建设与措施</td></tr>
<tr><td>支持研究生计划</td><td>为部分修课型研究生提供学费资助</td></tr>
</table>

(1) 循环性拨款

循环性拨款包括教学拨款、科研拨款和知识交流基金（Knowledge Exchange Funding）三大类，是英国高校财政性教育经费最主要的来源。以 2015—2016 年度为例，英格兰高等教育基金委员会总共为其高校提供了 39.71 亿英镑的拨款，

① 以英格兰高等教育基金委员会为例。

其中循环性拨款占 79%(31.36 亿英镑),包括教学拨款 14.18 亿英镑(36%)、科研拨款 15.58 英镑(39%)、知识交流基金 1.6 亿英镑(4%)。[①]

① 教学拨款

教学拨款主要用于分担高校的教学成本,如支付教师薪酬等。值得注意的是,如今英国的高等教育不像其学前和基础教育那样每一位就读于公立学校的学生都一定能获得政府的拨款资助(至少有“基本拨款”),只有当高校学生所读专业的教学成本完全超出学生及其家长经济承受能力时,才能获得政府拨款。如图 2-8 所示,当前英国高校的教学经费越来越依赖学费收入,而高等教育基金委员会提供的教学拨款在很大程度上只是对学费收入的一种“补充”。

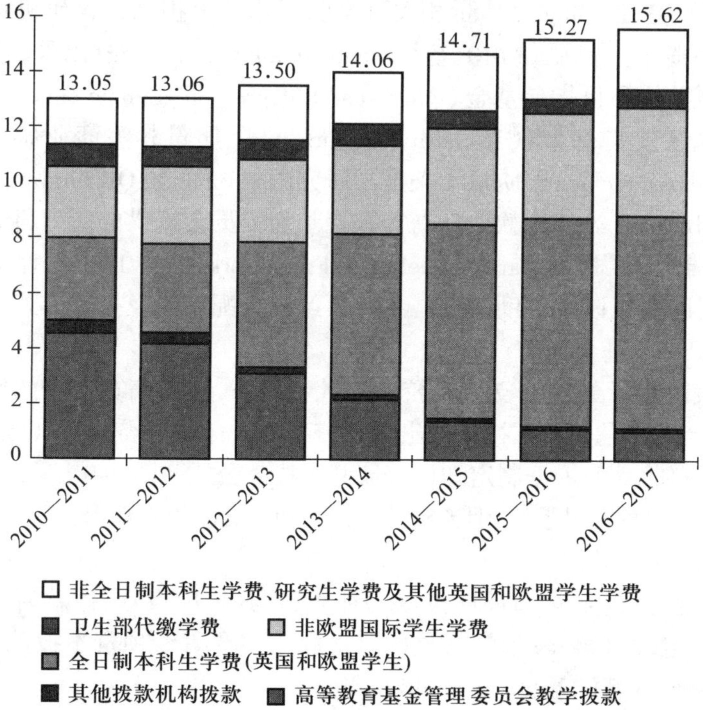

图 2-8 英格兰高校教学经费来源(2010—2017)(单位:十亿英镑)

资料来源:*Guide to Funding 2015-2016:How HEFCE Allocates Its Funds* [EB/OL]. http://www.hefce.ac.uk/media/HEFCE,2014/Content/Pubs/2015/201504/2015_04.pdf. 2015-4-13.

依据拨款目的和方式的不同,教学拨款分为旨在补偿学科成本的“高成本学科拨款”(high-cost subject funding)和旨在保障各类特殊学生入学机会平等或

① *Guide to Funding 2015-16:How HEFCE Allocates Its Funds* [EB/OL]. http://www. hefce. ac. uk/media/HEFCE,2014/Content/Pubs/2015/201504/2015_04. pdf. [2015-4-13].

满足其他特殊需要的“定向拨款”（targeted allocations）两类。此外，由于英格兰高校财政改革实行“新生新办法、老生老办法”政策，考虑到其高校目前尚有部分 2012 年 9 月以前入学的学生，这类学生的学费标准依旧如涨价前，故在这些学生毕业之前，英格兰高等教育基金委员会每年还需根据“老生”人数额外投入一笔经费（supplement for old-regime students），以补偿其与新生的学费差价。各款项经费分配比例及拨款方式详见后文。

② 科研拨款

英格兰高等教育基金委员会提供的科研拨款并非覆盖所有高校，而是只面向高校中科研质量突出的研究机构，因而称为质量相关基金（Quality Related funding，简称 QR funding）。质量相关基金除了用于分担高校科研机构经常性科研支出的一揽子主流质量相关基金（mainstream QR funding）以外，还包括质量相关研究型学位项目指导基金（QR research degree programme supervision fund）、质量相关慈善支持基金（QR charity support fund）、质量相关商业研究基金（QR business research element）、质量相关全国研究图书馆基金（QR funding for National Research Libraries）等其他款项。高等教育基金委员会提供的所有科研拨款均根据“研究卓越框架”（Research Excellence Framework，简称 REF）[①] 评级结果确定高校的获资助资格以及资助额度。各款项经费分配比例及拨款方式详见后文。

③ 知识交流基金

该项拨款用于鼓励和支持高校参与社会服务，从而拓宽自身的经费来源渠道，并为社会尤其是其所在社区做出贡献。高等教育基金委员会以高校的知识交流（社会服务）收入为依据制定知识交流基金拨款公式。图 2–9 显示，尽管英国国民经济近年来出现明显下滑，但英格兰高校的知识交流收入却保持稳步增长态势。

(2) 非循环性拨款

非循环性拨款是对循环性拨款的补充，且其款项设立、拨款时间及拨款方式具有不固定性，目前较为常规化的该类款项主要有专项资本拨款（Earmarked Capital Grants）和特殊基金（Special Funding）。

① 专项资本拨款

与学前和基础教育阶段的资本拨款类似，英格兰高等教育基金委员会每年在循环性拨款之外，单独设立资本拨款专门用于支持高校基础设施的建设与更新。

② 特殊基金

英格兰高等教育基金委员会根据短期特殊需要，划拨出小部分资金用于发

① 自 1986 年起，“研究评估”（Research Assessment Exercise，简称 RAE）定期通过同行评议的方式对各高校的科研质量进行评级，只有达到一定级别以上的机构才有资格获取质量相关拨款。自 2015 年起，“研究卓越框架”取而代之。

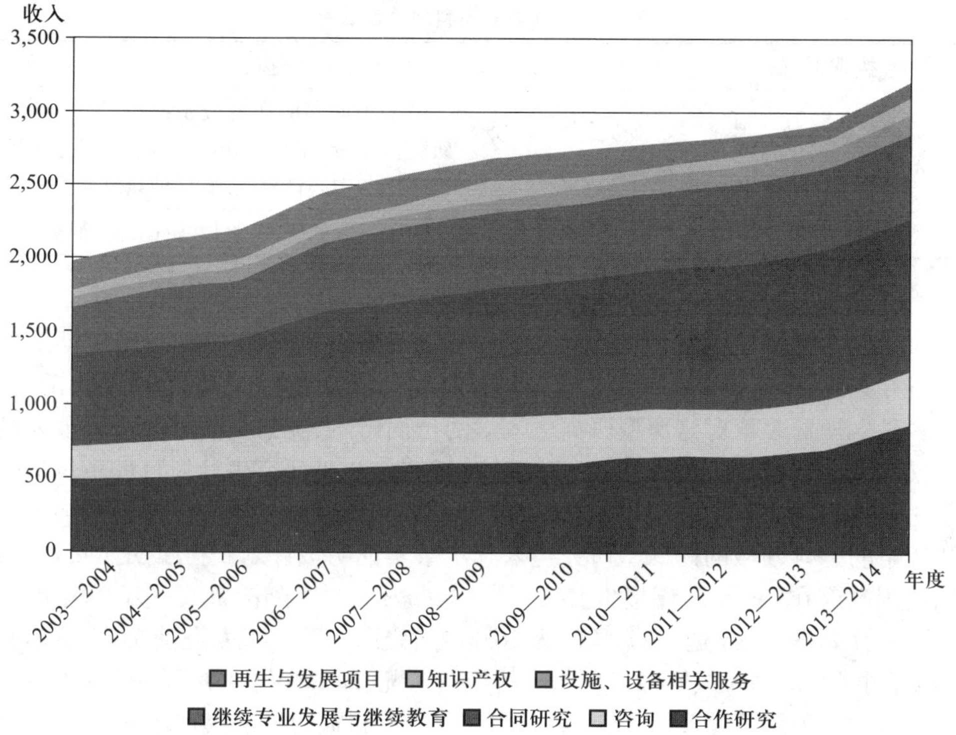

图 2-9　2003—2014 年英格兰高校的知识交流收入统计（单位：百万英镑）

资料来源：HEFCE. *Annual Report and Accounts 2014-15* [R]. Publication of HEFCE，2015：9.

展一些特殊项目和落实一些特定政策，以及覆盖循环性拨款所没有考虑到的一些特殊支出。

2. 研究理事会拨款

英国研究理事会的经费主要来自商业、创新与技能部执行的科学预算，此外还通过不同渠道从政府其他部门、慈善机构和国际组织得到经费。英国研究理事会只为高校提供科研拨款，且只提供竞争性拨款。相比高等教育基金委员会提供的科研拨款，研究理事会拨款至少具有以下两点区别：首先，高等教育基金委员会以提供一揽子拨款为主，即高校可自主支配该笔经费，而研究理事会只对特定的研究项目提供专项资助，高校不得随意改变经费用途；其次，高等教育基金委员会虽然也有选择性地向部分高校提供科研拨款，但其甄选资助对象的依据是高校近年来在科研方面的综合表现，而研究理事会采取竞标的方式，通过同行评审从高校提交的研究计划书中选出最有潜力和资助价值的科研项目进行资助。（见表 2-7）

表 2–7 英国两类科研拨款比较

拨款渠道	拨款依据	拨款用途
英格兰高等教育基金委员会拨款	“研究评估”/“研究卓越框架”级别	用于周期性的研究设备维护、支付直属研究员工资、学术机构院所建设费用、图书馆费用和中心计算费用、培训新研究员等
英国研究理事会拨款	研究计划书	用于具体的研究项目和资助部分研究生

(二) 英国政府对高校学生(或其家庭)的资助

我们在本章第一节中已经系统地介绍英国国家助学贷款和贫困生补助的最新方案,在此不再赘述。除了这两项针对高校学生本人(或其家庭)的资助,出于本科生学费改革对修课型研究生入学的负面影响,英格兰高等教育基金委员会2014—2015年度还投入了0.25亿英镑以建立“支持研究生计划”(Postgraduate Support Scheme,简称PSS)试点,以奖学金的形式资助处境不利以及关乎国家发展战略的学科领域的修课型研究生入学。事实证明该计划获得了明显收效,为此英国政府在《秋季预算报告》(*Autumn Statement*)中承诺,2015—2016年度将向这一计划投入0.5亿英镑,从而为10,000名修课型硕士每人提供5,000英镑奖学金,同时要求高校或雇主给予1∶1的经费匹配,即每个得到资助的研究生可以获得10,000英镑奖学金。① 然而该计划只是一个过渡时期的权宜之策,当国家助学贷款制度延伸至整个研究生阶段后,该资助计划便会终止。② 此外,英国研究理事会除了负责审批高校相应领域的具体研究项目,并提供竞争性拨款以外,每年也为少数研究型研究生提供各类奖学金,但竞争极其激烈,资助面很小。据统计,每年能获得该资助的硕士研究生大约只有4,000人,还不到硕士研究生总人数的5%。③

二、教育经费的分配与使用

(一) 教育经费的分配

1. 高等教育基金委员会对教育经费的分配

英国高校从政府所能获得的总教育经费额度由中央政府的开支审查决定。英国商业、创新与技能部国务大臣每年(通常在冬季)向高等教育基金委员会发出一份“拨款信”,明确中央政府在下一财年将委托高等教育基金委员会向高校

① Ten Thousand Bursaries for Ten Thousand Students in 2015 [EB/OL]. http://www. hefce. ac. uk/news/newsarchive/2014/Name,100782,en. html. [2015-4-14].

② Postgraduates:Policy and Funding [EB/OL]. http://www. hefce. ac. uk/sas/pg/. [2015-4-13].

③ T. Leunig. *Mastering Postgraduate Funding* [R]. London:Centre Forum,2011:19.

下拨哪些经费及每项经费的总额度。高等教育基金委员会的职责便是将中央政府做好的“蛋糕”切分给不同高校。前文已述，当前英国的高等教育基金委员会负责划拨的教育经费包括循环性拨款和非循环性拨款两类。由于前者属于定期拨款，且采取公式拨款，我们在这主要介绍循环性拨款的基本流程与方法，以此管窥英国高等教育（预算内）财政性教育经费分配的主要逻辑与特点。

(1) 教学拨款的分配

教学拨款分配的基本流程与方法是：第一，测算不同学科的全国平均教学成本，并根据成本高低将所有学科划分为不同的价格组（Price Group），每组设定一个生均拨款标准，以此确定高成本学科拨款的生均拨款标准；第二，测算特殊学生生均拨款标准，即定向拨款的生均拨款标准；第三，测算各校各价格组各类在校学生的人数；第四，将各校各类学生的生均拨款标准乘以相应的学生人数得到各校高成本学科拨款总额、定向拨款总额以及二者之和——教学拨款总额；第五，根据中央政府提供的总预算，对各校各项拨款进行成比例调整，计算各校能真正得到的教学拨款总量。（见表 2–8）

表 2–8　2015—2016 年度英格兰高等教育基金委员会教学拨款分配方案

拨款类型			金额（百万英镑）
高成本学科拨款			661
定向拨款	学生机会拨款	增大贫困生入学机会	68
		增大残障学生入学机会	20
		降低辍学率	279
		合作推广网络	13
		合计	380
	非全日制本科生		8
	授课密集型本科生项目		2
	授课密集型研究生项目		35
	“伊拉斯谟 +”海外学习项目		25
	在伦敦上学学生		64
	特定高成本特色学科		65
	极高成本 STEM 学科		23
	医学和牙医学人员支出		23
旧体制学生学费补偿			95

资 料 来 源：*Guide to Funding 2015–16：How HEFCE Allocates Its Funds* [EB/OL]. http://www.hefce.ac.uk/media/HEFCE，2014/Content/Pubs/2015/201504/2015_04.pdf. [2015–4–13].

①学科成本的核算及价格组的划分

1997 年，英国三个高等教育基金委员会联合组建了“成本核算与定价联合指导小组”（The Joint Costing and Pricing Steering Group，简称 JCPSG）[①]，委托其敦促和协助英国高校进行成本核算[②]，并经过近十年的研究与实践，研发了一套当前英国所有高校都在使用的全经济成本（Full Economic Cost，简称 FEC）[③]核算技术——“成本透明核算法”（Transparent Approach to Costing，简称 TRAC），目前包括“年度成本透明核算法”（Annual TRAC）、“科研项目全经济成本核算法”（TRAC FEC）和“教学成本透明核算法”［TRAC（T）］三部分。英国各高等教育基金委员会便是以各校的教学成本透明核算法反馈结果为依据来确定学科教学成本的。另一方面，高等教育基金委员会通过各校反馈的“高校学生早期统计调查”［The Higher Education Students Early Statistics（HESES）survey］结果，获得各价格组在校学生人数，从而计算各校所能获得的总高成本学科拨款量。

经过 2012 年高等教育财政改革后，当前英格兰高等教育基金委员会根据各学科的平均教学成本，由高到低将高校学科划分为 A、B、C1、C2、D 五个价格组，并假定高校向本科生[④]收取的平均学费为 7,500 英镑 / 学年，从而做出相应的成本补偿。对于教学成本透明核算结果在 7,500 英镑 / 学年以下的 C2 和 D 类学科则不给予该类资助，对于能与本科生享受同等国家助学贷款的修课型研究生项目（如研究生教育证书）的资助亦如是。对于大多数修课型研究生而言，他们目前没有资格申请本科生所享受的国家助学贷款，因而高校向他们收取的学费一般会低于本科生学费。基于此，高等教育基金委员会对价格组中 A~C 组的这类修课型研究生每人额外增加 1,100 英镑[⑤]的循环性教学拨款。[⑥]然而，与支持研究生计划类似，当英国将国家助学贷款体系延伸至整个研究生教育阶段后，该额外拨款便会随之终止。[⑦]（见表 2–9）

① 由三个高等教育委员会和高校代表组成。

② History of TRAC［EB/OL］. http://www. hefce. ac. uk/funding/finsustain/trac/history/.［2015–4–8］.

③ 包括所有直接的、间接的成本以及对学校基础设施和未来生产力的适当投入。

④ 2012 年 9 月以后入学学生。

⑤ 即假定这类修课型研究生的平均学费为 6,400 英镑 / 学年。

⑥ *Guide to Funding 2015–16: How HEFCE Allocates Its Funds*［EB/OL］. http://www. hefce. ac. uk/media/HEFCE,2014/Content/Pubs/2015/201504/2015_04. pdf.［2015–4–13］.

⑦ Postgraduates: Policy and Funding［EB/OL］. http://www. hefce. ac. uk/sas/pg/.［2015–4–13］.

表 2-9 高成本学科生均教学拨款标准

单位：英镑

<table>
<tr><th colspan="2">价格组</th><th colspan="2">学科类型</th><th>能够申请国家助学贷款的</th><th>不能申请国家助学贷款的</th></tr>
<tr><td colspan="2">A</td><td colspan="2">临床医学、临床牙科学和临床兽医学</td><td>10,000</td><td>11,100</td></tr>
<tr><td colspan="2">B</td><td colspan="2">以实验室为基础的学科（科学、工程、技术、农林学及非临床医学、牙科学）</td><td>1,500</td><td>2,600</td></tr>
<tr><td rowspan="2">C</td><td>C1</td><td>平均成本高于 7,500 英镑</td><td>考古学、设计与创新艺术、信息技术与系统科学、软件工程、媒体研究</td><td>250</td><td>1,350</td></tr>
<tr><td>C2</td><td colspan="2">需要一定的实验和实地考察但平均成本不高于 7,500 英镑的学科</td><td>0</td><td>1,100</td></tr>
<tr><td colspan="2">D</td><td colspan="2">以教室上课为主的学科</td><td>0</td><td>0</td></tr>
</table>

资料来源：*Guide to Funding 2015–16：How HEFCE Allocates Its Funds* [EB/OL]. http://www.hefce.ac.uk/media/HEFCE，2014/Content/Pubs/2015/201504/2015_04.pdf. [2015–4–13].

② 特殊学生拨款

与高成本学科拨款以学科成本为拨款依据不同，定向拨款以学生自身特点为拨款依据，可基本分为两类：一类用于促进处境不利学生（如残障学生）入学并顺利完成学业；另一类用于补贴某些特殊专业、学生的额外办学 / 学习成本，如对地处伦敦的高校以及每学年课程量超过 45 学周的本科生和修课型研究生项目给予一定的额外经费。高等教育基金委员会通过各校反馈的“高等教育统计署学生个人记录”[The Higher Education Statistics Agency（HESA）individualised student record]数据，计算各校有资格获得各类定向拨款的学生人数，从而计算各校所能获得的各项定向拨款总量。（见表 2–10）

表 2–10 英格兰高等教育基金委员会对地处伦敦的高校以及每学年课程量超过 45 学周的本科生和修课型研究生项目提供的定向拨款生均拨款标准

单位：英镑

价格组	地处伦敦高校		每学年课程量超过 45 学周
	内伦敦	外伦敦	
A	1,105	691	0
B	470	294	1,439
C	360	225	1,100
D	277	173	0

资 料 来 源：*Guide to Funding 2015–16：How HEFCE Allocates Its Funds* [EB/OL]. http://www.hefce.ac.uk/media/HEFCE，2014/Content/Pubs/2015/201504/2015_04.pdf. [2015–4–13].

(2) 科研拨款的分配

在高等教育基金委员会提供的各项科研拨款中,无论是主流质量相关基金,还是其他几项质量相关基金,一所研究机构所能获得的经费多少均与其科研绩效相关。在实际操作过程中,高等教育教育基金委员会根据每所研究机构各项“研究卓越框架”(Research Excellence Framework,简称 REF)级别百分比及相应的权重计算出质量得分,并以此衡量该研究机构的科研绩效,进而进行经费分配。(见图 2-10)

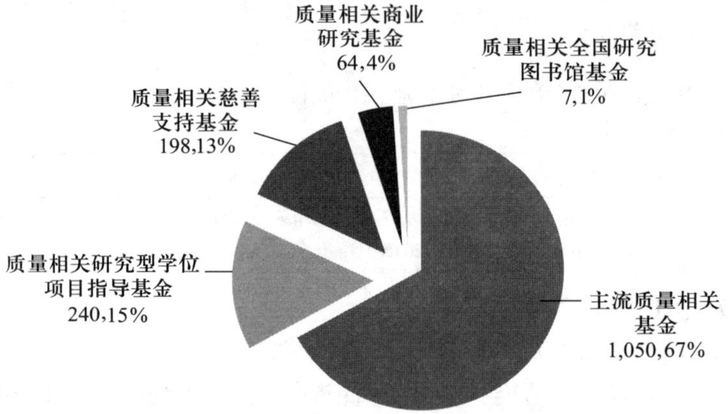

图 2-10 2015—2016 年度英格兰高等教育基金委员会科研拨款分配方案(单位:百万英镑)

资料来源:*Guide to Funding 2015-16:How HEFCE Allocates Its Funds*[EB/OL]. http://www.hefce.ac.uk/media/HEFCE,2014/Content/Pubs/2015/201504/2015_04.pdf.[2015-4-13].

① 计算机构的科研质量得分

每所科研机构的科研质量得分由三项指标的得分加权而来,分别为:科研产出质量得分(占 65% 的权重);科研的社会、经济和文化影响(占 20% 的权重);研究环境,如研究资源与基础设施(占 15% 的权重)。“研究卓越框架”将科研质量分为五个等级:4* 为世界领先水平,3* 为国际卓越水平,2* 为国际认可水平,1* 为国家认可水平,最后是低于国家水平 [①],并通过同行评议(Peer Review),评出每个科研机构每项指标在五个等级中分别占的比例。基于该质量评估结果,高等教育基金委员会便能通过对每个等级进行赋权(见表 2-11),计算出科研机构的各项科研质量指标得分,并最终加和出其科研质量总得分。

① Assessment Criteria and Level Definitions[EB/OL]. http://www. ref. ac. uk/panels/assessmentcriteriaandleveldefinitions/.[2015-4-13].

表 2-11　“研究卓越框架”各级别加权值

	4*	3*	2*	1*	未分类
权重	4	1	0	0	0

资料来源：*Guide to Funding 2015–16：How HEFCE Allocates Its Funds*［EB/OL］. http://www.hefce.ac.uk/media/HEFCE，2014/Content/Pubs/2015/201504/2015_04.pdf.［2015-4-13］.

假设研究卓越框架对某科研机构的评审结果如表 2-12 所示：

表 2-12　“研究卓越框架”评审结果（虚拟案例）

指标	各等级所占比例				
	4*	3*	2*	1*	未分类
科研产出	52.1%	32.8%	8.4%	5.0%	1.7%
科研影响	49.7%	42.5%	3.5%	4.2%	0.1%
科研环境	68.9%	21.5%	7.0%	2.6%	0%

则科研质量得分可通过如下方法计算而得：

科研产出质量得分：52.1% × 4+32.8% × 1=2.412

科研影响得分：49.7% × 4+42.5% × 1=2.413

科研环境得分：68.9% × 4+21.5% × 1=2.971

科研质量总得分：2.412 × 65%+2.413 × 20%+2.971 × 15%=2.49605

② 计算机构的质量相关基金拨款得分

高等教育教育基金委员会将科研机构的科研质量总得分进行学科成本加权——高成本实验室和临床学科乘以 1.6，中等成本学科乘以 1.3，其他学科乘以 1；地处伦敦的高校进行内伦敦（1+12%）、外伦敦（1+8%）加权；然后乘以一些特定因子（通常为某类群体的全时当量）便能得到相应的拨款得分，如主流质量相关基金要求乘以科研人员全时当量，质量相关研究型学位项目指导基金要求乘以英国或欧盟籍研究型研究生全时当量。该得分直接决定了一个科研机构所能获得的质量相关基金的多寡。

③ 计算机构所能获得的科研拨款额度

与其他拨款不同的是，高等教育基金委员会在进行科研拨款时，无须提前设定单位拨款标准，而是根据国务大臣给定的经费总量和每个科研机构的拨款得分，按比例[①] 推算出每个科研机构相应所能获得的科研拨款额度。由此可

① 质量相关研究型学位项目指导经费总量是提前确定的，只是根据每个科研机构的相对得分按比例在机构间进行分配。

见，一个机构拨款得分的高低只是决定了它所能获得的拨款的相对量而非绝对量。

2. 研究理事会对教育经费的分配

研究理事会的科研拨款采取项目申请—审核制。具体来讲，先由高校研究机构的科研人员向研究理事会提交研究计划书，然后由研究理事会组织同行评审甄选获资助对象。自 2005 年 9 月起，英国研究理事会开始基于科研项目的全经济成本核算结果划拨经费，目前的资助标准是获批科研项目全经济成本的 80%。①

（二）教育经费的使用

英国高校具有独立法人地位和高度的财政自主权，可以较为自由地编制预算和支配经费。就政府拨款而言，高等教育基金委员会虽然通过特定的拨款公式计算各高校所能获得的三类循环拨款额度，但因其属于一揽子拨款性质，高校可以完全自主地决定该笔经费的支配方式，而不用考虑高等教育基金委员会的分款逻辑；对于非循环性拨款，则须专款专用，如资本拨款的使用要以高等教育基金委员会的“资本投资框架”（Capital Investment Framework）为指导，并报告资金去向②。研究理事会采取项目资助制，获资助研究机构只能将所获经费用于受资助项目的研究支出。

概括来讲，英国高校的经费支出主要包括四方面：人员支出、其他运营支出、折旧、利息及其他金融支出。其中，人员支出所占比重最大，当前大约占高校总支出的 55%；其次是其他运营支出，大约占高校总支出的 37%；资产折旧大致占高校总支出的 6%，高等教育基金委员会提供的资本拨款主要被用于这一方向。③ 从支出部门来看，学术部门（即院、系、所）支出所占比重最大，如 2013—2014 年度英国高校用于学术部门支出的经费达到 114 亿英镑，约占当年总支出的 39%。（见图 2–11）

三、教育经费的管理与监督

与学前和基础教育投入注重“均衡”和“学校需求”不同的是，英国政府对

① Full Economic Costing: Updated Guidance Notes for Peer Reviewers [EB/OL]. http://www.rcuk.ac.uk/RCUK-prod/assets/documents/documents/fecpeerreviewerguidance.pdf. [2015–7–10].

② *Model Financial Memorandum between HEFCE and Institutions* [EB/OL]. http://www.hefce.ac.uk/media/hefce1/pubs/hefce/2010/1019/10_19.pdf. [2015–7–10].

③ Higher Education Statistics Agency Free Statistics Online [EB/OL]. https://www.hesa.ac.uk/component/datatables/?view=category&Itemid=121&catdex=1. [2015–7–6].

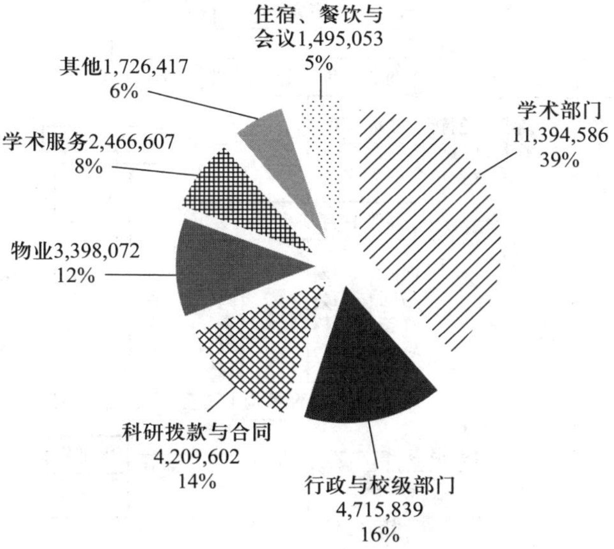

图 2-11 2013—2014 年度英国高校经费支出结构

资料来源：Expenditure of HE Providers by Activity [EB/OL]. https://www.hesa.ac.uk/pr216. [2015-7-10].

高等教育的投入更倾向“效率优先，兼顾公平”，拨款依据更多的是受资助方的能力表现而非自身经费需求。投入理念的差异决定了二者的经费监管机制也不尽相同。英国高等教育经费监管机制的主要涉及部门和工作流程见图 2-12。

（一）中央政府部门的监管

英国中央政府部门对高等教育经费的监管主要由国会，国家审计局以及商业、创新与技能部三个部门负责。国会代表纳税人制定国家预算，有责任保证公共资金得到经济、高效使用。与学前和基础教育类似，英国国会主要通过两种途径监管高等教育经费：一方面，根据国家发展战略制定全国高等教育总预算，从最高层次决定了高等教育的预算内教育经费的规模与结构；另一方面，委托国家审计局对高等教育基金委员会的工作进行监督和检查，指定国家审计署的审计官担任高等教育基金委员会的外部审计员，审计其拨款数额和效益，核查受资助高校的财务账目等。商业、创新与技能部通过财政备忘录（Financial Memorandum）要求英格兰高等教育基金委员会建立审计服务和会计系统，并有责任监督和检查其对高校的审计和监管工作，但不直接参与高校的财务监管工作。2012 年 12 月 18 日，英国出台《商业、创新与技能部国务大臣与英格兰高等教育基金委员会框架文件》（*Framework Document between the Secretary of*

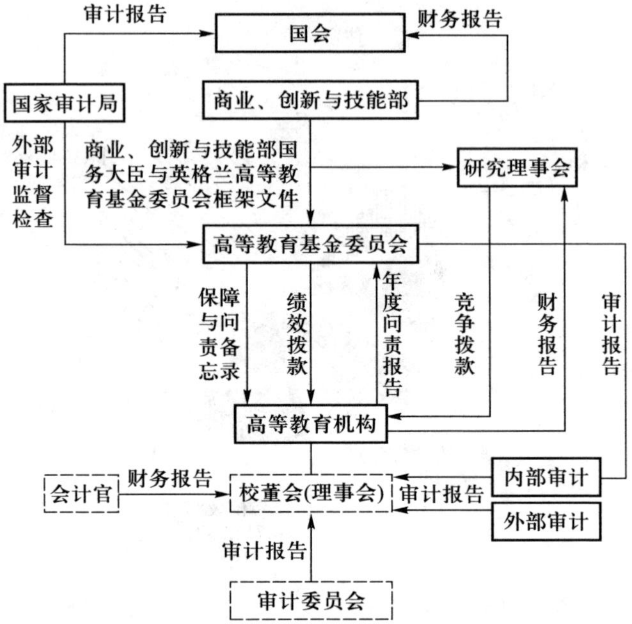

图 2-12 英国高等教育经费监管机制

State for Business Innovation and Skills and the Higher Education Funding Council for England,简称《框架文件》),以替代此前的管理报表(Management Statement)和财政备忘录。该《框架文件》对英格兰高等教育基金委员会的使命及内部各部门的职责范围(包括经费监管与财务问责)作了明确的规定。[①]

(二)政府委托的第三方中介组织的监管

高等教育基金委员会与研究理事会作为英国高校的直接拨款方,理所应当成为高校的经费监管者。概括来讲,这两个第三方中介组织对高校的经费监管主要有两种机制:绩效(竞争)拨款和合同管理。一方面,无论是高等教育基金委员会的拨款还是研究理事会的拨款,都表现出明显的竞争性,绩效拨款占据重要地位。这一点在科研拨款上表现得尤为明显:英格兰高等教育基金委员会根据研究卓越框架对各高等教育机构开展科研绩效评估,并以此作为科研拨款依据;研究理事会采取竞标方式分拨科研经费。毫无疑问,无论是基于过往综合绩效表现的高等教育基金委员会拨款,还是基于研究计划书水平的研究理事会拨

① *Framework Document between the Secretary of State for Business Innovation and Skills and the Higher Education Funding Council for England* [EB/OL]. http://www.hefce.ac.uk/media/hefce/content/about/Introduction/Working,in,partnership/Our,relationship,to,Government/frameowrk_doc_2012.pdf.[2015-7-6].

款，都能在很大程度上保证经费投给最有能力的机构，以此保证教育经费的使用效益，该机制是学前和基础教育经费监管中所没有的。另一方面，高等教育基金委员会和研究理事会在向高校划拨经费时均要求受资助单位签署相应的拨款协议，以此对受资助单位的经费使用与管理提出要求和限制，以及开展审查工作。以英格兰高等教育基金委员会为例，它在向高校拨款时要求受资助高校签署"保障与问责备忘录"（memorandum of assurance and accountability）①，写明高校在下一财年所能获得的拨款额度以及获资助后应履行的义务。例如保证一定的入学率和科研产出，每年定期提供年度问责报告（annual accountability returns）②以供审查等。英格兰高等教育基金委员会每年发布《会计指南》（*Accounts Direction*）以规范高校的会计行为，并内设专门的审计部门，由一名审计官主持，配有副审计官和审计员，每年依据财政部制定的审计标准和高校签署的财政备忘录，定期对高校的财务状况进行审计，监控高校的资金使用效率，评估高校的风险管理能力，并向高等教育基金委员会首席执行官和审计委员会汇报审计结果和提出拨款意见。

（三）学校财务部门及其内、外审计的监管

高校作为受资助方和教育经费的最终支配者，需要对其每一笔经费的使用效益和效率负责。一方面，英国高校需按照相关规定成立校董事会和各级财务委员会（或类似组织），并委任财务官、会计主管等财务主管人员以及其他专业财务人员专门负责学校财务事宜。各级财务主管部门都将根据相关规章制度制定本部门经费使用与管理细则，在向用款单位提供教育经费时将提出明确的用款规定和会计要求，而部门首席官员需要对本部门的教育经费使用、管理情况负全部责任，从而在最微观层面上实现对每一笔教育经费使用行为的监管。另一方面，英国规定所有受到高等教育基金会资助的高校均须依照《保障与问责备忘录》和相关法律法规建立审计委员会和委任内、外审计。自 2014 年 8 月 1 日生效的《英格兰高等教育基金委员会与高等教育机构之间的保障与问责备忘录》（*Memorandum of Assurance and Accountability between HEFCE and Institutions*）规定：高校必须设置校审计委员会，以负责确保高校在风险管理、控制与治理，资金使用的经济、效益与效率，数据管理与质量保障方面的适当与效率；校审计委员会中不得有校财务委员会或同类组织成员，但需包括三名以上校董会成员；校审计委员会每年向校董会、会计官员和高等教育基金委员会提供年度报告；校董事会

---

① 之前为财政备忘录。

② 包括已审计财务报告（audited financial statements）、财务预测（financial forecasts）、独立审计报告（independent audit reports）等。

必须任命内部审计和外部审计，以确保学校财务报告的真实性，为校董会、审计委员会和会计官员提供独立的财务监管；内、外审计均须每年定期提供审计报告，且内部审计报告须提交高等教育基金委员会。[①]

① HEFCE. *Memorandum of Assurance and Accountability between HEFCE and Institutions* [R]. Publication of HEFCE，2014：13–14.

第三章 澳大利亚教育财政

第一节 概 述

一、澳大利亚教育现状

1901 年生效的澳大利亚宪法规定,各级教育立法权归州一级政府所有,州 / 领地政府对该州的教育事务负有主要责任。[①] 因此澳大利亚 8 个州 / 领地的教育各具特色,呈现出多样化的特点。但总体而言,澳大利亚的学制分为儿童早期教育与保育、学校教育、第三级教育三个层次。更细的分层见图 3–1。

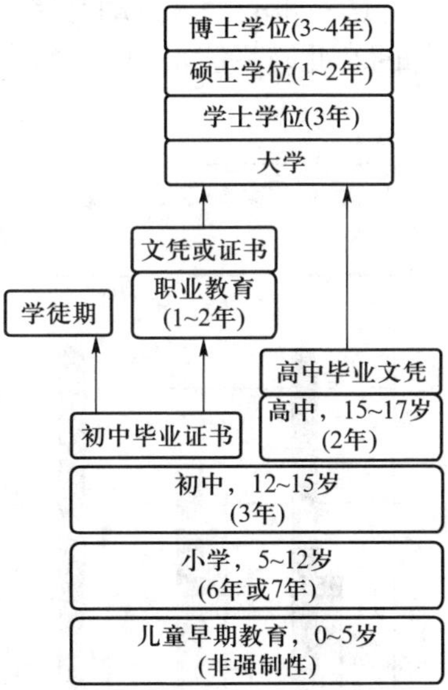

图 3–1 澳大利亚学制图

资料来源:Center on International Education Benchmarking. *Australia Overview* [EB/OL]. http://www.ncee.org/programs-affiliates/center-on-international-education-benchmarking/top-performing-countries/australia-overview/.[2015–3–17].

(一) 儿童早期教育与保育

在澳大利亚,儿童 5 岁之前所接受的教育服务统称为儿童早期教育与保育,该阶段的教育是非强制性的。根据服务对象年龄与服务类型的差异,澳大利亚儿童早期教育与保育机构主要分为日托中心(Day Care Center)、幼儿园(Preschool 或 Kindergarten)和小学预备班(Kindergarten 或 Preparatory)。日托中心负责照顾 3 岁之前没有生活自理能力

① Parliament of Australia. *Australian Constitution* [EB/OL]. http://www.aph.gov.au/About_Parliament/Senate/Pow ers_practice_n_procedures/Constitution.[2015–3–17].

的孩子，幼儿园为即将接受正规教育的 4~5 岁幼儿而设。按照经费提供者的性质，幼儿园又可以进一步划分为公立幼儿园、私立幼儿园与全日托学前教育项目（Preschool Program with a Long Day Care）。小学预备班则为下一年准备上小学的 5 岁儿童提供教育，帮助他们适应学校生活，因此也常被归为学校教育，是澳大利亚正规教育的起点。

就幼儿园而言，澳大利亚各州 / 领地不同性质幼儿园的数量及其比例各有不同（见图 3-2）。在管理模式上，它们主要分为两类：一类是州 / 领地内大多数幼儿园归政府所有并由政府运营，政府如同资助公立学校一样为公立幼儿园提供经费，同时也为社区幼儿园提供补充经费，但通常不会为全日托学前教育项目提供经费，这种模式主要在西澳大利亚州、南澳大利亚州、塔斯马尼亚州、首都领地以及北领地盛行。另一类存在于新南威尔士、维多利亚与昆士兰三个州。[①] 这些州的大多数幼儿园由社区团体、私立机构等非政府组织所有并运营，这样的幼儿园只能得到州 / 领地政府的少量补贴。而这些州的全日托学前教育

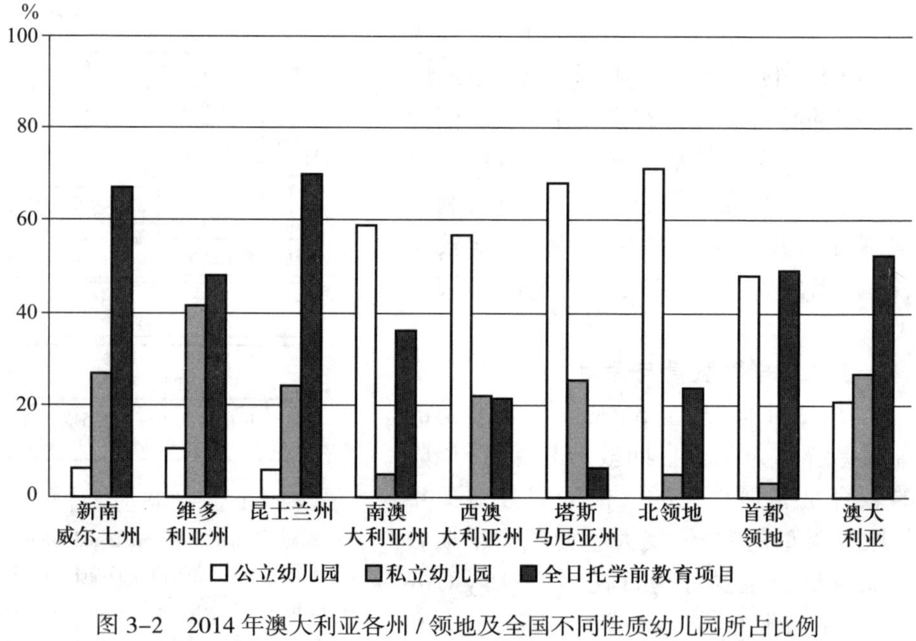

图 3-2 2014 年澳大利亚各州 / 领地及全国不同性质幼儿园所占比例

资料来源：Australian Bureau of Statistics. *Preschool Education, Australia, 2013* [EB/OL]. http://www.abs.gov.au/ausstats/abs@.nsf/Lookup/4240.0main+features12014. [2015-3-17].

① Australian Bureau of Statistics. *Australian Government Involvement in Early Childhood Education and Care* [EB/OL]. http://www.abs.gov.au/ausstats/abs@.nsf/Lookup/4775E16DD273A8CBCA257C93000D0216?oPendocument. [2015-3-19].

项目通常会获得联邦政府的幼儿保育补助金(Child Care Benefit)和儿童保育退税补贴(Child Care Tax Rebate)。这三个州中,公立幼儿园的数量非常少并且主要是针对弱势群体而设立。需要指出的是,在澳大利亚的八个州 / 领地中,没有哪一个州 / 领地内的幼儿园全部是公立幼儿园或私立幼儿园,每一个州 / 领地的幼儿园管理模式都是公立与私立模式的结合体,并且现实比这两种模式所描述的情况更为复杂。例如,在新南威尔士州中,政府会在公立学校中提供一些公立学前教育,为社区幼儿园中的学前教育提供补贴,但是既不会提供、也不会补贴私立学校的学前教育服务。①

根据澳大利亚统计局发布的教育统计数据,2014 年全澳共有 309,185 名 4~5 岁幼儿注册学前教育项目,其中,4 岁幼儿所占比例为 82.3%,5 岁幼儿所占比例为 17.7%。这些幼儿中有 51.9% 在幼儿园接受教育,44.1% 接受的是全日制学前教育项目提供的教育,另有 4% 接受一种以上的学前教育服务。160,491 名在幼儿园就读的儿童中,39.6% 在公立幼儿园注册,59.7% 在私立幼儿园注册,另有一小部分儿童注册了两种性质的幼儿园。136,467 名在全日制学前教育项目中接受教育服务的儿童中,91.0% 注册了私立日托中心,7.6% 注册了公立日托中心,另有一小部分儿童注册了两种性质的日托中心。除新南威尔士州与昆士兰州之外,其余各州 / 领地的 4~5 岁儿童大多在幼儿园注册,塔斯马尼亚州儿童在幼儿园的注册率最高,西澳大利亚州紧随其后(见图 3-3)。②

(二) 学校教育

澳大利亚正规学校教育从预备班开始,紧随其后的是 12 年的学校教育。小学从预备班到 6/7 年级,中学从 7/8 年级到 12 年级,7 年级属于小学还是属于中学在各州 / 领地的学制中有所不同(参见表 3-4)。根据澳大利亚政府委员会(Council of Australian Governments)在 2009 年通过的《国家青年参与要求》(*National Youth Participation Requirement*,简称 *NYPR*),从 2010 年 1 月开始,各州 / 领地的义务教育年限从 6 岁开始(塔斯马尼亚州从 5 岁开始),直到 10 年级结束,共10年。③ 在10年级时,学校会根据校内测评成绩授予学生初中毕业证书。

① Australian Council for Educational Research. *Preschool Education in AUSTRALIA* [EB/OL]. http://research.acer.edu.au/cgi/viewcontent.cgi? article=1000&context=policy_briefs. [2015-3-17].

② Australian Bureau of Statistics. *Preschool Education, Australia, 2014* [EB/OL]. http://www.abs.gov.au/ausstats/abs@.nsf/Lookup/4240.0main+features12014. [2015-3-17].

③ Australian Bureau of Statistics. *Year Book Australia, 2012* [EB/OL]. http://www.abs.gov.au/ausstats/abs@.nsf/Lookup/by%20Subject/1301.0~2012~Main%20Features~Primary%20and%20secondary%20education~105. [2015-1-16].

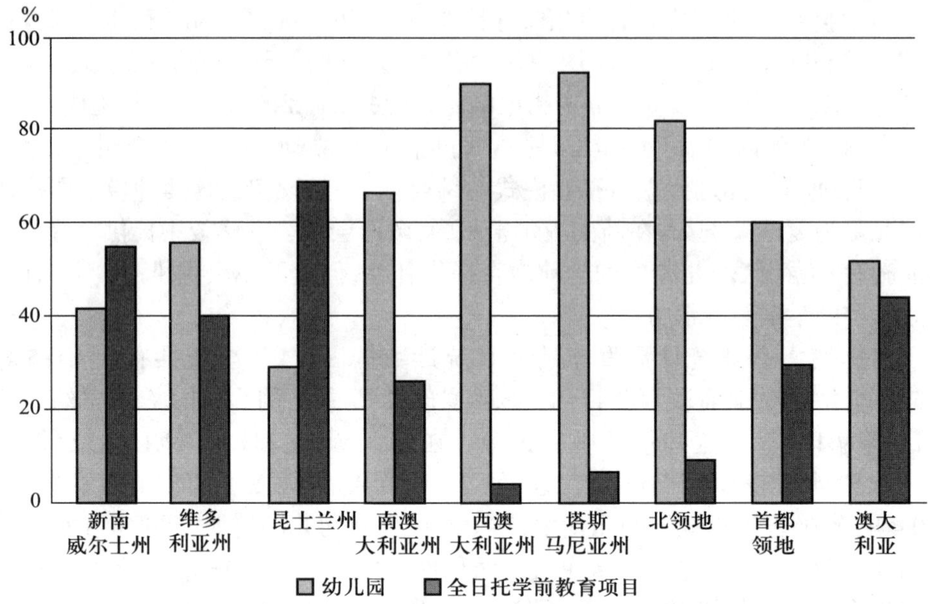

图 3-3 2014 年澳大利亚各州 / 领地及全国幼儿注册学前教育项目类型及其所占比例

资料来源：Australian Bureau of Statistics. *Preschool Education, Australia, 2014* [EB/OL]. http://www.abs.gov.au/ausstats/abs@.nsf/Lookup/4240.0main+features12014. [2015-3-17].

在中学的最后一年，即 12 年级，学生需要通过该州统一考试，才能顺利毕业并获得高中毕业文凭。(见图 3-4) 该文凭是澳大利亚绝大多数大学、一般院校和职业教育与培训机构入学所必需的。

根据所有权的不同，澳大利亚中小学分为公立学校和私立学校两种类型。其中，私立学校有天主教学校和独立学校两种，大多数独立学校信奉新教、犹太教、伊斯兰教或其他宗教。公立学校对澳大利亚公民和永久居民免费。而天主教学校和独立学校通常实行收费教育，除了学费以外，文具、教科书、校服、学校占地及其他教育成本都没有得到政府资助。大多数的天主教学校由当地堂区、教区和天主教教育部门负责运营。2012 年，澳大利亚共有中小学校 9,427 所，其中公立学校 6,697 所，私立学校 2,730 所；在中小学注册的学生共有 3,576,752 名，其中 2,329,915 名在公立学校注册，1,246,837 名在私立学校注册；中小学教师共有 363,012 名，231,830 名在公立学校教学，131,182 名在私立学校教学；公立学校的师生比为 1 : 10.1，私立学校的师生比为 1 : 9.5。[①] 在整个学校教育阶段，澳

① Australian Government Productivity Commission. *Report on Government Services 2014* [EB/OL]. http://apo.org.au/files/Resource/rogs-2014-volumeb-child-care-education-and-training.pdf. [2015-3-18].

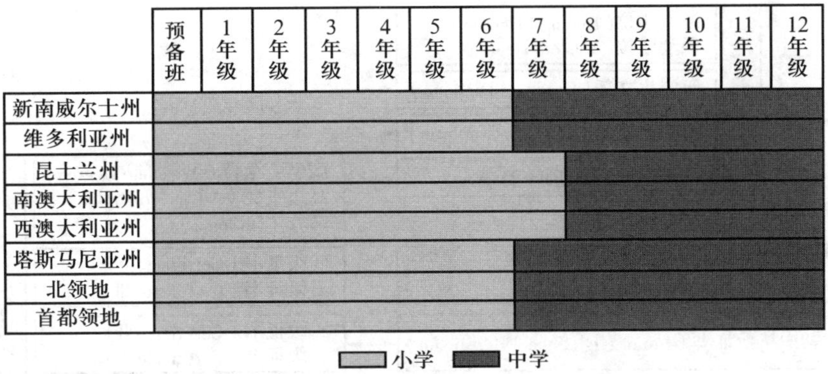

图 3-4　澳大利亚各州 / 领地的学校教育结构

备注：

1. 部分州 / 领地的 11、12 年级在一种单独建立的中学授课；
2. 《国家青年参与要求》从 2010 年 1 月 1 日开始生效，并要求：
   (1) 所有年轻人完成 10 年级之前都要接受学校教育；
   (2) 完成 10 年级的所有年轻人在 17 岁之前要参加全日制（每周 25 小时）教育、培训与就业或两者的组合活动。

资料来源：Australian Bureau of Statistics. *Primary and Secondary Education* [EB/OL]. http://www.abs.gov.au/aus stats/abs@.nsf/Lookup/by%20Subject/1301.0~2012~Main%20Features~Primary%20and%20secondary%20education~105. [2015-1-16].

大利亚联邦政府始终秉持“学生第一”的指导理念，与州 / 领地政府、教师、家长共同合作以提高学校教育水平。

（三）第三级教育

第三级教育包括为使学生获得资格证书或更高技能而提供的职业教育与培训和高等教育两种类型。在澳大利亚，提供第三级教育的机构包括大学、学院以及技术与继续教育学院，这些机构提供专科—本科—研究生三级学历。根据《澳大利亚学历资格框架》（*Australian Qualifications Framework*），第三级教育学历资格分为 10 个水平：1~4 水平属于职业教育，副学士学位到博士学位（6~10 水平）属于高等教育，水平 5 高中文凭和水平 6 高级文凭或属于职业教育或属于高等教育（实践中多属于职业教育）。图 3-5 展示了澳大利亚职业技术教育与高等教育授予的学历资格水平及其转换关系。

在高等教育领域，澳大利亚大学授予的学位可以按照本科生与研究生两个层次分为 8 个类型。学位类型、教育形式与修业年限等具体情况见表 3-1。一般而言，顺利完成 13 年学校教育的高中毕业生在通过 AST 考试、面试等方式被学校录取后，需要完成 3~4 年的全日制学习方可获得学士学位；在研究生阶段，学生可以

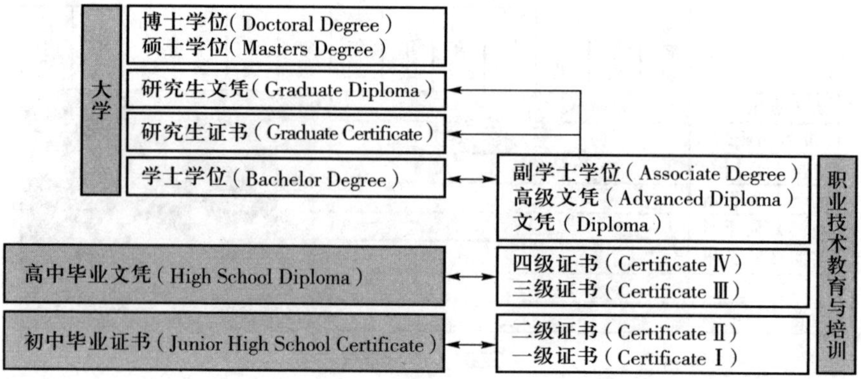

图 3-5　澳大利亚第三级教育学历资格框架

资料来源:Australian Qualifications Framework Council. *Australia Qualifications Framework 2nd-Edition-January-2013* [EB/OL]. http://www.aqf.edu.au/wp-content/uploads/2013/05/AQF-2nd-Edition-January-2013.pdf.[2015-1-16].

根据个人志向选择研究型学位或授课型学位,硕士学制为 1~2 年,博士学制为 3~4 年。

表 3-1　澳大利亚大学授予学位类型及其教育形式与修业年限

学位	教育形式与修业年限
本科生	
学士学位(通用)	3 年全日制学习
学士学位(专业)	4 年全日制学习
学士荣誉学位	3~4 年全日制学习,毕业一年后可进入研究型硕士或博士阶段学习
研究生	
扩展型硕士学位	3~4 年全日制学习
授课型硕士学位	1~2 年全日制学习
研究型硕士学位	1~2 年全日制学习
博士学位	3~4 年全日制学习
博士学位(专业)	3~4 年全日制学习

资料来源:Group of Eight Australia. *The Australian Higher Education System* [EB/OL]. https://go8.edu.au/page/australian-higher-education-system.[2015-3-18].

需要指出的一点是表 3-1 所列之学位均须由独立自治的公立大学、私立大学及高等教育学院授予，技术与继续教育学院并不拥有学士及以上学位的授予资格。2013 年，澳大利亚 173 所高等教育提供者中提供学士及以上学位的教育机构有 44 所，其中包括 39 所大学和 5 所拥有大学称号的高等教育提供机构[①]。在 39 所完全意义的大学中，37 所是公立大学，2 所为私立大学。[②]其余的高等教育提供者分为自我认证的机构与非自我认证的机构，主要是为学生提供高等教育学历的大学（college）和研究院（institute）。同年，澳大利亚的国际、国内大学生超过 130 万，国内学生 98.5 万人，其余 32.84 万人为国际学生，国际学生中有 84,785 人注册于海外分校。[③]

二、澳大利亚教育行政管理体制与财政体制

（一）澳大利亚教育行政管理体制

根据澳大利亚宪法规定，澳大利亚教育的主要责任在各州 / 领地。州 / 领地政府负责为该地区所有学龄儿童提供教育，制定教育政策与教育项目，确定及认证课程，负责学生评价，为学校提供奖励。此外，州 / 领地政府还负责管理职业技术教育，并对大学的建立以及高等教育课程认证负有法律责任。联邦政府的职责包括为原住民和托雷斯海峡岛民提供教育与培训、移民教育、国际教育合作以及学生资助。由此，澳大利亚形成联邦和州 / 领地两级政府相互配合的教育行政管理体制。

1. 联邦教育行政管理机构

澳大利亚联邦政府中直接负责教育行政事务的机构是教育与培训部（2014 年 12 月 21 日更名，联邦政府教育主管部门名称变迁见表 3-2），其具体职责为贯彻执行联邦教育政策与教育规划，支持澳大利亚联邦政府为公民提供高质量的、可以负担的儿童保育与早期教育、学校教育、后义务教育与高等教育，并对青年事务进行管理，为青年提供就业机会。[④]教育与培训部设有部长 1 名，为部门的最高行政官员，全面领导部门工作；部长助理 1 名，部长议会秘书 1 名，教育秘

① 包括将于 2014 年招收第一批学生的托伦斯大学、两所海外大学、墨尔本神学院以及赫瑞瓦特大学。Grattan Institute. *Mapping Australian Higher Education 2013* [EB/OL]. http://grattan.edu.au/wp-content/uploads/2014/04/184_2013_mapping_higher_education.pdf. [2015-1-16].

② *Public University* [EB/OL]. http://en.wikipedia.org/wiki/Public_university. [2015-1-16].

③ Grattan Institute. *Mapping Australian Higher Education 2014-15* [EB/OL]. http://grattan.edu.au/wp-content/uploads/2014/10/816-mapping-higher-education-2014.pdf. [2015-1-16].

④ Department of Education and Training. *Jobs at the Department of Education and Training* [EB/OL]. https://www.education.gov.au/jobs-department-education-and-training. [2015-1-16].

书1名，教育副秘书4名。[①]部长与学校教育和儿童早期教育常务委员会(Standing Council on School Education and Early Childhood，简称 SCSEEC)共同制定全国教育目标。

表 3-2 澳大利亚联邦政府教育主管部门名称变迁表

年份	联邦政府教育主管部门名称
1987	教育、就业与培训部 (Department of Education，Employment and Training)
1996	就业、教育、培训和青年事务部 (Department of Employment，Education，Training and Youth Affairs)
1997	教育、培训和青年事务部 (Department of Education，Training and Youth Affairs)
2001	教育、科学与培训部 (Department of Education，Science and Training)
2007	教育、就业与劳资关系部 (Department of Education，Employment and Workplace Relations)
2013	教育部 (Department of Education)
2014	教育与培训部 (Department of Education and Training)

2. 州 / 领地教育行政管理机构

州 / 领地政府负责为本州 / 领地公民提供优质的终身教育，并通过制定战略、政策和规章制度对政府部门和非政府部门运行的学校进行管理。在不同的州与领地，负责教育行政管理的部门名称有所差异，例如塔斯马尼亚州、北领地的教育行政管理部门称教育部，其他州 / 领地的教育行政职能则由其他教育相关部门承担(具体见表 3-3)。总体而言，州 / 领地教育部门的组织机构分为三个层次：第一层为州 / 领地教育部长，由州长或行政长官直接任命；第二层为若干位执行部长，他们一般都拥有公共事务管理经验，特别是教育事务管理经验，属于专业技术官员；第三层为执行部长所分管的业务部门的部门主管，分别负责政策制定、地区教育、儿童早期教育、课程实施、财务管理、人力资源管理、信息技术服务等的具体事务。

① Department of Education and Training. *About the Department* [EB/OL]. https://www.education.gov.au/about-department.[2015-1-16].

表 3-3　澳大利亚联邦及各州 / 领地负责教育工作的政府部门名称

管辖区	部门名称
澳大利亚联邦	教育与培训部
新南威尔士州	教育与社区部
维多利亚州	教育与培训部
昆士兰州	教育、培训与就业部
南澳大利亚州	教育与儿童发展部
西澳大利亚州	教育服务部
塔斯马尼亚州	教育部
北领地	教育部
首都领地	教育与培训部

资料来源：Australian Bureau of Statistics. *Preschool Education, Australia, 2013* [EB/OL]. http://www.abs.gov.au/ausstats/abs@.nsf/Products/4240.0~2013~Explanatory+Notes~Explanatory+Notes?OpenDocument#2812172129249953. [2015-1-16].

此处以西澳大利亚州为例说明州 / 领地政府的教育行政管理机构的具体职责。西澳大利亚州教育服务部的职责包括：(1) 对教育机构的注册与认证进行监管；(2) 审查独立公立学校；(3) 资助私立学校、大学以及各种奖学金计划；(4) 为政府及其他机构提供政策、研究、规划和立法方面的专家建议，以确保教育与培训体系能够满足本州的发展需要；(5) 支持众多部长级论坛；(6) 关注自身的组织建设，以顺利提供相关服务。①

(二) 澳大利亚教育财政体制

教育财政体制是教育行政管理体制的重要组成部分。目前，澳大利亚形成了联邦与州两级政府共同投入的教育财政体制，其中州 / 领地政府是教育财政的主要承担者。州 / 领地政府负责提供普通公立学校教育和职业技术教育的经费，并为私立学校教育与高等教育提供补充经费；联邦政府则主要负责为高等教育和私立学校教育提供经费，并为公立学校教育与职业技术教育提供补充经费。学前教育领域相对特殊，其公共教育财政投入由联邦政府、州 / 领地政府以及地方政府共同负担。

1. 学前教育财政体制

自学前教育机构产生以来，澳大利亚的学前教育财政体制经历了三个主

---

① Department of Education Service. *About Us* [EB/OL]. http://www.des.wa.gov.au/aboutus/Pages/default.aspx. [2015-1-17].

要发展阶段。第一个发展阶段始于 20 世纪 60—70 年代。在这一阶段,州政府开始涉足学前教育领域,为适龄幼儿提供学前教育服务。[①] 第二个发展阶段以《1972 年儿童保健法案》(*Child Care Act 1972*)的颁布为标志。法案要求联邦政府为非营利性日托中心提供财政支持。该法案的颁布标志着联邦政府开始成为学前教育领域财政投入的主要承担者,并且此后联邦政府的资助重点从供给方[②]导向的投入方式转向需求方[③]导向的投入方式。例如,联邦政府在 1984 年和 1990 年先后为接受非营利性儿童保育服务和营利性儿童保育服务的家庭提供资助,力图减轻这些家庭的学费负担。[④]1994 年,联邦政府开始实施由托儿补助(Childcare Assistance)与托儿现金折扣方案(Childcare Cash Rebate Scheme)组成的双重补贴制度。2000 年,联邦政府又引进了托儿福利金(Child Care Benefit)作为托儿补助金,取代了原来托儿补助与托儿现金折扣相结合的资助方案。2004 年,联邦政府进一步引进儿童保育退税补贴(Child Care Tax Rebate),将符合条件家庭的儿童保育费用按一定的比例以税费形式退还。[⑤] 从 2006—2007 年开始,儿童保育退税补贴以直接返还而不是通过税收制度的方式支付给各家庭。第三个发展阶段始于 2007 年。随着越来越多的证据显示出儿童早期发展的重要性,澳大利亚各级政府试图共同努力,以普及儿童早期教育与保育,并致力于提升儿童早期教育质量。这些目标得到澳大利亚政府委员会的认可,该委员会制订了各级政府共同参与的合作行动计划。2007 年,澳大利亚政府委员会决定:

- 通过《儿童早期教育全国合作协议》[National Partnership Agreement (NP) on Early Childhood Education]与《普及儿童早期教育全国合作协议》[National Partnership Agreement (NP) on Universal Access to Early Childhood Education], 以普及儿童入学前一年的学前教育。
- 通过《国家本土改革协议》(National Indigenous Reform Agreement)。该协议中包括一个学前教育发展目标,即确保到 2013 年之前,所有偏远地区的 4 岁本土儿童均能够接受学前教育。
- 通过《儿童早期教育与保育质量议程全国合作协议》[National Partnership

---

① Frances Press & Alan Hayes. *OECD Thematic Review of Early Childhood Education and Care Policy: Australian Background Report* [R]. Paris: OECD, 2000: 17.

② 供给方指教育提供者。

③ 需求方指家庭。

④ Greg McIntosh & Janet Phillips. *Commonwealth Support for Childcare* [M]. Canberra: Australian Parliamentary Library Publications, 2002.

⑤ 儿童保育退税补贴比率最初设定为 30%,从 2008 年 7 月开始涨至 50%。

Agreement (NP) on the National Quality Agenda for Early Childhood Education and Care]。国家质量议程以引进国家质量框架为手段,致力于提升早期教育服务质量,实现全国教育的一致性,以及减少教育监管负担。

因此,在目前的学前教育财政管理体制下,各级政府的财政管理职责相对模糊。但总体看来,联邦政府是学前教育财政投入的主要承担者[①],其投入主要用于补贴因父母双方工作需要而支付的儿童保育费用和普及学前教育两个方面。州与领地政府主要负责管理儿童保育与早期学习服务,其财政投入主要用于提高儿童保育与早期教育质量。同时,地方政府在学前教育领域也发挥着十分重要的作用,它们管理、资助并提供一系列的儿童保育与早期教育服务。

2. 学校教育财政体制

澳大利亚的学校教育财政体制经历了一个较长的历史演变过程。对目前以州 / 领地投入为主、联邦投入为辅的教育财政管理体制做出明确界定的最新规定是澳大利亚政府委员会于 2008 年通过的《联邦金融关系政府间协议》(Intergovernmental Agreement on Federal Financial Relations)。该协议表示学校教育是一个全国性的问题,需要各级政府协调合作,同时也强调州 / 领地政府作为公立学校教育的所有者与主要资助者,在经费(包括联邦拨付的经费和州 / 领地拨付的经费)的分配中发挥着重要作用。在私立学校教育领域,联邦政府是公共教育经费的主要提供者,州 / 领地政府只起补充经费的作用。[②] 本章将在第三节的第二部分具体讨论联邦政府是如何介入学校教育,进而成为私立学校财政性教育经费的主要来源的。

3. 高等教育财政管理体制

《2003 年高等教育支持法案》(*Higher Education Support Act 2003*)对澳大利亚的高等教育财政管理体制做出了具体安排。根据《2003 年高等教育支持法案》,联邦政府是澳大利亚高等教育财政的主要承担者,州 / 领地政府则为高等教育提供补充经费。根据拨款对象的不同,可以将联邦对高等教育的拨款分为两部分:一部分直接拨付给高等教育提供者,另一部分则是为学生提供的各种资助。法案第二章描述了联邦政府为高等教育提供者拨款的三种方式,分别是:通过联邦资助计划(Commonwealth Grant Scheme)拨付的款项、出于特定目的划拨的其他拨款及联邦奖学金。

---

① Australian Government Productivity Commission. *Report on Government Services 2014.Volume B*: Child care, education and training [EB/OL]. http://apo.org.au/files/Resource/rogs-2014-volumeb-child-care-education-and-training.pdf. [2015-2-1].

② Council on Federal Financial Relations. *Intergovernmental Agreement on Federal Financial Relations* [EB/OL]. http://www.federalfinancialrelations.gov.au/content/intergovernmental_agreements.aspx. [2015-3-18].

4. 各级政府的教育投入状况

根据澳大利亚统计局发布的《2012—2013 年度澳大利亚政府财政统计：教育》，澳大利亚财政性教育经费的来源包括联邦政府、州与地方政府、多重管辖（multi-jurisdictional）① 以及内部转移（intra-sector transfers）② 四部分。2012—2013 学年澳大利亚教育财政支出 795.63 亿澳元，其中联邦政府支出 293.34 亿澳元，州政府支出 527.80 亿澳元，多重管辖 229.29 亿澳元，内部转移 254.81 亿澳元（见表 3-4）。近年来，澳大利亚政府不断增加教育投入。与 2007—2008 学年相比，2012—2013 学年澳大利亚各级政府教育投入总额增加 240.44 亿澳元，同比增长 43.31%；联邦政府教育支出增长 56.92%；州 / 领地政府与地方政府的教育经费支出增长 33.30%。③ 相对而言，联邦政府教育投入的增幅比州 / 领地政府和地方政府教育投入的增幅要大，这意味着联邦政府将在教育发展中承担越来越多的财政责任。

表 3-4 2007—2008 学年至 2012—2013 学年澳大利亚各级政府教育经费支出

单位：百万澳元

	2007—2008	2008—2009	2009—2010	2010—2011	2011—2012	2012—2013
联邦政府 1	18,694	21,905	35,709	33,794	28,728	29,334
州与地方政府 2	39,595	43,322	49,118	49,959	51,026	52,780
多重管辖 3	15,600	17,748	18,515	19,996	21,302	22,929
内部转移 4	18,370	20,609	31,872	28,083	25,204	25,481
合计 5	55,519	62,366	71,469	75,666	75,852	79,563
占政府支出比例 6（%）	13.01	12.58	13.39	14.33	13.52	—
占 GDP 比例 7（%）	4.66	4.63	5.09	5.57	5.11	—

资料来源：1~5 的数据来源于 Australian Bureau of Statistics. *Government Finance Statistics, Education, Australia, 2012–13* [EB/OL]. http://www.abs.gov.au/AUSSTATS/abs@.nsf/Lookup/5518.0.55.001Main+Features12012-13?OpenDocument. [2015-1-20].

6、7 的数据来源于 UNESCO Institute for Statistics [EB/OL]. http://www.uis.unesco.org/DataCentre/Pages/BrowseEducation.aspx. [2015-3-19].

① 多重管辖是指某一单位由两级以上政府共同管辖或管辖权不明确，这部分资金只拨付给公立大学。

② 内部转移是指为减少教育经费总支出，不同层级政府之间发生的财政转移。

③ Australian Bureau of Statistics. *Government Finance Statistics, Education, Australia, 2012–13* [EB/OL]. http://www.abs.gov.au/AUSSTATS/abs@.nsf/Lookup/5518.0.55.001Main+Features12012-13?OpenDocument. [2015-1-20].

三、澳大利亚教育财政立法与最新政策

与美国、德国等其他联邦制国家一样，澳大利亚联邦对教育的支持和干预通常以法律或政策的形式进行。在此将逐一介绍澳大利亚儿童早期教育财政、学校教育财政、高等教育财政的最新法律与政策。

(一)《儿童早期教育全国合作协议》

《儿童早期教育全国合作协议》是澳大利亚联邦政府于 2008 年 11 月 29 日与各州 / 领地政府签署的一份致力于普及学前教育的联邦金融关系政府间协议。该协议要求各州在 2013 年底前实现以下目标：所有 4 岁儿童在接受正规教育的前一年都有机会接受每周 15 小时、一年 40 周的学前教育，并且学前教育服务须由获得四年制大学毕业证书的幼教提供。为推动该项目的顺利实施，联邦政府在 2008—2013 年 5 年间向州 / 地方政府拨款 9.55 亿澳元，并出台了包括儿童保育津贴、儿童保育费减免、教育与培训儿童保育费补贴等一系列学前教育就学资助措施。[①]

目前澳大利亚正朝着普及学前一年教育的目标迈进。鉴于该项目前期产生了良好效果，联邦政府在 2012 年年末宣布，自 2013 年开始的未来三年再向各州和地区拨款 13 亿澳元，继续普及学前一年教育。

(二)《更好的学校：全国学校改进计划》

2012 年 9 月 3 日，时任澳大利亚总理茱莉亚·吉拉德(Julia Eileen Gillard)宣布了一项旨在帮助每位儿童获得世界一流教育的教育计划，即《更好的学校：全国学校改进计划》(*Better Schools:National Plan for School Improvement*)。该计划指出，到 2025 年，澳大利亚学校教育需要实现两大目标：一是在阅读、科学和数学方面的教育水平跻身世界前五；二是打造符合国际标准的、高质量的、更加公平的学校教育体系。该计划的主要内容包括：(1) 为教师和校长提供更多支持和培训；(2) 实施新的学校经费资助办法；(3) 帮助学校提高学生成绩；(4) 为最需要的学生提供帮助；(5) 为家长和社区提供有关学校绩效的更多信息。[②] 同时，该计划决定自 2014 年开始的 6 年间，澳大利亚联邦政府将每年增投 65 亿澳元的教育经费。在此期间，教育界将分阶段、分步骤地实施新措施，直到 2020 年全面展

---

① Council of Australian Government. *National Partnership Agreement on Early Childhood Education* [EB/OL]. http://www.federalfinancialrelations.gov.au/content/npa/education/early_childhood/national_partnership.pdf. [2015-8-9].

② Australian Government. *Better Schools:National Plan for School Improvement* [EB/OL]. http://www.senatorhelenpolley.com.au/upfiles/helenpolley/cont/better_schools.pdf. [2015-8-9].

开。此外,按照该计划,澳大利亚将实施全新的学校经费资助方案。新方案将给予每名学生固定金额的经费:小学生每学年8,000澳元,中学生每年10,500澳元。在此基础上,新方案将向偏远地区的小型学校、经济不发达地区的学校、有原住民儿童就读的学校和招收贫困的移民儿童以及残疾儿童的学校适度倾斜,增加不同数额的补贴。该计划的实施标志着澳大利亚学校教育改革又迈出了具有历史性、革命性意义的一步。

(三)《高等教育支持法案》

目前,澳大利亚联邦政府资助高等教育最重要的法律依据是《高等教育支持法案》。该法案对1989年以来实施的高等教育资助制度进行了全面改革,并确定了高等教育资助的基本方式。经过近十年的实施,联邦政府也在不断修订法案内容,现介绍其2014年最新修订的版本。

新版法案从2014年3月12日开始实施,其目的在于:支持高质量、多样化、公平的高等教育体系;支持不同办学目的的高校;加强澳大利亚的知识库建设,并提高澳大利亚科研能力对国家经济发展、国际竞争力建设与社会目标实现的贡献;支持学生接受高等教育或某种形式的职业教育与培训。[①] 法案规定,根据资助对象的不同,联邦政府对高等教育机构和学生分别采取不同的资助方式。针对高等教育机构,法案提出了联邦拨款计划、其他特定目的的拨款与联邦奖学金拨款三种资助方式;法案为澳大利亚公民或澳大利亚签证永久持有者提供了四种不同的资助方式,包括为学生贡献部分提供的无息贷款(HECSHELP)、为缴纳全额学费的学生提供的资助(FEEHELP)、为申请出国留学的学生提供的资助(OSHELP)和为勤工俭学学生提供的资助(OS-HELP)。[②] 从实施效果来看,《高等教育支持法案》及其修订版对促进澳大利亚高等教育系统的合理发展具有重要意义。

第二节 澳大利亚学前教育财政

由于澳大利亚各级政府对学前教育与儿童保育投入的财政性经费通常合在一起,有时难以确定学前教育公共教育经费的具体数额,故在对学前教育财政进行论述时会包括有关儿童保育财政的数据。

① Education and Training, Prime Minister&Cabinet. *Higher Education Support Act 2003* [EB/OL]. https://www.comlaw.gov.au/Details/C2014C00113/Html/Text#_Toc382387620. [2015-8-9].

② Education and Training, Prime Minister&Cabinet. *Higher Education Support Act 2003* [EB/OL]. https://www.comlaw.gov.au/Details/C2014C00113/Html/Text#_Toc382387620. [2015-8-9].

一、教育经费的筹措与投入

与英国、法国等政府占绝对主导地位的学前教育成本分担模式不同，澳大利亚的学前教育经费由联邦政府、州 / 领地政府、地方政府、家长与社会等多个主体共同承担。并且有研究表明，1998—2006 年澳大利亚学前教育经费中政府支出大于 40%，家庭支出与社会支出都在 30% 以下。[①] 表 3–5 描述了 2008—2009 学年至 2012—2013 学年澳大利亚联邦政府、州 / 领地政府财政对学前教育投入的具体情况。五年间，联邦政府为学前教育投入约 230 亿澳元，各州 / 领地政府为学前教育投入约 56 亿澳元，两级政府对学前教育的拨款逐年增多，这表明澳大利亚两级政府都对学前教育给予越来越多的关注。其中，联邦政府对学前教育的拨款增量较大，意味着联邦政府在学前教育发展中承担着越来越多的责任。各州 / 领地对学前教育的投入则存在很大差异，维多利亚州在这五年间为学前教育拨款最多，共计约 11.8 亿澳元，该数额是为学前教育投入最少的塔斯马尼亚州财政性学前教育经费的 6.57 倍。

表 3–5　2008—2009 学年至 2012—2013 学年澳大利亚联邦政府与州 / 领地政府学前教育经费投入情况一览表

单位：千澳元

年份 / 资金来源		2008—2009	2009—2010	2010—2011	2011—2012	2012—2013	合计
联邦政府		4,173,969	4,100,129	4,436,339	4,847,946	5,388,330	22,946,713
州 / 领地政府	新南威尔士州	203,480	234,469	230,323	243,982	252,835	1,165,089
	维多利亚州	185,042	207,732	244,718	249,075	297,256	1,183,823
	昆士兰州	85,939	108,028	165,880	237,268	218,748	815,863
	西澳大利亚州	133,223	201,995	250,352	286,962	304,806	1,177,338
	南澳大利亚州	118,751	134,268	130,698	140,639	163,336	687,692
	塔斯马尼亚州	31,060	31,270	34,462	40,351	42,956	180,099
	首都领地	39,162	29,970	29,442	42,030	56,818	197,422
	北领地	33,297	42,354	47,862	50,994	56,447	230,954
	合计	829,954	990,085	1,133,737	1,291,301	1,393,202	5,638,279

资料来源：Commonwealth of Australia. *Report on Government Services 2014. Volume B：Child Care，Education and Training* [EB/OL]. http://apo.org.au/files/Resource/rogs-2014-volumeb-child-care-education-and-training.pdf. [2015–2–1].

① 张萌 . OECD 国家学前教育财政投入水平及其国际比较[D]. 南京：南京师范大学，2013.

需要指出，虽然近年来澳大利亚学前教育财政性经费投入在逐渐增多，但也仅占财政性教育经费总额的4%左右，占GDP的0.2%左右，在OECD国家中排名相对靠后。若要实现学前教育的良性发展，澳大利亚政府必须继续加大经费投入力度。

二、教育经费的分配与使用

根据经费来源的不同，澳大利亚学前教育经费由联邦与州/领地两级政府分配。

（一）联邦政府的学前教育经费分配方案

澳大利亚联邦政府对学前教育的财政投入基本以项目拨款的形式拨付。目前澳大利亚的学前教育项目有《儿童早期教育全国合作协议》、《土著儿童早期发展全国合作协议》、《普及儿童早期教育全国合作协议》、全国质量框架(National Quality Framework)等。在项目实施之前，主管部门都会以协议的方式对项目目的、各方政府职责、经费分配方式、预期产出等事宜做具体安排，明晰政府间的事权与财权，做到有章可依、有规可循。本部分将以《儿童早期教育全国合作协议》的经费分配方案为例，详细介绍联邦学前教育经费的分配与使用。

根据《儿童早期教育全国合作协议》，联邦政府在2008—2013年5年间向州/领地政府拨款9.55亿澳元。在项目实施的前两年，国家的战略重点包括：提高学前教育参与率，尤其是本土儿童与弱势儿童参与率；增加学前教育学习时间；使学费不再成为普及学前教育的障碍；提高项目质量与项目之间的一致性程度；提升独立幼儿园与保育机构之间的融合度与协调性。2008—2012年4年间，联邦政府依据各州/领地学前教育的发展水平确定拨款数额，并向学前教育落后地区适度倾斜；最后一年则以4岁儿童的数量为基础在各州/领地之间分配4.47亿澳元。（见表3-6）根据协议，项目每年预留300万澳元用于全国儿童早期研究、评估与数据开发活动，另在2008—2009年留用100万澳元作为项目启动资金。联邦以6个月为一个周期对州/领地分配资金，分配依据是每6个月一度的进展报告。该笔经费的监管与核查责任主要在州与领地一级。①

① Council of Australian Governments. *National Partnership Agreement on Early Childhood Education* [EB/OL]. http://www.federalfinancialrelations.gov.au/content/npa/education/early_childhood/national_partnership.pdf.[2015-3-10].

表 3-6 《儿童早期教育全国合作协议》资金分配方案

单位：百万澳元

州 / 领地政府 \ 年份	2008—2009	2009—2010	2010—2011	2011—2012	2012—2013	合计
新南威尔士州	10.2	21.3	26.9	82.3	137.9	278.6
维多利亚州	7.4	15.3	19.3	59.1	109.5	210.6
昆士兰州	11.2	23.4	29.5	90.3	97.6	252
西澳大利亚州	3.7	7.7	9.7	29.7	47.6	98.4
南澳大利亚州	2.5	5.2	6.6	20.2	30.9	65.4
塔斯马尼亚州	0.7	1.5	1.9	5.9	10.4	20.4
首都领地	0.4	0.9	1.2	3.6	7.1	13.2
北领地	0.7	1.5	1.9	5.9	5.9	15.9
总计	37	77	97	297	447	955

资料来源：Council of Australian Governments. *National Partnership Agreement on Early Childhood Education* [EB/OL]. http://www.federalfinancialrelations.gov.au/content/npa/education/early_childhood/national_partnership.pdf. [2015-3-10].

（二）州 / 领地政府的学前教育经费分配方案

作为联邦制国家，澳大利亚各州 / 领地的学前教育经费分配与使用方式各有特点，难以一一描述，下文将以新南威尔士州为例，对澳大利亚州 / 领地政府学前教育经费的分配与使用情况进行介绍。

新南威尔士州在得到联邦拨款与学前教育项目经费后，按照以下三种方式分配。①

1. 项目拨款（Funding Projects）

为成为澳大利亚最强的州，新南威尔士州在 2011 年制订了一项包括经济、交通、健康、教育、家庭与社区服务等诸多内容在内的“2021 计划”。在教育方面，“2021 计划”主张提供高质量的教育服务以有效改善学生的学习成果。为实现“2021 计划”，保证所有儿童都能获得高质量的早期教育，州政府开发了一系列资助项目，作为学前教育经费分配方案的一部分。目前，新南威尔士州开展的学前教育资助项目有 6 个，项目名称、目的与内容详见表 3-7。

① NSW Department of Education and Communities. *Funding* [EB/OL]. http://www.dec.nsw.gov.au/what-we-offer/regulation-and-accreditation/early-childhood-education-care/funding. [2015-3-20].

表 3–7 新南威尔士州学前教育项目一览表

项目名称	项目目的	项目内容
社区幼儿园运行支持项目 (Community Preschool Operational Support Program)	旨在协助推行新型社区幼儿园资助模式，加强幼儿园能力建设	协助方式有两种：(1) 通过小型商业连接项目为所有社区幼儿园提供财务计划制订、现金流量管理、市场营销与战略规划等服务；(2) 为被正式确认为需要援助的幼儿园提供行业建议
儿童早期教育教学奖学金 (Early Childhood Teaching Scholarships)	旨在提升教师的学历水平，促进教师的专业发展	为奖项获得者提供价值 10,000 澳元的奖学金，其中农村与偏远地区幼教工作者是资助重点
向学校过渡 (Transition to School)	旨在支持儿童从早期教育顺利过渡到正规教育	在学生入学前由幼教与家长共同制订一份《过渡到学校声明》，对学生的优势、学习兴趣与学习方法进行总结；然后将这份声明转交给学生即将入学的新学校，这样，学校和教师可以根据声明提供的信息为孩子的到来做好准备，使孩子顺利过渡到新的学习环境
集群管理 (Cluster Management)	为自愿参加集群管理试验的社区幼儿园提供治理、服务与专业发展方面的支持等	—
连接社区项目 (Connected Communities Projects)	普及弱势地区学前教育，提高学前教育质量	项目包括两部分：(1) 为选定的 15 个偏远地区的儿童早期教育机构提供资助，帮助这些机构更新教育设施；(2) 在这些机构建成之后，来自贫困家庭的孩子入园后有机会获得连续两年的学费补贴
社区幼儿园资本 (Community Preschool Capital)	扩大特定地区或偏远地区社区幼儿园的面积	将 500 万澳元资本拨款分配给符合条件的社区幼儿园，帮助它们扩大学前教育项目

资料来源：NSW Department of Education and Communities. *Funding Projects* [EB/OL]. http://www.dec.nsw.gov.au/what-we-offer/regulation-and-accreditation/early-childhood-education-care/funding/funding-projects.[2015–3–20].

2. 补助项目 (Grants Program)

为了确保到 2020 年所有儿童都能拥有最好的人生起点，为自己和国家创造美好的未来，澳大利亚联邦政府与州 / 领地政府决定协同合作，对各州 / 领地的教育部门和儿童早期教育的发展进行补助，提供财政经费。为有效贯彻执行该政策，新南威尔士州设立了 7 个儿童早期教育与保育补助项目，分别是：学前教育补贴、全日托补助、临时托补助、假期保育补助、早期儿童项目补助、支持儿童额外需求补助、部门发展补助。其中，前四个补助项目直接拨付给提供儿童早期教育与保育服务的非营利性提供者，后三项提供给特定的儿童早期教育项目，以帮助有特殊需要的儿童或儿童早期教育部门。[①] 每个项目的经费分配方案都不同，在此以学前教育补贴项目为例进行介绍。

学前教育补贴项目的主要对象是非营利性社区幼儿园。作为社区幼儿园的主要资助者，新南威尔士州政府根据黛博拉·布伦（Deborah Brennan）教授在《新南威尔士州政府对儿童早期教育资助的评论》（*Review of NSW Government Funding for Early Childhood Education*）中的建议，决定自 2014 年起对社区幼儿园实行一种全新的拨款模式。这种拨款模式按照生均定额的方式为该州的社区幼儿园提供 1.5 亿澳元的经费，比之前的经费总额增长 20%，力求为社区幼儿园提供更多的经费，并创建更加公平的制度，使最需要的儿童能够得到足够的资助，确保更多的儿童在上学之前能够接受学前教育。

新模式的重点资助对象是 4~5 岁儿童以及 3 岁以上的残疾儿童和原住民儿童，而不涉及 3 岁之前接受保育服务的幼儿。在该拨款模式之下，95% 的幼儿园中 4~5 岁儿童基础资金率（base funding rate）将会增加；生均基础资金率最少增加 44%，即从 1,250 澳元提高到 1,805 澳元；最高生均基础资金率增加 75%，即从 2,950 澳元提高到 5,270 澳元；对 3 岁及以上原住民儿童的生均资助额从 3,300 澳元提高至 5,270 澳元；对偏远地区幼儿园的资助额增加 45%；在前两年对任何儿童早期教育服务的资助额不会减少。[②] 该拨款模式的推行是新南威尔士州有史以来力度最大的一次改革。此次改革将会经历三年的过渡期，即 2014 年至 2016 年，在此期间，州政府将会为此项改革提供过渡经费，任何服务获得的资助额都不会因为政策的变化而减少。

3. 全国合作协议（National Partnership）

新南威尔士州是《儿童早期教育全国合作协议》的缔结方之一。截至 2013 年底，新南威尔士州已接受联邦政府 2.786 亿澳元的拨款，这些经费通过学前教育投资与改革计划、对幼儿园提供补贴、减免学费以及其他一系列方案分配给早

① NSW Government Education&Communities. *Grants Program* [EB/OL]. http://www.dec.nsw.gov.au/what-we-offer/regulation-and-accreditation/early-childhood-education-care/funding/grants-program. [2015-1-19].

② NSW Government Education&Communities. *Community Preschool Funding* [EB/OL]. http://www.dec.nsw.gov.au/what-we-offer/regulation-and-accreditation/early-childhood-education-care/funding/community-preschool-funding. [2015-1-19].

期教育提供者。

三、教育经费的管理与监督

根据事权与财权相统一的原则，澳大利亚学前教育经费的监管主体是州/领地政府，联邦政府对财政监管起辅助作用。

在州/领地层面上，经费来源不同，政府对其监管的方式也不同。对于通过项目拨款所得经费的监管，政府在项目实施之前制订的《拨款指南》中会详细规定经费监管的方式与要求。各项目的经费监管方式基本一致，程序如下：(1)获得项目拨款的教育提供者必须按照法律要求完成财务管理报告，并将财务管理报告递交相关部门与教育部门，同时需要提交一份盈利或亏损报告及开支报告。对于法律未要求提交的财务报表，教育提供者也必须在每一财年的最后4个月内向教育部门提交，内容包括资产负债表、股权声明、收益表。上述报表与声明必须由教育提供者的2名理事会成员与独立于教育提供者、符合澳大利亚审计标准的专业会计或审计机构做出证明。此外，教育提供者还需要证明所获拨款按照协议正常支出，并刊印获资助项目的年度报告。(2)教育部门每年会根据收集到的定性与定量数据对获资助的教育提供者抽样审计。联邦政府与州/领地政府签署的全国合作协议中也会详细描述经费审计方案。一般要求教育机构在每年的最后4个月内提供财务报表，报表中应包括一份审计员报告、资产负债表以及收支表。在每年的9月，教育部门会按照项目关键指标要求收集数据，如果教育提供者相关数据不合乎要求，州/领地教育部门会拒绝发放经费，直至其满足协议要求。[①]

在联邦层面，国家审计署是对学前教育财政性经费中联邦拨款部分(即通过各种全国合作协议拨款)进行监管的主要职责部门。州/领地政府在完成上述审计之后，需要向国家审计署提交报告，供联邦进一步审计与监督。其目的在于评估教育部对协议管理的有效性，总结项目的整体进展情况，而不在于评价各管辖区的项目进展，也不在于确定经费的充足性。国家审计署在完成审计报告之后，会访问5个州/领地的相关部门机构，与其讨论教育部所采纳的合作协议等事宜，以顺利实现协议目标。

① NSW Government Education&Communities. *Preschool Grants Grants Program Guidelines* [EB/OL]. https://www.det.nsw.edu.au/media/downloads/what-we-offer/regulation-and-accreditation/early-childhood-education-care/funding/grants-program/preschool-grants-guidelines.pdf.[2015-3-20].

第三节　澳大利亚学校教育财政

一、教育经费的筹措与投入

作为一个联邦制国家,澳大利亚各州/领地政府对本州/领地内的学校教育承担主要的管理责任。州/领地政府要确保所有适龄儿童接受学校教育,决定学校教育的课程并规范学校的各项活动。前文已经介绍,州/领地政府对公立学校负有直接的管理责任,并提供大部分财政性拨款;对于私立学校,州/领地政府主要对其设立和运行进行监管,私立学校获得的公共财政拨款主要来自联邦。因各州/领地管辖范围、适龄儿童数量以及教育需求不同,各州/领地不同类型的中小学数量都存在很大的差异(详见表3-8)。以2012年为例,新南威尔士州的公立学校有2,169所,是首都领地公立学校数量的25倍;新南威尔士州的私立学校数量是北领地的24倍。因此,澳大利亚联邦政府和州/领地政府对学校教育的财政投入亦因各州/领地的具体情况而异(详见表3-9)。

表3-8　2012年澳大利亚各州/领地不同类型学校的数量

	公立学校(所)	公立学校所占比例(%)	私立学校(所)	私立学校所占比例(%)	总数(所)
新南威尔士州	2,169	70.4	913	29.6	3,082
维多利亚州	1,535	68.7	698	31.3	2,233
昆士兰州	1,239	72.2	476	27.8	1,715
西澳大利亚州	765	71.8	301	28.2	1,066
南澳大利亚州	555	74.0	195	26.0	750
塔斯马尼亚州	197	75.2	65	24.8	262
首都领地	84	65.6	44	34.4	128
北领地	153	80.1	38	19.9	191
合计	6,697	71.0	2,730	29.0	9,427

资料来源:Commonwealth of Australia. *Report on Government Services 2014.Volume B: Child Care, Education and Training* [EB/OL]. http://www.pc.gov.au/research/ongoing/report-on-government-services/2014/child-care,-education-and-training/download-the-volume/rogs-2014-volumeb-preliminaries.pdf.[2015-2-1].

表 3-9 2011—2012 学年澳大利亚不同类型学校的财政性收入

单位：百万澳元

	新南威尔士州	维多利亚州	昆士兰州	西澳大利亚州	南澳大利亚州	塔斯马尼亚州	首都领地	北领地	合计
公立学校									
联邦	1,516	1,028	917	452	347	131	64	124	4,579
州 / 领地	10,223	6,477	6,787	4,068	2,366	794	666	573	31,954
合计	11,739	7,504	7,704	4,520	2,713	925	731	697	36,533
私立学校									
联邦	2,384	1,997	1,568	787	626	159	146	85	7,751
州 / 领地	899	580	600	418	165	54	48	51	2,814
合计	3,283	2,577	2,168	1,204	790	214	193	135	10,565
所有学校									
联邦	3,900	3,024	2,485	1,239	972	291	210	209	12,330
州 / 领地	11,123	7,057	7,387	4,486	2,531	848	714	624	34,768
合计	15,022	10,081	9,872	5,724	3,503	1,139	924	832	47,098

资料来源：Commonwealth of Australia. *Report on Government Services 2014.Volume B: Child Care, Education and Training* [EB/OL]. http://www.pc.gov.au/research/ongoing/report-on-government-services/2014/child-care,-education-and-training/download-the-volume/rogs-2014-volumeb-preliminaries.pdf. [2015-2-1].

整体来看，澳大利亚学校教育经费的来源有联邦政府拨款、州 / 领地政府拨款、学杂费以及其他私人来源四个渠道。州 / 领地政府承担了一半以上的学校教育经费，联邦政府为学校教育提供大约 1/4 的经费，其余经费则由私人负担。不同渠道的教育经费在公立学校和私立学校收入中所占的比例也不同。以 2010 年为例，公立学校 79.9% 的经费来自州 / 领地政府，但私立学校经费总收入中来自州 / 领地政府的部分只占 15.2%；联邦政府十分支持私立学校的发展，为私立学校提供了 40.2% 的经费；私人投入是私立学校的重要经费来源，但其在公立学校经费收入中所占比例不足 6%（见表 3-10）。①

① Department of Parliamentary Severice. *Australian Government Funding for Schools Explained*: *2013 Update* [EB/OL]. http://apo.org.au/files/Resource/parliamentarylibrary_ausgovfundingforschools_march2013.pdf. [2015-2-1].

表 3-10 2010 年澳大利亚不同类型学校经常性收入总额及其经费来源

单位:10 亿澳元

	公立学校	天主教学校	独立学校	所有私立学校	所有学校
联邦政府拨款	3.82	4.11	2.66	6.77	10.59
州/领地政府拨款	21.05	1.36	1.1	2.46	23.51
政府拨款总额	24.87	5.47	3.76	9.23	34.10
学杂费	0.98	1.57	4.57	6.14	7.12
其他私人来源	0.58	0.35	0.52	0.87	1.45
私人资本总额	1.56	1.92	5.09	7.01	8.57
总收入	26.43	7.39	8.85	16.24	42.67

资料来源:Department of Parliamentary Severice. *Australian Government Funding for Schools Explained: 2013 Update* [EB/OL]. http://parlinfo.aph.gov.au/parlInfo/download/library/prspub/366868/upload_binary/366868.pdf;fileType=application/pdf.[2015-2-1].

二、教育经费的分配与使用

(一) 联邦政府对学校教育经费的分配

澳大利亚联邦政府对学校教育的拨款政策经历了三次重大变革。1964 年之前,联邦政府只负责首都领地、北领地和海外领地的教育,并没有直接向各州的中小学提供经费。联邦政府对中小学援助的其他形式也仅限于对学费的税收优惠和对学校建筑的捐款。第一次重大变革以 1964 年通过的《国家拨款(科学实验室与技术培训)法案》[*States Grants*(*Science Laboratories and Technical Training*) *Act*]为标志,该法案要求联邦政府为公立中学与私立中学的科学实验室与设备提供资助,这标志着联邦政府对学校教育拨款真正开始。第二次重大变革是联邦政府在 20 世纪 70 年代开始对学校教育进行经常性拨款。1970 年,联邦政府为私立学校提供生均经常性经费。1973 年临时委员会在提交给澳大利亚学校委员会的报告中建议以需求为基础向学校提供资助,以保证所有学校能够达到最低可接受标准。在该建议的影响下,联邦政府自 1974 年开始为公立学校提供经常性拨款。自此之后,联邦政府为所有学校(包括公立学校与私立学校)提供的转移性财政支付、经常性拨款、资本拨款及定向项目(targeted programs)拨款均在《国家拨款(学校援助)法案》[*States Grants* (*Schools Assistance*) *Acts*]的要求下三年一授权。1985—2008 年,在联邦法案的规定下,联邦政府对公立学校和私立学校的拨款改为四年一授权,拨款方式包括经常性拨款、资本拨款以及定向拨款。第三次重大变革始于 2009 年。该年,联邦政府在澳大利亚政府委员会的许可下重新调整了学校拨款方案。联邦政府为学校教育提供的大多数拨款是依据《全国学校特定目的支付》(*National Schools Specific Purpose Payment*)的规定分配的，其他少数经费则通过全国合作协议项目(National Partnerships)与联邦政府的学校教育项目(通常称为"联邦自有用途费用"，即 Commonwealth Own-Purpose Expenses)分配。下面重点阐述 2009 年以来联邦政府对学校教育投入经费的分配方案。

1. 全国学校特定目的支付下联邦政府对公立学校的资助

联邦政府对公立学校财政拨款的政策依据是《国家教育协议》(*The National Education Agreement*)。该协议根据澳大利亚联邦政府与州 / 领地政府间协议(Inter-Governmental Agreement)的有关规定制定。根据《国家教育协议》的规定，联邦政府对学校教育的拨款经由联邦财政部到州财政部，再由州财政部到州教育部，然后由各州教育部根据其特定的分配机制将经费转付给公立学校。与之前不同的是，州政府对这笔经费的分配拥有更大的自主权和更高的灵活性。2009—2013 年，全国学校特定目的支付为公立学校共拨款 183 亿澳元，这包括之前联邦政府为公立学校分配的经常性拨款、资本拨款、特定项目拨款以及其他一些项目拨款。①

2. 全国学校特定目的支付下联邦政府对私立学校的资助

联邦政府的拨款是澳大利亚私立学校的重要经费来源。与公立学校不同，全国学校特定目的支付对私立学校资助的依据是 2008 年发布的《学校援助法案》(*Schools Assistance Act*)。法案规定，经常性拨款、资本拨款和特定目的项目拨款是联邦政府对私立学校分配经费的三种主要方式。其中，联邦政府对私立学校的经常性拨款以公立学校生均经常性成本为基准分配，这意味着私立学校的经常性拨款会随着公立学校生均经常性成本的变化而得到补充。资本拨款是联邦政府为改进私立学校基础设施而提供的经费，联邦政府特别关注弱势学生群体所使用的基础设施。2009—2012 年，私立学校获得的资本拨款共计 5.43 亿澳元。② 特定目的项目拨款主要用于保障弱势学生群体的受教育权。目前，联邦政府发起的特定目的项目主要有识字、算数与特殊学习需要项目(Literacy, Numeracy and Special Learning Needs Programme)，英语作为第二语言的移民项目(English as a Second Language—New Arrivals Programme)，学校语言课程项目

① Australian Government. *Review-of-funding-for-schooling-final-report-dec-2011* [EB/OL]. http://docs.education.gov.au/system/files/doc/other/review-of-funding-for-schooling-final-report-dec-2011.pdf. [2015-2-2].

② Australian Government. *Review-of-funding-for-schooling-final-report-dec-2011* [EB/OL]. http://docs.education.gov.au/system/files/doc/other/review-of-funding-for-schooling-final-report-dec-2011.pdf. [2015-2-2].

（Schools Languages Programme），以及乡村地区项目（Country Areas Programme）。与经常性拨款的分配方式不同，资本拨款和特定目的项目拨款由联邦财政部拨给州私立学校教育当局和独立学校协会后，不再转付给各所学校。此外，《学校援助法案（2008 年）》还规定联邦政府要为私立学校的本土学生、偏远地区的非政府学校与远程教育学生提供额外的经常性拨款。

3. 全国合作协议

全国合作协议是澳大利亚政府委员会与各州 / 领地政府共同建立的，以提高学校教育质量为目的，以达成一致的全国性目标为基础的协议关系。2008 年以来，澳大利亚联邦政府通过 9 个全国合作协议为学校教育投入了 247.8 亿澳元。① 这些全国合作协议的结构和条件各不相同，在某些情况下，包括与州 / 领地政府或非政府教育部门的共同支付、绩效奖励以及试点项目的创建。与全国学校特定目的支付不同的是，每个全国合作协议分别为学校教育提供资助。另外，全国合作协议的一个基本要求是州 / 领地政府或地方教育当局需继续保持对学校教育的投入水平。表 3–11 呈现了 2008 年以来学校教育全国合作协议的基本情况。

表 3–11　澳大利亚学校教育全国合作协议一览表

全国合作协议	资助期限	资助总额（单位：亿澳元）	是否有奖励	奖励占总额的比例（%）
学校贸易培训中心	2009—2017	24.7	否	—
数字化教育改革	2008—2015	25.0	否	—
教育建设改革计划	2008—2012	163.1	否	—
聪明学校—识字与识数	2008—2012	5.11	是	68
聪明学校—家庭社会经济地位较低的学校社区	2009—2015	14.9	否	—
聪明学校—改善师资质量	2008—2013	4.44	是	79
青年成就与过渡	2009—2014	7.25	是	14
缩小北领地的差距	2008—2012	1.47	否	—
为残疾学生提供支持	2011—2014	1.96	否	—
总额		247.8		

资料来源：Australian Government. *Review-of-funding-for-schooling-final-report-dec-2011* [EB/OL]. http://docs.education.gov.au/system/files/doc/other/review-of-funding-for-schooling-final-report-dec-2011.pdf. [2015–2–2].

① Australian Government. *Review-of-funding-for-schooling-final-report-dec-2011* [EB/OL]. http://docs.education.gov.au/system/files/doc/other/review-of-funding-for-schooling-final-report-dec-2011.pdf. [2015–2–2].

由表 3-11 可以看出，除资助款额以外，联邦政府还预留了 8 亿澳元用作支付聪明学校——识字与识数、聪明学校——改善师资质量、青年成就与过渡这三个国家合作协议的奖励。[①] 获得奖励的条件是满足澳大利亚政府委员会改革委员会（Council of Australian Governments Reform Council）评定的表现水平。

4. 其他拨款

在全国学校特定支付目的和全国合作协议之外，联邦政府还会通过联邦学校教育项目，从联邦自有用途经费中为中小学提供一些经费。一般而言，它们属于国家政策重点扶持项目，例如全国学校教士与学生福利项目（National School Chaplaincy and Student Welfare Programme）、质量产出项目（Quality Outcomes Program）。

（二）州/领地政府对学校教育经费的分配

州/领地政府是公立学校的主要资助者，也是基于公立学校生均经常性成本为私立学校提供经常性经费。但因管辖区的不同，各州/领地政府对公立学校和私立学校的拨款额度和方式存在差异。

1. 公立学校

与联邦政府一样，州/领地政府为公立学校拨付的款项包括经常性拨款、资本拨款和项目拨款三种。这三种经费的拨款数额一般由一系列拨款公式决定。在确定拨款数额后，州/领地政府通常采用资源集中分配和根据学校预算分配两种方式向学校拨款。大多数州/领地综合使用以上两种经费分配方式，但各州/领地给予学校的预算权力存在很大差异(详见表 3-12)。例如，新南威尔士州和昆士兰州以集权式拨款为主，而维多利亚州和南澳大利亚州则以分权的方式分配经费。西澳大利亚等州更是将经费分配的权力下放到学校，由学校预算决定拨款数量。只是为平衡州/领地政府与学校的权责关系，这些州/领地的学校需要按照有关方针政策或合同安排承担财政汇报等义务。

---

① Australian Government. *Review-of-funding-for-schooling-final-report-dec-2011* [EB/OL]. http://docs.education.gov.au/system/files/doc/other/review-of-funding-for-schooling-final-report-dec-2011.pdf. [2015-2-2].

表 3-12　澳大利亚各州 / 领地对公立学校的经常性拨款与特定目的拨款

管辖区	分配思路	分配内容与方式
新南威尔士州	集权式系统包括：以全州统一的方式分配教职工，州政府直接支付学校成本	分配给学校的资源共包括五类：教职工及其薪资（以学生数量、学校类型、学校特征和学生资料为基础），学校运营成本（以现金方式支付），集体拨款（如教师专业学习、社区语言学校等项目），基建设施的修建与维护，清洁费用
维多利亚州	通过学生资源包（包括教学成本、学校运营成本以及特定项目拨款）制定学校预算	学校对通过学生资源包获得的资源享有高度自治权，以学生需求评估为基础，将按需分配的经费编制进学校预算
昆士兰州	集权式系统包括：州政府直接支付学校成本（主要是教职工），集中式拨款（核心与特定项目拨款），集中交付服务（教师专业学习机会、奖学金）	以全州统一的方式在州 / 地方 / 学校三个层级分配教职工与拨款，以需求为基础分配教职工等资源，特定项目的拨款
西澳大利亚州	两个系统：主流——集中分配，独立公立学校 *——按学校预算分配	以全州统一的方式向主流学校分配经费，独立公立学校单独预算
南澳大利亚州	以学生为中心的资金分配模式分配学校经费	三个要素：以学校类型和面积为基础安排基本配置，以人为基础分配年度经费，以项目为基础分配
塔斯马尼亚州	集权式和学校为基础式：集中分配教职工，学校资源包，集中运行特定项目（主要是国家合作协议项目）	集中分配教职工，并且将弱势学生群体因素纳入教职工分配的考量；学校资源分配给予学校一定的自主权（基建维护、能源、水等）
首都领地	中央集权式	直接支付学校成本，集中分配资源（包括教职工以及为特殊学生创设的资源），集中支付学校支出
北领地	中央集权式	集中分配教职工，特定项目

备注：* 独立公立学校（independent public school）是西澳大利亚州独创的一种公立学校。目前，该州有 441 所独立公立学校，这些学校在经费支出和人员安排方面享有更大的自主权和灵活性。

资料来源：The University of Melbourne. *Mapping Funding and Regulatory Arrangements across the Commonwealth and States and Territories* [EB/OL]. http://www.curriculum.edu.au/verve/_resources/Mapping_Funding_and_Regulatory_Arrangements_-July_2011.pdf.[2015-2-2].

2. 私立学校

与公立学校不同，州 / 领地政府通常以人均定额的方式确定私立学校经常性拨款和特殊目的拨款的数额，并且主要以低息贷款或利息补贴的方式对私立学校的资本项目提供支持。此处以经常性拨款为例，说明澳大利亚州 / 领地向私立学校分配经费的不同方式。

对于私立学校的经常性拨款，澳大利亚大多数管辖区以政策或法令保证其投入水平，使之维持在本州 / 领地公立学校生均经常性成本的 19%~25% 左右。另有个别州 / 领地不以公立学校生均经常性成本为基础，而是依照经费投入的历史水平确定私立学校财政投入的数额（具体情况参见表 3–13）。

表 3–13 澳大利亚各州 / 领地对私立学校经常性拨款的分配方式

管辖区	测定	分配
新南威尔士州	按照本州公立学校生均经常性成本的 25% 为私立学校资金池拨款	根据 12 个类别的教育资源指数对中小学独立分配，按照第 11 类资助天主教学校
维多利亚州	逐渐增加对私立学校资金池的拨款，直到其达到公立学校生均经常性成本的 25%，年度指数化	41% 按人分配、59% 按需分配的财政援助模型，按需分配部分以学校特征、学生家庭背景及学生其他特征为基础
昆士兰州	与公立学校成本相关（目前为本州公立学校生均经常性成本的 21.21%）	大约 3/4 的经费以学生为单位进行分配，但幼儿园、小学、中学的比率有差异；其他部分按需分配
西澳大利亚州	私立学校资金池不少于本州内公立学校生均经常性成本的 25%	按人分配，但要考虑学校水平与需求类型
南澳大利亚州	以上一年的资金分配为基础并根据通货膨胀进行调整	以学生数量和学校水平为基础进行人均分配，以学校特征和学生特征为基础按需分配；为特殊需要学生分配额外的经费
塔斯马尼亚州	本州内公立学校生均经常性成本的 19.11%	以学生数量、家庭社会经济地位分数和学校水平为基础进行分配，按需分配要反映联邦政府确定的家庭社会经济地位分数
首都领地	以历史拨款数额为基础，并根据消费者价格指数和临时增加调整	根据资金规模按人分配
北领地	本领地内公立学校生均经常性成本的 21%	按人分配，小学、中学、偏远地区学生和特殊需要学生单独计算

备注：资金池（funding pool）是指联邦政府与州 / 领地政府投入总额。

资料来源：The University of Melbourne. *Mapping Funding and Regulatory Arrangements across the Commonwealth and States and Territories* [EB/OL]. http://www.curriculum.edu.au/verve/_resources/Mapping_Funding_and_Regulatory_Arrangements_-July_2011.pdf. [2015-2-2].

三、教育经费的管理与监督

根据相关法律规定，澳大利亚州/领地政府在学校教育经费监管中承担主要责任。对于不同性质的学校，经费审计的程序和方式存在不同之处。就公立学校而言，在各校理事会财务审计的基础上，各州/领地教育部门行政长官办公室对学校经费的收支情况进行二次审计，以监督经费的使用效率，并实现对学校的有效控制。州/领地审计长办公室则根据《澳大利亚审计和保证标准》对教育厅的财务报告展开外部审计，并向州/领地议会提交审计结果。私立学校不需要学校内部审计，而是由州/领地教育厅通过拨款审计项目进行审计。拨款审计项目以随机抽样的方式选取审计学校，每所学校五年间至少接受一次财务审计。

在联邦层面，教育部会根据《2006年财务管理法案》对该部门公立学校的财政投入情况进行内部审计。澳大利亚国家审计署则是对联邦机构为学校教育所拨经费进行外部审计的职能部门，但其审计的内容仅限于经常性拨款，而不包括资本拨款和特定项目拨款。联邦对私立学校和公立学校经常性拨款审计的目的有所不同：对私立学校审计是为了确定教育部是否有效管理拨款，比如为私立学校拨付的经常性拨款数额是否正确，已支付的经常性拨款数额是否正确，现行拨款模式是否实现了其预期目标；对公立学校审计则不仅是为了确定拨款数额正确与否，更是为了监测国家教育目标的实现程度如何。在审计完成后，国家审计署网站会发布审计报告，提供审计结果及未来有关经费投入与分配的建议。

第四节　澳大利亚高等教育财政

一、教育经费的筹措与投入

与许多其他发达国家一样，澳大利亚高校通过多种渠道筹措教育经费，除了政府拨款和学费外，其筹资渠道还包括校友捐赠、投资收益、社会服务收入以及其他收入等。表3–14描述了2007—2013年澳大利亚高等教育机构的经费来源构成。

表 3-14 2007—2013 年澳大利亚高等教育机构的经费来源构成

单位:百万澳元

年份	联邦政府	助学金	州/领地与地方政府	校友捐赠	学费收入	投资收入	社会服务收入	其他收入	总计
2007	6,990	2,318	370	452	3,669	879	790	1,344	16,813
2008	8,144	2,577	403	480	4,061	513	880	1,375	18,434
2009	8,604	2,778	430	504	4,510	791	900	1,379	19,895
2010	9,321	3,075	434	535	5,009	809	879	1,470	21,532
2011	9,982	3,263	455	543	5,294	866	988	1,661	23,051
2012	10,923	3,670	478	578	5,439	917	1,029	1,596	24,630
2013	10,929	4,410	425	590	5,642	958	1,046	1,843	25,843
合计	64,893	22,091	2,995	3,682	33,624	5,733	6,512	10,668	150,198

资料来源:根据澳大利亚联邦教育与培训部提供的 2008—2013 年《高等教育提供者财政报告》(*Financial Reports of Higher Education Providers*)整理而成。

由表 3-14 可以看出,澳大利亚高等教育经费主要来自政府拨款与学费收入,且在 2007—2013 年 7 年间,联邦拨款与学费收入两部分增长比例最高,为高等教育发展提供了坚实的财力支撑。图 3-6 描述了 2013 年来源于不同渠道的高等教育经费所占比例:政府拨款包括联邦政府拨款、助学金以及州 / 领地与地

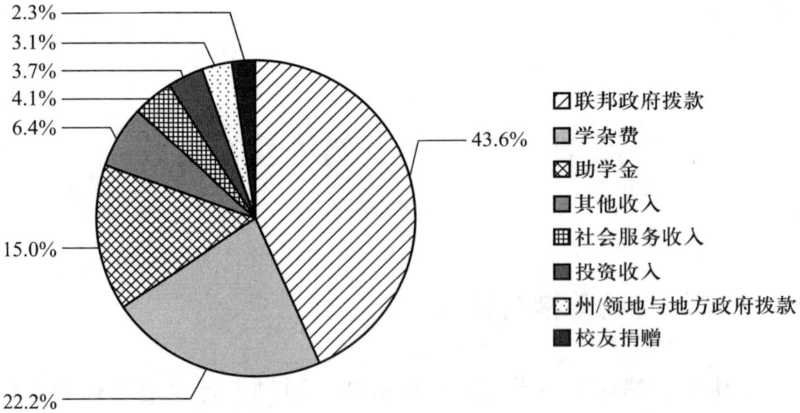

图 3-6 2013 年澳大利亚高等教育提供者收入来源

资料来源:Department of Education and Training. *Finance 2013*: *Financial Reports of Higher Education Providers* [EB/OL]. http://docs.education.gov.au/system/files/doc/other/finance_2013_0.pdf. [2015-1-22].

方政府拨款,共占 61.3%;学生及其家庭所交学杂费占 22.2%;社会服务收入占 4.1%;投资收入占 3.7%;校友捐赠占 2.3%;包括版税、注册商标和许可证收入以及合资企业分红等在内的其他收入占 6.4%。

(一) 政府拨款

近年来,高等教育财政性经费投入,包括联邦政府与州 / 领地和地方政府财政投入,占澳大利亚高等教育经费总额的 60% 以上。虽然澳大利亚大部分大学是州立大学,但在实践中州 / 领地政府与地方政府拨付的高等教育经费只占高校总收入的 3% 左右,高校收入中约有 60% 来自联邦政府的拨款。(见表 3–15)这对提高高等教育质量、促进高等教育机会公平、实现高等教育质量的一致性具有相当大的促进作用。

表 3–15　2008—2013 年澳大利亚高校经费收入中政府拨款一览表

单位:亿澳元

类别 \ 年份	2008		2009		2010		2011		2012		2013	
	金额	百分比	金额	百分比	金额	百分比	金额	百分比	金额	百分比	金额	百分比
总收入	184	100	199	100	215	100	231	100	246	100	258	100
联邦政府	111	60.4	118	59.4	128	59.6	137	59.4	146	59.3	153	59.4
州 / 领地与地方政府	4.03	2.19	4.30	2.16	4.34	2.02	4.55	1.97	4.78	3.1	4.25	3.1

资料来源:根据澳大利亚联邦教育与培训部提供的 2008—2013 年《高等教育提供者财政报告》整理而成。

(二) 学杂费

澳大利亚高等教育的收费水平一直居于世界前列。据汇丰银行在 2013 年发布的一项有关世界主要留学目的国国际学生学费与生活费用的国际比较教育研究结果,澳大利亚国际教育以 38,516 澳元年均成本高居榜首,成为最昂贵的留学目的国。[①] 其中,攻读本科、硕士、博士学历的年均学费分别为 11,750~25,800 澳元、15,650~28,900 澳元、10,950~28,900 澳元。[②] 与国际学生相比,澳大利亚国内大学生特别是申请到联邦资助的学生的学习成本并不是很高。联邦政府为国内学生就读的不同学科设置了学费上限。例如,在 2015 年,人文学科、行

① HSBC. *Study Costs Most in Australia*[EB/OL]. http://www.hsbc.com/news-and-insight/2013/study-costs-most-in-australia.[2015–7–13].

② Study in Australia. *Education Costs in Australia*[EB/OL]. http://www.studyinaustralia.gov.au/global/australian-education/education-costs/education-costs-in-australia.[2015–7–13].

为科学、社会研究等第一学科群的学费上限为 4,770 澳元;数学、统计学、工程学等第二学科群的学费上限为 6,800 澳元;法律、会计、管理、经济、商业等第三学科群的学费上限为 7,960 澳元。①

从以上数据和图表中可以看出,澳大利亚高等教育经费中公共投入与私人投入比例大约为 6 : 4,相比之下私人投入②略显不足。为平衡公共财政投入与私人投入的比重,澳大利亚政府决定于 2016 年开始允许各高校自定学费,取消学费定价上限,通过提高学费的方式平衡高等教育经费投入结构。③

二、教育经费的分配与使用

伴随着高等教育的发展,澳大利亚政府对高等教育经费的分配方式也几经变迁。本部分将重点介绍《2003 年高等教育支持法案》颁布以来的高等教育经费分配方式。

(一)澳大利亚教育部对高等教育经费的分配

澳大利亚教育部对高等教育拨款的主要政策依据是联邦资助计划(Commonwealth Grant Scheme,等同于《2003 年高等教育支持法案》)。该计划要求政府改变以往的高等教育经费分配方式,根据高等院校与教育部签订的年度拨款协议,将教学经费以及其他资助以“一揽子拨款”的方式直接分配给各高校。一揽子拨款包括以下内容:

1. 提升地方竞争力计划(Regional Loading)

为消弭偏远地区大学④与主要都市高校的收入和支出差距,联邦政府近年来通过实施提升地方竞争力计划为偏远地区大学提供额外的财政补助。在该计划下,联邦政府每年为合乎条件的偏远地区大学提供总额固定的资助,并依据各校的偏僻程度以及学生平均贷款数额进行分配。

依据偏僻程度,大学的位置负载量见表 3-16:

---

① Top Universities. *How Much Does it Cost to Study in Australia*? [EB/OL]. http://www.topuniversities.com/student-info/student-finance/how-much-does-it-cost-study-australia. [2015-7-14].

② 私人投入包含学杂费、投资收入、社会服务收入、校友捐赠及其他收入。

③ National Commission of Audit. *Higher Education* [EB/OL]. http://www.ncoa.gov.au/report/appendix-vol-1/9-13-higher-education.html. [2015-7-13].

④ 大学远离各主要都市,且各都市的人口少于 25 万人。

表 3-16　不同偏僻程度的大学的位置负载量

偏僻程度	负载量
偏僻或十分偏僻	20%
达尔文地区	15%
外区域	10%
内区域	5%
主要都市及海外	0%

备注：达尔文地区指北领地中不偏僻或不是非常偏僻的区域。

资料来源：Department of Education and Training. *Commonwealth Grant Scheme Guidelines 2012* [EB/OL]. http://www.comlaw.gov.au/Details/F2014C00829. [2015-1-29].

拨款公式如下：

$$F_p=\left(\left(\sum_c L_c S_c\right)+0.5L_h E_p\right)V$$

公式中，F_p= 为某一偏远地区大学提供的资助额；

L_c= 大学合格校区的位置负载量；

S_c= 合格校区中基于同等全日制学生负担下的联邦内部和多模式支持的学生平均贷款量；

L_h= 该大学主校区的位置负载量；

E_p= 基于同等全日制学生负担下的联邦外部支持的学生平均贷款量；

V= 确保学校开支符合本年提升地方竞争力计划要求的变量。①

2. 医科学生资助

为增加医学专业学生数量，澳政府通过医科学生拨款计划为提供医科专业公助读书名额的教学医院提供资助。该部分拨款的计算方式如下：2007 年联邦政府为每一位获得公助读书名额的医科学生在同等全日制学生负担部分提供 1111 澳元的学费资助，之后按照相关年份指数 / 相关年前一年指数这一公式进行计算。

拨款公式为：

$$A=B\times C$$

其中，A= 资助额；

B= 本年度内按照联邦资助计划拨款协议为该校分配的授权课程中公助读书名额的数量；

C= 授权课程中每个公助读书名额的授权拨款数额。

① Department of Education and Training. *Commonwealth Grant Scheme Guidelines 2012* [EB/OL]. http://www.comlaw.gov.au/Details/F2014C00829/Html/Text#_Toc340826644. [2015-1-29].

3. 教学拨款

联邦资助计划对教学拨款进行了重要改革，主要措施是将以前所有学科领域资助额度相同的生均经费改为根据不同的学科领域确定生均经费资助额度。[①]在新的教学拨款模式下，各高等院校需要按照以本校各学科的学生数量分别乘以联邦政府对各学科的贡献量这一公式得到的总额，与联邦政府协商教学拨款的额度（见表 3–17）。

表 3–17　2014 年各学科学生最大贡献量与联邦资助计划下的联邦贡献量

单位：澳元

<table>
<tr><th>学科领域</th><th>部分学科领域</th><th>学生最大贡献量</th><th>联邦政府贡献量</th><th>学费总额</th></tr>
<tr><td>学科群 1：法律、会计、商业、经济学、管理学</td><td></td><td>10,085</td><td>1,951</td><td>12,036</td></tr>
<tr><td>学科群 2：人文学科</td><td></td><td>6,044</td><td>5,419</td><td>11,463</td></tr>
<tr><td rowspan="2">学科群 3：数学、统计学、行为科学、社会研究、计算机、建成环境、其他健康学</td><td>数学、统计学、计算机、建成环境、其他健康学</td><td>8,613</td><td rowspan="2">9,587</td><td>18,200</td></tr>
<tr><td>行为科学、社会研究</td><td>6,044</td><td>15,631</td></tr>
<tr><td>学科群 4：教育学</td><td></td><td>6,044</td><td>9,974</td><td>16,018</td></tr>
<tr><td rowspan="2">学科群 5：临床心理学、联合健康、外语、视觉与表演艺术</td><td>临床心理学、外语、视觉与表演艺术</td><td>6,044</td><td rowspan="2">11,790</td><td>17,834</td></tr>
<tr><td>联合健康</td><td>8,613</td><td>20,403</td></tr>
<tr><td>学科群 6：护理</td><td></td><td>6,044</td><td>13,163</td><td>19,207</td></tr>
<tr><td>学科群 7：工程学、科学、测量学</td><td></td><td>8,613</td><td>16,762</td><td>25,375</td></tr>
<tr><td rowspan="2">学科群 8：牙科、医学、兽医学、农学</td><td>牙科、医学、兽医学</td><td>10,085</td><td rowspan="2">21,273</td><td>31,358</td></tr>
<tr><td>农学</td><td>8,613</td><td>29,886</td></tr>
</table>

备注：2010 年 1 月 1 日之前入学的教育学与护理学专业学生年度最大贡献量为 4,836 澳元，2010 年 1 月 1 日之后入学的教育学与护理学专业学生年度最大贡献量为表中所示金额。

资料来源：Australian Government. *Total Resourcing for a Commonwealth Supported Place by Discipline—2014* [EB/OL]. http://www.utas.edu.au/__data/assets/pdf_file/0009/393372/diiccsrte_csp_rates_2014.pdf. [2015-1-29].

① 祝怀新，李玉静. 澳大利亚高等教育资助制度改革新策略——《2003 年高等教育支持法案》解析[J]. 高等教育研究，2005(3)：98–102.

澳大利亚政府通过联邦资助计划实施的一揽子拨款方式，不仅充分尊重高等院校的办学自主权，使得各高等教育院校能够根据自己的专业特色确定本校的学科设置，而且有利于联邦政府对高等院校进行宏观调控，从而实现国家发展高等教育的重要目标。该计划在随后的实施中得到多次修订，逐渐臻于完善。

（二）澳大利亚政府其他相关部门对科研经费的分配

澳大利亚政府一向重视科学研究的发展，并将半数以上的科研经费通过双重支持系统（Dual Support System）拨付给大学。在双重支持系统之下，高校能够以竞争性拨款（Competitive Grant）和科研一揽子拨款（Research Block Grants）两种方式获得科研经费。

1. 竞争性拨款

为发展具有国际领先水平的科学研究，提高研究人员的科研技能，近年来澳大利亚政府通过一系列竞争性资助项目来支持高等院校的创新活动。这些项目主要由澳大利亚研究理事会、国家卫生和医学研究委员会负责实施与管理。澳大利亚研究理事会（Australian Research Council，简称 ARC）在“国家竞争力资助计划”（National Competitive Grants Program，简称 NCGP）的支持下，以全国竞争的形式资助高校所有专业（临床医学与牙科除外）中高质量的基础研究、应用研究及科研训练。2012 年，澳大利亚研究理事会通过澳大利亚奖学金（Australian Laureate Fellowships）、发现职业生涯早期研究员奖（Discovery Early Career Researcher Award）、未来奖学金（Future Fellowships）、联系类项目（Linkage Projects ）、ARC 卓越中心（ARC Centres of Excellence）等数十个资助计划，分别为早期研究员、中期研究员、精英研究员、本土研究员等各级各类研究人员提供了共 16 亿澳元的研究经费。① 国家卫生和医学研究委员会（The National Health and Medical Research Council，简称 NHMRC）则将 70% 以上的 NHMRC 拨款以项目资助、发展性资助、研究生奖学金、职业发展奖学金、从业者奖学金的方式拨付给大学的健康与医学研究者。

2. 科研一揽子拨款

除了特定项目拨款和奖学金之外，澳大利亚对高校科研资助的另一种方式是以绩效为基础向高等教育机构提供一揽子拨款。这种经费分配方式主要由工业、创新、科学、研究与高等教育部（2013 年 3 月后改称为工业、创新、气候变化、科学、研究和高等教育部）应用。2012—2013 年度澳大利亚高校共获得 17 亿澳元的科研一揽子拨款，这部分拨款来自 6 个科研项目，各项目的具体拨款情况如

① Group of Eight Australia.*University Research Funding in Australia* [EB/OL]. https://go8.edu.au/sites/default/files/docs/publications/backgrounder_-_university_research_funding_in_australia_final.pdf. [2015-1-29].

表 3-18 所示：

表 3-18 2012—2013 年澳大利亚高等教育科研一揽子拨款方案

项目名称	资助金额	目的	拨款公式	开始时间
澳大利亚研究生奖 *	2.6 亿澳元	为在澳大利亚大学攻读硕士或博士研究生学位的优秀学生提供财政支持	拨款主要涵盖研究生的生活费	2002 年
国际研究生研究奖学金 **	0.22 亿澳元	支持优秀国际研究生在澳大利亚大学的科研努力	拨款包括学费和医疗费用两部分	2002 年
科研训练计划	6.68 亿澳元	支持在国内攻读硕士或博士学位学生的科研训练	拨款公式：学生学时完成数（50%）、科研收入（40%）、科研成果出版数量（10%）	2002 年
联合研究业务	3.52 亿澳元	强调大学、工业以及科研成果使用者之间的合作关系	拨款以非竞争性科研经费收入（60%）、出版物（10%）和学生贷款（30%）为基础	2010 年
持续卓越研究	1.7 亿澳元	为大学提供从事竞争性拨款科研活动的间接成本。此外，通过实施财务管理与报告框架的最佳实践来支持持续卓越研究		2010 年
研究基础设施一揽子拨款	2.38 亿澳元	为大学提供从事竞争性拨款科研活动的间接成本	依照各大学报告的竞争性科研经费收入进行拨款	1995 年

备注：* 该项目从 1995 年开始实施，但现行拨款公式是从 2002 年开始实行的。

** 该项目从 1990 年开始以海外研究生研究奖学金的名义实施，但现行拨款公式是从 2002 年实行的。该项目在 2008 年置于一揽子拨款计划之下。

资料来源：Australian National Audit Office. *Administration of the Research Block Grants Program* [EB/OL]. http://www.anao.gov.au/Publications/Audit-Reports/2012-2013/Administration-of-the-Research-Block-Grants-Program/Audit-summary#fn5.[2015-1-29].

根据资助对象的不同，以上 6 个项目可以分为两种：澳大利亚研究生奖和国际研究生研究奖学金负责为攻读研究生学位或更高学位的学生提供研究奖学金;科研训练计划、联合研究业务、持续卓越研究和研究基础设施一揽子拨款则将经费直接拨付给各大学,从而支持科学研究或科研培训活动。

另外,其他联邦机构依据各自的职责以及相关的研究合同在 2012 年为高等教育提供了 4.47 亿澳元的科研经费。①

三、教育经费的管理与监督

与美国、英国一样,澳大利亚的高等教育经费监管分为内部监管与外部监管两个部分。

内部审计是指为保证大学财务管理人员会计实务的准确性与可接受性,由大学内部人员对其财务记录和操作进行的审查。根据《2009 年财务和绩效管理标准》相关规定成立的审计与风险管理委员会(Audit and Risk Management Committee)是各大学的内部审计机构,承担年度审计工作。在开展工作之前,该机构要事先确定校内财务审计的全部领域、程序与项目,并完成包括审计日期、审计范围和预期成果在内的审计计划。风险与合规委员会(Risk and Compliance Committee)以及评议会风险委员会(Senate Risk Committee)批准审计计划后,审计机构方可按照预设的日期进行调查,重点审查、评估本校内会计、财务和相关管理系统的合理性与充分性,确定其与已有政策、计划和程序的符合程度,确定大学资产占有与损失的程度,确定大学内部会计、财务及相关管理数据的可靠性,并提出针对系统的改进建议。审计人员需要按照审计方法、范围、结论、评价、建议与完成日期的顺序将审查结果撰写成审计报告(大学内部审计程序见图 3-7)。每份审计报告都要由内部审计机构的副主任进行质量审查,以确保审计结论的严谨性与公正性。对于不确定的问题,则需要与相关管理人员商讨后根据讨论结果进行修改。

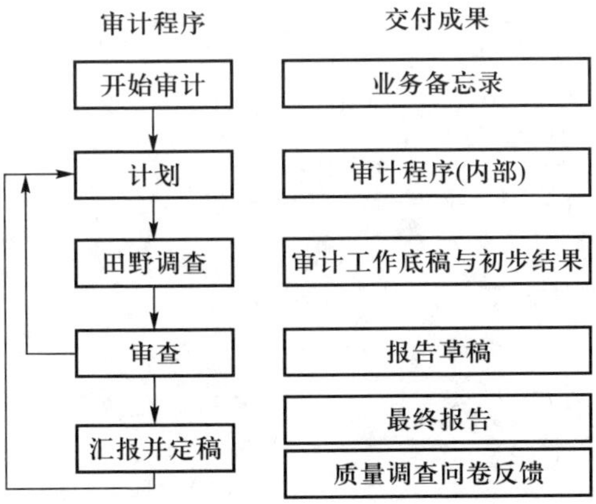

图 3-7　澳大利亚大学内部审计程序

资料来源:The University of Queensland. *Internal Audit Process* [EB/OL]. http://www.uq.edu.au/operations/ia-processes.[2015-2-1].

---

① Group of Eight Australia. *University Research Funding in Australia* [EB/OL]. https://go8.edu.au/sites/default/files/docs/publications/backgrounder_-_university_research_funding_in_australia_final.pdf.[2015-1-29].

之后,副主任须把最终的审计报告直接提交给风险与合规委员会主席、评议会风险委员会主席、副校长和校长。

外部审计是指由独立的外审机构对大学的年度财务记录和操作进行的审计。作为全州审计活动的一部分,各州 / 领地审计署或审计署授权机构依照《2009 年财务问责法案》第 62 部分(1)(c)和《2009 年审计长法案》第 3 部分的要求,重点对各大学的年度财务报表进行审计。审计内容包括三方面:判定大学是否正确、准确地记录财务收支情况,大学财务报表是否真实、公正地呈现了大学的财务状况,以及财务报表是否符合法律法规与会计准则的要求。在此基础上,审计署需要按照相关法律要求、会计准则规定与政府的指导方针撰写审计师报告。最后,审计长向大学提交年度审计报告、审计认证及相关管理建议,同时向州议会提交年度审计报告。

第四章　日本教育财政

第一节　概　　述

一、日本教育现状

自 1872 年《学制》颁布以来，日本教育在现代化发展道路上不断走向成熟。在继承“人格的完成”“个人的尊严”等普遍理念的基础上，2006 年日本重新修订了《教育基本法》，提出了“德智体协调发展，成为自我实现的个人”“尊重公共精神，成为参与国家、社会发展主体的国民”“以我国传统文化为基础，培养适应国际社会的日本人”等教育理念。当前，日本正试图构建一个既能发挥每个人的天赋才能，又可培养在各个领域中富有创造性的领导者的教育体系，即根据社会的需要和学习者的需求，力图构建一个从幼儿教育到大学教育一贯的教育系统。具体来看，日本教育体系包括四个阶段，分别为学前教育阶段、初等教育阶段、中等教育阶段和高等教育阶段。

学前教育阶段主要的教育机构包括保育所和幼儿园两种不同类型的学校以及特别支援学校的幼儿部。保育所是由厚生劳动省负责管辖的儿童福利机构，主要负责为有工作的监护人照管幼儿，通常招收 0~5 岁的儿童。幼儿园则是由文部科学省负责管辖的学前教育机构，主要负责对儿童进行人格养成以及为义务教育打基础的学前教育，通常招收 3~5 岁的幼儿。根据日本总务省统计局 2014 年的统计数据，目前日本共有幼儿园 12,905 所，其中国立幼儿园 49 所，公立幼儿园 4,714 所，私立幼儿园 8,142 所；在园儿童总计 1,557,461 人，教师总计 111,059 人，师生比为 1∶14。①

① 総務省統計局．総括[EB/OL]. http://www.e-stat.go.jp/SG1/estat/List.do?bid=000001055955&cycode=0.[2015-1-12]. 注：此处师生比以及下文涉及的师生比中的教师均不包含兼职教师。

初等教育阶段主要包括小学校及特别支援学校的小学部，招收6~11岁的儿童，由文部科学省负责管辖。该阶段的教育目的是在顺应学生身心发展的基础上，为作为义务教育的普通教育奠定基础。[①]2014年日本共有20,852所小学，其中国立72所，公立20,558所，私立222所；在校学生总计6,600,006人，教师总计416,475人，师生比大约为1∶16。

日本在中等教育阶段设置了多种类型的学校，主要包括普通初中、高中、中等教育学校及特殊支援学校的中学部及高等部。其中普通初中为义务教育的重要组成部分，招收12~14岁的儿童。日本的义务教育包括小学六年和初中三年，目的在于发展个人的能力，形成自立于社会的基础，培养作为国家、社会建设者所需要的基本素质。高中为中等教育的第二阶段，招收15~17岁的学生，与义务教育不同的是，日本的高中是可以根据个人的意愿、能力而进行升学选择的。因此，在入学及毕业的时间方面，根据学生的能力、适应性、发展方向的不同，设置了多种类型的高中，主要包括全日制高中、定时制高中和全日·定时并置高中三种类型。目前日本高中的入学率已达到98%。[②]中等教育是在小学教育的基础上，根据学生身心发展及此后各人发展方向的不同实施的包括作为义务教育的普通教育以及高等普通教育和专门教育两部分的一贯制学校教育，分为前期课程和后期课程两个部分。2014年，日本共有普通初中10,557所，其中国立73所，公立9,707所，私立777所；在校学生数为3,504,334人，教师数为253,832人，师生比大约为1∶14。高中共有4,963所，其中国立15所，公立3,628所，私立1,320所；在校学生数为3,334,019人，教师数为235,306人，师生比大约为1∶14。中等教育学校总计51所，其中国立4所，公立30所，私立17所；在校学生数为31,499人，教师数为2,432人，师生比大约为1∶13。

高等教育阶段主要包括大学、短期大学、高等专门学校以及大学院。日本高等教育系统包括公立部门和私立部门。公立高等教育部门涵盖国立大学及地方公立大学，国立大学由中央政府建立，地方公立大学由都道府县及其他各级地方政府建立，而私立大学则由学校法人负责设立。为了适应高度发展的社会以及成熟社会转型的社会经济新形势，日本的高等教育承担着发展科研、培养广泛的专业人士、为地方发展做贡献等多重责任。进入21世纪以后，作为政府行政、财政改革的重要环节，日本于2004年实行了国立大学法人化改革。自此，日本国立大学不再作为政府的行政机构而存在。根据文部科学省2014年学校

---

① 译自日本《学校教育法》第四章第二十九条。

② 文部科学省. 教育振興基本計画[EB/OL]. http://www.mext.go.jp/a_menu/keikaku/detail/__icsFiles/afieldfile/2013/06/14/1336379_02_1.pdf [2017-6-1].

基本调查，日本目前共有 781 所大学，其中国立大学 86 所，公立大学 92 所，私立大学 603 所。就读于国立大学的学生有 612,509 人，就读于公立大学的学生有 148,042 人，就读于私立大学的学生有 2,094,978 人，大学教师共有 180,879 人。① 日本国立和公立大学的总数不到大学总数的 1/4，私立大学在数量上占有绝对优势。由此可以看出，私立大学在日本高等教育系统中占有重要的地位。第二次世界大战后，为促进地方经济和社会的发展，日本出现了短期大学。短期大学与四年制大学的教学目的、修业年限不同，短期大学的修业年限为 2~3 年。自 1950 年创建以来，短期大学在普及女性高等教育以及作为实践的职业教育场所方面发挥了重要的作用。2005 年，日本创设了授予短期大学毕业生"短期大学士"学位的制度，从法律上保障了短期大学及其毕业生的利益。短期大学毕业后，学生可根据需要进入四年制大学或短期大学专攻科继续深造。据文部科学省统计，2014 年日本高中毕业生中有 67.7% 的学生选择进入短期大学，该比例明显高于大学入学率 42.2%。② 高等专门学校是培养具有实践性和创造性的技术人才的高等教育机关，修业年限为 5 年。目前日本全国有 57 所高等专门学校，其中国立和公立高等专门学校有 54 所，私立的只有 3 所；学生大约有 55,000 人，教师有 4,336 人。③ 另外，日本还有一种高等教育类型大学院，这是继大学本科教育之后更高层次的高等教育机构，主要教授学术理论及其应用，探索深奥的知识，培养追求高度专门化职业需求的人才，同时促进文化发展。日本大学院的修业年限为 2~5 年不等，2013 年大学院共有 624 所，在校学生数为 255,400 人。

日本自创建现代教育以来就十分重视教育的平等及特殊儿童教育，明治年间日本开始设立聋盲教育学校，第二次世界大战后建立特殊教育体系，并将盲·聋养护学校义务化。进入 21 世纪后将旧有的盲·聋养护学校改称为"特别支援学校"。2007 年 4 月特别支援教育在《学校教育法》中获得合法地位，自此残障儿童得到了更加充分的教育援助。特别支援教育学校包括幼儿园、小学部、中学部及高中部，在校生年龄为 3~17 岁。至 2014 年特别支援学校共有 1,096 所，在校学生有 135,617 人，本职教师有 79,280 人，兼职教师有 4,802 人，师生比为 1∶1.6。从师生比可以看出，日本社会对于特别支援教育的高度重视。

另外，日本还有专修学校和"各种学校"，专修学校是 1951 年作为一种新的

① 文部科学省 . 平成 26 年度学校基本調查(確定值) の公表について [EB/OL]. http://www.mext.go.jp/component/b_ menu/other/__icsFiles/afieldfile/2014/12/19/1354124_1_1.pdf. [2015-7-19].

② 文部科学省 . 短期大学について [EB/OL]. http://www.mext.go.jp/a_menu/koutou/tandai/index.htm. [2017-6-1].

③ 文部科学省 .「諸外国の教育統計」平成 26(2014)年版[EB/OL]. http://www.mext.go.jp/b_menu/toukei/data/syogaikoku/1352615.htm. [2015-7-19].

学校制度创设的。《学校教育法》中指出专修学校主要实施的是职业教育和专门技术教育，是以养成职业或实际生活能力、提升教养为目的的学校，设有专门课程、高等课程及一般课程。其中，专门课程的入学年龄为 18 岁，高等课程的入学年龄为 15 岁，一般课程没有年龄限制。“各种学校”指的是在满足授课时数、教员数、设施设备等各种学校规程的情况下，经各地方自治体知事审核批准的学校。各种学校的主要教育专业包括服装设计、记账、珠算、汽车维修、营养、护理、保健、美容美发等。2014 年专修学校总计 3,206 所，其中国立学校 10 所，公立学校 195 所，私立学校 3,001 所，在校学生有 659,452 人，专职教师有 40,774 人，兼职教师有 110,839 人。同年，各种学校共有 1,276 所，公立的有 8 所，私立的有 1,268 所，但各种学校没有国立的。各种学校的在校学生总数为 121,208 人，专职教师有 8,823 人，兼职教师有 9,491 人。从数据来看，专修学校与各种学校的共同点在于兼职教师多于专职教师，这与其他教育机构都不同。图 4–1 为日本现行学制图。

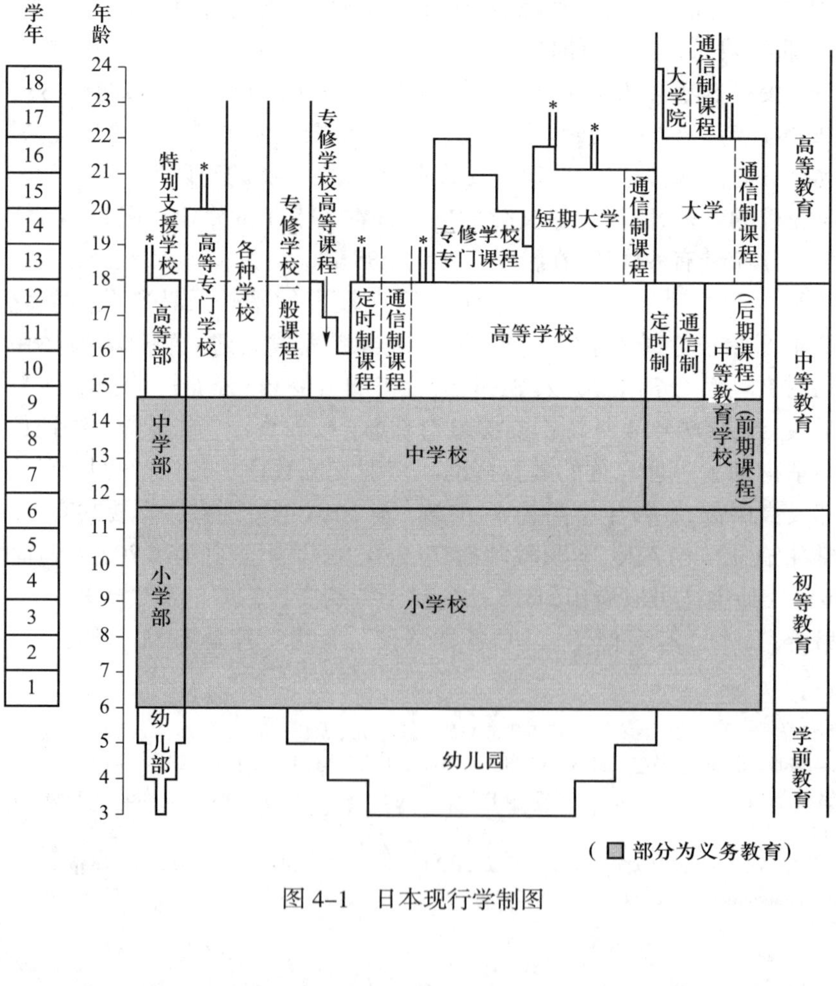

图 4–1 日本现行学制图

二、日本教育行政管理体制与财政体制

（一）日本教育行政管理体制

日本的教育行政管理体制历经多次改革，第二次世界大战前，日本施行的是高度中央集权的学区制，战后一段时间内曾在美国教育使节团的建议下采取地方分权制，但因文化环境的差异而以失败告终。自 20 世纪 50 年代以来，日本采取的是中央与地方合作管理的教育行政管理体制。依据日本《教育基本法》第十六条，“教育不服从不当的支配，而应该以本法律和其他相关法律为依据，教育行政应在适当的国家和地方公共团体的职能分配和相互协作下，公正恰当地执行。为了保证教育机会均等和教育水平持续提升，国家必须制定教育相关法律政策，并付诸实施。为了振兴地方教育，地方公共团体必须根据当地实际情况制定出相关教育政策并负责实施。同时，为使教育活动能够顺利开展，国家和地方公共团体应采取必要的财政措施。”①

1. 中央教育行政机构

日本教育行政管理体制在中央与地方合作管理的过程中经历了数次改革。2001 年掌管全国教育行政工作的文部省正式更名为文部科学省，其职能也发生了相应改变。当前，文部科学省作为振兴教育及推进终身学习的核心，其任务在于培养具有丰富人性的创造性人才，发展学术、体育，同时负责文化与科学技术的综合振兴。另外宗教相关事务也由文部科学省负责监管。具体到教育方面，文部科学省的主要职责有：为培养具有丰富人性的创造性人才而进行教育方面的相关改革；为推进终身学习提供相应的学习机会；提供关于地方教育行政制度的计划及立案、地方教育行政的组织及一般运营的指导、建议及劝告等；负责地方教育费的企划；负责对具有公务员身份的教育相关人员的任免、除工资发放之外的身份制度的企划及相关制度的运营指导、建议及劝告；负责作为地方公务人员的教职员的福利；负责初等与中等教育振兴的企划立案及援助、教科书的审定、学校保健、学校安全、学校伙食及灾害供给等；负责教职员的养成及其资质的提高；负责提供高等教育阶段教育振兴的企划立案；负责对私立学校相关行政制度的企划立案及其行政组织和一般运营的指导、建议和劝告；负责对社会教育振兴的企划立案及援助等。②

---

① 译自《教育基本法》(平成十八年十二月二十二日法律第百二十号)第十六条。

② 根据《文部科学省设置法》(平成十一年七月十六日法律第九十六号)整理。

2. 地方教育行政机构

日本的教育行政是在国家、都道府县、市町村三级分工协作的体制下展开的。国家层面由文部科学省负责，地方层面则设置教育委员会负责协调管理。根据《地方自治法》的规定，教育委员会负责管理学校及其他教育机关、学校组织编制、教育课程、教科书及其他教材制定、教职员身份的变动、社会教育及其他教育、学术及文化事务。这是一种由都道府县、市町村等设置的合议制执行机关。教育委员会委员由都道府县知事或市町村长任命，委员人数原则上为 5 名，但可根据地方实际情况适当增减。根据《地方教育行政组织及运营法》规定，都道府县及市级单位可以设置 6 人及以上，町村可以设置 3 人及以上。委员会有权决定一般教育方针，制定教育委员会的规则及其他重要事项。委员会设教育长 1 名，由委员选举产生。教育长负责统领事务局的各项事务，执行教育委员会的方针、政策及指挥监督下属职员。同时，教育长对教育委员会负责，受教育委员会指导监督。截至 2013 年 5 月，都道府县共设置 47 个教育委员会，市区町村共设置 1,737 个教育委员会，一部事务组合教育委员会有 82 个。[①] 图 4–2 为教育委

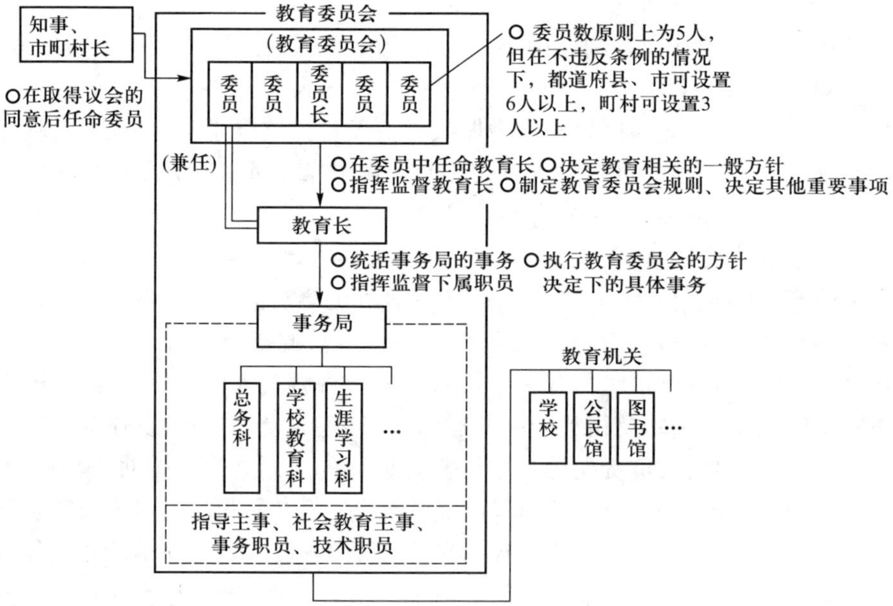

图 4–2 教育委员会的组织机构

资料来源：文部科学省 . 教育委員会制度について［EB/OL］.http://www.mext.go.jp/a_menu/chihou/05071301.htm.［2015–3–18］.

① 文部科学省 . 教育委員会制度について［EB/OL］. http://www.mext.go.jp/a_menu/chihou/05071301.htm.［2016–5–15］.

员会的组织机构。

(二) 日本教育财政体制

1. 日本教育财政管理体制

自明治维新以来,日本社会经历了翻天覆地的变化。在不断发展的道路上,日本由封闭的岛国成长为世界第三大经济体。深究其原因可以发现,这与教育的普及和发展密切相关。国家财政的支持是保证日本教育健康稳步发展的基石。因此,了解日本教育财政体制对我们进一步研究日本教育的发展有着重要的意义。

日本教育财政体制同教育行政体制一样,是中央集权和地方分权相结合的管理模式。各级各类教育经费的来源为税收收入和其他财政收入,但日本没有独立的教育税,教育财政从属于国家一般财政制度,从各级政府财政中直接划拨教育经费。具体来说,日本划分了国家、都道府县、市町村三级教育财政机构,这三级教育财政机构在法律的框架下分别管理各层级的教育财政事务。《学校教育法》规定:"学校设置者应管理其所设学校,除法令的特殊规定以外,应负担起学校的经费。"在这一"设立者负担原则"下,国家负责国立学校的建立与管理,地方政府负责地方公立学校的建立与管理,学校法人负责私立学校的设立与管理。另外,国家教育财政除了要负责国立学校的设置与管理所需要的经费以外,还应对地方教育经费进行补贴、资助私立学校,同时负责文部科学省及其下属机构的行政开支等。主要款项为:义务教育国库负担金、地方交付税交付金、国库补助金、独立行政法人高等专门学校机构运营费、国立大学法人运营费等。地方教育财政的支出款项主要有学校教育费、社会教育费以及教育行政费。

2. 日本公共财政中的教育经费投入

日本教育经费主要来源于国家和地方政府的财政拨款、税收、地方公债、团体和个人捐赠、学费收入及社会服务收入等渠道。[①] 教育财政所关注的主要内容则是国家和地方政府的公共财政对教育的投入及其使用和监管情况。

日本总务省 2014 年 10 月发布的日本财政关系资料显示,2010 年日本从幼儿园到研究生院的学生数占总人口的 15.5%,OECD 国家的均值为 22.3%;公共财政支出中对教育机关的投入占国内生产总值的 3.8%,OECD 国家的均值为 5.8%;生均公共财政教育支出占人均 GDP 的 24.3%,OECD 国家的均值为 25.4%(见图 4-3)。[②] 在 2011 年的一般政府总支出中,日本的教育支出占公共财政总支出的 9.1%,低于 OECD 国家的平均水平 12.9%。从数值来看,与英、美、法、德等

① 陈永明 . 教育经费的国际比较[M]. 天津:天津教育出版社,2006:67.

② 財務省 . 日本の財政関係資料[EB/OL]. http://www.mof.go.jp/budget/fiscal_condition/related_data/sy014_26_10.pdf.[2015-1-25].

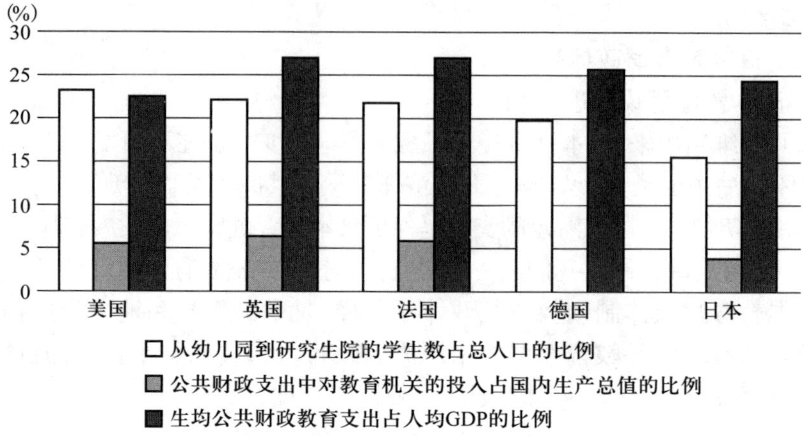

图 4–3 美、英、法、德、日五国公共财政中的教育投入指标比较

资料来源：根据日本总务省 2014 年 10 月发布的日本财政关系资料整理而成。

发达国家相比，日本公共财政中教育支出的比例相对较低，但从在学人数占总人口的比例、人均教育支出与私立学校数等方面来看，日本的教育经费投入水平并不逊色于欧美发达国家。

与 OECD 国家相比，日本初等与中等教育阶段的公共教育经费投入水平大体相当，而学前教育阶段和高等教育阶段的公共教育经费投入水平较低（见图 4–4）。

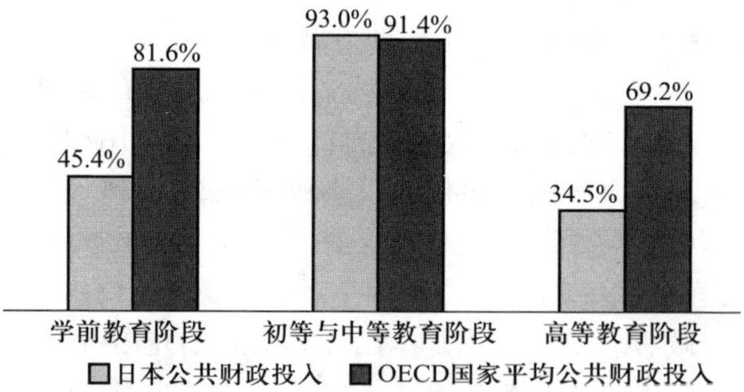

图 4–4 2011 年度日本各级教育中的公共财政投入状况与 OECD 各国平均水平的比较

资料来源：根据日本总务省 2014 年 10 月发布的日本财政关系资料整理而成。

三、日本教育财政立法和最新政策

日本通过制定和实施各种教育法规、法令、规则、基准和条例等，使教育方针和教育政策得以贯彻。[①]关于教育财政方面的法律主要有《财政法》《地方财政法》《地方交纳税法》《义务教育费国库负担法》《市町村学校教职员工资负担法》等；与国公立学校相关的有《公立高级中学危险建筑物改建促进临时措施法》《公立养护学校整备特别措施法》等；与私立学校相关的有《私立学校法》《私立学校振兴助成法》《日本私学振兴财团法》等；与社会教育相关的有《社会教育法》《图书馆法》《博物馆法》《青年学级振兴法》《体育振兴法》《文化财保护法》，以及为了推进终身学习的政策而制定的相关法律等。除此之外，根据这些法律相关部门还制定了各种具体的财政政策和辅助措施。

这些法律的制定不是一蹴而就的，而是经过了多年的实践检验，在修正中不断完善的。以《义务教育费国库负担法》为例，为了促进教育发展，同时减轻地方财政负担，1918 年日本国会接受了当时内阁直属的教育咨议机构——临时教育会议的建议，在当年颁布的《义务教育费国库负担法》中明确规定国家与地方共同承担义务教育的经费。但由于受到世界经济大环境低迷以及战争的影响，日本各地义务教育发展缓慢且极不平衡。在此背景下，20 世纪 40 年代新的《义务教育费国库负担法》中提高了教师的待遇，确定了国家负担 1/2 义务教育费和教职员工工资的原则，并且创立了地方分税制以平衡各地区的教育支出能力。第二次世界大战后的一段时期内，在美国教育使节团的干预下，日本废除了《义务教育费国库负担法》。但这一改革不符合日本地方财政薄弱、地区差异大的实际情况，因此，1953 年又恢复了《义务教育费国库负担法》。现行的《义务教育费国库负担法》就是在该版本的基础上修改完善的。其中第一条规定“为了保障适当的规模和内容，国家负担必要的经费”。第二条具体指出：“国家每年给与各都道府县的公立小学、初中、中等教育学校的前期课程以及特别支援学校的小学部、中学部必要的经费，承担义务教育费实际支出额的 1/3。若有特例情况将以政令的形式规定各都道府县的国库负担金的最高额度。”[②]

① 陈永明．教育经费的国际比较[M]．天津：天津教育出版社，2006：67．

② 文部科学省．義務教育費国庫負担法[EB/OL]．http://law.e-gov.go.jp/htmldata/S27/S27HO303.html．[2015-1-31]．

进入21世纪,日本在教育方面进行了大刀阔斧的改革。2013年日本政府出台了第二期教育振兴基本计划,阐明了今后教育政策的改革方向及应当注意的问题。在教育行财政方面,该计划具体提出了今后教育投资的主要方向,包括三个方面:第一,构筑良好的学习环境,使得协同型、双向型等高质量的教育成为可能;第二,减轻家庭负担的教育费;第三,构筑安全、安心的教育研究环境(包括学校建筑的耐震化等)。日本政府认为,在全球化的今天,天然资源极度匮乏的日本只能依靠人才优势来增加社会的活力,培养国际通用的人才是日本社会发展进步的必然要求。因此,日本政府将教育再生作为日本今后最优先的政策课题之一,努力建成超过欧美主要国家的高质量的教育体系。[①] 在各级各类教育经费投入与使用方面,日本出台了具体的方针政策,如学前教育阶段的儿童·育儿支援新制度、幼儿园就园奖励费补助等,义务教育阶段的"三位一体"地方财政改革及义务教育费"总额裁定制"等,高中阶段制定了高中学费无偿化·就学支援金支付制度等,在高等教育阶段,伴随着国立大学法人化改革,"国立学校财务中心"[②] 也进行了独立行政法人化改革,通过了《独立行政法人国立大学财务·经营中心法》,并于2004年更名为"国立大学财务·经营中心"。

为了增加地方经济发展的活力,打破战后的财权与事权分离的财政模式,20世纪90年代日本提出了地方分权的改革思想,并于2002—2006年实行了"三位一体"的地方财政改革。所谓地方财政的"三位一体"改革是指将国库负担补助金的改革、国家向地方的税源转移改革以及地方交付税改革这三者合为一体,从根本上改变国家与地方的财税关系。其目的在于放宽国家对地方的财政控制,加强地方财政的创收能力和灵活性。[③] 图4-5为"三位一体"改革的概貌。

日本的"三位一体"改革,改变了国家与地方的财税关系,在充实地方税源的同时,也让地方承担了更多的本地公共财政开支,即"一般财源化"。在教育

---

① 文部科学省.我が国の教育行財政について[EB/OL]. http://www.kantei.go.jp/jp/singi/kyouikusaisei/bunka/dai3/dai1/siryou4.pdf#search='%E6%88%91%E3%81%8C%E5%9B%BD%E3%81%AE%E6%95%99%E8%82%B2%E8%A1%8C%E8%B2%A1%E6%94%BF%E3%81%AB%E3%81%A4%E3%81%84%E3%81%A6'.[2015-5-27].

② 1992年7月,根据日本《国立学校设置法》,"国立学校财务中心"成立。2004年4月更名为"国立大学财务·经营中心",该中心是文部科学省所管辖的独立行政法人。其主要职能为帮助国立大学法人、大学共同利用机关法人及独立行政法人国立高等专门学校机构改善教育研究环境、财务及经营状况。

③ 国立国会図書館.地方財政の三位一体改革の概要と現状[EB/OL]. http://www.ndl.go.jp/jp/diet/publication/issue/0449.pdf.[2017-6-1].

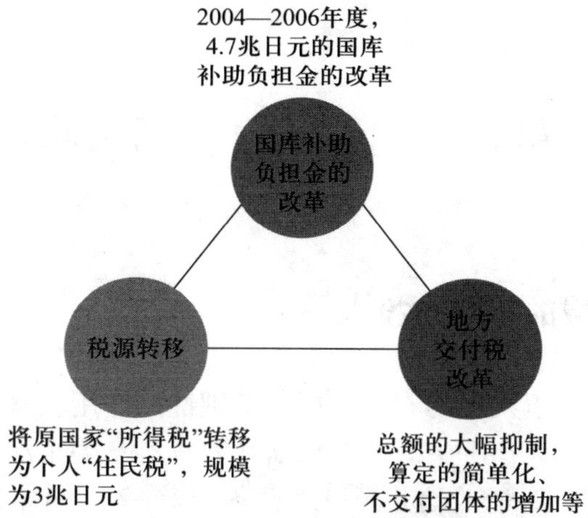

图 4-5　“三位一体”改革的整体概况

资料来源：総務省 . 三位一体の改革の全体像[EB/OL]. http://www.soumu.go.jp/main_sosiki/jichi_zeisei/czaisei/czaisei_seido/zeigenijou2_1.html.[2017-6-1].

财政方面，主要涉及义务教育费国库负担制度的改革。2014 年 6 月修订的《义务教育费国库负担法》中明确规定国家负担都道府县实际支出额的 1/3。与此前国家负担支出额的 1/2 相比，减少了 1/6。在教师薪资方面，为了确保优秀教职员的安定及广域人事[①]中适当的教职员的配置，原本由市町村负担的市町村立学校的教职员薪资，现改由都道府县全额负担。[②]

2004 年，日本在义务教育阶段导入了“总额裁定制”，以更新义务教育阶段教师薪酬发放办法。所谓“总额裁定制”即国家不再按照各项费用进行逐项配套补助，而是在《义务教育标准法》的基础上，将国家应承担的全部经费一次性拨给地方政府，由地方政府负责具体的分配使用。这一改革简化了国家对义务教育阶段拨款的计算方法，同时增强了地方政府对教师数量、质量调控的灵活性。

① 广域人事是为了保证教育资源的公平，日本政府将教师人事权由市町村转移至都道府县，即人事权上移，以方便都道府县为提高整个县城内的教育水平，有计划地往偏僻地区派遣教师。

② 義務教育費国庫負担制度の概要 [EB/OL]. http://www.mext.go.jp/a_menu/shotou/gimukyoiku/outline/001/008.htm.[2015-5-11].

第二节 日本学前教育财政

一、教育经费的筹措与投入

幼儿期的教育对于人格的养成发挥着基础性的作用。日本文部科学省负责幼儿教育管理的机构为初等中等教育局幼儿教育科。关于幼儿教育的相关法令主要有《幼儿园设置基准》《幼儿园设施设备指南》等。日本的幼儿园从结构上看分为国立、公立和私立 3 种。其中国立幼儿园的经费由国家负担,公立幼儿园的经费由地方政府负担,私立幼儿园的经费由开办者负责筹集。由于日本的学前教育不属于义务教育,因此,学费须由幼儿家庭支付。相比而言,国立、公立幼儿园的收费较低,私立幼儿园的收费较高。根据文部科学省 2006 年的学费调查,公立幼儿园 3 年的生均学费是 753,972 日元,而私立幼儿园 3 年的生均学费则高达 1,696,220 日元,后者是前者的两倍多。所以,在私立幼儿园占绝对多数的日本学前教育系统中,家庭的负担较重。2010 年,日本 97.2% 的 4 岁幼儿接受了学前教育,在 OECD 国家中排名第七位。但是,政府对学前教育投入的水平较低,家庭承担了较大的比重。[①] 家庭对幼儿教育的支出占家庭总支出的 38%,在 OECD 国家中高居第三位。另外,从总体上看日本的幼儿园教育经费在不断增长,但从 2012 年日本各级教育经费占政府对教育投入比重来看,学前教育的投入比重仍然较低,只占教育总投入的 2.68%,如图 4–6 所示。

虽然幼儿教育经费投入相对于其他教育阶段较少,但日本政府对于幼儿教育的重视是不容置疑的,如在幼儿教育机构的设置、幼儿园就园补助等方面,日本政府都做出了不懈的努力。2006 年日本政府在支援儿童发展的政策指导下发布了"'成长·培养'援助计划",由此揭开了"儿童第一"的政策理念。在儿童津贴、幼儿教育无偿化之外,提出了"幼保一体化""设立儿童家庭省""儿童行政监察员"等设想。在政权更替等因素的影响下,幼保一体化的设想并未取得

① 文部科学省 . 図表でみる教育:OECD インディケータ [EB/OL]. http://www.oecd.org/edu/EAG2012%20-%20Country%20note%20-%20Japan%20(JPN).pdf#search=' %E6%97%A5%E6%9C%AC%E5%AD%A6%E5%89%8D%E6%95%99%E8%82%B2%E3%81%AB%E5%AF%BE%E3%81%99%E3%82%8B%E8%B2%A1%E6%94%BF%E6%8A%95%E5%85%A5' .[2015–5–16].

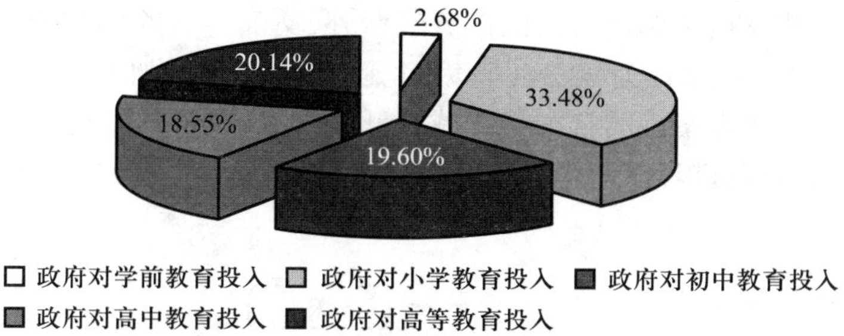

图 4-6　2012 年日本政府对各级教育的投入所占比例

资料来源：UNESCO. Education: Gross graduation ratio [EB/OL]. http://data.uis.unesco.org/index. aspx?queryid=161&lang=en. [2015-1-30].

令人满意的成果。2012 年国会提出综合儿童园法案，试图将幼儿园、保育所合并为"综合儿童园"（総合こども園），进行一元化管理。但同年 6 月，在民主、自民、公明三党合议下又废除了该法案，提出指导监督一体化的幼保合作型认定儿童园（認定こども園）制度以代替综合儿童园法案，幼儿园、保育所的制度被保留，二者仍分属不同的省厅管辖。虽然改革进度迂回波折，但这并不意味着日本放弃了幼保一体化，而是在寻找更好的途径，从而保证其平稳地更替。2013 年日本追加了 1 兆日元以充实保育服务，意图使超过 9 成的保育所向幼保一体型学校转型，增加保育所的幼儿教育功能。幼保一体化的改革又向前迈进了一步。

与幼保一体化相比，幼儿教育无偿化改革要平稳许多。为了保障所有儿童平等地接受高质量的幼儿教育，目前日本正在阶段性地推进幼儿教育无偿化改革（幼儿园就园奖励费补助）。幼儿教育的无偿化在 2006 年 7 月阁议决定的"关于经济财政运营和构造改革的基本方针（2006）"中被首次提及。2008 年 5 月至 2009 年 3 月，文部科学省召开了"关于今后幼儿教育的振兴方针策略研究会"，再次提出并讨论了幼儿教育无偿化改革的有关问题。同年 5 月在"关于幼儿教育无偿化（中间报告）"中明确提倡了该改革方案，并指出国家和地方公共团体需追加支付大约 7,900 亿日元的费用。[①] 2015 年幼儿教育关系预算为 40,188 百万日元，在 2014 年预算额 33,905 百万日元的基础上增加了 6,283 百万日元。去

① 日本総研．安倍新政権の子ども・子育て支援政策への期待[EB/OL]. https://www.jri.co.jp/MediaLibrary/file/report/researchfocus/pdf/6562.pdf#search='%E5%AE%89%E5%80%8D%E6%96%B0%E6%94%BF%E6%A8%A9%E3%81%AE+%E5%AD%90%E3%81%A9%E3%82%82%E3%83%BB%E5%AD%90%E8%8%B2%E3%81%A6%E6%94%AF%E6%8F%B4%E6%94%BF%E7%AD%96%E3%81%B8%E3%81%AE%E6%9C%9F%E5%BE%85'. [2015-5-12].

除对儿童·育儿支援新制度履行的部分经费外，文部科学省 2015 年幼儿园就园奖励费补助的预算总计为 32,341 百万日元，比上一年增加了 5,168 百万日元。文教·科学技术预算案表明日本将在减轻低收入家庭负担的同时扩充对市町村的补助，消除超额负担，以构建起全部幼儿平等享受国家支援的环境。[①] 详见图 4–7。

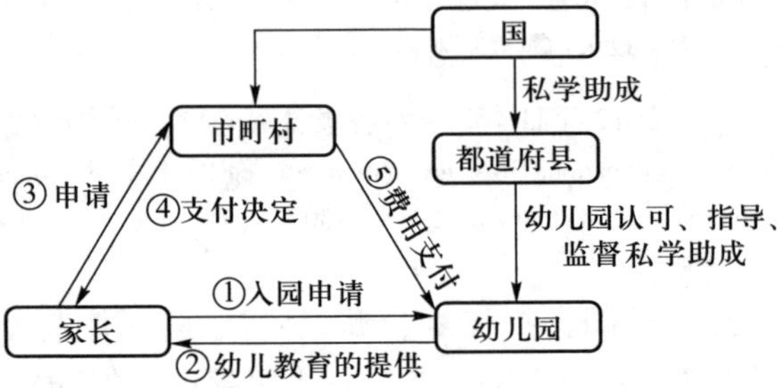

图 4–7 国家对私立幼儿园无偿化改革的实施流程

资料来源：文部科学省．今後の幼児教育の振興方策に関する研究会中間報告「幼児教育の無償化について」(概要) [EB/OL]. http://www.mext.go.jp/component/b_menu/shingi/toushin/__icsFiles/afieldfile/2009/05/27/1267537_1.pdf. [2017–6–1].

二、教育经费的分配与使用

(一) 教育财政费用支出结构

日本学前教育阶段的教育财政支出主要包括对儿童家长的经济支援、运营支出(包括人件费[②]、教育活动费等)、设施设备支出三个方面。其教育财政经费来源包括国家、都道府县、市町村三个层面，如图 4–8 所示。2011 年，幼儿园全部使用经费中公共财政支出大约为 6,000 亿日元，儿童家长负担约 3,100 亿日元。二者的比例约为 2∶1。需要注意的是，教育财政中对儿童家长的经济支援，如幼儿园就园奖励费，虽说是由市町村拨给家长的费用，但也存在直接拨给幼儿园以充当保育费的情况。2015 年 4 月伴随着儿童·育儿支援新制度的实行，私学助成[③] 的部分经费与幼儿园就园奖励费补助的部分经费将向设施型给付转

① 文部科学省．平成 27 年度幼児教育関係予算(案)の概要[EB/OL]. http://www.mext.go.jp/a_menu/shotou/youchien/__icsFiles/afieldfile/2015/01/21/1336129_01.pdf. [2017–6–2].

② 人件费是劳务支出的经费总称，这里是指教职员工的工资、津贴、交通费等。

③ 私学助成指日本政府为促进私立教育发展而给予的财政支持。

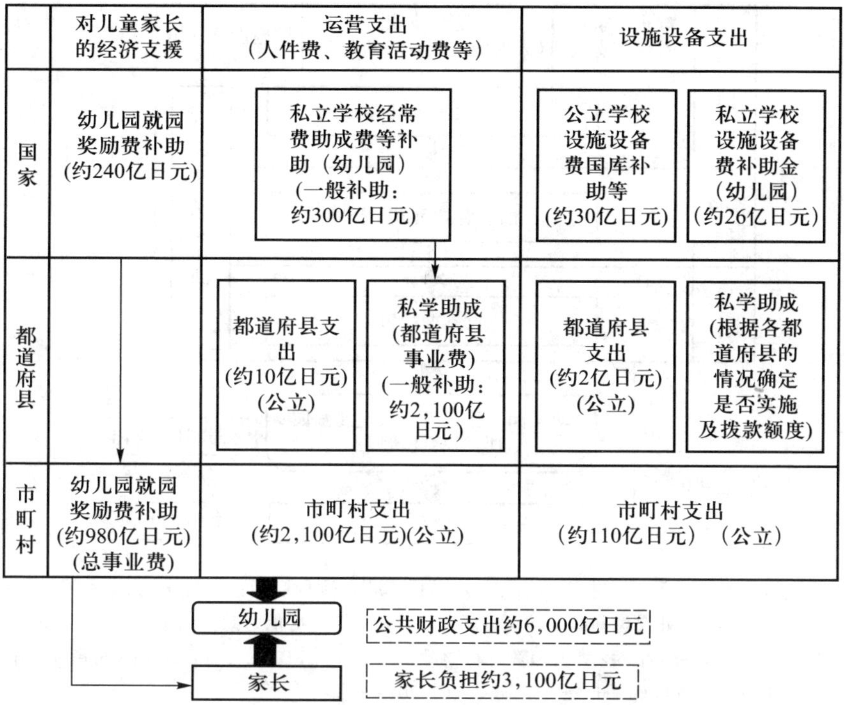

图 4-8　日本关于幼儿园的财政措施与费用支出结构

备注：设施设备支出（除私学助成）、运营设备支出数据来自文部科学省 2012 年度地方教育费调查，其余数据为 2013 年度调查数据。

资料来源：文部科学省．我が国の教育行財政について［EB/OL］. http://www.kantei.go.jp/jp/singi/kyouikusaisei/bunka/dai3/dai1/siryou4.pdf.［2017-6-2］.

移。[①] 即财政经费将由市町村直接支付给幼儿园。在施行儿童·育儿支援新制度以后，日本在幼儿园、保育所、认定儿童园的相关财政措施与费用负担方面将实行相应的革新，如图 4-9 所示。

（二）日本学前教育阶段教育经费的使用状况

日本对于幼儿教育经费的使用有明确的规定。在 2015 年度幼儿教育关系预算案中，幼儿教育经费的使用主要包括 4 项，分别为：(1) 幼儿教育阶段的无偿化推进（幼儿园就园奖励费补助）；(2) 对认定儿童园的财政支援；(3) 幼儿园教育内容·方法的改善充实；(4) 推进幼儿教育质量提升的计划。另外还有私立幼儿

① 文部科学省．我が国の教育行財政について［EB/OL］. http://www.kantei.go.jp/jp/singi/kyouikusaisei/bunka/dai3/dai1/siryou4.pdf.［2017-6-2］.

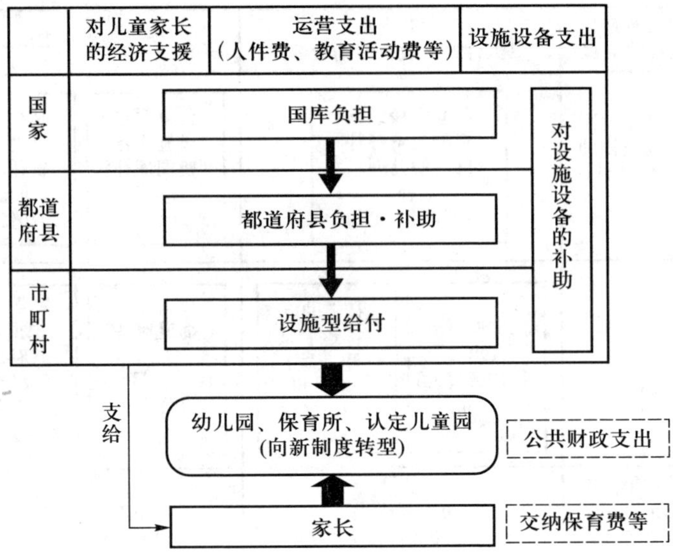

图 4–9 幼儿园、保育所、认定儿童园的相关财政措施与费用支出结构

备注：未向儿童·育儿支援新制度转型的幼儿园将依据图 4–8 的财政支出结构。

资料来源：文部科学省．我が国の教育行財政について［EB/OL］. http://www.kantei.go.jp/jp/singi/kyouikusaisei/bunka/dai3/dai1/siryou4.pdf.［2017–6–2］.

园设施设备费补助、私立高中等经常费助成费的补助（幼儿园部分）。文部科学省公布的 2015 年度幼儿关系预算（案）概要中还对 2015 年度和 2014 年度的预算进行了对比。详见表 4–1。

表 4–1 2015 年度日本幼儿教育关系预算（案）概要

单位：百万日元

类别	2014 年度预算	2015 年度预算	比较增减	备注
幼儿教育阶段的无偿化推进	33,905	40,188	+6,283	包括推进儿童·育儿支援新制度的幼儿园就园奖励费的全部金额
对认定儿童园的财政支援（新增）	0	13,484	+13,484	认定儿童园设施设备交付金：11,757 百万日元； 教育支援体制整备事业费交付金：1,727 百万日元

续表

类别	2014 年度预算	2015 年度预算	比较增减	备注
幼儿园教育内容·方法的改善充实	18	21	+3	幼儿园教育理解推进事业:15 百万日元; 关于幼儿园教育的理想状态调查研究:6 百万日元
推进幼儿教育质量提升的计划(新增)	—	34	+34	关于幼儿教育调查研究论据调整的研讨:8 百万日元; 关于推进幼儿教育质量提升等模范事业构筑:25 百万日元
安心儿童基金(仅前一年度)	18,319	0	−18,319	各都道府县所保留的基金将继续使用
高质量的幼儿教育·保育的综合提供等推进事业(仅前一年度)	26	0	−26	各都道府县所保留的基金将继续使用

资料来源:文部科学省．平成 27 年度幼児教育関係予算(案)の概要[EB/OL]. http://www.mext.go.jp/a_menu/shotou/youchien/__icsFiles/afieldfile/2015/01/21/1336129_01.pdf.[2017-6-2].

表 4-1 的预算概要中有六个需要说明的地方。第一,幼儿园就园奖励补助费制度是从振兴幼儿教育的观点出发,国家根据幼儿家庭的收入情况,为减轻儿童家庭负担而对实施“幼儿园就园奖励事业”的地方公共团体或家长给予部分经费的补助(补助率为 1/3 以内)。补助经费的流向包括:(1)为低收入家庭的家长减轻负担;(2)扩充对市町村的补助,减轻市町村的过重负担。第二,私立幼儿园设施设备费补助是一项紧急课题,是在确保耐震化等必要预算的基础上提出来的。国库的补助率原则上不超过 1/3,但对由地震造成的毁坏等危险性高(Is 值不到 0.3)的设施加以耐震强化施工的补助将扩大到 1/2 以内。(公立幼儿园设施设备费的学校设施环境改善交付金在 161,626 百万日元以内。)第三,对认定儿童园等的财政支援是指为向认定儿童园转型的幼儿园、保育所,以及新设置的认定儿童园提供必要的财政支援,从而促进认定儿童园的设置。第四,为了推进幼儿园教育在更广范围内得到理解,相关机构在中央及都道府县举办研究协议会,商讨幼儿园教育课程的编制、指导等今后幼儿园教育的应有之态。另外,还会进行关于幼、小顺利衔接的相关调查。第五,推进幼儿教育质量提升的计划是在商讨与幼儿教育相关的调查研究的同时实施关于地方自治体幼儿教育

体制、教职员资质提升的相关调查研究。第六，2015 年关于私立高中等经常费助成费的补助(幼儿园部分)的预算额为 30,308 百万日元，包括一般补助 20,749 百万日元和特别补助 9,559 百万日元。其中，特别补助又包括育儿支援推进经费 4,601 百万日元和幼儿园特别支援教育经费 4,958 百万日元。

三、教育经费的管理与监督

日本的学前教育不属于义务教育阶段，但不管国立、公立还是私立的幼儿园都必须严格遵守《幼儿园设置基准》《幼儿园设施设备指南》等相关法律法规。除受到学前教育相关法规的约束外，私立幼儿园还受到《私立学校法》《日本私立学校振兴助成法》《日本私立学校振兴财团法》等与私立学校有关的政策法规的约束。在教育经费的管理方面，日本与美国等国相同，以项目拨款为主。每年度的幼儿教育关系预算案都对教育经费的使用款项进行明确规定。由于私立幼儿园占日本幼儿园总数的 60% 以上，因此，下面以私立幼儿园的教育经费监管方式为例进行阐述。

日本私立幼儿园的教育经费监管主要包括两种方式。一种由学校评议会负责，根据私立学校法第 43 条的规定，评议会有责任对学校法人的业务或财产情况以及职员的业务执行情况提出意见、建议。具体执行流程为：私立幼儿园的理事长向评议会提出每年经费预算及借入金的相关咨询，并在每会计年度结束后的两个月内，就决算及事业的实际状况向评议员提交报告，同时从评议会处获得意见和建议。另外，学校法人还设有监事，负责监查理事(包括理事长)的业务执行情况。在财务方面，监事负责监查学校法人的财产状况，当发现学校法人的财产状况或业务执行与监查结果不一致时，需向所管辖的部门或评议会提出报告。另一种监管方法是公开财务信息，即学校法人将财务类文件，如财产目录、借贷对照表、收支计算书、资金收支内容表以及消费收支内容表等文件，于该年度的次年 6 月 30 日之前提交给文部科学大臣或都道府县知事。并且积极地通过学报、杂志或互联网向民众公开其财务信息，接受民众的监督。提供的具体信息内容除文部科学省明确规定的以外，其他可由各学校法人根据实际情况适当选择。

第三节　日本义务教育财政

一、教育经费的筹措与投入

义务教育是培养国家和社会所需人才的必要且最低限度的教育，对维持与发展社会经济有重要的作用。根据日本宪法的规定，义务教育必须是无偿的。与高中、大学不同，义务教育的费用不是由学生和家庭承担，原则上所有的经费都应由公费承担。公共教育经费一部分来自国家，一部分来自地方政府。国家的教育经费主要是通过对地方的转移支付实现的。在义务教育财政经费的转移支付方面，日本没有独立的义务教育财政转移支付制度，义务教育财政转移支付体现在政府间财政转移支付中。[①] 对义务教育经费投入首先由各都道府县的知事和市町村长根据年度财政预算确定义务教育的支出额，向议会提交义务教育预算案，经过议会审批从而取得每年的义务教育财政经费。

（一）市町村、都道府县与国家的负担关系

在义务教育的三级政府经费负担方面，市町村应负责设立中、小学校，都道府县应负责设立聋·盲养护学校，根据"设立者负担原则"(《学校教育法》第5条)的规定，这些学校的经费原则上应由设立者负担。但是，若中小学校的相关经费全部由市町村负担，则会使市町村的负担过重。因此，日本制定了"县费负担教职员制度"，即市町村立中小学本职教职员工的工资津贴、旅费等由都道府县承担，同时都道府县拥有市町村立中小学校教职员的任命权。在此基础上，为了维持全国义务教育水平和保障教育机会均等，日本设置了"义务教育费国库负担制度"，即都道府县负担的义务教育诸学校教职员的薪资、各项津贴的所有经费由国库负担1/2。教职员的研修经费等由负责实施的都道府县来承担，但政令指定的都市和中核市[②] 则自行承担教师研修费用。本职教职员的工资津贴、旅费、研修费用以外的经费由各自学校设立者负担。另外，学校设施设备费用则依据义务教育诸学校设施费国库负担法，由国家给予1/2或1/3的补助。学校中使用

① 李祥云. 义务教育财政转移支付制度：日本与美国模式[J]. 教育与经济，2004(2)：54-57.

② 日本的城市行政制度分为政令指定都市、中核市和特例市。中核市(意为核心市)可拥有较一般城市及特例市更多的原本属于都道府县的权限，但权限少于政令指定都市。

的教材、设备、物品的准备，本职教职员以外的职员（市町村兼职讲师、勤杂工、烹饪员）的工资津贴，以及其他学校运营的必要经费则由负责设立该中小学的市町村负担。教材的费用一部分由国家的补助金支持，但大部分还是来自市町村的一般财源。

（二）生均国库负担的义务教育费

比较日本不同都道府县的生均义务教育费国库负担金可以发现，中小学学生人数和生均教师人数越少的县，学生的人均义务教育费国库负担金越多。2002 年的数据显示，生均义务教育费国库负担金最少的是埼玉县，最多的是高知县。具体如表 4–2 所示。

表 4–2　2002 年高知县、埼玉县义务教育费国库负担金状况

	国库负担额（日元）	生均国库负担额（日元）	校均学生数（人）	教师人均教授的学生数（人）
高知县	26,472,009,001	417,257	134.1	10.2
埼玉县	140,296,293,083	233,468	464.8	19.4

根据《日本义务教育法》的规定，在义务教育阶段，即使学校只有 1 个学生，为了保障该生接受教育的权利，也应该配备教师，实施义务教育。公立中、小学不论其规模大小、学生数多少，必须保证作为义务教育的最低标准。以学级担任制为基础的小学，即使各年级学生数只有 10 人，也应根据不同的学年编制年级，设置年级主任（《义务标准法》规定，只有两个年级总人数不满 16 人的情况下才能合并为一个年级）。因此，为了切实保障教育机会均等，越是规模小的学校教职员的待遇越是优厚，越是偏僻边远地区有众多小规模学校的地方，生均义务教育费越多。

二、教育经费的分配与使用

（一）义务教育财政措施与费用支出结构

日本义务教育阶段教育财政的支出结构与学前教育阶段大体一致，包括对学生家长的经济支援、运营支出（包括人件费、教育活动费等）、设施设备支出三个方面。教育财政经费来源包括国家、都道府县、市町村三个层面。对家长的经济支援有国家补助给需要保护的学生的援助费和市町村的就学援助。运营支出方面有来自国家的义务教育费国库负担金，配备校内辅导员、外部指导者等国库补助金，私立学校经常费助成费，义务教育诸学校用教科书购入费；都道府县负担都道府县支出及私学助成；市町村负担市町村支出。设施设备支出方面有国家负担的公立学校设施设备费国库补助、私立学校设施设备费等；都道府县负担都道府县支出和私学助成；市町村负担市町村支出。

（二）教职员的配置·身份·工资的结构

为了确保优秀的人才担任教职人员，更进一步提高义务教育的水平，1973年日本制定并颁布了《人材确保法》，该法规定教员的待遇如同一般公务员。1974年日本又颁布了《关于维持提高学校教育水平确保义务教育诸学校的教职人材的特别措施法（优遇措施）》。该法的第三条规定义务教育诸学校的教育人员的待遇应优于一般公务员。① 当前，日本的义务教育经费中教职员的薪资津贴占据相当大的比例，因此有必要对日本教职员的现状做进一步的了解。根据日本现行教职员配置制度的有关规定，日本的小学根据学级数确定必要的教员人数，原则上每个小学设置一名校长、一名副校长，每班设置一名班主任。（班级设置为：小学1年级不超过35人，2~6年级不超过40人。）在学生非常少的小规模学校中，允许将多个年级的学生编排在一个班级中进行教学。初中依据学科担任制确定教职员数。课程包括国语、社会、数学、理科、音乐、美术、保健体育、技术·家庭、外国语等。日本教职人员安排计划的各阶段改进状况如表4-3所示。

表4-3　日本义务教育阶段教职员定数改革的历程

类别	班级编制的标准	内容
第一次（1959—1963年）5年计划	50人	确定年级编制与教职员人数
第二次（1964—1968年）5年计划	45人	45人班级的实施与养护学校教职员的定数化
第三次（1969—1973年）5年计划	45人	取消4个年级以上的复式班级
第四次（1974—1978年）5年计划	45人	取消3个年级的复式班级以及教导主任、学校营养师的定数化
第五次（1980—1991年）12年计划	40人	40人班级的实施等
第六次（1993—2000年）6—8年计划	40人	为了改善指导方法的定数配置

① 文部科学省．学校教育の水準の維持向上のための義務教育諸学校の教育職員の人材確保に関する特別措置法[EB/OL].http://law.e-gov.go.jp/htmldata/S49/S49HO002.html.[2015-4-10].

续表

类别	班级编制的标准	内容
第七次(2001—2005年)5年计划	40人	少数人授课,扩充教导主任、保育教师的配置
2006年	40人	—
2007年	40人	—
2008年	40人	主干教师[①]、特别支援教育、饮食教育
2009年	40人	主干教师、特别支援教育、减轻教师的事务性负担
2010年	40人	理科、数学的少数人指导,特别支援教育,对外国学生的日本语指导
2011年	小一:35人 小二~中三:40人	仅将小学1年级的班级标准定为35人
2012年	小一:35人 小二~中三:40人	小学2年级36人以上班级的取消、为照顾不同学生采取的加配定数措施、关于东日本大地震的教育复兴支援
2013年	小一:35人 小二~中三:40人	对欺侮问题的应对、特别支援教育在小学方面的专门指导
2014年	小一:35人 小二~中三:40人	应对小学英语教科化、应对欺侮·道德教育、充实特别支援教育

关于义务教育阶段教职员的工资津贴,日本设置了县费负担教职员制度与义务教育费国库负担制度(县费负担教职员工资的1/3由国库负担),并且以法律的形式予以保障,如关于公立义务教育诸学校教职员的工资等特别措施法。该法依据公立义务教育诸学校教职员的职务和工作状态的特殊性,对其工资与工作条件进行了特殊规定。目前日本公立义务教育诸学校的教职员数约为69.7万人,其中小学41.3万人,初中24.1万人,特别支援学校4.3万人。依据2014年度的财政预算,教职工薪资总额约4.5兆日元。都道府县负担其中的2/3,约3兆日元;国库负担1/3,约1.5兆日元。但近年来,日本教职人员的工资水平总体呈下降趋势。(见图4-10)其中包括义务教育等教员特别津贴的缩减,从工资的3.8%下降到工资的1.5%(2008—2011年);工资的调整额的缩减,从基本

① 主干教师为日本设立的教师岗位的一种,主要负责协助校长和教导主任处理一部分校务工作,与此同时管理教务工作。

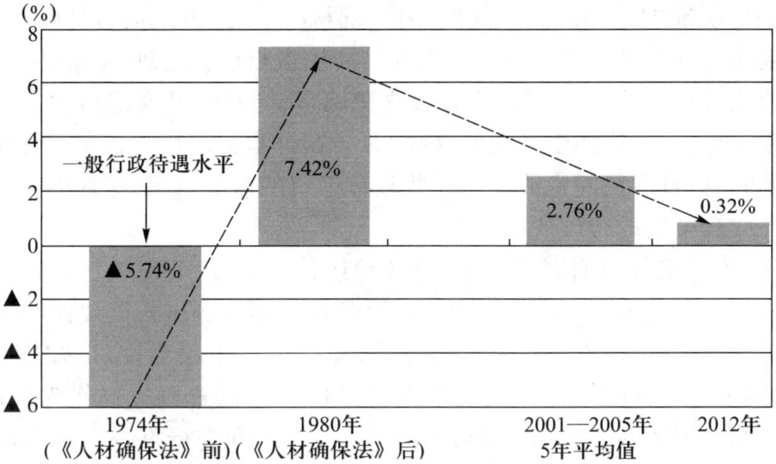

图 4-10　日本公立学校教职员待遇水平的变化

资料来源：文部科学省．我が国の教育行財政について[EB/OL]. http://www.kantei.go.jp/jp/singi/kyouikusaisei/bunka/dai3/dai1/siryou4.pdf.[2017-6-2].

额 ×2 下降到基本额 ×1.25(2009—2011 年)。

(三) 国库负担项目的变迁

自 1918 年日本制定义务教育费国库负担制度以来，义务教育的财政负担结构经历了多次变革。现行的《义务教育费国库负担法》是在 1953 年实行的《义务教育费国库负担法》第三百三号的基础上修改完善的。为了扩大地方自治体的财权，增加地方自治体的经济活力，国库负担金的拨款方式正在向一般财源化转型。随着“三位一体”改革的实行，日本甚至提出义务教育费国库负担金全额一般财源化的构想。20 世纪中期以来，主要的一般财源化的项目有：1985 年旅费、教材费的一般财源化，1989 年养老金的一般财源化，1993 年互助金追加费用的一般财源化，2003 年互助费长期支付与公务灾害补偿基金负担金的一般财源化，2004 年退休津贴及儿童津贴的一般财源化等。在义务教育费国库负担金一般财源化的推行过程中，也有人提出了质疑，认为一般财源化将会对义务教育带来不利影响，包括义务教育阶段教职员薪资的财源保障问题，义务教育费可能存在的减额问题，以及地区间义务教育水平差距扩大的隐患等。

三、教育经费的管理与监督

日本对义务教育经费的管理与监督十分完备。首先，以《教育基本法》《学校教育法》《义务教育费国库负担法》等一系列法律为依据，对义务教育及其经费管理进行明确细致的规定。其次，由文部科学省、地方政府、民间监督组织三大监管主体对日本义务教育经费的投入与使用进行监督管理。

每年文部科学省都会实行地方教育费调查，同时公开文部科学省年度教育经费的预决算、各省厅的财务资料、税制等。在日本文部科学省实行行政信息公开制度的同时，日本民间也成立了一些教育经费的监督组织，这在很大程度上保证了义务教育经费的合理使用。①

另外，为了确保政府财政公平、有效地运营，地方政府对教育经费的使用和监督也有一套行之有效的管理措施，下面以东京都为例进行简要说明。东京都根据《地方自治法》设立东京都监查委员，监查委员由议会许可、知事任命的5名委员（都议会议员2名、有识之士3名）组成，并设置事务局作为辅助机构，对权限内事务从合法性、经济有效性、效率性等角度进行审查。每年监查委员会负责对每会计年度收入与支出岁入岁出决算及基金运用状况进行审查，主要包括：确认决算计数是否正确，审查预算执行、资金运用以及财产管理的状况；确认基金运用状况调书②的计数是否正确，基金是否按照设置目的正确且高效地运用。③东京都的教育财政从属于一般财政，因此教育经费的监督和管理由监查委员会负责。

第四节 日本高中教育财政

一、教育财政的筹措与投入

日本的高中教育不属于义务教育范畴，但普及率相当高，2012年达到了98.3%。④其经费来源主要包括国家、都道府县、市町村三级行政机构的公共财政支出和学生家庭支出。为了减轻学生家庭的教育费负担，保证高中教育的平等化和均衡化，日本教育部门制定了一系列相关措施，如高中就学支援金制度。该制度是在《关于不征收公立高中授课费及给与高中就学支援金的法律》（公立

① 上官晨南．义务教育经费保障制度研究[D]．南昌：江西师范大学，2008.

② 调书为日本对特定事项的调查内容进行记载的一种文书。

③ 東京都監察事務局．平成26年度各会計歳入歳出決算審査及ひ平成26年度基金運用状況審査実施計画[EB/OL].http://www.kansa.metro.tokyo.jp/PDF/11keikaku/06kessankikin/jisshik26suitou.pdf.[2015-7-5].

④ 総務省統計局．進学率と就職率[EB/OL].http://www.stat.go.jp/data/nihon/22.htm.[2015-1-29].

高等学校に係る授業料の不徴収及び高等学校等就学支援金の支給に関する法律)的基础上制定出来的。2010 年日本出台了高中授课费无偿化制度,对公立高中生进行无偿授课,向就读私立高中的学生发放就学支援金以降低授课费。①

2014 年 4 月,日本对就学支援金制度进行了新的改革。新制度的支援对象为 2014 年入学的高一新生,支援学校类型包括:国立、公立和私立高中、中等教育学校(后期课程)、特别支援学校(高中部)、高等专门学校(一至三年级学生)、专修学校(高等课程和一般课程)以及各种学校(国家资格养成课程)、各种学校告示指定的外国人学校②。在新制度中,年收入少于910万日元家庭的孩子,不论就读于国立、公立、私立的高中,皆可申请就学支援金。申请就学支援金的家庭必须提供高中就学支援金授予资格认定申请书和纳税证明书。提供纳税证明书是为了保证"市町村民税所得比例额"少于 304,200 日元的家庭才有资格申请高中就学支援金。另外,不同类型的高中可获得的就学支援金支付额度不同,如就读于全日制高中的学生每月可获得 9,900 日元的就学支援金,就读于公立定时制高中的学生每月可获得 2,700 日元的就学支援金,就读于通信制高中的学生每月可获得 520 日元的就学支援金,就读于私立的定时制、通信制高中的学生每月都可获得 9,900 日元的就学支援金。对于就读于私立全日制高中的学生,为了减轻其高昂的学费负担,文部科学省决定将按照学生家庭的实际状况,给予其公立全日制高中就学支援金的 1.5 倍、2 倍或 2.5 倍的支援。具体来说,年收入少于 250 万日元的家庭给予 24,750 日元 / 月的支援金,年收入 250~350 万日元的家庭给予 19,800 日元 / 月的支援金,年收入 350~590 万日元的家庭给予 14,850 日元 / 月的支援金。③

二、教育经费的分配与使用

日本高中的教育经费主要使用在对学生的支援、运营支出以及设施设备费的支出三个方面。在学生支援方面,国家通过高等学校就学支援金、高中生奖学

① 高校授業料無償化·就学支援金支給制度[EB/OL]. http://ja.wikipedia.org/wiki/%E9%AB%98%E6%A0%A1%E6%8E%88%E6%A5%AD%E6%96%99%E7%84%A1%E5%84%9F%E5%8C%96%E3%83%BB%E5%B0%B1%E5%AD%A6%E6%94%AF%E6%8F%B4%E9%87%91%E6%94%AF%E7%B5%A6%E5%88%B6%E5%BA%A6. [2015-5-13].

② 外国人学校是指主要以外国儿童为教育对象的学校。

③ 文部科学省. 高等学校就学支援金について[EB/OL].http://www.mext.go.jp/a_menu/shotou/mushouka/detail/__icsFiles/afieldfile/2014/01/24/1342886_012_1.pdf. [2015-5-29].

金的方式给予学生支援；都道府县通过高中奖学金事业、高中生奖学金的形式给予学生支援。在运营支出方面，都道府县的支出最多，占各级政府支出额的90%以上。国家通过各项委托事业、国库补助事业以及私立学校经常费助成费等项目对高中进行拨款。在设施设备费方面，依然是都道府县支出额最多，包括对公立高中的拨款和私立学校的援助。具体的财政经费使用状况如图4–11所示。

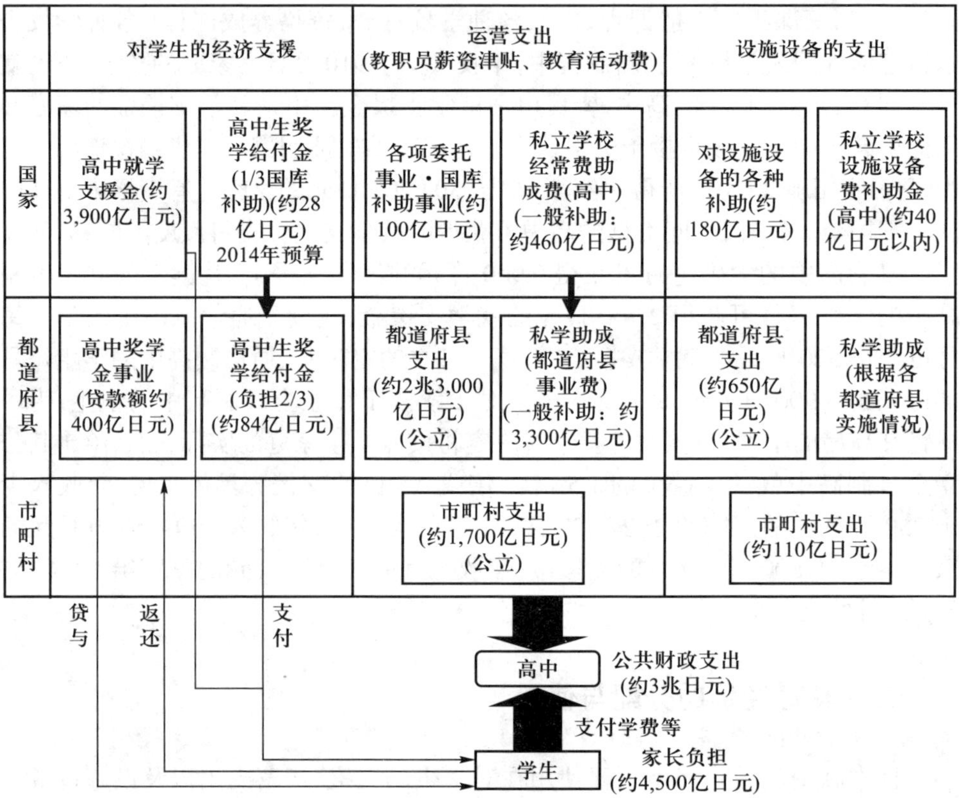

图4–11 日本高中财政措施与费用负担的结构(2015年调查数据)

资料来源：文部科学省．我が国の教育行財政について［EB/OL］. http://www.kantei.go.jp/jp/singi/kyouikusaisei/bunka/dai3/dai1/siryou4.pdf.［2017–6–2］.

三、教育经费的管理与监督

日本高中教育经费的监管与义务教育阶段大体一致，在体系化的法律法规的保障下，监管主体包括文部科学省、地方政府、民间组织等。由于日本的高中不属于义务教育阶段，与小学、初中相比，高中阶段私立学校较多，2014 年文部科学省实施的学校基本调查中显示日本私立高中数占全部高中的 26.6%。私立学校教育经费的监管方式与上文介绍的私立幼儿园的监管方式类似，主要由学校评议会从外部监管学校法人的业务和财产状况和由学校法人自身内部设监事管理其财务。同时，学校法人还将公开各类财务文件，接受文部科学省、都道府县及民众的监督。总体而言，日本高中教育经费的监管包括学校内部监管和外部监管两个方面。

第五节 日本高等教育财政

一、教育经费的筹措与投入

2012 年日本的大学入学率为 51%。[①] 根据马丁·特罗的高等教育发展三阶段理论，日本的高等教育已经步入普及化的发展阶段。2013 年，日本约有 1,141 所大学（包括短期大学）和 301 万大学生。从数量上看，私立大学占主体，其注册学生大约占全部大学生的 70%。从科研水平来看，国立大学整体水平较高，承担了大部分的科研和研究生培养任务。日本的大学包括各学部和大学院：学部是指大学的院系，学部阶段的教育即大学本科教育；大学院是指研究生院，开展硕士、博士课程以及专门职业硕士课程的教育。

日本的高等教育机构根据办学经费来源的不同可分为国立大学、公立大学和私立大学。国立大学由中央政府投资建立，根据设立者负担原则，国立大学的经费由国家负担，以租税为主要来源，另外还有学费、入学金、审查费以及来自医院、科研单位等大学附属机构的大学自筹经费。公立大学由地方政府投资建立，经费由地方政府负担。由于各地区经济发展不平衡，为了保证教育发展水平的均衡和教育机会的均等，国家通过地方交付税的形式向公立大学支付一定的补助金。私立大学由学校法人投资建立，经费由学校法人负担，以学费为主要经费来源，另外，有的学校以社会服务的形式创收，同时国家财政会以私立大学经常费补助金的形式对私立大学进行补助。

---

① 文部科学省．大学進学率の国際比較[EB/OL]. http://www.mext.go.jp/component/b_menu/shingi/giji/__icsFiles/afieldfile/2013/04/17/1333454_11.pdf.[2017-6-2].

在高等教育的财政支持方面，日本制定了《国立学校特别会计制度》《私立学校法》《私立学校振兴助成法》等，以保障大学财政经费的稳定来源。值得注意的是，2004 年国立大学法人化的改革改变了原来国立大学的地位，使国立大学从政府的附属机构变成具有法律地位的独立法人实体。而国立大学的财政经费来源也发生了转变。日本政府成立了独立行政法人国立大学财务经营中心，负责国立大学借贷资金的筹措、贷给及管理，同时制定并通过了《独立行政法人国立大学财务·经营中心法》。日本学者天野郁夫指出，国立大学法人化改革是日本国立大学 130 多年的历史发展过程中最大的一场变革，其核心政策性问题是如何通过法人化改革实现国立大学与政府行政机构的分离、大学财政自主性强化以及教职员工身份的非公务员化。① 这就意味着政府对国立大学财政投入的转型。政府对国立大学的财政拨款从以往的拨付给国立大学特别账户转变为一次性拨付，即现有的国立大学法人运营费交付金中包括了标准运营费和特定运营费，有附属医院的还包括附属医院运营交付金。在对部分一般管理费进行倾斜分配的模式下，日本政府调动了国立大学的竞争意识，逼迫国立大学扩大经费来源。法人化后的国立大学经费来源主要包括公共财政拨款、学费、受企业等委托的科研收益、医院收入和企业、毕业生的捐助等。日本国立大学和私立大学的经费来源相差不大，但各来源在总经费中的比重相去甚远。如图 4–12 所示。

二、教育经费的分配与使用

日本大学的教育财政经费主要包括基本经费和竞争环境下的教育研究支援。其中，基本经费的使用包括对学生的经济支援、运营支援、设施设备支援三个方面。具体如图 4–13 所示。在拨款方式上，文部科学省采取了机构资助和非机构资助两种方式。机构资助是指直接对大学进行投资，包括国立大学法人运营费交付金、私立大学经常费补助金等。非机构资金拨款是指日本政府不将款项拨付大学，而是直接拨给大学中的经费使用者。主要包括两项：直接拨给学术研究团体的科学研究补贴和为学生贷款提供基金的日本奖学金基金的补贴。

（一）推进大学发展的改革

在具体的大学经费使用方面，为了全面提高大学育人、科研、服务社会等方面的能力，切实推进国立大学的发展，日本实行了相关改革。日本政府对国立大

① ［日］天野郁夫，鲍威．日本国立大学的法人化：现状与课题［J］．北京大学教育评论，2006(2)：93–109.

图 4-12　2012 年日本国立大学和私立大学的教育经费结构示意图

资料来源:文部科学省.我が国の教育行財政について[EB/OL]. http://www.kantei.go.jp/jp/singi/kyouikusaisei/bunka/dai3/dai1/siryou4.pdf.[2017-6-2].

学法人运营费交付金、国立大学改革强化促进事业、私学助成、国公私立大学教育再生战略、大学奖学金事业等进行了创新与调整。

1. 国立大学法人运营费交付金

为了确保国立大学法人能够稳定持续地进行人才培养和学术研究,日本政府在下拨大学运营所必要的基本经费以外,还重点支持大学的强势学科和特色学科。运营费交付金计算以 2003 年各国立大学的收入和支出为基数,每年以效率化系数(1%)和改善经营系数(2%)递减。2015 年文部科学省财政预算中,国立大学法人运营费交付金调整为 10,945 亿日元,相比 2014 年下降了 1.6%。虽然总数下降,但在机能强化、年俸制导入、学费减免等方面加大了经费投入。一方面,希望通过弹性化的人事待遇系统即教育研究组织再编和年俸制等,来充实世界水平的教育研究活动,从根本上强化各领域的运作机能。另一方面,对于学习优秀,但家庭困难的学生,政府将进一步扩大学费减免范围。同时,减免对象还包括在东日本大地震中受灾的学生(0.1 万人)。另外,日本将于 2016 年在原有的一般运营费交付金中划分出不低于 5% 的经费,设定为"校长裁量经费",旨在对大学内部资源进行再分配。

2. 推进国立大学改革事业

日本政府为了推进国立大学事业的改革,对实施教育研究组织再编、导入年俸制等措施的大学予以重点支持。2015 年采取了新规补助选择经费代替 2014 年的支援补助经费。为了激发大学在改革中能发挥应有的积极性,政府在一定程度上降低了经费支援,由 2014 年的 186 亿日元降至 168 亿日元,降幅为 9.7%。

3. 私学助成

日本的私立大学在数量上占据了日本大学系统的半壁江山。为了保障私立

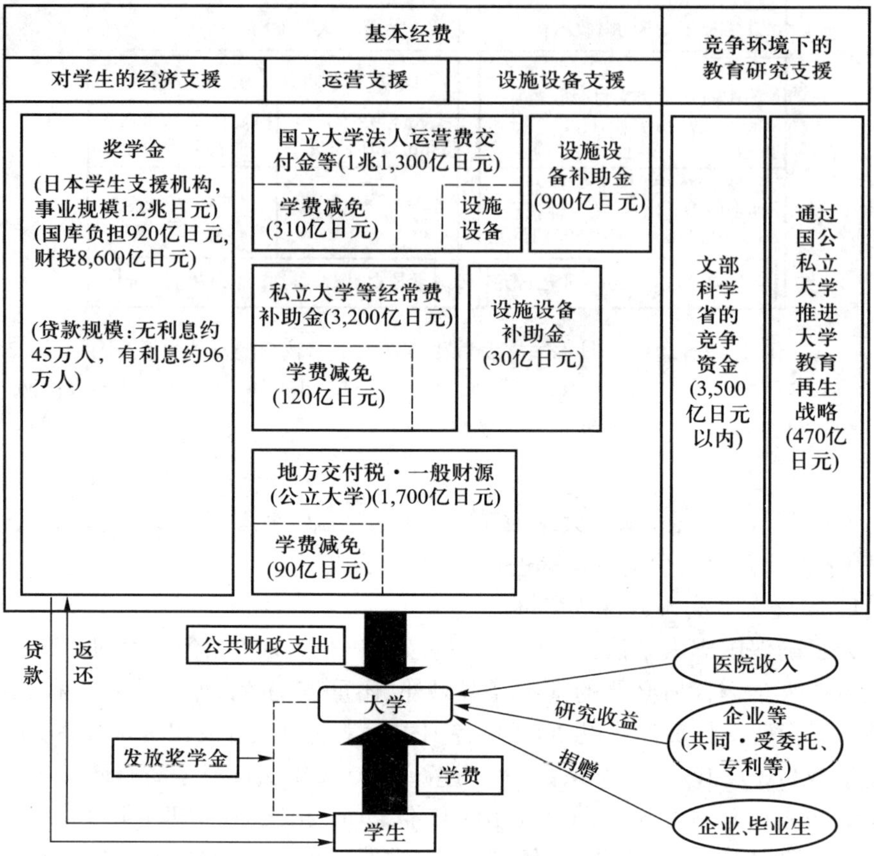

图 4–13 大学财政措施与费用负担结构

资料来源：文部科学省．我が国の教育行財政について［EB/OL］. http://www.kantei.go.jp/jp/singi/kyouikusaisei/bunka/dai3/dai1/siryou4.pdf.［2017–6–2］.

大学的健康发展，稳定其经费来源，日本政府拨付私立大学一定数额的经常费补助金。其中具体项目包括大学经常费、高校经常费、设施设备费和向受灾者的支援。大学经常费是指对实行大学经营改革的地方私立大学的重点支援和对低收入家庭的学费减免的扩充。高校经常费是指对接受寄存保育和有障碍儿童的幼儿园、以英语为代表的外语教育强化，以及教育谈判体制的设定等的支援费。设施设备费中包括充实私立学校教育·研究设施装置等的支援费。向受灾者的支援包括对三个受灾县中的私立大学教育环境复兴的特别补助，对大学安全性、教育内容等的宣传经费的充实，对受灾者的学费减免，以及对受灾的私立学校设施的恢复支援。

4. 通过国公私立大学推进大学教育再生战略

日本的大学教育再生战略是指为了提高各个大学教育的质量、开发具有创新性和先导性的教育研究项目、促进卓越的研究基地的形成，在超越国、公、私立大学设置形态的竞争环境下，对大学的改革给予重点支援。具体主要包括强化大学的国际化事业，实行大学教育再生加速项目，以地方大学推进地方创造生产事业，理工科教育推进委托事业，以及以受灾地大学为中心对培养当地建设者进行支援。另外还有对大学奖学金事业（无利息）以及专修学校的支援。

（二）国立大学设施设备

以第三次国立大学法人设施设备 5 年计划为基础，为了强化大学的教育和研究机能、提供高质量的医疗服务，日本政府重点推进针对耐震化、老朽化的对策，在引入最先进的研究设备的同时，对附属医院的发展给予财政支援。

（三）育英奖学金事业

日本的高等教育奖学金基金由日本育英基金会执行，基金会资金的主要来源为中央政府拨款、地方财政融资以及借贷者的还款。本着“谁受益谁负担”的原则，育英基金会对学生提供贷款服务，主要包括两种形式：一是对经济困难的学生提供免息贷款，二是对其他有需要的学生提供年利率为 2% 的低息贷款。育英奖学金以贷款的形式保证高等教育教育机会均等，有效促进了日本高等教育的公平发展。

三、研究生教育财政拨款和学生资助

2005 年日本中央教育审议会发表咨询报告《新时代的研究生院——构建富有魅力的研究生教育》，提出将过去以规模扩大、制度创新为重点的研究生教育发展模式向提高质量的模式转型。基于该报告，日本于 2007 年颁布了《大学院教育振兴实施纲要》（2006—2010 年），在纲要中明确了研究生教育的改革方向，包括：有组织地开展研究生教育课程，使研究生教育实质化；培养国际化和责任感强的研究生；使大学院成为有国际竞争力的卓越教育和研究基地。

日本没有专门的研究生教育拨款机制，对于研究生教育的拨款大都囊括在高等教育拨款之中。日本政府主要通过具体的项目和计划对研究生教育进行财政拨款支援。国立与公立大学的研究生经费与本科教育经费的区分并不十分清晰，各国立、公立大学根据学校的实际情况予以具体的分配与安排。值得注意的是日本私立大学的研究生教育财政拨款。2002 年，文部科学省设立了“推动研究生教育高度化的特别经费”，向私立大学研究生教育进行财政补助。2007 年在文部科学省修订的《私立大学经常费补助金分配基准》中规定，“推动研究生教育高度化的特别经费”款项中具体包括对特定研究生支援经费、加强重点经费、助教助研经费以及法科大学院支援经费。

国立大学法人化改革后，日本政府于2005年启动了“有魅力的研究生教育”计划，2007 年更名为“研究生教育改革支援计划”，至 2009 年再次改名为“有组织的研究生教育改革推进计划”。为了推进该计划的实施，文部科学省每年拨付不少于 30 亿日元的财政经费，对各大学的研究生教育进行立项支援。

在研究生资助方面，日本主要采取育英奖学金的形式。另外，近年来研究生教育改革的一个重要举措是大学加大自身对学术型研究生特别是博士生的经济支持力度，以减轻博士生的生活压力和经济负担。根据 2007 年颁布的《大学院教育振兴实施纲要》，各大学院必须向博士生提供助教和助研的岗位，提高学生的生活质量，使其能够潜心于学术研究。① 文部科学省 2011 年对各大学院《大学院教育振兴实施纲要》实施状况的调查结果显示，有 95.6% 的大学院正在以某种方式实施或讨论对学生进行一定程度的支援。其中主要的支援方式有：大学独立的奖学金制度（正在实行的学校占 64%）；对困难学生免除学费（39.7%）；使用内部资金雇佣助研和助教（60.0%）；为留学生设立特别奖学金以及居住费补助等（50.4%）。②

四、教育经费的管理和监督

日本对高等教育经费的监管包括外部和内部两个方面。2004 年日本国立大学开始法人化改革后，由独立行政法人国立大学财务经营中心代替原有的国立学校财务中心，在《独立行政法人国立大学财务经营中心法》的约束下，负责对国立大学法人的教育研究环境、财务及经营状况进行管理。该中心设置理事长、监事各一名，另设一名理事辅佐理事长管理中心事务。其业务范围主要包括：

① 丁颖，胡静．法人化后的日本研究生教育财政机制[N]. 中国科学报 .2012-8-29(7).

② 文部科学省．各大学院における「大学院教育振興施策要綱」に関する取組の調査結果について（平成 23 年度）[EB/OL]. http://www.mext.go.jp/component/a_menu/education/detail/__icsFiles/afieldfile/2013/08/26/1311250_05.pdf#search='%E5%90%84%E5%A4%A7%E5%AD%A6%E9%99%A2%E3%81%AB%E3%81%8A%E3%81%91%E3%82%8B%E5%A4%A7%E5%AD%A6%E9%99%A2%E6%95%99%E8%82%B2%E6%8C%AF%E8%88%88%E6%96%BD%E7%AD%96%E8%A6%81%E7%B6%B1%E3%81%AB%E9%96%A2%E3%81%99%E3%82%8B%E5%8F%96%E7%B5%84%E3%81%AE%E8%AA%BF%E6%9F%BB%E7%B5%90%E6%9E%9C%E3%81%AB%E3%81%A4+%E3%81%84%E3%81%A6'. [2015-5-10].

为国立大学法人提供专业的建议，协助国立大学法人适当地使用财产；根据文部科学大臣的规定，管理国立大学法人和大学共同利用机关购置土地、设施设备等固定资产的借贷事业；对高等教育财政以及国立大学法人财务及经营状况进行调查研究等。另外，各国立大学法人内部设置相应的财务管理和监督机构，负责对其财务及运营状况进行管理，并公开年度财务信息、科学研究费助成事业运营状况、外部资金收入等。

私立大学教育经费的管理与国公立大学一致，包括外部和内部两个方面。外部由文部科学省及其相关执行和审议机构负责管理，如文部科学省下设的高等教育局私学部、中央教育审议会、科学技术·学术审议会、大学设置·学校法人审议会等。内部则由学校法人负责审核校务计划报告和年度预算报告、经费筹措、基金管理以及监察财务会计等事务。在学校法人之下还设有以理事会为核心、包括评议员和监事的管理层，以负责具体事项的执行。理事长从理事中产生，根据理事会的决定代表学校法人实施管理。评议员是理事长的咨询机构，监事则主要负责监查学校法人的财产及运营状况。[①]

① 唐卫民，周孟奎．日本私立高等教育的经费与管理政策[J]．中国成人教育，2007(12)：113–114.

第五章　法国教育财政

第一节　概　　述

一、法国教育现状

法国是欧洲文化的中心，教育历史悠久，体系十分完善。法国自资产阶级大革命以后，形成了中央集权的教育制度。总体来看，法国教育体系包括三个层面：第一学习阶段、第二学习阶段以及中等后教育（enseignement post-secondaire）和高等教育阶段。6~16 岁为义务教育阶段。

第一阶段（或称初等教育）包括幼儿教育和基础教育（enseignements préélémentaire et élémentaire），分别在幼儿学校（école maternelle）和基础学校（école primaire，即小学，下文均使用小学）展开教学。儿童通常 6 岁进入小学学习。该阶段教学按照启蒙学习（apprentissages premiers，初级学习）、基础学习（apprentissages fondamentaux）和深入学习（approfondissements）三个周期展开。

根据法国教育部 2013 年统计数据，截至 2012 年秋季，全国共有小学 37,379 所，其中公立小学共有 32,237 所，私立小学 5,142 所。①2012 年注册的小学生共有 4,161,900 人，教师 323,449 人，由此可大约推断法国小学的师生比为每 13 名学生配 1 名教师。据统计，法国小学班级的平均规模是每班 22.9 人，公立小学班容量平均为每班 22.8 人，私立小学为 23.3 人。

第二阶段即中等教育，包括初中（collège）和高中（lycée）两个阶段。初中为中等教育第一阶段，学制四年，从六年级升至三年级，即我们所说的初一年级到初四年级。自 1995 年起，法国初中的六年级被设为观察和适应阶段，三年级为

① La DEPP. *Repères et références statistiques 2012* [EB/OL]. http://cache.media.education.gouv.fr/file/2012/36/9/DEPP-RERS-2012_223369.pdf. [2014-11-10].

定向阶段。高中为中等教育第二阶段,学制三年,包括普通学习和技术学习与职业学习两种类型,分别称为普通高中和技术高中与职业高中。

中等教育阶段,全法共有 7,051 所初中,包括 5,274 所公立初中和 1,777 所私立初中。[①]2012—2013 年初中学生注册人数为 3,312,300 人,教师人数为 168,035 人,师生比约为 1∶20,班容量平均每班 24.35 人。全国共有高中 4,313 所,其中公立普通和技术高中共有 1,563 所,公立职业高中 1,027 所,私立普通和技术高中 1,063 所,私立职业高中 660 所。2012 年普通和技术高中学生注册人数为 1,452,200 人,教师人数为 131,397 人,职业高中学生注册人数为 657,500 人,教师人数为 42,742 人。[②] 从上述数据来看,法国高中的生师比大约为 10∶1。但实际上,教师并非均能全时全职上班,加之课程和班级设置等因素,实际的生师比要高于这一理论比数。据统计,法国中学班级的平均规模是每班 27.8 人,高一年级人数最多,平均每个班有 31 人,而且有近 1/5 的班级人数达到 34 人。虽然法国高中教育不属于义务教育,但自 20 世纪后半叶以来,在教育现代化和民主化的驱动下,法国的高中教育已被纳入国民普及教育的目标。国民教育部部长于 1985 年提出“让 80% 的同一年龄层的学生在 2000 年达到业士[③] 水平”。在此后的十年里(至 1995 年),法国一代人中的高中毕业生所占比例从 30% 快速增长至 63%。[④]

第三阶段即中等后教育和高等教育阶段,主要包括设在高中的高级技术员班(Section de technicien supérieur,简称 STS)、大学校预备班(Classes préparatoires aux grandes écoles,简称 CPGE)、大学校、特殊学校或学院(如大学技术学院 Institut universitaire de technologie,简称 IUT)以及大学。高级技术员班和大学校预备班统称为中等后教育阶段。法国学生在完成中等教育阶段的学业后,可申请进入高等教育阶段(包括大学、大学校和特殊学校或学院等)进行深造。但要进入筛选严格的大学校或大学技术学院学习,一般需先经历中等后教育阶段的培养,通过大学校等机构的考核后才能进入上述学校。自 2005 年起,法国大学开始实行本—硕—博(Licence-Master-Doctorat,LMD)的新培养模式。本科学制三年;硕士阶段学制两年,学生有职业型和研究型两种选择;最后为以科研为

---

① La DEPP. *Repéres et références statistiques 2012* [EB/OL]. http://cache.media.education.gouv.fr/file/2012/36/9/DEPP-RERS-2012_223369.pdf. [2014-11-13].

② La DEPP. *Repéres et rèférences statistiques 2012* [EB/OL]. http://cache.media.education.gouv.fr/file/2012/36/9/DEPP-RERS-2012_223369.pdf. [2014-11-13].

③ Baccalauréat,高中毕业会考证书,又称业士文凭,即高中学业结束时的学历认证,由拿破仑于 1808 年创立。业士学位不只是 12 年小学和中学教育之后学生获得的证书,也相当于大学的入学许可。法国人往往用业士学位加就学年数的方法表示大学学历。

④ *Resultats Provisoires du Baccalaureat St2s Session 2012* [EB/OL]. http://apsms.fr/files/Espace_public/Actualite/resultats%20provisoires%20bac%202012.pdf. [2014-11-10].

导向的博士阶段，经过三年学习最终完成博士学位论文。[①]

在高等教育方面，按照接受教育的时间长短，法国高等教育可分为两年的短期教育和三年及以上的长期教育。短期高等教育主要面对技术和职业高中的毕业生，学习结束后可分别获得大学技术文凭（Diplôme universitaire de technologie，简称 DUT）和高级技术文凭（Brevet de technicien supérieur，简称 BTS）。长期高等教育包括普通综合大学和大学校两种。法国当前的高等教育体系是在法兰西传统的教育体系和“博洛尼亚进程”下的新型高等教育体系的基础上融合而成的，其特点之一便是各学历层次之间的连续性较强。本科阶段的学习结束后（学制三年），学生通常要进入硕士阶段学习（学制两年），学习期限结束并获得相应学分，通过硕士学位论文（mémoire）答辩后颁发硕士文凭，此后，学生可根据自己的情况选择是否继续深造。法国硕士阶段划分学术硕士（Master Recherche）和职业硕士（Master Professionnel）两种培养模式。在博士层次更强调科研活动，其目标就是培养研究型人才。

值得一提的是，法国政府于 2013 年建立师资与教育高等学校（Écoles supérieures du professorat et de l’éducation，简称 ESPE）以取代大学教师培训学院（Institut universitaire de formation des maîtres，简称 IUFM），旨在为希望将来从事教师、教育和培训类职业的硕士生提供正规的教师职业培训，准备教师资格考试。师资与教育高等学校作为法国教师硕士化培养的摇篮，设立在综合性的大学中，并且主要接受政府的拨款和资助。

2002 年第 482 号法令规定“以学期和教学单元组织教学和培训，并使用可累计转换的学分制。在过渡期，大学可以暂时保持对教学阶段的分割。教育部建议各高等教育机构根据其与国家签订合同中规定的时间表实施新的 LMD 学制”[②]。这一改革促进了法国高校学生的对外交流，也使得法国高等职业教育、普通教育与学科之间得以沟通。[③] 根据教育部的统计数据，2013 年秋季开学，法国的注册高校学生共计 2,429,900 人，创造了历史新高。截至 2012 年秋季，法国本土和海外省[④]在公、私立学校的大、中、小学生和学徒共计 15,196,500 人。[⑤]图 5-1

---

① La DEPP. *Repères et rèfèrences statistiques 2013* [EB/OL]. http://cache.media.education.gouv.fr/file/2013/49/9/DEPP-RERS-2013_266499.pdf. [2014-11-10].

② [法]雅基·西蒙，热拉尔·勒萨热 . 法国国民教育的组织与管理[M]. 安延，译 . 北京：教育科学出版社，2007：297.

③ *Le Système Français d’enseignement Supérieur* [EB/OL]. http://www.enseignementsup-recherche.gouv.fr/cid20190/organisation-licence-master-doctorat-l.m.d.html. [2014-12-10].

④ 法国海外省 4 个海外大区（départements d’outre-mer）为：瓜德罗普（Guadeloupe）、马提尼克（Martinique）、圭亚那（Guyane）和留尼旺（Reunion）。

⑤ La DEPP. *Repères et rèfèrences statistiques 2012* [EB/OL]. http://cache.media.education.gouv. fr/file/2012/36/9/DEPP-RERS-2012_223369.pdf. [2014-11-12].

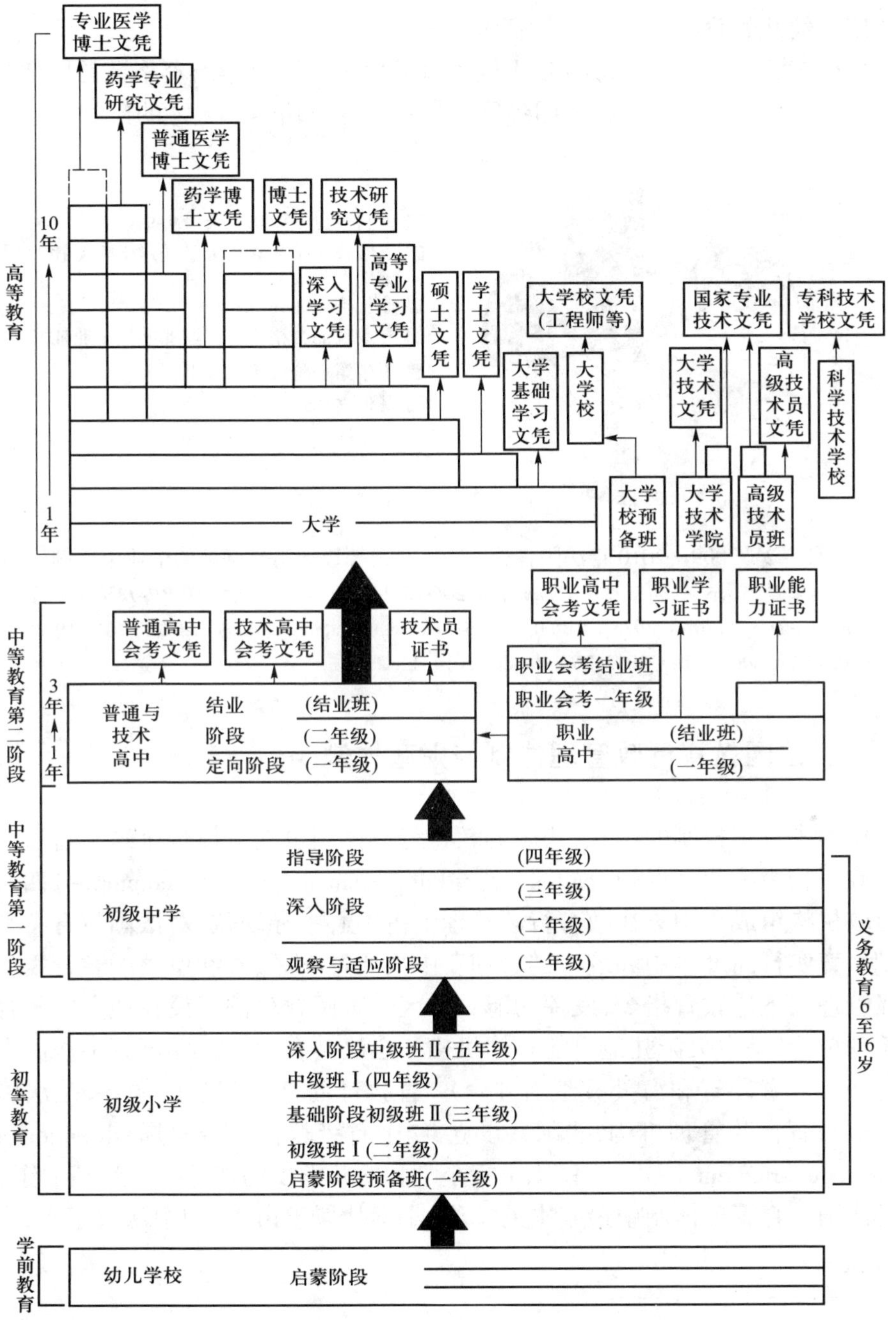

图 5-1　法国教育学制图

资料来源：La DEPP. *Repères et références statistiques 2013*［EB/OL］. http://cache.media.education.gouv.fr/file/2013/49/9/DEPP-RERS-2013_266499.pdf.［2014-11-10］.

为法国从幼儿教育阶段到高等教育阶段的学制系统图。

此外，我们从 2009—2010 年不同教育阶段获得等级学历资格证的毕业生比例图（图 5-2）可以大致了解法国各层次教育及其所培养的人才的比例。

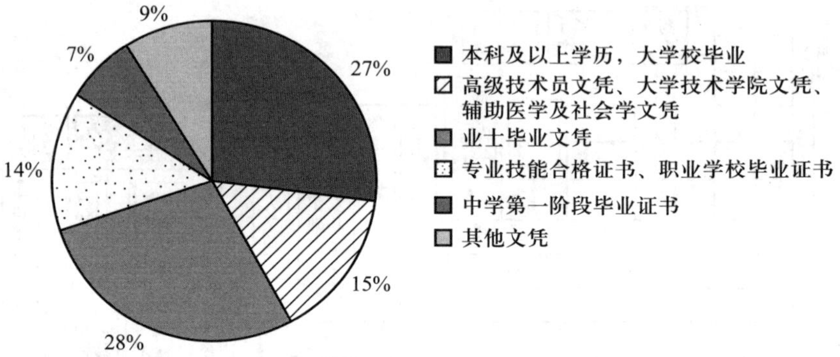

图 5-2 2009—2010 年法国各教育阶段获得等级学历资格证的毕业生比例

资料来源：Insee. *Enquêtes sur l'emploi de 2009 à 2011. Calculs MEN-DEPP-L'éducation nationale en chiffres-2013* [EB/OL]. http://cache.media.education.gouv.fr/file/2013/19/9/DEPP_grands_chiffres_2013_267199.pdf. [2014-11-21].

二、法国教育行政管理体制与财政体制

作为中央集权制的国家，法国的教育行政体制也充分体现了这一特点。教育行政机构由中央、学区（académie）、省（département）和市镇（commune）四级教育行政机构组成。中央在教育行政管理中占中心主导地位，对法国教育特别是基础教育实行高度集中和统一的管理。中央通过学区、省和市镇的教育委员会三级管理层下达教育指令，发挥功能。学区是国民教育部下设在地方的教育行政管理单位，是中央派驻地方的直辖机构。全法共有 30 个学区（其中法国本土共有 26 个，海外省和海外领地有 4 个）。省教育局直接归学区领导，是法国地方基层教育行政管理机构，法国共设立 97 个省级教育（服务）局（directions des services départementaux）[①]。市镇则负责小学和幼儿学校的初等教育管理工作。学校是法国教育管理体制中最基本的单位，小学从属于市镇，初中从属于省，高中

① 自 2012 年 1 月起，国民教育省级教育局（service départemental de l'éducation nationale）替代了学区督导（inspection académique）。学区督学（inspecteur d'académie）、省级教育服务主任（directeur des services départementaux de l'éducation）改称为国民教育学区服务主任（directeur académique des services de l'éducation nationale）。

由大区管理,高等教育主要由高等教育与研究部管理。国民教育部负责决定教育的组织与实施,推行教育大纲,设定各级教育行政人员和教师的招聘标准,发放教职人员的工资等。①

(一)教育行政管理体制

1. 中央教育行政机构

法国的中央教育行政部门为国民教育部,主要负责法国基础教育,此外还有高等教育与研究部,主要负责高等教育。教育部的根本任务是,确定方针和制度,进行统一的领导和管理。具体包括确定整个国民教育阶段及其各组成部分的结构、文凭、学制、专业、课程、布局,明确国家的教育发展战略,根据国内外教育发展形势调整有关政策和制度,组织和检查所有原则的落实情况等。国民教育部在教育经费方面的重要职能就是根据学校与地方需求和全国发展的需要,提出国民教育总预算和分项目预算。②办公经费一般根据学生人数下达,高等学校(代指各类高等教育机构,后文简称为"高校")教育经费首先用于教职人员的工资。第二用于购置设备和修建校舍。为添置或更新教学仪器设备,教育部设有专门款项,根据学校需要和全国的统一计划及工作重点下达。高校的房屋建设和维修工作由国家负责。第三用于管理学生生活。法国的基础教育是免费的,国家又设立了可惠及大部分高校学生的国家奖学金。此外接受高等教育的学生还可享有专项奖学金、科研津贴和荣誉贷款等。

国民教育部一级设立政府办公室、教育总秘书处,负责政策的起草和推行;设立各级咨询机构,以便向政府提供有关教育事务的建议和咨询;设立督导机构,以国民教育总督导和国民教育行政管理与科研总督导为核心,对整个教育体系和科研的运作和成效进行控制和评估③;设有国民教育调解员,负责接受有关国民教育公立机构及其服务对象与办事人员关系的要求或申诉;此外还设立国民教育相关的部级组织机构,包括教育大纲高级委员会、内阁信息与方向指导代表(délégué à l'information et à l'orientation auprès du Premier ministre)等,负责教育教学内容或联络、推行相关政策等事宜。④

① *Les rectorats et services départementaux de l'éducation nationale* [EB/OL]. http://www.education.gouv.fr/cid3/les-rectorats-services-departementaux-education-nationale.html.[2014-11-21].

② 陈永明.教育经费的国际比较[M].天津:天津教育出版社,2006:65.

③ *Les inspections générales* [EB/OL]. http://www.education.gouv.fr/pid75/les-inspections-generales.html.[2014-11-10].

④ *Les organismes rattachés au ministére chargé de l'éducation nationale* [EB/OL]. http://www.education.gouv.fr/pid281/les-organismes-rattaches-au-ministere-charge-de-l-education-nationale.html.[2014-11-10].

2. 地方教育行政机构

在法国的地方行政单位大区(région)层面,由学区长负责掌管学区的教育;省级层面,由国民教育学区服务主任掌管;地方层面,小学、初中和高中成为国民教育与家庭之间连接的纽带,由各校长负责学校的运行和管理工作。

学区[①]是法国最大的地方教育行政单位,主要负责学区内各级各类教育,贯彻落实国民教育的方针和政策。每个学区设立学区长一名,其职权包括:执行教育部长的决定和有关教育的一切法令;定期向教育部长汇报该学区的教育情况;根据教育部的总体规划决定学校的设立及分布;代表省长(préfet)审核和批准教育经费等工作。

省级教育的最高行政负责人是国民教育学区服务主任,他在该省内行使管理教育事务的职权,领导省内除高等教育以外的全部教育行政工作,参与确定学区内的教育教学政策。国民教育学区服务主任受政府委托,负责省之间的服务和互助事宜,并受学区长的委托,实施学区政策并根据地方政府的情况采取相应的行动。为协助大学区督学工作,地方设立若干名教育督学,以分担学区的视察工作。[②]

省级以下的教育行政机构是市镇委员会,主要负责小学和幼儿学校的设立和管理工作,诸如保证适龄儿童入学,提出建立新学校的建议,为初等学校提供部分校舍维修费和物资设备等。

(二)教育财政管理体制

根据行政体制的划分,法国的财政投入机制分为中央、大区、省和市镇四级,并实行分税制财政体制,即整个国家预算由中央预算、地方预算和社会保障预算三部分组成。这三类预算分别由中央政府税收(les impôts d'Etat)、地方税(les impôts locaux)[③]和社会保险税(les impôts sociaux)组成,反映了各级行政机构的财政收支情况。法国的教育财政管理体制采取的是以中央投资为主、中央与地方政府共同分担的财政投入模式。

中央对于法国大、中、小学的教育承担主要责任,最明显的体现就是教育经费的支出。根据《教育法典》规定,高等教育机构为了完成自身在科学文化研究

---

① 法国教育体系中的学区并不与行政单位中的大区相一致。几乎所有的学区都对应一个大区,但也有一些例外,如巴黎大区包括三个学区:巴黎学区、克雷泰伊(Créteil)学区和凡尔赛(Versailles)学区。

② *Le directeur académique des services départementaux de l'éducation nationale*(*DA-SEN*)[EB/OL]. http://www.education.gouv.fr/cid3/les-rectorats-services-departementaux-education-nationale.html.[2015-1-11].

③ 地方税主要由财政部派驻各地的公共会计负责征收,征收上来的地方税统一缴入国库,然后由财政部返还地方。

和职业培训方面的使命，可以使用国家提供的设备、人员和经费。[1]事实上，中央政府在各级教育阶段中，直接拨付给高等教育机构日常经费、教学科研经费和所谓的“信息科技费用”。[2]中央财政的强大实力使得中央政府有能力通过包括预算、贷款、补贴、基金等有效的财政手段，在宏观上直接干预地方经济运行，调节社会总需求，实现社会财富的合理再分配。[3]同时，中央除主要承担全国所有教师及教育管理人员、技术人员、工人、服务人员的工资以外，还需负担五类教育经费支出。具体支出内容详见表 5–1。

表 5–1　法国教育经费支出的种类与具体内容

<table>
<tr><th></th><th>教育活动经费</th><th>教育系统组织活动经费</th><th>教学辅助活动经费</th><th>相关福利经费</th><th>教职人员工资</th></tr>
<tr><td rowspan="5">具体内容</td><td>学校教育[4]</td><td rowspan="5">各类教育活动</td><td>就业指导</td><td>学生班车</td><td>进修教师工资</td></tr>
<tr><td>校外培训</td><td>食堂与宿舍</td><td>图书</td><td rowspan="4">国家负责作为公务员的教师工资</td></tr>
<tr><td>远程教育</td><td>校医</td><td rowspan="3">娱乐设施及其他</td></tr>
<tr><td>职业继续教育</td><td>教育研究</td></tr>
<tr><td>其他类型的校外培训</td><td>教育资料</td></tr>
</table>

大区政府负责高中阶段的教育投资与管理，承担高中的基本日常经费和基建经费，如交通、教学设备、数字化环境的建设等。在大区委员会（conseil régional pour les lycées）及其代表的建议下，大区可以决定与教育投入项目相关的地区培训计划。[5]学区长根据国民教育部的总预算，对人员的工资和教学时间进行再分配，且对学校的财政进行管理。

省级政府根据省级委员会（conseil général）和一百多名议会代表的决定，负责对初中学校的基建、维护、运行的财政投入与管理事宜。小学与幼儿学校的教

① Article L719–4, *Code de l'éducation* [EB/OL]. http://www.legifrance.gouv.fr/affichCodeArticle.do?cidTexte=LEGITEXT000006071191&idArticle=LEGIARTI000006525389&dateTexte=&categorieLien=cid. [2015–1–10].

② Article L719–4, *Code de l'éducation* [EB/OL]. http://www.legifrance.gouv.fr/affichCodeArticle.do?cidTexte=LEGITEXT000006071191&idArticle=LEGIARTI000006525389&dateTexte=&categorieLien=cid. [2015–1–10].

③ 陈永明 . 教育经费的国际比较[M]. 天津：天津教育出版社，2006：67.

④ 学校教育包括：幼儿教育、初等教育、初等特殊教育、初等中等教育（初中）、高级中等普通教育（普通高中）、高级中等技术教育（技术高中）、高级中等职业教育（职业高中）、高级中等特殊教育、学徒教育、高等教育和艺术教育。

⑤ Pierre-Louis Gauthier. Le financement de l'éducation en France et au Japon [J]. *Revue internationale d'éducation de Sèvres*, 2008 (48): 160–166.

育经费由36,789个市镇政府负责。①

综合上述情况，我们可简单呈现法国中央和地方政府在教育财政方面的大致分配状况（见表5-2）。

表5-2 法国中央政府与地方政府的教育财权分配状况

	大区	省	市镇及其组织	国家
教育层级	高中（建筑、服务条款）	初中（建筑、服务条款）	小学（建筑）	大学（建筑、人事）； 教育（政策）； 教师及教育管理人员等的工资

由于法国教育经费投入机制是以中央投资为主、中央与地方政府共同分担的财政投入模式，不同等级的地方政府负责各级教育，同时，社会企业和家庭经费支持也占据一定的比例（见图5-3）。教育经费支出包括三类，除教育基建投资（建筑校舍和购置大型教学设备的费用）和教育事业费（即各级各类学校的人员经费和公用经费）外，还包括其他功能性开支（见图5-4）。②

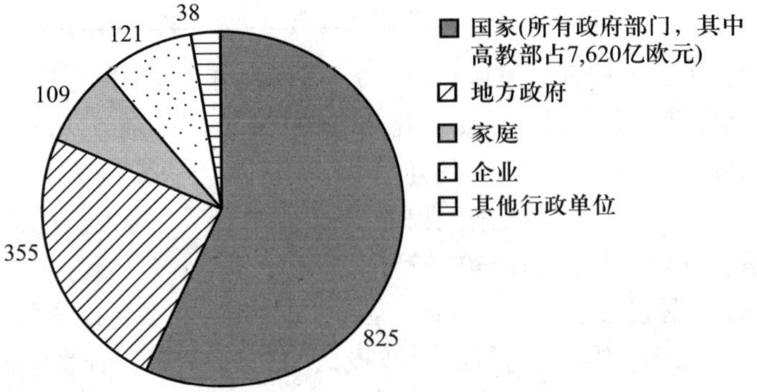

图5-3 2013年法国教育经费来源图（单位：亿欧元）

资料来源：MENESR-DEPP. *L'éducation nationale en chiffres-2013* [EB/OL]. http://cache.media.education.gouv.fr/file/2013/19/9/DEPP_grands_chiffres_2013_267199.pdf. [2015-1-10].

① Pierre-Louis Gauthier. Le financement de l'éducation en France et au Japon [J]. *Revue internationale d'éducation de Sévres*, 2008(48): 160-166.

② MENESR-DEEP. *L'éducation nationale en chiffres-2013* [EB/OL]. http://cache.media.education.gouv.fr/file/2013/19/9/DEPP_grands_chiffres_2013_267199.pdf. [2015-1-10].

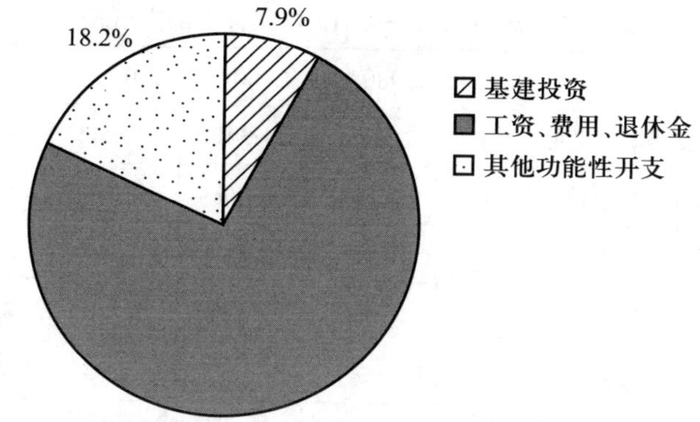

图 5-4　2013 年法国教育支出分类比例图

资料来源：MENESR-DEPP. *L'éducation nationale en chiffres-2013* [EB/OL]. http://cache.media.education.gouv.fr/file/2013/19/9/DEPP_grands_chiffres_2013_267199.pdf. [2015-1-10].

法国教育部下设的评估、成就和预测司（La direction de l'évaluation，de la prospective et de la performance，简称 DEPP）2013 年的统计数据（见表 5-3）显示，法国（包括法国本土和海外省）的教育经费总支出为 1,448 亿欧元，全民的人均教育支出为 2,200 欧元，生均教育支出为 8,320 欧元。教育内部支出（La dépense intérieure d'éducation，简称 DIE）[①] 占国内生产总值的 6.8%，高于 OECD 国家的平均水平 6.1%（2011 年统计数据）。[②] 从法国历年的教育支出表中可以发现，政府的教育投入不断增加，同时，生均教育支出也有大幅增长。近年来，法国政府陷入财政危机，教育经费的投入也受到了不小的影响。从法国教育内部支出占国内生产总值比例的变化（见图 5-5）可看出，自 2010 年起法国教育投入规模在急剧扩张后出现了小幅回落。

① 教育内部支出是指国家领土内，经济行为主体、中央和地方的公共行政部门、企业和家庭的所有教育活动实际支出。支出内容包括学校内、外各层次的教育活动、构成教育体系的各项活动（如在行政、方向指导、教学和研究的资料收集等方面的支出）、为就学提供便利的各项活动（如在食堂、网络、学校医疗、交通等方面的支出），以及各机构所需的经费开支（如在家具、图书、服装等方面的支出）。资料来源：Dépense intérieure d'éducation. *Institut national de la statistique et des étudeséconomiques* [EB/OL]. http://www.insee.fr/fr/methodes/default.asp?page=definitions/depense-interieure-education.htm. [2015-01-20].

② *L'ÉTAT DE L'ÉCOLE 2014*：*Coûts·Activités·Résultats* [EB/OL]. http://cache.media.education.gouv.fr/file/etat24/95/5/DEPP_EE_2014_357955.pdf. [2015-1-10].

表 5-3 法国 1980—2013 年教育内部支出表

		1980 年	2000 年	2010 年	2012 年	2013 年
教育内部支出（亿欧元）		762	1,343	1,450	1,434	1,448
教育支出占国内生产总值的比重		6.6%	7.4%	7.0%	6.8%	6.8%
人均教育支出（欧元）		1,410	2,210	2,240	2,119	2,200
生均支出（欧元）		4,680	7,770	8,410	8,280	8,320
教育投入结构比重	国家	—	—	57.3%	56.9%	57.0%
	其中高等教育投入所占比例	—	—	57.0%	52.5%	52.6%
	地方政府	—	—	24.7%	24.5%	24.5%
	其他公共行政部门和入学补贴等	—	—	2.3%	2.6%	2.6%
	企业	—	—	8.2%	8.5%	8.4%
	家庭	—	—	7.5%	7.5%	7.5%

资料来源：MENESR-DEPP. *L'éducation nationale en chiffres-2013* [EB/OL]. http://cache.media.education. gouv.fr/file/2013/19/9/DEPP_grands_chiffres_2013_267199.pdf.[2015-1-10].

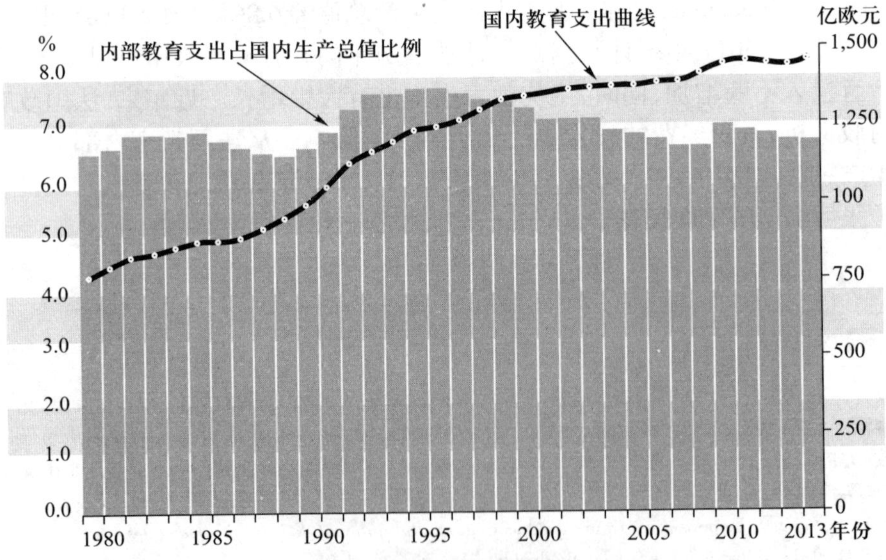

图 5-5 1980—2013 年法国教育内部支出占国内生产总值比例变化

资料来源：MENESR-DEPP. *L'éducation nationale en chiffres-2013* [EB/OL]. http://cache.media.education.gouv.fr/file/2013/19/9/DEPP_grands_chiffres_2013_267199.pdf.[2015-1-10].

总体来看,法国近三十年来的教育支出总量和中央、地方各级政府的公共教育投入比例均在不断加大,且教育经费在各级教育上的分配也较为合理。法国的教育财政情况在 OECD 成员国的排名中较为靠前。此外,生均教育经费指标也反映了法国的教育投入,从法国各级各类教育的生均经费投入与 OECD 成员国的平均投入对比表(见表 5-4)可见一斑。

表 5-4 法国各级教育生均经费投入与 OECD 平均投入对比表

	OECD 平均水平	法国	法国排名
教育支出占国民生产总值百分比	6.1	6.1	6
(公、私立)初等教育生均经费(欧元兑换为美元)	8,300	6,920	11
(公、私立)中等教育生均经费(同上)	9,280	11,110	3
(公、私立)高等教育生均经费(同上)	58,450	61,810	7

资料来源:OECD,*Regards sur l'Education 2014* [EB/OL]. http://www.oecd.org/edu/Regards-sur-l'education-2014.pdf.[2015-1-13].

三、法国教育财政最新政策

(一)改善财政预算组织结构

法国的教育财政属于公共财政的一部分,教育财政的相关法律法规囿于法国公共财政预算的基本框架,主要以 1959 年颁布的《财政相关组织行政命令》(*Ordonnance n°59-2 du 3 janvier 1959 portant loi organique relative aux lois de finances*)为基础。但随时间的推移,《财政相关组织行政命令》逐渐不适合法国财政的实际情况。直到 2001 年法国政府推出新财政宪法——《财政相关组织法》(*Loi organique n°2001-692 du 1er août 2001 relative aux lois de finances*,简称 *LOLF*),法国的公共预算才有了更完善的规定与管理。该法作为国家财政改革的强有力杠杆,开启了法国运用绩效机制来推动财政预算的根本性改革。2006 年,《财政相关组织法》正式用于组织制定当年的政府预算,新的预算大大增加了国会对政府整体预算监督质询与调查的权力,使政府的行政效能得到了有效管理。[①]《财政相关组织法》第 2001-692 号法令对公共财政政策做出了明确规定:"计划管理者将有高度的自由使用有关经费,条件是承诺实现某些量化的目标。由此,从超越形式化监控的结果和表现的文化过渡到对政策的评估,其中议

① 钟宜兴.各国高等教育经营管理之比较[M].高雄:鹿文文化,2011:192.

会发挥重要作用。”[①] 财政预算的组织结构分为使命、项目和行动三级，形成了以“项目”为主导的预算拨款模式。

为此，教育部成立了指导委员会，由教育部政府办公室主任和部长代表办公厅主任负责，各司长、总督导部门、两名学区长、一名学区秘书长和两名大学校长联席会议的代表共同参与项目行动。目前，法国教育预算共设立34项“使命”、132个“项目”和近580个“行动”。[②]

“使命”中涵盖从基础教育到高等教育阶段与发展相关的各种问题。如2010年，政府在“研究与高等教育”这一使命下推行大学高等教育与研究、大学生生活、跨学科技术科学研究、资源管理研究、空间研究、能源及可持续发展研究、经济及工业领域研究、对偶研究（民用及军事）、文化及文化科学研究、农业高等教育与研究十个“项目”。其中大学高等教育与研究下设本科初始教育与继续教育、硕士阶段初始教育与继续教育等15个“行动”。[③] 再如，2013年有关教育“使命”的财政支出中包括学生生活、公私立初等学校、公私立中等学校、支持国民教育政策、农业技术教育5个“项目”。举例来说，在学生生活“项目”方面包括让学生遵守学校规章、提升学校氛围、促进责任心养成和促进学生的健康发展、努力改善其生活质量2个“行动”。在“行动”下，也有明确的操作指标，如在第一条“行动”下，根据学校的“学生旷课情况比例、校园暴力发生比例、学生参加‘高中生代表委员会’选拔的比例”为学校拨付款项。[④]

法国政府并未出台针对各阶段教育的具体的财政法，但在《教育法典》中，对每个阶段教育的经费来源和使用情况提出了详尽的规范和要求。在初等教育和中等教育阶段，鉴于法国教育中央集权和分权管理的特点，中央政府对各级政府所负责的教育阶段及经费的筹措与使用也作出了明确的规定。而在高等教育层面，由于其自身的复杂性特点（高校要求比中小学更多的自治权和政府的权力下放）及其在科学文化研究和职业培训方面的使命，高等教育的经费来源和使用也更加繁复。

（二）以重建学校为目的财政策略

法国的教育财政政策主要根据教育政策的变化而做出调整。奥朗德政府上

---

① [法]雅基·西蒙，热拉尔·勒萨热．法国国民教育的组织与管理[M]．安延，译．北京：教育科学出版社，2007：323.

② La LOLF. *Le budget et les finances du systême èducatif, qu'est-ce que c'est?* [EB/OL].http://www.education.gouv.fr/cid31/la-lolf-qu-est-ce-que-c-est.html.[2015-1-10].

③ 刘敏．理念与政策之间——法国大学自治研究[D]．北京：北京师范大学，2011.

④ *Rapport sur l'évolution de l'économie Nationale et sur les Orientations des Finances Publiques*[EB/OL].http://www.performance-publique.budget.gouv.fr/sites/performance_publique/files/farandole/ressources/medias/documents/ressources/2014/DOFP/DOFP_TOME_2.pdf.[2015-1-10].

台后，提出了重建学校的改革计划。其中，财政支出倾向于加大对教育落后地区和弱势群体的教育补偿、对教师的培养和师资的发展、对大学贫困生的奖学金资助和高等教育科研发展的投资（详见本章第四节）等方面。

国民教育部每年推出《教育财政法案》（*Projet de loi de finances*）以明确当年的教育经费投入和重点支持领域。该法案成为教育部落实法律法规和重建“共和国学校”的重要手段。2014 年的《教育财政法案》将新一年的教育经费主要用于落实《重建共和国学校导向与规划法》（*Loi d'orientation et de programmation pour la refondation de l'École de la République*）将开展的教育改革。

在基础教育方面，经费主要用于资助教育落后地区的学校发展和支持残疾学生。另外，在教学革新中，发展学校数字化和重建学校计划的“成功网路”也是政府财政这一年重点支持的对象。

在高等教育领域，财政资助的重中之重是支持师资与教育高等学校（ESPE）的建立与运行，其中主要是用于资助教师的初级培训工作。此外，还有一部分资金用于资助 16,000 名准备从事教师职业的高校学生，这些高校学生每月得到政府提供的 900 欧元补助以便其更好地完成学业。[①]

第二节　法国初等教育财政

由于法国的幼儿教育和基础教育（小学）均属于初等教育，且均由地方市镇负责，因此，其经费的筹措与投入、分配使用和监管工作存在相似之处。故合为一节进行介绍。

自 19 世纪末，法国政府便通过立法确立了“免费、义务和世俗化”的教育基本原则，为现代法国教育投入保障制度打下了根基。法国基础教育的财政投入机制经历了一个由市镇投资为主到以中央投资为主的历史演变过程。法国的教育投入机制最早形成于 19 世纪中叶。为确保义务教育（6~16 岁儿童需接受教育的阶段）的投入，法国颁布法令，对市镇政府在发展义务教育中的责任及投资办法做出了明确的规定。如 1850 年颁布的《法鲁法》（*Loi Falloux*）第 37 条规定：“所有市镇应向中小学教师提供合适的居住、学校、教室场所与设备，并提供一份

---

① *Projet de loi de finances 2014 donner à l'école les moyens de sa refondation* [EB/OL]. http://www.education.gouv.fr/cid61638/projet-loi-finances-2014.html. [2015-1-10].

工资”。[①]1889 年 7 月 19 日颁布的关于“公共初级教育日常开支与教职服务人员工资”的法令中第 1 条规定:“基础教育的一般开支由国家、省和市镇根据相关规定负责。”第 2 条中提出:“全体幼儿学校、小学教师的工资由中央财政负担”[②]。这使得法国的教育投入机制有了重大变革,中央政府在义务教育投资中的地位和作用明显得以加强。该体制一直沿用至今。

一、教育经费的筹措与投入

法国初等教育经费的筹措主要以中央财政和地方(市镇政府)财政为主,且中央和地方各自均有稳定的财政来源。中央政府的财政来源主要为税收[③]、国家公债收入、社会保险基金、贷款利息等,其中税收占大头。市镇政府的税收来源包括地方税、中央财政对地方的补贴以及捐赠和借款三种。地方税由市镇按照法律规定的比例分成,并划入各自地方财政预算收入的 70% 左右。[④]中央对地方的财政性补贴也有两种形式:一是常规性补贴,即按市镇的人口比例,中央财政通过财政部预算司统一拨付;二是专项补助,即对市镇办学的专项公共工程或设施给予资助,地方政府在建校预算不足的情况下可向中央政府申请;三是捐赠和借贷,即当市镇教育项目在实施中出现经费困难时,可向银行借款或发行债券,用于公共投资,之后按期还款。除国家和市镇的经费资助外,基础教育阶段的经费还来自学生家长、学校银行(la caisse des écoles)[⑤]和学校合作社(la coopérative scolaire)[⑥]。不同的经费来源用于与教育相关的不同活动和事宜。我们将在下文对此进行介绍。

(一)初等教育经费的筹措

由于法国的幼儿教育具有免费、非强制性的特点,基础教育则属于免费、义

① Article 37, *Loi Falloux* [EB/OL]. http://fr.wikisource.org/wiki/Loi_Falloux. [2015-1-10].

② Loi du 19 juillet 1889 sur les dépenses ordinaires de l'instruction primaire publique et les traitements du personnel de ce service.(以上是 2000 年 6 月 22 日重新修订后的规定。)详见:http://www.legifrance.gouv.fr/affichTexte.do;jsessionid=F0B2598B63BC91FD4C3D7236850B1294.tpdjo12v_3?cidTexte=LEGITEXT000006070331&dateTexte=20080721. [2015-1-10].

③ 主要包括:自然人所得税(IRPP)、企业所得税(IS);消费税,如增值税(TVA)和石油产品国内消费税(TIPP);资产税,如财富团结税(ISF)。

④ 潘璐. 发达国家义务教育投资对我们的启示[D]. 保定:河北大学,2005:30-31.

⑤ 学校银行是由法国各市镇设立的强制性公共机构,该机构资金来自各类捐款以及市镇、省和国家的各项补贴和遗产等。详见 *Fonctionnement des écoles primaires* [EB/OL]. http://eduscol.education.fr/cid48590/financement-et-gestion-des-ecoles.html. [2015-1-22].

⑥ 学校合作社是下辖于中央学校合作办公室(OCCE)的机构,其教育使命是告知学生制订和实施联合计划,其预算经费来自它的活动(庆典、节日、表演)收益、社会捐赠和成员捐款。

务性的教育，因此，初等教育经费的筹措充分体现了“免费”这一原则。事实上，法国的公立幼儿学校不具有公共机构的地位（le statut d'établissement public），因此也无法人资格（la personnalité morale）和财政自主权。在基础教育方面，由于公立小学也没有公立机构的地位，因此，其运转经费列入市镇财政预算。根据1979年1月3日法令，后经1985年11月29日第85-1268条法令修改，市镇教育经费接受运转经费总体运转拨款（La dotation globale de fonctionnement，简称DGF）。该类型的拨款主要考虑市镇自身的发展状况，以弥补因税收来源不均衡而导致的市镇教育之间的差距。运转经费总体运转拨款包括：基础拨款、调整拨款和补贴拨款。① 但市镇不承担小学运转所需要的经费，在此情况下，可由权力分散拨款（Dotation générale de décentralisation，简称 DGD）② 弥补。③

（二）初等教育经费的投入

在经费投入方面，2013年法国地方财政收入的40.3%用于初等教育的投入。教育总支出的30%为初等教育支出，包括幼儿教育、基础教育和特殊教育，共423亿欧元。国家和市镇两级政府投入各占一半，其中46%用于教师工资支出，32%用于行政及后勤人员工资，15%用于日常运行杂费，7%用于校舍维护。此外，市镇负责非教师工作人员，如幼儿学校地方专业公务员（ATSEM）的工资发放和小学的基建投入。④

总体上，法国2013年初等教育的教育内部支出已达到423亿欧元。从初始教育投入结构比重来看，国家投入占大头，为51.6%，地方政府的投入占40.3%。除中央政府、地方政府外，初等教育的经费还有一小部分来自其他公共行政部门、企业和家庭，但这部分经费一般不到国家教育总投入的10%（见表5-5）。初等教育的生均经费已达到6,220欧元。其中，政府2013年在幼儿教育方面的生均投入为6,170欧元，2006年为5,230欧元；基础教育方面，政府2013年的生均投入为6,200欧元，2006年为5,350欧元。⑤ 此外，法国幼儿教育经费以财政投入为主体的另一重要体现是政府对幼儿教师工资、奖金和住房等的财政保障，如

---

① [法]雅基·西蒙，热拉尔·勒萨热．法国国民教育的组织与管理[M].安延，译．北京：教育科学出版社，2007:208.

② 权力分散拨款，或译为地方分权基金，是20世纪80年代法国政府为补偿中央权力下放后造成的地方负担加重，通过让出部分税收由地方政府征收等方式，向地方提供的资金援助。

③ [法]雅基·西蒙，热拉尔·勒萨热．法国国民教育的组织与管理[M].安延，译．北京：教育科学出版社，2007:166.

④ *L'état de l'école 2014: Coûts · Activités · Résultats* [EB/OL]. http://cache.media.education.gouv.fr/file/etat24/95/5/DEPP_EE_2014_357955.pdf.[2015-1-10].

⑤ *L'éducation nationale en chiffres* [EB/OL]. http://cache.media.education.gouv.fr/file/2014/30/5/DEPP_grands_chiffres_2014_355305.pdf.[2015-1-22].

国家负担包括幼儿教师在内的公立教育机构和部分私立教育机构教师的工资、年金和退休金等，并从市镇政府运转的总体拨款中划拨款项，用于解决幼儿园和小学教师的住房问题。①

表 5–5 法国 1980—2013 年初等教育支出和投入结构表

		1980 年	2000 年	2010 年	2012 年	2013 年
教育内部支出（亿欧元）		228	380	406	414	423
教育支出占国内生产比重		30.0%	28.2%	28.0%	28.9%	29.2%
生均支出（欧元）		3,310	5,680	5,990	6,100	6,220
初等教育投入结构比重	国家	—	—	53.4%	52.1%	51.6%
	地方政府	—	—	38.8%	39.7%	40.3%
	其他公共行政部门和入学补贴等	—	—	1.6%	2.3%	2.3%
	企业	—	—	0.0%	0.0%	0.0%
	家庭	—	—	6.2%	5.9%	5.8%

资料来源：MENESR-DEPP. *L'éducation nationale en chiffres–2013* [EB/OL]. http://cache.media.education.gouv.fr/file/2013/19/9/DEPP_grands_chiffres_2013_267199.pdf. [2015–1–10].

从表 5–5 不难看出，法国 1980—2013 年对初等教育的支出总额有大幅增长，几乎翻了一倍，但教育支出占国内生产比重却有所降低。图 5–6 则反映出法国在幼儿教育和基础教育领域的生均支出情况：以往幼儿教育的生均支出小于基础教育，但近年来，两类教育的生均支出经费基本持平。这反映出政府对幼儿教育的重视程度不断增加。

二、教育经费的分配与使用

（一）初等教育经费的分配

法国政府对初等教育的经费分配做出了相应规定。《1996 年财政法》明确指出：国家根据各省人口、财政能力和乡镇数量一次性拨给省里一定款项，再经省级委员会评审，给予市镇初等学校基建经费总额 20%~60% 的资助。《1979 年法令》规定市镇从省级部门领取的总体装备拨款（Dotation globale d'équipement，

① 沙莉，庞丽娟．明确学前教育性质，切实保障学前教育地位——法国免费学前教育法律研究及其对我国的启示[J]．学前教育研究，2010（9）：3–8.

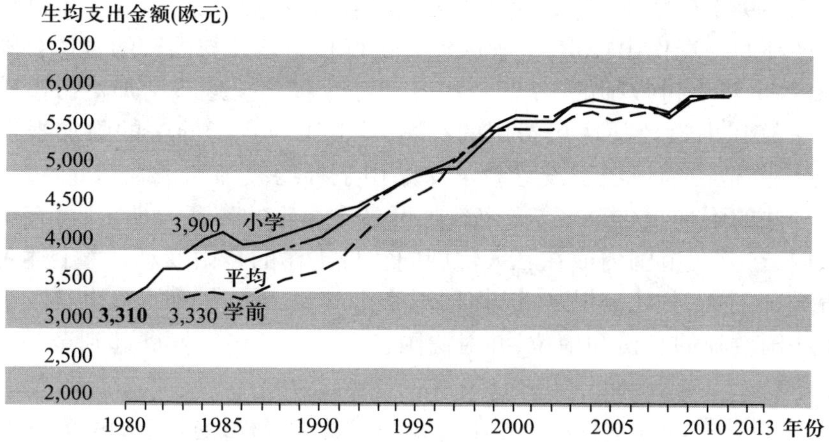

图 5-6 法国 1980—2013 年初等教育生均支出表(欧元)

资料来源:MENESR-DEPP. *L'éducation nationale en chiffres-2013* [EB/OL]. http://cache.media.education.gouv.fr/file/2013/19/9/DEPP_grands_chiffres_2013_267199.pdf.[2015-1-10].

简称 DGE)中包括国家拨付给市镇的所有关于设施装备的补贴,用于小学和幼儿园校舍的建设、扩建和大规模修缮。①

具体来看,市镇的总体装备拨款分配包括两部分:第一部分(居民数超过 2,000 人的市镇和市镇集团②,以及具有选择权的居民数少于 2,000 人的旅游性市镇)按地方政府投资建设直接指出的协助性比率进行分配;第二部分(居民数在 2,000 人以下的市镇或市镇集团,和具有选择权的居民数在 2,001~20,000 人的市镇)按文件规定将根据物理 - 财务标准(道路长度、人口、税收潜在能力和市镇数量)计算出的经费数目分配给省长,再由省长在征求省级委员会意见后,以工程补贴的形式分配给市镇。③市镇再按照初等学校提出的预算,经上报省级委员会并得以批准后,向学校分配教育经费。

(二) 初等教育经费的使用

初等教育经费的使用根据其财政来源的不同各有侧重。国家为初等教育提供的财政经费主要用于幼儿教师和小学教师的工资和待遇。《教育法典》第 L.211-8 条法令指出,"国家承担(公立)幼儿学校和小学教师人员的工资"。法

① 沙莉,庞丽娟.明确学前教育性质,切实保障学前教育地位——法国免费学前教育法律研究及其对我国的启示[J].学前教育研究,2010(9):3-8.

② 即市镇间的联合体。

③ [法]雅基·西蒙,热拉尔·勒萨热.法国国民教育的组织与管理[M].安延,译.北京:教育科学出版社,2007:210.

国教育部《99-070 号通报》《1999 年第三号教育部特别公报》进一步对私立初等学校教师的工资作出规定，“学区负责执行私立学校与国家的合作合同和简单合同，并负责支付教师的报酬”。1982 年法令提出要逐步增加对市镇所负担的幼儿学校和小学教师住房费用的补贴。《关于教育指导法的附加报告草案(1989 年)》更是特别规定了设立教学津贴用于补助教师的条款。此后，《关于教育指导法的附加报告草案》规定教师可享受一年的带薪假期，并可在国民教育体系内、在公职范围内或在私人部门内实现工作的自由变动。① 上述关于初等教育教师工资、住房、津贴、带薪休假、职业流动等多方面的法律及政策规定确保了法国教师的身份和地位，并对法国初等教育的稳定发展起到至关重要的作用。

在地方层面，幼儿学校和小学的建设与装备等工程经费均由市镇承担。《教育法典》中第 L212-4 条法令对此作出规定，即“市镇领取的总体装备拨款中包括国家拨付给市镇的所有关于设施装备的补贴，用于小学和幼儿学校校舍的新建、改建、扩建、大型修缮、设备和操作等”②。

幼儿学校和小学从学生家长、学校银行和学校合作社等来源获得的运转经费主要用于学生在校的日常生活和学习活动，包括学生午餐、课外活动及管理等方面。具体来看，在学校开展非强制性教学活动时，家长可依据子女需要和自身家庭情况选择支付子女的活动费用。学校用该费用支付的教育项目主要为学校的外宿旅行、课堂时间之外的学校旅行等。不得因费用问题而令任何学生受到学校排斥。如学生家庭经济困难，父母可向市政府、学校合作社和得到学校授权的补助性协会(associations agréées complémentaires de l'école)求助。要指出的是，学校在课时内组织的任何活动均为义务且免费的。

学校从学校银行获得的经费主要用于学生的生活事宜和课外活动(如食堂、学校外出)，包括社会、文化、教育和健康等多个领域。但该经费须根据学生家长的收入情况分配给学生，以便促使其正常接受教育。③

此外，大部分设有合作社的小学可从合作社获得的经费也多用于学校组织的日常教学活动。④

---

① 沙莉，庞丽娟．明确学前教育性质，切实保障学前教育地位——法国免费学前教育法律研究及其对我国的启示[J]．学前教育研究，2010(9):3-8.

② Article L212-4, *Code de l'éducation* [EB/OL]. http://www.legifrance.gouv.fr/affichCodeArticle.do?cidTexte=LEGITEXT000006071191&idArticle=LEGIARTI000006524510&dateTexte=&categorieLien=cid.[2015-1-22].

③ Article L212-10, *Code de l'éducation* [EB/OL]. http://www.legifrance.gouv.fr/affichCode.do?idSectionTA=LEGISCTA000006182380&cidTexte=LEGITEXT000006071191&dateTexte=20100126.[2015-1-22].

④ *Fonctionnement des écoles primaires* [EB/OL].http://eduscol.education.fr/cid48590/financement-et-gestion-des-ecoles.html.[2015-1-22].

三、教育经费的管理与监督

法国教育经费管理体制具有责任清楚、分工明确、透明度高、中间环节少的特点。宏观上，中央政府与地方政府、地方政府与学校的管理职责划分都十分明确；微观上，法国严格实行由同级政府提出预算、议会批准、各级教育经费管理委员会监督的三位一体管理体制。

（一）初等教育经费的管理

以中央政府为例，教育部在制定财政经费预算以后，须接受有关法定程序的审核，审核标准依据参议院（Sénat）的相关法案制定。审核通过以后，教育部制定的预算就会成为新的法案，它将是下一个预算年度向初等教育拨付经费时的主要依据，经费的使用接受监督机制的监察，以确保专款专用，操作一旦偏离这一制度就会被视为违法，这样的司法流程成为法国教育事业得以稳定发展的制度保证。①

在地方层面，目前省长是省里唯一的二级拨款审核人。但省长可将签字批准权委托给学区督学。学区督学负责结算小学教师的工资。②

市镇政府直接控制幼儿学校和小学的教育经费，即市镇从省级部门获得国家拨款后，负责管理初等教育学校的经费。其中市长为教育支出的财务授权官员（ordonnateur），市镇政府还另设会计师作为财政负责人。③ 法国所有的公共性支出都要经过承诺（engagement）、交割（liquidation）、授权（ordonnancement）和支付（paiement）四个步骤。教育经费也不例外。承诺是指公共机构对一笔支出做出承诺，承诺一般具有自愿性，如学校的采购；有时为半自愿，如通讯费的支出；有时为非自愿，如迎接新生所需的支出。交割是确定支出行为的发生以及支出金额。授权是国家的审计授权官员（初等教育阶段由学校所在的市镇长担任）负责列出，并出具合同和指令，审核交割情况，并下达支付的命令。支付工作由财政部指派的财会官员控制拨款和保证拨款用于预定目的。前三个步骤走行政程序，最后一步为财务程序。

（二）初等教育经费的监督

在中央政府层面，国民教育部对初等教育的投资实行预算监管制度。每年

① 张萌．OECD 国家学前教育财政投入水平及其国际比较[D]．南京：南京师范大学，2013：26.

② [法]雅基·西蒙，热拉尔·勒萨热．法国国民教育的组织与管理[M]．安延，译．北京：教育科学出版社，2007：146.

③ *Fonctionnement des écoles primaires* [EB/OL]. http://eduscol.education.fr/cid48590/financement-et-gestion-des-ecoles.html.[2015-1-22].

根据全国不同学区的教育发展情况和适龄儿童人数，对全国初等教育机构的教师需求做出预测。教育账户（Le Compte de l'éducation）作为国民财政的“卫星”账户，旨在为地方政府在教育系统方面测定经费的使用情况，以评估地方政府的教育开支，研究其经费的组成状况。该机构拥有经济审计地位（statut de compte économique），能够整合和组织与教育筹措和支出相关的经费流通。在学校层面，教育经费预算必须经学校顾问委员会通过才能批准使用，顾问委员会的广泛代表性和否决权保证了对教育经费的有效监督。[①]

第三节 法国中等教育财政

在法国的中等教育阶段，初中、高中学校均拥有公立机构的地位，因此其财政实行自治。初中和高中的预算方案首先须由行政委员会（Conseil d'administration）表决通过，最终由会计和学校校长负责预算的执行。

一、教育经费的筹措与投入

在法国，中央政府（国民教育部）负责初、高中教育大纲的制定和文凭的认可与颁发，中学教师的招聘、培训和工资的发放，行政、技术和安保等人员的管理。有关中学的建立、改建、设备物资的运转等事宜均由省一级或区一级政府负责。[②] 在中等教育阶段，法国中央和地方各级财政的财权与事权划分同样十分明确，而且对财政收入来源渠道也有明确规定。省主要负责初中，大区主要负责高中。

（一）中等教育经费的筹措

《教育法典》第 213-2 条法令规定，初中的建设、重建、扩建、大规模维修、设备和日常费用由省政府承担。各省设立“省级初中装备拨款”（la dotation départementale d'équipement des collèges，简称 DDEC），该项拨款的来源是根据“省议会议长联席会议”（Conférence départementale）的协商和大区的国家级代表的决定分配到各省的，并被编入各省预算中。各省可使用这项拨款开展学校

① 侣传振．法国义务教育资金从何而来［J］．中国乡村发现，2007（6）：130–136.

② *Les collectivités territoriales*［EB/OL］.http://www.education.gouv.fr/cid199/les-collectivites-territoriales.html.［2014-11-10］.

的建设、改建、扩建、大规模维修等工作。①

大区政府负责普通高中以及职业技术高中的教育经费，大区政府同省政府一样也会得到国家的补偿。大区是负责高中学校建设和改建的地产业主，国家把地产权原属自己的那些学校全部移交给大区，且移交过程不向大区政府收取任何税收。② 大区也设有相应的“大区学校装备拨款”（la dodation régionale d'équipement scolaire，简称 DRES），用于高中的运转、基础设施等需要，该项拨款在经各大区议会议长联席会议的协商后分配到各省。

此外，获得大区学校装备拨款的条件主要有以下几点：原则上，学校工程应出现在由大区制订的预测性培养方案中；工程应包括在大区（高中学校）征得所在市镇同意后制订的预测性投资计划中；工程应该列入国家代表，即大区区长或省长每年决定的清单中。

（二）中等教育经费的投入

法国对中等教育的财政投入，主要来源于各级政府提供的公共教育经费。整体来看，法国的中等教育经费主要来自国家（大致占 50%~60%），地方政府的资助和补贴次之，其他公共行政部门、企业和家庭的投入所占比重则较小，但要高于对初等教育的投入。（见表 5-6）

2013 年，法国教育支出的 39% 为中等教育支出，包括初中和高中阶段，共 563 亿欧元。其中，国家投入占 51.6%，地方财政投入占 21.8%。③ 在生均投入方面，1980 年至 2013 年，政府对中等教育阶段的生均投入由 5,780 欧元上涨至 9,440 欧元；对初中的生均投入现已达到 8,240 欧元，而在 1980 年的投入为 5,320 欧元；对普通和技术高中的生均投入为 10,960 欧元，对职业高中的生均投入则高达 12,210 欧元（见图 5-7）。④ 长期以来，法国政府对中等教育阶段的预算投入要高于高等教育。投入更多意味着重视更多。法国人重视中等教育的原因是他们认为，只有做好学生在初等教育和高等教育两个阶段的衔接工作，才能为法国培养高层次人才提供更多保障。

---

① Article L3334-16，*Code Générale des Collectivités Territoriales* [EB/OL]. http://www.legifrance.gouv.fr/affichCodeArticle.do?cidTexte=LEGITEXT000006070633&idArticle=LEGIARTI000006391896&dateTexte=&categorieLien=cid. [2015-1-22].

② L214-7，Lycées，établissements d'éducation spéciale，lycées professionnels maritimes et établissements d'enseignement agricole，*Code de l'éducation* (*Partie legislative*) [EB/OL]. http://dcalin.fr/textoff/code_education.html. [2015-1-22].

③ *L'état de l'école 2014*：*Coûts · Activités · Résultats* [EB/OL]. http://cache.media.education.gouv.fr/file/etat24/95/5/DEPP_EE_2014_357955.pdf. [2015-1-22].

④ *L'éducation nationale en chiffres* [EB/OL]. http://cache.media.education.gouv.fr/file/2014/30/5/DEPP_grands_chiffres_2014_355305.pdf. [2015-1-22].

表 5-6 法国 1980—2013 年中等教育支出表

		1980 年	2000 年	2010 年	2012 年	2013 年
教育内部支出(亿欧元)		323	567	584	566	563
教育支出占国内生产比重		42.4%	42.3%	40.3%	39.4%	39.0%
生均支出(欧元)		5,780	9,100	9,860	9,490	9,440
中等教育投入结构比重	国家	—	—	65.2%	52.1%	51.6%
	地方政府	—	—	23.5%	22.3%	21.8%
	其他公共行政部门和入学补贴等	—	—	2.3%	2.4%	2.4%
	企业	—	—	2.0%	2.1%	2.1%
	家庭	—	—	7.0%	7.2%	7.1%

资料来源:MENESR-DEPP. *L'éducation nationale en chiffres-2013* [EB/OL]. http://cache.media.education.gouv.fr/file/2013/19/9/DEPP_grands_chiffres_2013_267199.pdf.[2015-1-10].

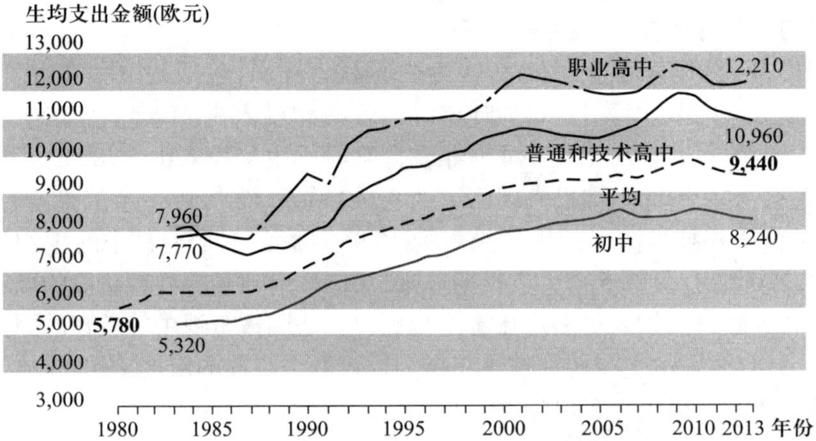

图 5-7 法国 1980—2013 年中等教育生均支出表

资料来源:MENESR-DEPP. *L'éducation nationale en chiffres-2013* [EB/OL]. http://cache.media.education.gouv.fr/file/2013/19/9/DEPP_grands_chiffres_2013_267199.pdf.[2015-1-10].

二、教育经费的分配与使用

中等教育的经费分配和使用主要由地方政府负责。其中,学校教师的工资由国家统一发放,但学校中的技术人员、工人和服务人员等非教学人员的工资由地方政府(包括大区和省)负责(这类工作人员的招收和管理也均由地方政府负责)。① 具体的分配和使用情况如下。

(一) 中等教育经费的分配

各省设立的省级初中装备拨款用于初中学校的教育经费。国家先根据建筑总面积、原校舍建筑时间、班级数、学生数、出生率、学校负担经费等相关情况确定初中装备拨款的基金额度,之后拨给大区,再由大区内负责省一级事务的"省议会议长联席会"执行分配。如果联席会的各主席未能达成协议,则由大区总长决定分配。在初中的基本建设方面,省级督学应当向省和省级委员会通报中短期校舍建设和设备需求的预测情况,以便制订全省学校基本建设投资计划。各初中将根据投资计划获得相应的政府拨款。

基金拨款的分配形式为按照物理标准进行的公式计算(见图 5-8)。对于省级初中装备拨款的分配,《教育法典》第 R3334-17 条政令作出了详细规定。其中学校承载力(即招生数量)权重占 70%,入学人数变化的权重占 30%。在 70% 的学校承载力权重计算中,30% 为公立初中建筑及其附属建筑的表面积,15% 为 1973 年之前建造公立初中的建筑及其附属建筑的表面积,5% 为非固定班级的表面积,20% 为公立初中实际在校人数。在 30% 的入学人数变化权重计算中,25% 根据本地区内距离分配该项基金 4 到 7 年之间报告的人口出生数,5% 根据公立初中实际在校人数与这些初中建筑及附属建筑表面积的比值。最后的这 5% 中,有 5% 将拨给那些该比值超过国家标准的省,分配比例按照地区比值与国家比值的差距决定。②

对于大区学校装备拨款的使用,需按照行政法院的命令在各个大区之间进行分配,具体要参照学生人数的变化和各高中的招生情况。《教育法典》也对大学的拨款使用作了明确规定。第 L214-11 条指出,大区学校装备拨款应编入大区预算,大区可将该项拨款用于学校的建设、改建、扩建、大规模维修等。③ 根据法典的规定,该项拨款的具体分配方法为:学校的学校承载力权重占 60%,入学人数变化权重占 40%。在前者的 60% 中,30% 的拨款须根据学校建筑及其附属建筑的表面积而定,5% 根据 1973 年以前建立的学校的建筑及其附属建筑的表

① Article L214-6, *Code de l'éducation* [EB/OL]. http://www.legifrance.gouv.fr/affichCodeArticle.do?cidTexte=LEGITEXT000006071191&idArticle=LEGIARTI000006524571&dateTexte=&categorieLien=cid.[2015-1-22].

② Article R3334-17, *Code Générale des Collectivités Territoriales* [EB/OL]. http://www.legifrance.com/affichCodeArticle.do;jsessionid=87024875B1A24E7F31F4BF5C7E4DD9BD.tpdjo05v_1?idArticle=LEGIARTI000006397426&cidTexte=LEGITEXT000006070633&dateTexte=20130512.[2015-1-22].

③ L 4332-3, *Code général des collectivités territoriales* [EB/OL]. http://www.adminet.com/code/CEDUCATL-L214-11.html.[2015-1-22].

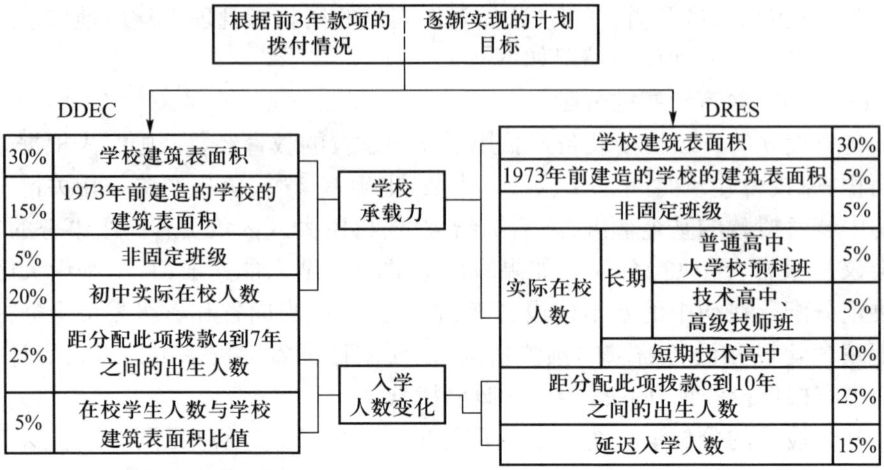

图 5-8 省级初中装备拨款(DDEC)和大区学校装备拨款(DRES)的分配

资料来源:据《教育法典》相关条款内容编制。

面积而定,5% 根据非固定班级的表面积而定,5% 根据第二阶段长期公立普通高中和大学校预科班的实际在读人数,还有 5% 根据第二阶段长期公立技术高中和高级技师班的实际在读人数,最后的 10% 根据第二阶段短期公立技术高中的实际在校人数而定。在 40% 的入学人数变化权重中,25% 的拨款根据本地区内距离分配该项拨款 6 到 10 年之间所报告的人口出生数而定,15% 根据本地区内报告的延迟入学情况而定。最后的这 15% 中有一半将分配给 16~19 岁的年轻人中入学率未满 80% 的大区,分配比例按照大区报告的入学率与 80% 的差距决定;另一半将分配给 16~19 岁的年轻人中入学率低于国家平均入学率的大区,分配比例按照大区报告的入学率与国家平均入学率的差距决定。①

此外,需要指出的是,如果同一幢建筑内同时包括初中和高中,省与大区需签订相应协议以决定具体由谁来负责该建筑的大规模维修、设备和总体日常费用,该协议应明确两级地方政府分担的费用。如果在权力下放之日尚未签订协议,国家派驻大区的代表在一个月内指定某一级政府负责直到协议签订,同时,代表还须考虑学校人数和学校的使用面积。②

① R4332-10, *Code Générale des Collectivités Territoriales* [EB/OL]. http://www.juritravail.com/codes/code-general-collectivites-territoriales/article/R4332-10.html. [2015-1-22].

② L216-4, *Code de l'éducation* [EB/OL]. http://www.codes-et-lois.fr/code-de-l-education/article-l216-4. [2015-1-23].

（二）中等教育经费的使用

中央政府对中等教育的投入经费除负担教学人员的工资外，还负担初、高中一定的教学开支。学校主要将这部分经费用于购置以下材料：信息化材料、配套软件、开发系统、辅助材料特别是声像材料；办公和生产材料；电子技术、高精尖技术应用装备等。此外还包括教学活动项目开支、教学研究和实验开支、相关设施维修的开支等。①

省级初中装备拨款和大区学校装备拨款分别主要用于初中和高中学校的运转、基础设施等需要，包括学校建设、改建、扩建、大规模维修、设备和日常费用。②

学校从企业和学生家长处获得的经费主要用于学校的日常教学活动或课外活动。

三、教育经费的管理与监督

（一）中等教育经费的管理

中等教育机构具体的财务管理权责界限明确，财务负责人包括中央政府、地方行政单位（大区和省）、学区以及中等学校校长四个层级。表 5–7 呈现了中等教育经费管理的详细情况。

表 5–7　中等教育经费管理项目表

财务负责者	具体经费管理职能	备注
中央或国民教育部	与地方行政单位合作，向教育执行单位提供所有信息和评价要素，使其根据高中的需要和各自情况决定应给予的经费额度； 负责学校的人员开支并承担一定的教学开支，即在国家计划框架下，负责引入新技术和为教学改革提供专门设备，以及对新成立的初、高中拨付首次物质装备所需的开支。	
地方行政单位（大区、省）	由省和大区确定每所初、高中运转和装备经费资助的数目；评议会决定有关学校装备和物资运转的方针，之后通报中学校长。	

① ［法］雅基·西蒙，热拉尔·勒萨热．法国国民教育的组织与管理［M］．安延，译．北京：教育科学出版社，2007：219.

② Article L214–6, *Code de l'éducation*［EB/OL］. http://www.legifrance.gouv.fr/affichCodeArticle.do?cidTexte=LEGITEXT000006071191&idArticle=LEGIARTI000006524571&dateTexte=&categorieLien=cid.［2015–1–22］.

续表

财务负责者	具体经费管理职能	备注
地方行政单位（大区、省）	征求有关分配补助总体方式的意见，大区议会、省议会主席可就其负责的中学的投资和运营问题直接联系学校校长；省和大区负责初、高中的建设、重建、扩建、大规模修缮、装备等事宜，并承担相应的法律责任；负责地方分权拨款 DGD。	
学区	学区长与学区督学合作，对学校进行信息调查，给予学校整体性拨款；向大区议会或省议会主席提供展示学区过去高中拨款的分配方式和标准的清单；负责高中的学区长在其制订和修改高中学校分布图时了解短期和中期的入学需求。 每学年开学后，对不同种类高中接待学生的人数做出统计；可以分区和分地带对整体人口和教育人口的变化趋势进行分析，并能收集有关学生走向以及教育系统中不同层次入学、毕业走向的数据。负责确定学校交通服务覆盖的地区和学生分配的条件。对高中的所有投资方案提供详细的意见。	国家资助建设项目：学区长负责准备工程规划方案、签订合同、批准款项的下拨，并监督工程的执行。
初、高中校长	向学区提供关于学校完成其活动和计划所掌握经费情况的信息。准备本校的预算并提交到行政委员会。 高中校长为本校开支和收入的拨款审核人，负责准备预备方案，交予行政委员会投票，预备方案通过后负责预算的执行和分配给学校的经费的使用。 负责验查和结清有关税费，接收相应的进账，对开支进行确认、清算和付款。校长可将契约签字权委托给他的助手、主管或工程负责人。 当会计中断对某项符合财政法规的支出进行拨款时，校长可命令其进行付款。但要将此类命令通告他所属的地方政府、学区当局以及学校的行政委员会。在此情况下，校长行使其专有的拨款人责任。	校长接受地方行政单位给地方公立教学机构（EPLE）的拨款①，之后开始准备本校的预算并提交到行政委员会。

资料来源：[法]雅基·西蒙，热拉尔·勒萨热．法国国民教育的组织与管理[M]．安延，译．北京：教育科学出版社，2007：219–222.

① 该项拨款首先须征得省（初中）或大区（高中）国民教育委员的意见，然后由相关的地方行政单位确定预计参与每所学校运转和装备经费资助的数目，该数目和评议会所决定的有关学校装备和转运的方针都要通告学校校长。详见：[法]雅基·西蒙，热拉尔·勒萨热．法国国民教育的组织与管理[M]．安延，译．北京：教育科学出版社，2007:213.

从表 5-7 可以看出,国家或教育部主要向大区等执行单位提供相关信息和评估要素,并负责中学财政的整体规划和向新成立中学提供物质装备所需开支;而主要负责高中教育的学区和负责初中的省直接分别主导两个阶段学校的投资建设和运营问题,并承担一切工程事宜,并须根据其发展的需要从本级财政预算中划出一定比例用于教育。地方政府负责初、高中的财政预算、规划和分配,且向学校的所有投资方案提供详细的意见;校长主要做好学校与学区、省和大区的协调工作,保证学校各项财务支出有序到位,并向上反映学校的财务管理情况,同时根据大区学校装备拨款和地方分权拨款所拨款项进行具体工程的财务分配。

(二)中等教育经费的监督

对中等教育经费的监督主要由地方各级政府、第三方评估机构和学校校长负责。情况如下:

根据法国国民教育部网站的表述,法国实行初、高中学校财政自治,但受地方公共团体(collectivité territoriale,或译"地方领土单位")、学区长和省长的监督。具体来看,对初中的行政和财政监督属于学区权力机构(学区长和国民教育省级服务主任)、省长、省议会、国民教育行政管理与科研总督学(L'inspection générale de l'administration de l'éducation nationale et de la recherche,简称 IGAENR)和地区审计局(Chambre régionale des comptes)等人员或机构的交叉性职能。① 对高中的行政和财政监督属于学区权力机构(学区长和国民教育省级服务主任)、大区区长、负责高中事宜的大区委员会、国民教育行政管理与科研总督学和地区审计局等人员或机构的交叉性职能。② 其中,学区长对学校的财务进行有效控制,特别是对预算经费的使用进行监督 ③;省长或大区区长对学校执行预算监督,监督包括将预算的平衡情况、必要开支的登记入册与签发付款通知两项。

除不同层级的教育部门对教育经费进行监督外,经费补偿还主要在一个负责经费评估的咨询委员会(第三方机构)的监督下进行,该委员会由审计法院的一名法官主持。

在学校内部,在校长的提议下,校务委员会负责对学校预算、内部财务规定

① *Ressources financières et gestion*, *Le college* [EB/OL]. http://www.education.gouv.fr/cid214/le-college-enseignements-organisation-et-fonctionnement.html#le-fonctionnement-des-colleges-et-lycees. [2015-1-10].

② *Ressources financières et gestion*, *Le lycée* [EB/OL]. http://www.education.gouv.fr/cid215/le-lycee-enseignements-organisation-et-fonctionnement.html#le-fonctionnement-des-colleges-et-lycees. [2015-1-10].

③ [法]雅基·西蒙,热拉尔·勒萨热. 法国国民教育的组织与管理[M]. 安延,译. 北京:教育科学出版社,2007:161.

进行表决，讨论所有涉及现行法规的问题，进行财务审核。①

第四节 法国高等教育财政

法国的高等教育机构是科学和文化性质的公立机构，享有独立财政自治权。1983 年推出的合同制度（La politique contractuelle）规范了高等教育的财政制度。此后，1984 年的《高等教育法》为合同拨款提供了法律基础。其主旨是，政府以对高校的评估作为基础，根据高校各自的教学和科研环境进行协调，并与其签订合同，从而向高校拨款。此后，法国高等教育几经改革，但这一方式一直沿用至今。

一、教育经费的筹措与投入

法国高校的财政经费主要来自中央政府拨款，同时须接受中央政府对高等教育经费的监管，但法国的高等教育财政体系也兼有地方政府分级管理的分级责任体制。② 高校还可以使用诸如捐赠、基金、社会服务收入等各种资源。

法国是高等教育高投入的国家，其教育财政制度几经变革才发展形成现今的财政体系。1968 年 7 月由埃德加·富尔出任教育部长，并推出了《高等教育指导法》，又称《富尔法》。该法规定：大学是公立的科学、文化性机构，“自治、民主参与和多学科”是其办学的三个原则。其中，大学的自治包括行政自治与财政自治（选举校长、每所大学独立核算等）。从此，法国大学获得了梦寐以求的财政预算自主权。但在 20 世纪 80 年代之前，中央政府对高等教育经费一直拥有绝对掌控权。

（一）高等教育经费的筹措

法国从 1983 年的《分权法》（*La loi de decentralisation*）开始实行高等教育财政自治。该法规定，“高等教育经费分散到地方”。此后，政府与大学签订四年科研合同，并根据合同向大学拨发经费。1985 年政府重新修订该法并规定：“高等教育经费大部分由中央政府负责，小部分由大区政府负责。”③ 同时，1984 年出

---

① ［法］雅基·西蒙，热拉尔·勒萨热．法国国民教育的组织与管理［M］．安延，译．北京：教育科学出版社，2007：161.

② 朱华山．传统与变革的抉择：细读法国教育［M］．沈阳：辽宁人民出版社，2011：124.

③ 郭楠．法国研究生教育财政支持机制述评［J］．清华大学教育研究，2013(4)：86–91.

台的《萨瓦里法》(*Loi de Savary*)明确提出,大学拥有国家的拨款,学生注册费、遗产、捐赠与基金、服务报酬、考试基金、雇主为雇员的初步职业技术教育提供的经费,以及补助的经费,也可获得地区、省、市镇及其联合提供的设备或经费。自此形成了较为完整的法国大学经费来源体系。1989 年,国家又将设施维修权转交给大学,却仍然掌控基建费用。20 世纪 90 年代以来,"合同制"从最初的科研、教学逐步扩大至高校学生活的各方面。1998 年第 5–22 号政令重申了合同制政策,要求国家教育部高等教育司负责合同的订立和协调工作。①

随着近年来新公共管理在法国的兴起,法国高等教育经费的主要来源不仅有政府(国民高等教育与研究部主管高教事务,制定教育经费预算),当地组织或团体(如企业私人基金或捐赠等)、其他行政部门、家庭和企业也成为高等教育发展的经费来源。

但中央政府依然是高等教育投入的主要责任方,且政府拨付高等教育的经费主要源自税收。目前,政府对大学经费的拨付方式为合同拨款制。这种经费的筹措方式使大学可以根据自己的实际情况制订未来四年的发展计划,同时可以根据自己的预算,与政府进行商议获取部分拨款。合同一经签订,教育部必须根据合同向大学拨款。《高等教育法》为合同拨款提供了法律基础。政府拨款需要以评估作为基础,同时需要在大学和技术学院签订的合同以及特定的环境下进行协调。通过国家认证的私立高等教育院校也可以接受国家拨款,拨款的数目和院校期望的目标可以在院校与政府的合同中明确。② 此外,地方政府中大区为高等教育提供小部分经费资助。

(二) 高等教育经费的投入

1. 中央政府的经费投入

2013 年法国的高等教育支出高达 287 亿欧元,该数据比 1980 年增长了 2.5 倍,其中高校学生的生均支出为 11,540 欧,中央政府的拨付经费约占总经费的 70% 以上。③ 根据教育部的数据统计,2011—2014 年,法国政府的教育经费投入在"研究与高等教育"这一使命下共推行两个大项:第 150 号项目为"高等培训与大学研究",包括从业士到博士的初级和继续培训、私立高等教育学校、图书馆

---

① *Politique contractuelle et documentation dans les établissements d'enseignement supérieur* [EB/OL]. http://www.enssib.fr/bibliotheque-numerique/documents/41263-politique-contractuelle-et-documentation-dans-les-etablissements-d-enseignement-superieur.pdf. [2015–1–22].

② Frans Kaiser, Hans Vossensteyn, Jos Koelman. *Public Funding of Higher Education* [M]. Zoetermeer: Ministerie van Onderwijs, Cultuur en Wetenschappen, 2002: 60–61.

③ L'éducation nationale en chiffres [EB/OL]. http://cache.media.education.gouv.fr/file/2014/30/5/DEPP_grands_chiffres_2014_355305.pdf. [2015–1–23].

和档案、大学研究、知识的传播和博物馆、不动产和领航与项目支持等几大行动；第231号项目为“大学生生活”，包括直接指导、间接指导、大学生健康与社会、文化、体育活动和领航与项目推动等几大行动。[①]OECD最近公布的《2014年教育概览》报告显示，在经合组织国家中，成员国平均每年在每名高校学生身上投资近1.4万美元，而法国的投资额为1.54万美元。2005—2011年间，法国的这一投资上涨了15%，而经合组织国家的平均增长率为10%。与其他经合组织成员国相比，法国对高等教育的高投入使得学生的学费较为低廉，这也成为法国吸引外国留学生的一大原因。[②]

2. 非政府的经费投入

国家并非法国高校唯一的资金来源。法国的《教育法典》第L719-4条就有规定，高等教育机构可使用诸如捐赠、基金、社会服务收入等各种资源，也可接受各级地方政府的捐赠。总之，高校的财政和预算来源是相对多样的。[③] 如表5-8所示，在法国高等教育初始经费投入结构比重中，国家和地方政府的资助为大头，占总经费的80%，其他公共行政部门和入学补贴、企业捐赠、家庭出资所占比重较小。

表5-8 法国1980—2013年高等教育支出表

<table>
<tr><th colspan="2">年份</th><th>1980</th><th>2000</th><th>2010</th><th>2012</th><th>2013</th></tr>
<tr><td colspan="2">教育内部支出（亿欧元）</td><td>114</td><td>229</td><td>283</td><td>284</td><td>287</td></tr>
<tr><td colspan="2">教育支出占国内生产比重</td><td>15.0%</td><td>17.0%</td><td>19.5%</td><td>19.8%</td><td>19.8%</td></tr>
<tr><td colspan="2">生均支出（欧元）</td><td>8,240</td><td>10,470</td><td>11,850</td><td>11,600</td><td>11,540</td></tr>
<tr><td rowspan="5">高等教育投入结构比重</td><td>国家</td><td>—</td><td>—</td><td>71.4%</td><td>70.2%</td><td>70.4%</td></tr>
<tr><td>地方政府</td><td>—</td><td>—</td><td>10.6%</td><td>10.7%</td><td>10.5%</td></tr>
<tr><td>其他公共行政部门和入学补贴等</td><td>—</td><td>—</td><td>1.7%</td><td>2.1%</td><td>2.1%</td></tr>
<tr><td>企业</td><td>—</td><td>—</td><td>7.8%</td><td>8.4%</td><td>8.3%</td></tr>
<tr><td>家庭</td><td>—</td><td>—</td><td>8.5%</td><td>8.6%</td><td>8.7%</td></tr>
</table>

资料来源：*L'éducation nationale en chiffre* [EB/OL]. http://cache.media.education.gouv.fr/file/2014/30/5/DEPP_grands_chiffres_2014_355305.pdf. [2015-1-23].

① *Repères & Références Statistiques: enseignements·formation·recherche 2014* [EB/OL]. http://cache.media.enseignementsup-recherche.gouv.fr/file/2014/04/6/RERS_2014_optim_346046.pdf. [2015-1-22].

② OCDE, *Regards sur l'éducation 2014* [EB/OL]. http://www.oecd.org/edu/Regards-sur-l'education-2014.pdf. [2015-1-22].

③ Article L719-4, *Code de l'éducation* [EB/OL]. http://www.legifrance.gouv.fr/affichCodeArticle.do?cidTexte=LEGITEXT000006071191&idArticle=LEGIARTI000006525389&dateTexte=&categorieLien=cid. [2015-1-22].

近年来,法国同许多西方国家一样公共经费不断萎缩,高等教育也面临严重的财政危机。因此,扩大高教投资来源便成为高等教育最重要的政策选择。其中,增加私人资金的供给成为首选。私人经费来源的主要途径有四个:向高校学生收费、接受企业对教学与科研的资助、来自科研合同的收入和来自继续教育的收入。

首先,法国公立高等学校不收学费,只向学生收取注册费,且收费额度较低。大学也可对特定的、非强迫性的服务项目收费。除此之外,本科生注册费在全国是统一的。2014—2015 学年公立综合性大学本科生每年需交纳 256 欧元的注册费,减免后的费用是 168 欧元。[①] 但法国私立高等学校的学费昂贵,各类学校和专业的收费情况也不尽相同。

其次,企业对高校最主要的资助是学徒税(taux d'apprentissage)[②],企业以缴纳税收的方式为高等教育提供经费支持。大学一般可由此获得占总收入 3%~4% 的收入,各大学所获得的比例从 1% 到 12% 不等。企业对高校的另一资助形式是为高校提供的服务付费。如 1979 年 7 月 13 日法国成立"全国科研推广管理局",鼓励把高校的科技发明引入工业界。1984 年,全国高等学校的研究合同和有偿服务两项收费占当年高校全部经费的 14.2%。[③]

再次,大学一方面与政府签订科研合同,另一方面与企业签订科研合同。如 1982 年南特大学积极参与地方经济发展,同企业签订了有关生物、物理、冶金、信息等许多领域的一百多份研究合同,合同金额达 3,700 万法郎。近年来,法国高等教育经费短缺的问题更趋严重,在科研合同的约束下,积极向私人机构寻求资助成为共识。此外,2007 年法国颁布《大学自治法》,承认大学在享有预算支配权的同时也拥有设立基金会的权利,因此,成立基金会也成为高校解决经费困难的可行方案。

最后是来自继续教育的收入。自 1983 年始,此来源的收入占总收入的 3%,最多的大学可达 20%~26%。[④]

总之,法国政府、社会、企业和高校努力增加高等教育经费的筹措方式,高校自筹经费在大学经费中的比例也不断提升。

此外,法国政府近年来尝试开辟新的教育经费来源渠道。如在大力提倡高等教育机构的科研创新改革中,以"校园计划"为例,法国于 2014 年 2 月共向 13

---

① *Frais d'inscription pour la rentrée universitaire* [EB/OL].http://www.enseignementsup-recherche.gouv.fr/cid20195/frais-d-inscription-pour-la%20-rentree%20-universitaire%20-2013.html.[2015-1-22].

② "学徒税"是企业捐助给大学用于公司雇员的入职前职业技术培训的费用。

③ 杨明.论法国高等教育财政的改革[J].教育与经济,2001(2):58-62,18.

④ 杨明.论法国高等教育财政的改革[J].教育与经济,2001(2):58-62,18.

个科技大学校园投入13亿。经费主要来自法国财政经济部、高等教育与研究部和欧洲投资银行(BEI)三大机构。根据相关法律规定,法国大学目前可直接向欧洲投资银行借贷教育经费。该做法更有助于法国建立未来的大学校园,也使得具体的大学发展计划得以落实。据悉,2013年欧洲投资银行向法国借出78亿欧元以资助60个高等教育项目,资助金额与2012年相比上涨了80%。[①]可见,这种由本国政府部门与企业联合为高等教育发展提供新的经费资助的途径不失为一种经费筹措的好方式。

二、教育经费的分配与使用

(一)高等教育阶段的经费分配

大学的经费主要由高等教育与研究部根据学校的人员编制、设备和科研情况,按标准进行分配。《教育法典》第L719-4条规定,具有科学、文化和职业培训性质的高等教育机构,为实现其使命,有权支配国家所提供的设备、人员和经费。[②]这与中小学的经费分配和使用有明显的区别。对于中小学来说,国家主要负责人员工资,而日常经费和基建费基均由各级地方政府承担。对于高等教育来说,国家也需要拨付日常经费、教学科研经费和所谓的"信息科技费用"。[③]国家对高校的经费支持,"据国家评估委员会统计,其比例约占经费总数的一半以上,另外不足一半的经费由大学自筹。国家不仅把经费拨给学校,还给它们派来会计师。这些人由教育部长和财政部长提出名单,各大学校长从中选择一个。他们必须受过专门训练,有公关会计师的职称,任期制(一般4年),可以连任。他们主要向国家负责,与校长之间没有明确的领导与被领导关系"[④]。就研究经费而言,由国家科研中心(Centre national de la recherche scientifique,简称CNRS)和科学技术研究总代表处(Direction générale de la recherche scientifique et technique,简称DGRST)以及教育部科研司所拨付的国家级经费至少占大学科研总经费的80%。[⑤]

---

① *Opération campus, Programme Plan Campus: 1,3 milliard d'euros pour financer 13 Campus scientifiques et universitaires* [EB/OL]. http://www.enseignementsup-recherche.gouv.fr/cid76816/programme-plan-campus-1-3-milliard-d-euros-pour-financer-13-campus.html. [2015-1-23].

② Article L719-4, *Code de l'éducation* [EB/OL]. http://www.legifrance.gouv.fr/affichCodeArticle.do?cidTexte=LEGITEXT000006071191&idArticle=LEGIARTI000006525389&dateTexte=&categorieLien=cid. [2015-1-22].

③ Article L719-4, *Code de l'éducation* [EB/OL]. http://www.legifrance.gouv.fr/affichCodeArticle.do?cidTexte=LEGITEXT000006071191&idArticle=LEGIARTI000006525389&dateTexte=&categorieLien=cid. [2015-1-22].

④ 陈学飞.美国、德国、法国、日本当代高等教育思想研究[M].上海:上海教育出版社,1998:199-200.

⑤ 陈学飞.美国、德国、法国、日本当代高等教育思想研究[M].上海:上海教育出版社,1998:182.

自20世纪80年代起,法国高等教育财政方面推行的“合同拨款政策”已成为现今法国高教经费分配的最主要依据。合同拨款政策始于70年代末的大学科研拨款。自1977年起,法国高校的教学拨款与科研拨款逐渐分开。1983年合同拨款逐渐形成。各类高等教育机构被分为三组。在三年阶段性发展中,第一年法国政府同三组所有高等教育机构协商订立合同。每所大学提出各自的计划,由科学委员会依据每个单位准备的计划制订方案并经管理委员会批准。在专家评审后,国务秘书与高校校长协商签订一份四年期合同。1984年制定的《高等教育法》为高教机构教学、科研方面的合同拨款提供了法律基础。[①]1989年起高校开始全面执行合同拨款政策,即法国大学根据自己的实际情况制定未来四年的发展计划,根据其经费预算可与政府进行商议并签订学校合同(Contrat d'établissement),从而获取部分拨款。合同一经签订,教育部必须根据合同向大学拨款,经费主要用于学校的教学、基础设施维护和科学研究。2007年,政府通过《大学自由与责任法》确立了学校合同在引领高等教育发展方面所起到的强制性作用和核心作用。2013年,法国颁布《高等教育与研究法》,以多年场地合同(Contrat pluriannuel de site)代替学校合同,合同期限也从以四年为基准扩展到以五年为基准。

法国实行合同拨款政策的主要目的是为中央政府与大学之间引入协商谈判机制。通过使合同拨款制中的三类行动者——国家、地方当局和高校形成三类双边关系,促进高校的积极发展。[②]

(二)高等教育阶段的经费使用

中央政府拨付高等教育的经费主要用于承担教师工资、大型基本建设经费、教学设备和高等学校的运转费用。高校通过合同拨款获得的经费主要用于学校的教学、基础设施维护和科学研究。总体上,高校经费主要用于教职工资、科研经费和非研究性经费三方面。除此之外,高等教育与研究部把高校的资产转让[③]也视为大学自治的新手段。[④]不过,资产转让的经费也须得到中央政府的授权和资助。随着高等教育领域新公共管理改革的推进,法国中央政府的教育

① 杨明 . 论法国高等教育财政的改革[J]. 教育与经济,2001(2):58-62,18.

② 杨明 . 论法国高等教育财政的改革[J]. 教育与经济,2001(2):58-62,18.

③ 资产转让是在自愿的基础上,通过依靠教学科学计划,为高校提供一个构建网络地产战略的机会。它能有效提升高校的资产管理,成为法国高校自治的一个新手段。

④ *La dévolution du patrimoine, complément naturel de l'autonomie des universités* [EB/OL].http://www.enseignementsup-recherche.gouv.fr/cid55972/comprendre-la-devolution-du-patrimoine.html.[2015-1-22].

经费管理逐步放权，且更注重绩效。①

1. 用于高校教职人员的经费

法国高等教育对教职人员工资有统一标准，经费的使用比例情况如下。2013 年法国高等教育支出按类别划分的比例为：教职人员薪金为 41%，非教职人员（含行政与各项工程维修人员）薪金为 20%，功能性支出为 28%，资本性支出为 11%。② 可见，高等教育经费的分配有 3/5 用于相关人员的工资。

2. 用于高校科研的经费

在科研方面，法国政府根据与大学签订的科研合同向大学拨发经费，经费的使用标准也与该合同相关。按科研种类划分，高校研究经费的主要用于自然科学和人文社会科学，具体见图 5-9。除合同中协商的科研经费外，合同一般还会规定政府和高校双方的权利和义务，即国家根据每所学校的学生人数和开课数分配“固定经费”。此外，还有“鼓励经费”，以支持学校的优势学科和各种改革。近年来，合同中的资助经费发放范围不仅包含科研费用，也涵盖高校教学和

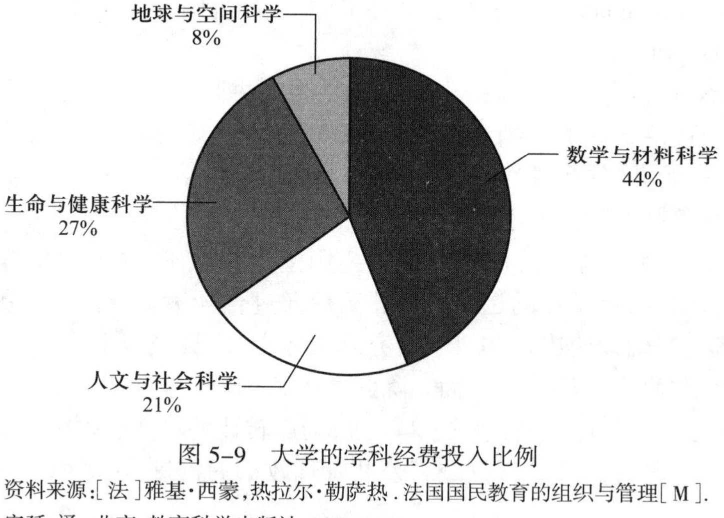

图 5-9　大学的学科经费投入比例

资料来源：[法]雅基·西蒙，热拉尔·勒萨热 . 法国国民教育的组织与管理[M]. 安延，译 . 北京：教育科学出版社，2007：379.

---

① 经费发放的原则强调政策对社会的影响及政策结果、客户满意度、相应服务的改善程度和管理效益。详见 *Rapport d’activité ministériel 2004–2005*, *Rapport d’activité-février 2007* [EB/OL]. http://cache.media.education.gouv.fr/file/32/8/4328.pdf. [2015-1-22].

② *L’état de l’Enseignement supérieur et de la Recherche en France* [EB/OL]. http://cache.media.enseignementsup-recherche.gouv.fr/file/etat_du_sup_en_2013/27/2/financement-rh-etatdusup-mesr2013_250272.pdf. [2015-1-22].

高校学生生活的支出等。但需要说明的是，如前文所述，合同资助经费不包括教育员工的工资和学校的基础设施建设费，这些经费由国家另行安排，学校不能擅自挪用。可以说，这种形式的资助不仅使中央政府进一步摆脱对高校日常事务的具体管理，也使高校可以通过财政上的部分独立获得更多的自治权。[①]

从法国国家科研支出（Dépense nationale de recherche et développement，简称DNRD）的投入和国内科研支出（Dépense intérieure de recherche et développement，简称 DIRD）的执行情况（见表 5-9）可以看出，行政部门和企业的资助在国家的科研支出中起到一体两翼的作用。其中企业资助在科研经费的支出中所占比重更大。从 1979—2012 年的科研支出占国内生产总值比例变化图（见图 5-10）可发现，法国在高等教育方面的科研投入基本稳定并呈上升趋势。

表 5-9　法国国家科研支出的投入和国内科研支出的执行情况表

单位：百万欧元

	1999	2006	2007	2008	2009	2010	2011	2012
国家科研支出	29,885	38,738	40,106	42,190	43,411	44,841	46,474	48,446
行政部门[②]资助	13,267	17,545	17,990	19,324	18,850	19,172	19,097	19,605
企业资助	16,618	21,193	22,116	22,866	24,561	25,668	27,377	28,841
企业资助所占百分比（%）	55.6	54.7	55.1	54.2	56.6	57.2	58.9	59.5
国内科研支出	29,529	37,904	39,303	41,066	41,758	43,469	45,112	46,545
行政部门资助	10,873	13,994	14,550	15,305	15,332	16,014	16,261	16,474
企业资助	18,655	23,911	24,753	25,761	26,426	27,455	28,851	30,071
企业资助所占百分比（%）	63.2	63.1	63.0	62.7	63.3	63.2	64.0	64.6
国内科研支出占国内生产总值百分比（%）	2.10	2.05	2.05	2.06	2.15	2.18	2.19	2.23

资料来源：*Repères & Références Statistiques enseignements-formation-recherche 2014*［EB/OL］. http://cache.media.enseignementsup-recherche.gouv.fr/file/2014/04/6/RERS_2014_optim_346046.pdf.［2015-1-23］.

为了更清楚地解释科研经费的使用情况，我们以法国对研究生教育经费中用于发展科研的经费使用项目为例进行分析。2006 年，高等教育与研究部的经费支持共包含 13 个项目，其中有 6 项与研究生教育相关：(1) 高等教育和大学研

① 沈佳乐．中央集权与大学自治——论法国大学与政府的关系［J］. 高教探索，2004(3)：36-38.
② 行政部门包括国家高等教育部门和非营利性公、私立机构等。

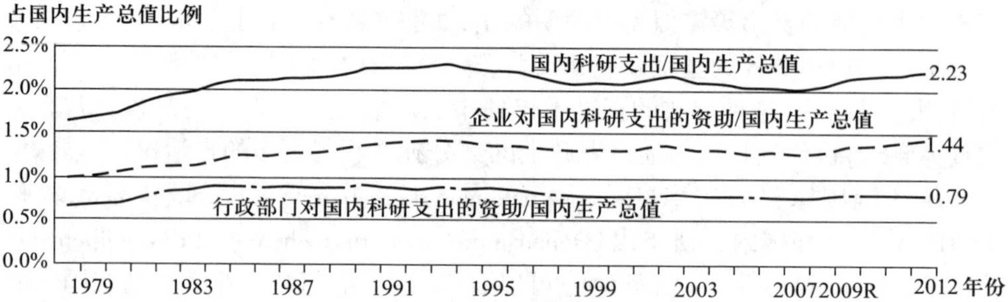

图 5-10 国内科研支出占国内生产总值比例变化图

资料来源：*Repères & Références Statistiques enseignements·formation·recherche 2014*［EB/OL］. http://cache.media.enseignementsup-recherche.gouv.fr/file/2014/04/6/RERS_2014_optim_346046.pdf.［2015-1-23］.

究；(2)高校学生生活(直接补助、医疗补助、社会教育补助、餐饮和住宿)；(3)科研和多学科技术；(4)研究定向和指导(通过“研究培训”和“鼓励”两种方式)；(5)环境和资源管理方向的研究；(6)宇宙空间研究。涉及人员达 145,477 人次，总预算为 175 亿欧元。[①]2006 年的《科研规划法》批准在 2004 年研究经费的基础上于 2005—2010 年追加 194 亿欧元，以促进法国科学研究的综合实力。同时精选 20 个公共研究实验室群组，以“卡诺”[②]命名，并投入 400 亿欧元，旨在加强公共研究与企业的合作，促进社会经济发展研究。[③]据法国青年事务、国民教育与科研部的数据统计，法国对高等教育科研的投入经费高达 116.05 亿欧元，具体的经费投入情况见图 5-11。[④]

3. 用于高校的非研究性经费

对高校学生(包括本科生和研究生)的奖学金资助也是政府经费开支的一部分。2013—2014 学年，共计 647,000 名高校学生至少接受了一份高等教育部给予的助学金资助，占学生总数的 34.8%。2013 年法国政府在经济与社会救助方面的总预算支出约 57.885 亿欧元，而 1995 年的预算分配只有 35.107 亿欧元。国家对高校学生的资助占学生资助的 91%，直接资助占 58%[⑤]，此外还有国家家

---

① *Rapport d'activité ministériel*, 2004–2005［EB/OL］. http://cache.media.education.gouv.fr/file/32/8/4328.pdf.［2015-1-23］.

② 卡诺(1796—1832)，法国物理学家、工程师，于 1824 年提出热力学的理想的热力循环，即“卡诺循环”。

③ *Le pacte pour la recherche*［EB/OL］. http://www.enseignementsup-recherche.gouv.fr/cid20235/le-pacte-pour-la-recherche.html.［2015-1-23］.

④［法］雅基·西蒙，热拉尔·勒萨热．法国国民教育的组织与管理［M］．安延，译．北京：教育科学出版社，2007：379.

⑤ *Repères & Références Statistiques*：*enseignements • formation • recherche 2014*［EB/OL］. http://cache.media.enseignementsup-recherche.gouv.fr/file/2014/04/6/RERS_2014_optim_346046.pdf.［2015-1-23］.

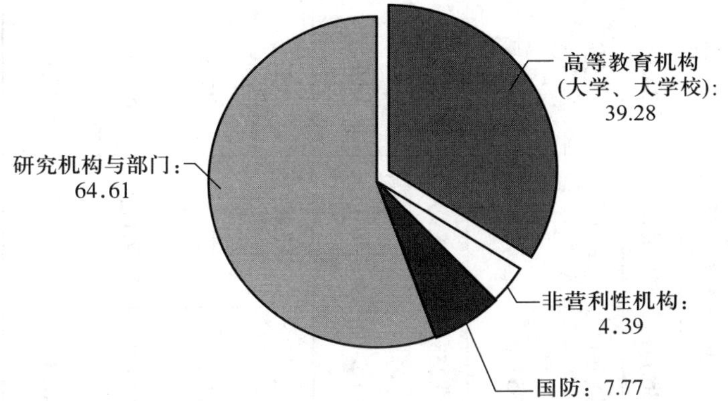

图 5-11　法国对各主要高等教育和科研机构的经费投入(单位:亿欧元)

资料来源:[法]雅基·西蒙,热拉尔·勒萨热. 法国国民教育的组织与管理[M]. 安延,译. 北京:教育科学出版社,2007:379.

庭补助金(Caisses nationale d'allocations familiales,简称 CNAF)所发放的租房社会补助金(Allocation de logement sociale,简称 ALS)与个别化租屋救助金(Aide personnalisée au logement,简称 APL)及其他因家中子女就读高等教育而减免的赋税(aides fiscales)等间接资助。

从 2008—2013 年政府对高校学生资助的人数变化表可以发现,近年来,政府对高校学生的助学经费支持力度增大(见表 5-10)。其中,对综合性大学的资助最多,对大学校预备班、高级技术员班的资助因人数较少,也相应较少。

从 2013 年起,法国开始"按照社会标准改善对高校学生的资助制度"。奥朗德政府在当年 9 月开学时宣布,国家发给高校学生的助学金预算将增加到 1.18 亿欧元,受资助的高校学生分为三类:首先是出身贫寒的年轻人,其资助金额将有所增加;第二类是中产阶级中最不富裕家庭的子弟,他们将可领取相应的助学金;第三类是与家庭断绝(金钱)关系的高校学生,他们也可依此获得与其家长收入无关的一笔助学金。除宏观的学生资助外,政府还特别关照未能获得补助金的学生。2014 年 6 月国民教育部部长兼高等教育与研究部部长贝努瓦·阿蒙(Benoît Hamon)和高等教育国家总干事日娜维耶芙·菲奥拉佐(Geneviève Fioraso)宣布将有约 77,500 名免交注册费但并未获得国家助学金的贫困学生在新学期有权领取 1,000 欧元的助学金。该计划主要针对困难家庭出身的高校学生,也就是之前未受到任何资助的"漏网之鱼"。正如菲奥拉佐所言,近年来政府在高等教育方面的预算已增长 2/3。[①] 不过高校学生促进与防护协会(SPDE)

① *Hamon annonce l'octroi de bourses à 77 500* [EB/OL]. http://www.liberation.fr/societe/2014/06/30/hamon-annonce-l-octroi-de-bourses-a-77-500-etudiants-de-plus_1053823. [2015-1-23].

表 5-10 2008—2013 年享受一种经费资助的高校学生人数变化表

年份		2007—2008	2008—2009	2009—2010	2010—2011	2011—2012	2012—2013	2013—2014
资助总人数		459,208	551,132	626,382	665,114	647,101	637,555	647,448
受资助的学生占总人数的比例(%)		29.3	32.7	35.8	37.5	36.1	35.1	34.8
大学	受资助人数	350,994	375,595	407,445	441,304	460,261	465,690	474,558
	受资助学生占总人数的比例(%)	28.4	31.0	32.5	33.8	35.0	35.1	34.8
大学校预备班与高级技术员班	受资助人数	95,430	104,491	110,849	114,787	120,258	121,984	123,709
	受资助学生占总人数的比例(%)	33.9	36.5	37.8	39.2	41.2	40.6	40.8
大学校预备班	受资助人数	14,185	17,125	19,813	20,016	20,916	21,984	22,375
	受资助学生占总人数的比例(%)	18.6	21.9	25.0	25.7	26.9	27.7	27.9
高级技术员班	受资助人数	81,245	87,366	91,036	94,771	99,342	100,000	101,334
	受资助学生占总人数的比例(%)	39.6	42.0	42.6	44.1	46.3	45.2	45.3

资料来源：*Repères & Références Statistiques enseignements-formation-recherche 2014* [EB/OL]. http://cache.media.enseignementsup-recherche.gouv.fr/file/2014/04/6/RERS_2014_optim_346046.pdf.[2015-1-23].

对该改革只集中于对未受资助的高校学生进行补偿而并未增加受资助的人数表示遗憾。

从2013—2014学年根据助学类型和学校性质进行分配的助学金受益者情况(见表5-11)看,政府对综合大学的助学金资助最多,对高级技术员班和大学技术学院的资助次之,而对工程师类专业、大学校预备班、非大学的工程师、商业学校等的资助较少。因为在法国,综合性大学数量多、学生多,资助也相应更多。而就读高级技术员班和大学技术学院的学生相比其他类型学校的学生更多地出自贫困或普通家庭,因此政府也给予了更多的经费倾斜。

表5-11　2013—2014学年根据助学类型和学校性质获得助学金资助的人员统计表

助学类型 / 学校性质	依社会标准而定的助学金受助者	依成绩而定的奖学金受助者	总计
综合大学	474,546	12	474,558
大学技术学院	49,740	0	49,740
工程师类专业	12,822	0	12,822
大学校预备班	22,375	0	22,375
高级技术员班	101,334	0	101,334
非大学的工程师	18,955	0	18,957
商业学校	15,634	0	15,634
其他学校	7,040	0	7,040
助学金总额	639,884	14	639,898

资料来源:*Repères & Références Statistiques enseignements-formation-recherche 2014* [EB/OL]. http://cache.media.enseignementsup-recherche.gouv.fr/file/2014/04/6/RERS_2014_optim_346046.pdf. [2015-1-23].

从学科来看,根据各专业就读人数情况,享受政府奖学金的学生所占的比例也有不同。以2013—2014学年为例(见表5-12),政府的资助比例从多到少排列,依次为科学和工程师类专业,社会人文科学专业,文学、艺术、语言专业,法律、政治科学专业,生态科学、管理、社会经济行政专业,大学技术学院技术类专业和医学、药学、牙科学专业。总体上看,2007—2013年政府对各专业类型学生的资助都在逐年增加,2014年的资助则有小幅回落(见表5-12和表5-13)。

表 5-12 2013—2014 学年依社会标准享受助学金的人数比例
（根据大学的培养和专业划分）

	高校学生比例(%)	奖学金生比例(%)
大学技术学院	8.6	10.5
社会人文科学	17.0	18.0
文学、艺术、语言	14.1	15.4
科学和工程师类	21.8	21.4
生态科学、管理、社会经济行政	13.7	12.1
医学、药学、牙科学	9.9	8.9
法律、政治科学	14.9	13.7
总计	100.0	100.0

资料来源：*Repères & Références Statistiques enseignements-formation-recherche 2014* [EB/OL]. http://cache.media.enseignementsup-recherche.gouv.fr/file/2014/04/6/RERS_2014_optim_346046.pdf. [2015-1-23].

表 5-13 2007—2014 年依社会标准享受助学金的人数比例变化图(%)
（根据大学的培养和专业划分）

	2007—2008	2008—2009	2009—2010	2010—2011	2011—2012	2012—2013	2013—2014
大学技术学院	36.7	39.7	42.6	44.7	44.9	43.2	42.6
社会人文科学	29.4	32.8	34.3	36.4	37.9	37.8	36.8
文学、艺术、语言	28.5	32.4	34.0	35.8	36.4	37.7	38.0
科学和工程师类	26.7	31.3	31.8	33.5	35.0	34.6	34.2
生态科学、管理、社会经济行政	23.1	26.7	27.5	28.8	29.9	32.2	32.1
医学、药学、牙科学	24.3	27.6	29.2	28.7	30.6	31.1	31.3
法律、政治科学	25.3	28.4	29.8	30.1	30.6	31.2	30.6
平均	27.3	30.3	31.9	33.6	34.8	35.2	34.8

资料来源：*Repères & Références Statistiques enseignements-formation-recherche 2014* [EB/OL]. http://cache.media.enseignementsup-recherche.gouv.fr/file/2014/04/6/RERS_2014_optim_346046. pdf. [2015-1-23].

此外，法国政府有专门针对研究生的资助体系。法国设有大学生事务管理中心（centres régionaux des œuvres universitaires et scolaires，简称 CROUS）直接向研究生发放各类资助，与接收研究生的大学无关。法国研究生国家资助体系主要包括助学金、优秀学业奖学金和助学贷款。助学金的面向对象是未满 28 周岁的在册研究生，发放金额根据研究生的家庭经济状况、家庭负担子女数和学校与住所的距离来衡量，发放的期限则由学习成绩的进步速度、学习的努力程度及考试和上课的出勤率来确定。这样在保证贫困研究生能够顺利入学的同时，也鞭策其努力学习。优秀学业奖学金的发放对象是攻读硕士学位的优秀本科生（排名居前 10%），发放期持续整个研究生阶段，其目的是进一步鼓励研究生在读期间表现优异。法国研究生助学贷款则是完全由国家担保，不需要父母或第三方担保和附加财产条件的贷款形式，这样使得经济困难研究生可以较为容易地获得助学贷款。[①]

三、教育经费的管理与监督

总体来看，法国高等教育的财政分配、投入等政策由中央一级制定和集中筹划。政府不仅负责高等教育财政拨款，还负责对高等教育进行监管，而且经费的使用、管理、审查、监督也均按照统一的政策规定执行。

（一）高等教育经费的管理

在法国大学自治改革的推动下，教育经费的管理权也由国家逐步下放到高等学校。因此，中央政府在高等教育经费管理中承担的更多的是预算管理与分配职责，属于宏观管理。

目前，法国建立了以绩效和评估为导向的预算管理制度。政府制定年度绩效规划和完成各项目标的详细绩效指标，从而提升了公共部门的预算执行力。绩效评估工作遵照公平和公开的原则，因此独立于公共部门，评估结果也将成为下一年预算分配的主要参考依据。《财政相关组织法》要求，在实现效益目标的前提下，公共部门负责人在预算实际执行过程中可调度各项目之间的预算额度，但不能超过授权的预算金额上限，也不可对人员的工资进行调整（在人员工资出现结余时，可将其用于其他项目的支出）。为此，法国建立新的财务信息管理系统（GFMIS）。该系统将项目的执行、财务总结、会计出纳、税务征收、人员工资管理等信息综合在一个管理系统中，从而可以展现年度财务预算的实施情况。

国民教育部 / 高等教育与研究部控制高等学校用于购买设备和基建维修的费用，并对学校如何使用这笔费用以及学校以何种形式与企业合作都制定出事无巨细的规定。另外，国家还制定了高等教育阶段的各级各类公立教育的收费标准，高校在这方面的自主权仍然较小。

在地方层面，学区设立高等教育与大学管理会对高校学生的社会行为（奖

① 衣萌，等．发达国家研究生收费制度与资助体系比较研究［J］．学位与研究生教育，2014（5）：62-66.

学金、贷款等)进行管理。[①]

在高校内部,公立学校可根据自身实际情况自行制定预算和执行预算。高校预算分为三个级别。第一级是"机构(学校)预算"(budget d'établissement),高校校长在会计人员(agent comptable)[②]的帮助下起草下一年的教育预算,预算稿完成后交由校级委员会审议。经审议通过后,校长负责执行预算。第二级是"预算单位"(unité de budget),即单独的"教学与科研单位"或学院、研究单位的联合。第三级为设立在预算单位内部的"责任中心"(centre responsible),如系、所和研究小组,责任中心负责执行分配给本单位的预算经费。预算制定的流程从三级逐步上升到一级。预算的执行是指财务授权官可进行各种预期的收支操作(包括承诺、交割、签发付款通知、开具发票、拨款等),会计人员则进行财务管理工作(包括支付、核算等)。详见表 5-14。

表 5-14 法国高校预算执行流程

预算执行事项	承诺	交割	签发付款通知	支付
具体内容	订单 市场 人员雇佣证明	审核账务 开具发票	签发汇票	监督支付的合法性
负责人	财务授权官			会计人员(高校会计师)

资料来源:刘敏.法国大学治理模式与自治改革研究[M].北京:北京师范大学出版社,2015:112.

(二)高等教育经费的监督

1. 政府部门的监督

财政部在各个中央部委和大学以及公共事务机构都设有财政监督员,负责对预算支出过程进行监督检查,拨款凭证必须有财政监察专员的签字才能生效。如发现问题,财政监察专员可以拒绝在支付承诺上签字。法国高等教育与研究的审计由三个部门负责,分别是国民教育部/高等教育与研究部、财政部和财税法院,均为中央审计。

法国的财务司在高等教育经费的监管中也起到重要作用。其职责包括:调节各部之间教育使命和高等教育研究使命;监督和协调预算的执行工作;追踪工资的支出,控制政府工作和工资总量的最高限额;对全体人员的法定或受补偿计

① [法]雅基·西蒙,热拉尔·勒萨热.法国国民教育的组织与管理[M].安延,译.北京:教育科学出版社,2007:112.

② 大学会计人员属于国家公共会计师,职责为向高校校长提供学校预算和财务等事宜的咨询,并在校长领导下,负责管理本校的预算和财务及其现代化建设。

划给予技术和财经鉴定指导；在教育部的带领下分析行动成本、开展财政研究；保证落实国民教育部和高等教育与研究部下辖公共机构的预算、财政和计算；与公共机构协商预算、财政和计算的相关文本等。① 以此对高校的科研活动及其经费进行监管。

在地方层面，学区设立高等教育与大学管理会对大学的行政和财务进行监管。②

2. 第三方的监督

1984 年法国建立了"以科学、文化和职业为特点的公立机构的国家评估委员会"（CNE）、"国家研究委员会"（CNER）和"科学、技术与教学审查团"（MSTP）③，通过独立于政府的第三方机构对大学、高等工程师学校和其他高等教育机构进行综合性整体评估，从而帮助政府评价拨款产生的效益。④ 它们还同负责制定和执行教育与研究政策的机构一起，对公立高校进行评议，并对高校与政府所签合同的执行情况进行检查。通过了解高校的具体情况，对高等教育内部的重大问题进行研究，对如何改善高校管理、提高教育与科研的质量，特别是对关于高等教育的地理布局、学生入学条件和方向指导方面的措施等提出建议。⑤ 需特别说明的是，国家评估委员会接受教育部财政拨款，直接向总统报告，不受教育部的直接领导，教育部对评估委员会的工作没有任何控制权，只是对委员会部分成员进行提名。国家评估委员会享有制定自己工作框架的权限，下设评估事务所（ASE）负责具体事务。⑥ 在上述体制的监督下，法国政府通过实施高校合同制，一方面加强了对高等学校所拥有的财产的管理，另一方面也在一定程度上支持高校的财务自主权，给予其自我管理和发展的空间。

需要指出的是，法国私立高校的经费来源主要为其所收取的学费，国家只提供部分资助。因此，政府对私立高校在财政方面的监控并不明显。

---

① *Budget: le rôle de la direction des affaires financières (DAF)* [EB/OL]. http://www.enseignementsup-recherche.gouv.fr/cid61607/budget-le-role-de-la-direction-des-affaires-financieres-daf.html. [2015-1-23].

② [法] 雅基·西蒙，热拉尔·勒萨热 . 法国国民教育的组织与管理[M]. 安延，译 . 北京：教育科学出版社，2007：112.

③ 目前这些机构已被"研究与高等教育评估署"（Agence d'evaluation de la recherche et de 1'enseignement superieu）所取代。

④ 范文曜，马陆亭，杨秀文 . 法国和意大利高等教育管理体制调研报告[J]. 理工高教研究，2005(5)：6-13.

⑤ Guy Neave. *The Evaluation of the Higher Education System in France: The Evaluation of Higher Education Systems* [Z]. World Year Book of Education, 1996: 65-87.

⑥ 傅芳 . 西欧大陆国家高等教育质量保障中的政府行为研究[D]. 上海：华东师范大学，2006：14.

第六章　德国教育财政

第一节　概　　述

一、德国教育现状

德国正式教育机构包括学前教育机构、普通教育机构（即中小学）、职业教育机构以及高等教育机构。其他形式的教育机构设立主体各不相同，包括教会、公益组织以及企业等。德国2014年教育报告统计数据显示，2012年德国正式教育机构有96,000所，受教育人数约1,700万人。（见图6–1）

德国的学前教育属于非义务教育，且大多数州要求缴纳学费，但目前各州都在努力降低学前教育费用，有的州（如柏林州）已经开始实行免费学前教育。现今德国学前教育机构的功能正在发生转变：过去的主要任务是儿童看护（Kinderbetreuung），而现在逐渐强调发挥其儿童教育功能（Bildungsaufgaben）。近年来，德国接受学前教育的儿童年龄呈现走低趋势。2008年12月16日生效的《德国儿童促进法》（*KiföG*）规定，自2013年起，凡年满一周岁儿童均有权在学前教育机构获得一个“学位”，但入学时间由儿童父母决定。就目前情况来看，德国5岁左右的儿童基本都进入了学前教育机构学习。2012年，德国共拥有面向3岁以下儿童的各类学前教育机构52,484所，其中公立学前教育机构17,230所。2013年，德国共有81万儿童进入公立学前教育机构学习，其中3岁以下儿童约15.5万，3~6岁儿童约65.5万。

当前德国大部分州实行9年中小学义务教育，个别州为10年。各州中小学法律规定，儿童在年满6周岁后必须接受义务教育。德国小学教育通常为1~4年级（柏林和勃兰登堡州为1~6年级）。中学教育分为两个阶段：5、6年级进行定向分流，决定升入哪一种类型的中学，包括应用文理中学、综合中学、实科中学等；通常9或10年级进入第二阶段，学生可选择进入高级中学或开始接受职

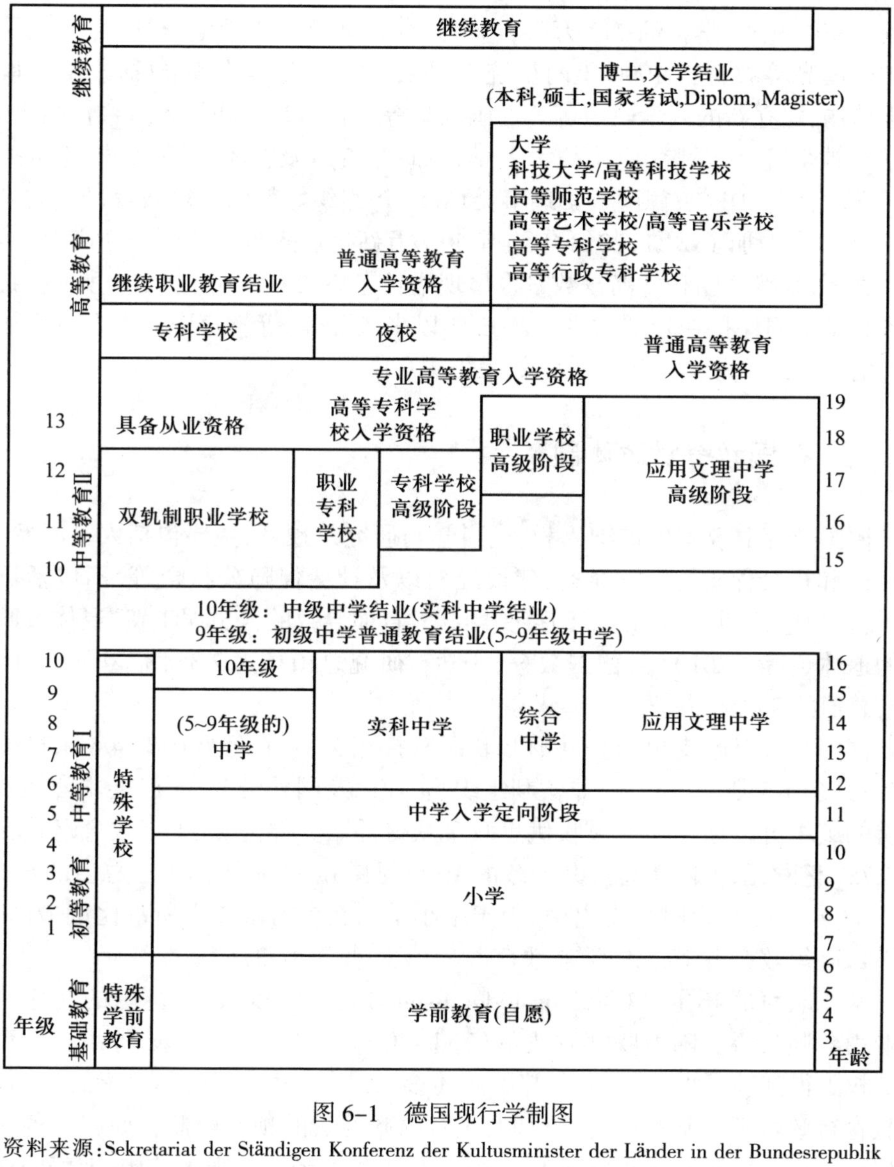

图 6–1　德国现行学制图

资料来源：Sekretariat der Ständigen Konferenz der Kultusminister der Länder in der Bundesrepublik Deutschland, Dokumentations-und Bildungsinformationsdienst, Bonn, 2012.

业教育，包括进入双轨制的职业学校或职业专科学校。近年来由于结构改革以及入学人数回落，德国中小学数量明显减少。公立中小学占德国中小学总数的90%，2012年，德国有公立中小学30,868所，相比1998年减少了23%，其中公立学校占90%；中小学生约713万人，当年共有85.4万中小学生毕业。

德国高等教育自1990年两德统一以来经历了大幅转型，包括改革本科—硕士结构、建立新的入学轨道等。德国的高等教育财政经费投入对象包括大学、教学与神学院、医学院、应用技术大学、行政学院以及艺术学院，此外还包括德国科学联合会（DFG）、德国科学理事会（WR）等组织。德国高等教育机构数量自1998年以来增加了24%，2013年约有50.7万新生进入近400所公立高校学习。相比之下，虽然德国私立高校数量也呈现增长态势（2012年增至203所），但其入学人数却依旧保持在较低水平。2002年以来，德国高等教育毕业生人数增加了近一倍（2012年统计的毕业生人数为30.9万）。

二、德国教育财政体制

德国教育财政支出被纳入教育、科学与研究总预算，主要包括人员经费（包括补助和社会保险）、物资经费、建设经费以及社会保障公积金等，不包括折旧费、贷款利息、培训人员工资、因接受继续教育而导致的人员误工费、退休教职人员的退休金等。2010年，德国教育、科学与研究总预算为2,354亿欧元，占国内生产总值的9.4%。

德国教育财政支出与公共财政状况直接相关，教育经费中有4/5来自公共财政；其余1/5则来自私人、非营利组织、企业以及国外资金，而提供非公共教育经费的组织可以通过国家税收优惠政策获得补贴。德国2011年教育财政支出为1,757亿欧元，占同年总公共财政的10%（见图6–2），占国内生产总值的6.7%。在2011年各类教育财政支出中，用于中小学的教育财政支出所占比例最高，为34.7%，高等教育占19.5%，学前教育占8.7%。（见图6–3）

基于教育联邦主义（Bildungsföderalismus）这一制度背景，德国的文化教育事业由各州负责。随着联邦制改革（Föderalismusreform）的推进，各州在教育领域的权限得到进一步增强，而联邦层面的参与程度大大降低。因此总体上，德国在教育行政管理上基本属于分权制，教育财政经费的预算与监管亦属于各州的职权。表6–1用两种方式呈现了2010年德国教育经费的来源结构，上表的比例结构考虑了各级政府间的转移支付，即将上一级政府直接拨付下一级政府的财政经费考虑在内。以联邦政府直接拨款为例，其对高等教育的拨款包括直接拨付高校的第三方经费以及通过“高校合约”拨付州政府的财政经费，而初始经费

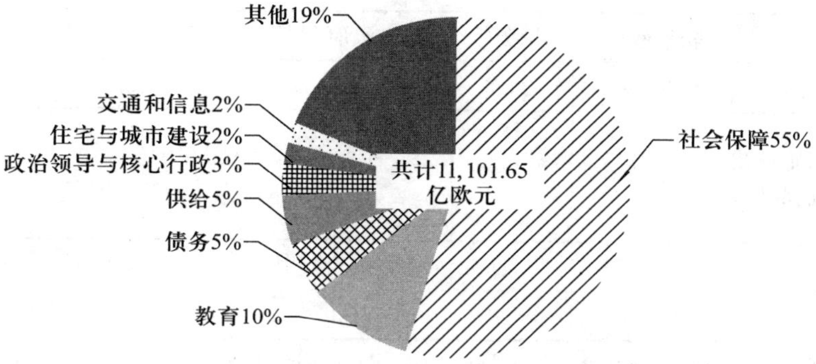

图 6–2　德国 2011 年公共财政支出结构

资料来源：*Rechnungsergebnisse des öffentlichen Gesamthaushalts, 2011*. Statistische Ämter des Bundes und der Länder.

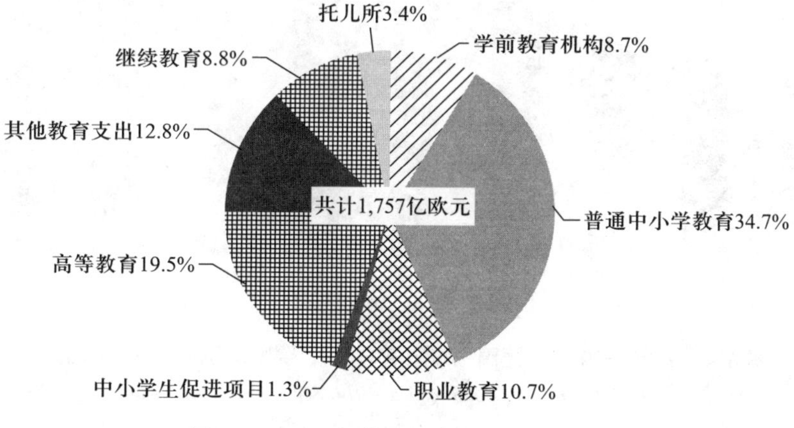

图 6–3　2011 年德国教育财政支出结构

资料来源：*Budget für Bildung, Forschung und Wissenschaft 2011/12*. Statistische Ämter des Bundes und der Länder.

则考虑了联邦政府拨付州政府的财政经费。表 6–1 中则没有将各级政府间的转移支付考虑在内，而仅计算各级政府直接拨付各教育领域的财政经费。在不考虑转移支付的情况下，联邦政府的教育预算支出为 172 亿欧元，州政府为 852 亿欧元，地方政府为 355 亿欧元。由此可见，德国的教育财政经费绝大部分来自州政府，来自联邦政府与地方政府的经费相对有限。然而就整体而言，近年来德国三级政府的教育投入均保持增长态势。（参见图 6–4）

表 6–1 2010 年德国教育经费来源结构

总计	联邦政府	州政府	地方政府(州以下)	私人出资	外国资金
1,731 亿欧元	12.5%	52.0%	15.1%	20.0%	0.4%

上表:初始经费 考虑政府间转移支付 –2.6% –2.8% +5.4% 下表:最终经费 不考虑政府间转移支付

总计	联邦政府	州政府	地方政府(州以下)	私人出资	外国资金
1,731 亿欧元	9.9%	49.2%	20.5%	20.0%	0.4%

资料来源:*Bildungsfinanzbericht 2013*. Im Auftrag des Bundesministeriums für Bildung und Forschung und der Ständigen Konferenz der Kultusminister der Länder in der Bundesrepublik Deutschland. Statistisches Bundesamt, Wiesbaden, 2013.

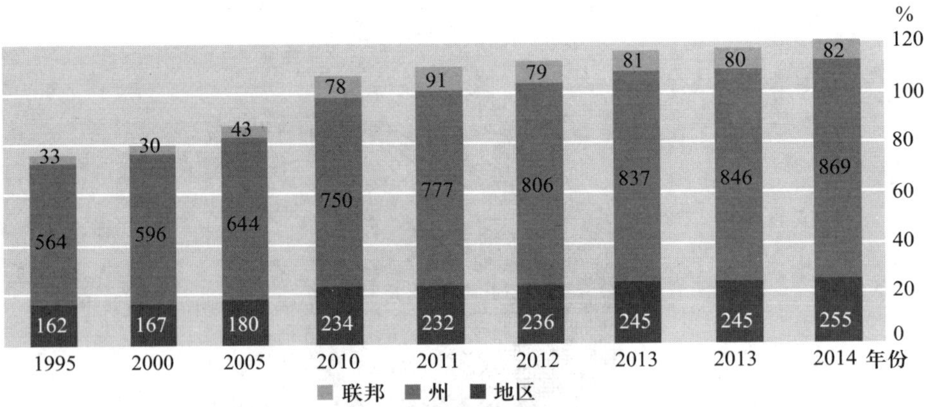

图 6–4 1995—2014 年德国三级政府教育投入规模比较[①](单位:亿欧元)

资料来源: *Bildungsfinanzbericht 2014*. Statistisches Bundesamt.

德国三级政府不仅教育投入规模不同,而且投入方向也不尽相同。总体上,联邦教育经费主要投向了高等教育、继续教育以及职业教育;州政府是各级各类教育的主要投资者,中小学普通教育和高等教育尤为如此;地方政府的教育经费则主要被用来发展学前教育。(参见图 6–5)

德国将学前以及中小学教育完全交给各州和地区负责,而各州和地区的责任划分可以用“国家监管”和“地区承载”来概括。具体而言,学前教育机构由各地区运营,而州政府则负责对本州符合一定要求的学前教育机构提供经费资

① *Bildungsfinanzbericht 2014*. Statistisches Bundesamt.

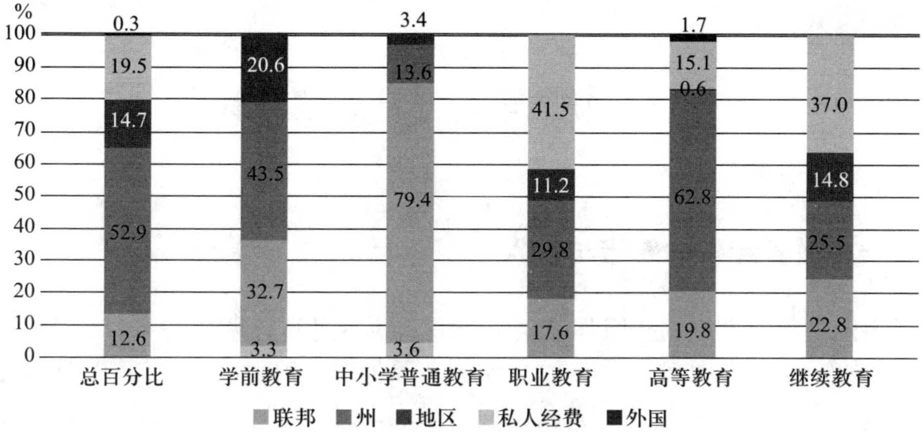

图 6-5　2011 年德国各级各类教育经费来源结构

资料来源：*Budget für Bildung, Forschung und Wissenschaft 2011/12*. Statistische Ämter des Bundes und der Länder.

助。对于中小学而言，州政府制定专门的法律以指导本州中小学的发展并对其进行监管，通常负责规定中小学的教学内容、方法和结构，并为教职人员支出（工资、补助、退休金等）提供财政拨款；各地区则主要负责学校的建设、组织、管理和维护，为中小学行政管理人员以及学校的其他日常运行支出提供财政拨款，但可向相应的州政府申请中小学投资建设经费。

尽管德国的高等教育主要由州政府提供经费，但其联邦政府在特定情况下也可参与高等教育事务。德国《基本法》（*Grundgesetz*）第 91b 条规定："联邦和各州在具有跨区域意义的领域协商合作，共同促进：(1) 高校以外的科研项目，(2) 高校的科研项目，(3) 高校科研项目所需的建设（包括大型器械），且第 (2) 项必须由 16 个联邦州共同商议决定；联邦和各州根据国际比较结果共同确定教育事业的发展水平，共同完成与之相关的报告和建议，从而共同发挥作用；相关投入责任在联邦与各州的协议中予以规定。"该法律条款既体现了德国各州对联邦权力介入教育领域的限制，也体现了一定的妥协，明确了联邦在各州高等教育领域"共同管理"（Mitverwaltung）和"参与出资"（Mitfinanzierung）中的职责。

第二节 德国学前与基础教育财政

一、教育经费的筹措与投入

德国学前教育机构按照其设立资金来源的不同分为两类:一类属于公共法人,由政府(主要是县镇)出资设立,经费来源包括县镇财政、州财政以及学费;另一类属于自由法人,主要指教会、企业以及家长发起建立的学前教育机构。需要说明的是,列入德国教育预算的学前教育机构只有幼儿园(Kindergarten),不包括通常意义上的托儿所或日托所(Kinderkrippen/Tagesbetreuung von Kindern)。据统计,2010年德国约有51,000所学前教育机构,其中34,000所属于自由法人;当年接受学前教育的310万儿童中有2/3在自由法人性质的学前教育机构就读。总体上,近年来德国政府对于学前教育机构的财政投入一直保持增长态势,且主要由州政府、地区政府投入:1995年,州政府为学前教育投入38亿欧元,地区政府投入48亿欧元;2014年,州政府为学前教育投入99亿欧元,地区政府投入106亿欧元,十年间增长了一倍多。(参见图6-6)

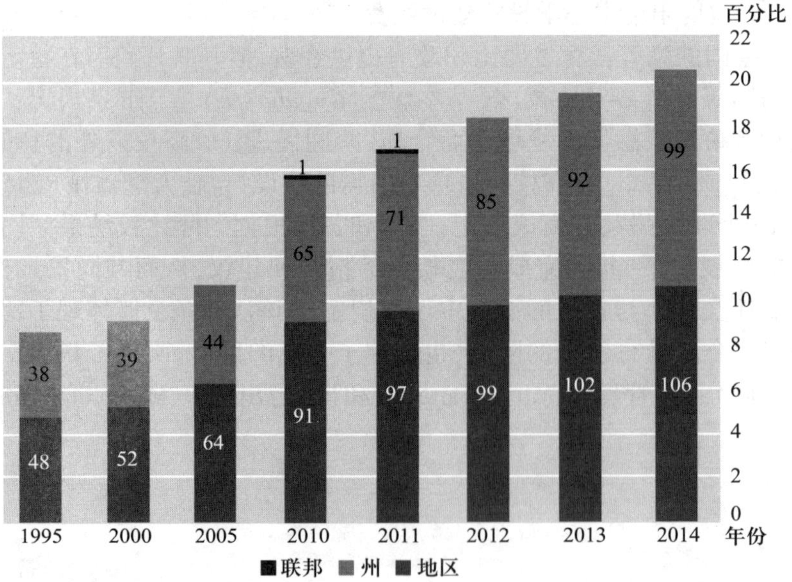

图6-6 1995年以来各级政府对学前教育机构财政拨款所占比重(单位:亿欧元)

资料来源:*Bildungsfinanzbericht 2014*. Statistisches Bundesamt.

德国中小学教育经费主要来自州政府拨款，其次是地区政府的拨款，而联邦投入仅占很小比重。2014年，德国州政府为中小学教育拨款506亿欧元，地区拨款115亿欧元（见图6–7）。从生均经费投入情况来看，2011年德国中小学生均公共财政经费为6,200欧元，东部地区为7,000欧元，西部地区为6,000欧元，柏林、汉堡以及不来梅的生均经费投入为7,300欧元，其中生均经费最低的州为北莱茵－威斯特法伦州（简称北威州，5,300欧元），最高为图林根州（8,000欧元）。

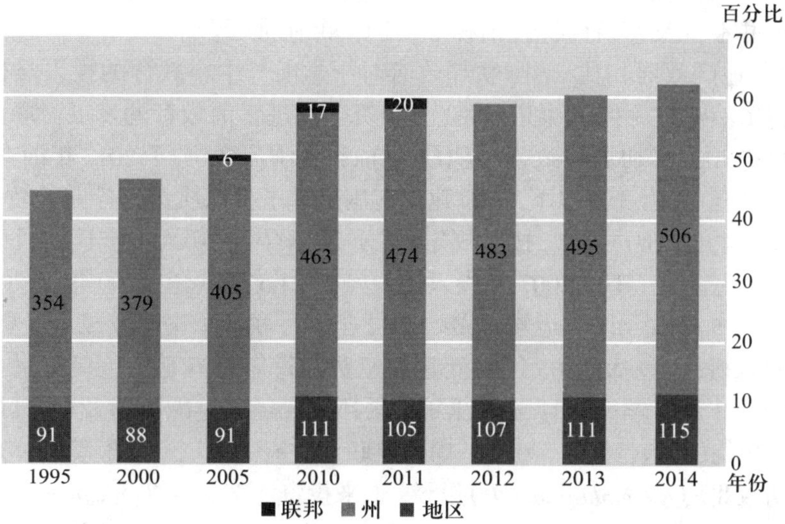

图6–7　1995年以来各级政府对中小学教育财政拨款所占比重（单位：亿欧元）

资料来源：*Bildungsfinanzbericht 2014*. Statistisches Bundesamt.

二、教育经费的分配与使用

德国教育经费的分配大致可以分为两种模式：一种是“客体性财政分配”，又称为“供给性财政分配”（Objekt-bzw. Angebotsfinanzierung）；另一种是“主体性财政分配”，又称为“需求性财政分配”（Subjekt-bzw. Nachfragefinanzierung）。前者为传统的分配模式，财政经费直接拨付机构。然而该经费分配模式由于没有直接照顾到需求者的偏好且无法刺激办学机构有效使用财政经费而广受诟病。供给性财政分配模式又有内部的区分，包括“按照占有的位置”和“按组”两个标准。按照占有的位置分配需要计算学前教育机构中实际儿童数量，该模式在勃兰登堡州和梅克伦堡－前波莫瑞州执行。按组分配的模式与学前教育机构的负荷相关，一般需要计算最少能承担多少儿童。此外，在传统的财政分配模式中，拨付机构的财政经费要与每个被占有位置的具体使用情况挂钩，这一稍作调整的模式又被称为“间接的主体模式”（indirekte Subjektfinanzierung），该模式被应用于巴伐利亚州以及北威州。相比之下，主体性财政分配模式更加凸显需求者的自主选择权，即家长根据子女的情况与需求“用脚投票”，而政府提供的教育经费则以“教育券”的形式分配给家长并最终进入其子女所就读的公立学校。主体性财政分配模式可以在不同的公立教育机构间形式一种“准市场”，通过竞争刺激教育机构提高办学质量。与传统的供给性财政分配模式相比，该模式目前在德国并不普及，只有汉堡、柏林等个别城市在推行。

与州、地区政府相比，德国联邦政府对于学前与中小教育的投入显得“微不足道”，但依然通过不同的渠道、设立专项资金促进学前教育的发展。联邦、各州以及县镇在2007年协商一致，决定增加学前教育学习席位，于2013年前在学前教育机构（目前群体为3岁以下儿童）建立起满足需求且以质量为导向的教育项目，据此颁布了《儿童促进法》。按其规定，截至2013年，联邦承担扩建项目1/3的费用，总计40亿欧元，其中2007年投入建设经费21.5亿欧元，2009年至2013年进一步投入18.5亿欧元作为运转经费。2012年6月联邦承诺继续投入经费用于扩建学前教育机构，包括5.805亿欧元建设经费和每年0.75亿欧元的运转经费，从而能够增加3万个学前教育学位，同时，联邦政府还通过减免营业税来间接提供学前教育机构的运转经费。另外一项来自联邦政府的专项财政经费则体现在《经济发展协议Ⅱ》（*Konjunkturpakt II*）以及《未来投资法案》（*Zukunftsinvestitionsgesetz*）（2009年5月6日生效）为各州和县镇提供100亿欧元的专项资金用作建设经费。该笔经费的65%用于教育设施建设，35%用于支持普通基础设施项目，在投资项目实施过程中，各州（包括地方）政府须自己承担25%的投资资金，也就是说，各州也要进行联合拨款（Kofinanzierung），即如果到2011年联邦政府拨付总计65亿欧元用于各州的建设经费，那么实际的拨款总额将高达87亿欧元。此外，联邦政府还通过其他渠道为学前教育提供财政经费，在“提供早期机会：以幼儿园的语言和融入为重点”（*Offensive Frühe Chance：Schwerpunkt-Kitas Sprache und Integration*）项目中，联邦为保障学前教育机构的质量，计划在2011年至2014年为各州投入4亿欧元。

在财政经费的分配模式上，针对中小学教育的财政经费投入近年来也逐渐从“以投入为导向”的分配模式转向“以产出为导向、以指标为基础”的分配模式，强调财政责任的去中心化，适度引入市场机制调节财政经费的分配。在去中心化和下放中小学管理自主权的过程中，政府对中小学进行目标管理，而中小学也要建立一套相应的核算和汇报机制。这一财政分配模式的转型在高等教育领域也同样存在，而且体现得更为明显，该部分内容将在下一节进行详细介绍。就财政经费的使用而言，公立中小学的财政经费包括人员支出、物资经费以及建设经费。在中小学财政经费的分配与使用上，各地区负责学校的物资经费和非教学人员的费用，各州教育部负责教学人员的费用。为了实现各县镇和州对中小学支出的财政平衡，县镇可以获得来自州财政（州教育部或者财政部）的财政补贴或专项经费（比如中小学生促进计划），各州还为县镇提供一次性的财政补助（比如用于学校建设或其他特定渠道的花销）。对于覆盖区域超过一个县镇的中小学，或者对于多个县镇有重要意义的中小学，州政府也可以为这些学校提供物资经费以及支付非教学人员的费用。通过比较各州的中小学教育财政经费可以发现，人员结构对教育经费的额度有很大影响。对于合同制的教职员工，其社会保险费用纳入学校支出当中，而作为国家公职人员的教师的社会养老保险则不作为学校支出。前者的情况在原东德地区较为普遍，后者的情况则主要出现在原西德地区。从 2011 年的统计数据看，人员支出一项的财政投入经费所占比例高达 80.1%，而物资支出占约 11%，投资建设所占比例为 7% 左右。从 2011 年 6,200 欧元的生均支出来看，人员费用高达 4,900 欧，占生均支出分配的绝大部分，而物资支出仅为 700 欧，建设费用为 500 欧。

同样，遵循各州文化主权的理念，联邦在中小学教育中参与的财政拨款非常有限，其经费分配与使用主要集中在学校建设与增加受教育人数方面。近年来，由于“未来教育与辅导投资项目”（*Investitionsprogramm Zukunft Bildung und Betreuung*）和《未来投资法案》的实施，来自联邦层面的拨款有所增加，一方面用于扩建全日制学校，另一方面用于支持教育基础设施建设，目的在于刺激经济发展以及减轻 2008 年经济危机的影响。但随着联邦制改革的进一步推行，根据需求进行的全日制中小学扩建投资项目今后也会被逐渐取消。在联邦层面的拨款方面，需要专门提及的是，按照《德国联邦教育促进法》（*BAfög*），国家专门为受教育者提供资助，增加国民受教育机会，其中联邦的出资力度大于各州的出资力度。根据 2012 年《联邦教育促进法》实施情况第 19 次报告，联邦和各州于 2010 年一共出资 29 亿欧元，联邦出资 19 亿欧元，其中对中小学教育的资助共 8.55 亿欧元，联邦出资 5.56 亿欧元，受资助的中小学生每月可以获得 357 欧元的补助，2011 年共有近 319,000 名中小学生受惠于《德国联邦教育促进法》。

三、教育经费的管理与监督

德国各级政府当前均设有专门的审计机构以专门负责政府预算、支出的检查及监督工作，包括联邦层面的联邦审计署（Bundesrechnungshof）、各州设立的州级审计署（Landesrechnungshof）以及地方一级的审计检查处（Rechnungsprüfungsamt bzw. Revisionsamt）。德国的学前与中小学教育当前主要由各州政府出资，因此州级审计署也理所当然地成为学前与中小学教育经费的主要管理与监督者。德国16个联邦州均设有自己的州级审计署,以萨克森州为例,《萨克森州宪法》第100条规定,州审计署是独立的政府部门,其职责包括对本州预算与经管的情况进行审计;审计署主席由州长提名,其当选须由州议会以2/3以上的票数通过;审计署每年向州议会汇报审计结果并同时告知州政府。《萨克森州预算条例》第90条规定,州审计署的审计内容包括:接受审计的部门(1)是否遵守预算法与预算计划;(2)收入与支出是否有合理的依据并被证明,预算账目和财产证明是否按规定呈报;(3)是否经济节省地运行;(4)是否用最小的人员和物资消耗或者其他方式有效地完成任务。

德国政府当前并没有通过财政拨款手段加强对学前教育机构管制的倾向,而是更多地从国家福利的角度出发提供经费支持,在经费监管方面强调教育机构自身的内部监管。至于中小学教育经费的监管,德国公共管理领域自1990年以来普遍实施的"现代化进程改革",使其对中小学教育经费的监管从过去的"管制化"倾向逐渐转向如今的"去管制化"倾向,即增强中小学教育机构自身对各自经费的自主监管权限。近年来,德国中小学对各自经费的自我经营和监管逐渐被列入各州的中小学教育法,如今许多州的中小学可以灵活设立各自的经费支出项目。除了前文已提及的审计渠道,德国当前主要通过目标合约的形式对中小学进行质量管理,并通过将质量评估结果与财政拨款挂钩实现对中小学教育机构的经费监管。以北威州为例,2006年颁布的《中小学法》规定,该州中小学教育机构和上级监督机构定期签订目标合约,以保障中小学的发展质量;该州中小学校长委员会也参与目标合约的制订;各中小学教育机构按照合约规定定期进行自我质量分析(Qualitätsanalyse)和内部评估(Interne Evaluation),而下一年度的财政会谈将以目标合约的实施情况为拨款依据。整体而言,这种合约管理式的监管模式一方面可以扩大中小学教育机构的自我管理空间,使其拥有更大的经费使用自主权;另一方面又能通过加强中小学教育机构的自我控制(Schulinterne Controlling)和质量分析确保财政经费得到有效使用。

第三节　德国高等教育财政

一、教育经费的筹措与投入

德国高校基本为公立,且由州财政出资建立,主要从各州教育部获得财政拨款。在经费来源上，需要提及的是，2006 年至 2007 年，大多数西部的联邦州是收取学费的，这一制度在近几年的改革中才被逐渐废除，到 2013 年仍收取学费的联邦州仅有巴伐利亚州和下萨克森州，但巴伐利亚州在 2013—2014 年冬季学期也废除了学费制度，下萨克森州则在 2014—2015 年冬季学期废除了学费制度。高校财政拨款的程序有诸多阶段，高校首先估计经费需求并提交该州主管高校的政府部门，州高校主管部门与其他职能部门相协调后制定该州科学发展预算（Wissenschaftsbudget），纳入州政府预算并提交议会审核。州财政部拨款需要依照该高校教学、科研等各方面情况而定。柏林州的情况较为特殊，其高校预算的确定并非通过高校主管部门，而是通过大学董事会（Kuratorium），其中包括州政府代表和高校代表，双方共同发挥作用。联邦在高等教育领域拨款必须依照《基本法》，其中规定了联邦和州在高等教育领域中联合出资（Kofinanzierung）的任务，包括促进培训（Die Ausbildungsförderung，参见《基本法》第 104a 条第 3 款以及第 74 条）、高校建设（der Hochschulbau，参见第 91a 条）以及教育规划和促进科研（die Bildungsplanung und die Forschungsförderung，参见第 91b 条）。这里需要强调的是，联邦在这些领域并非承担全部的财政职责，而是和各州一起履行财政职责，换句话说，这些仍然是各州的任务，联邦只是参与进行财政拨款。随着联邦制改革的推进，联邦和各州的职责逐渐被拆开，混合形式的财政拨款也被逐渐废除，原本由联邦和各州共同负责的诸如高校建设和教育规划的任务也被取消，不过各州直到 2019 年仍然可以获得联邦财政的补偿性拨款（《基本法》第 143c 条）；同时，《基本法》第 91b 条也做了全面改动，就促进科研而言（第 91b 条第 1 款），联邦和州在对跨区域有重要意义的机构或计划上进行合作，也就是说，联邦和各州依然进行混合形式的财政拨款，但前提是接受拨款的机构或计划对于其他州、整个国家乃至在国际上具有辐射作用。

就投入力度而言，2011 年德国高校共获得基本财政经费 238 亿欧元，比 2010 年增加了 5.7%，比 2005 年增加了 29.3%。2012 年，德国高校获得的总财政经费增加到 247 亿欧元；2013 年则增至 267 亿欧元；2014 年达到 281 亿欧元。（见图 6–8）从经费分担结构来看，德国州政府仍然是高等教育的主要投资者。2011 年，德国各州政府共为高等教育投入约 200 亿欧元，占当年高等教育总财政经费的 83.9%，这一比例与 2005 年相比增加了 20.6%。德国联邦政府对高等教育的投入尽管比之州政府略显“微不足道”，但其投入力度近几年也呈现出增长趋势。2011 年，德国联邦为高等教育拨款 38 亿欧元，相比 2010 年增加了 18.6%；2012 年，德国联邦对高等教育的财政投入增加到 40 亿欧元；2013 年则增至 49 亿欧元；2014 年达到 50 亿欧元。需要指出的是，联邦经费的增加主要来源于近几年“卓越计划”“2020 高校公约”以及 2009 年至 2011 年的《未来建设投资法案》的实施。

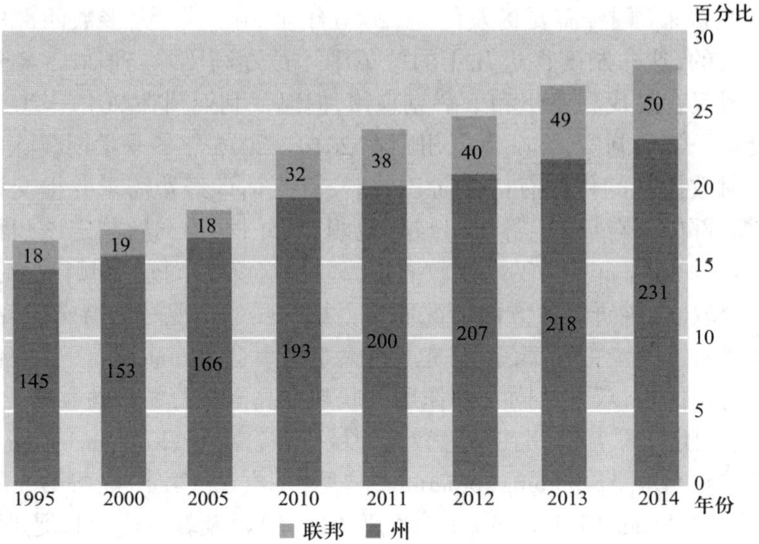

图 6-8 1995 年以来德国各级政府对高等教育财政拨款所占比重(单位:亿欧元)

资料来源:*Bildungsfinanzbericht 2014*. Statistisches Bundesamt.

在生均投入方面,德国各州情况不一,2011 年平均生均投入 6,200 欧元(不包括医学部),与 2006 年相比减少了 100 欧元。其中,生均投入最少的联邦州为勃兰登堡州(生均 5,200 欧元),最多的联邦州为下萨克森州(生均 7,800 欧元)。从学科领域来看,2011 年各学科生均投入平均水平为 8,200 欧元。其中,投入最高的为医学和健康科学(生均 30,100 欧元),是数学、自然科学(生均 10,000 欧元)的三倍,而法学、经济学和社会科学的生均投入则平均仅有 4,300 欧元。(见图 6-9)

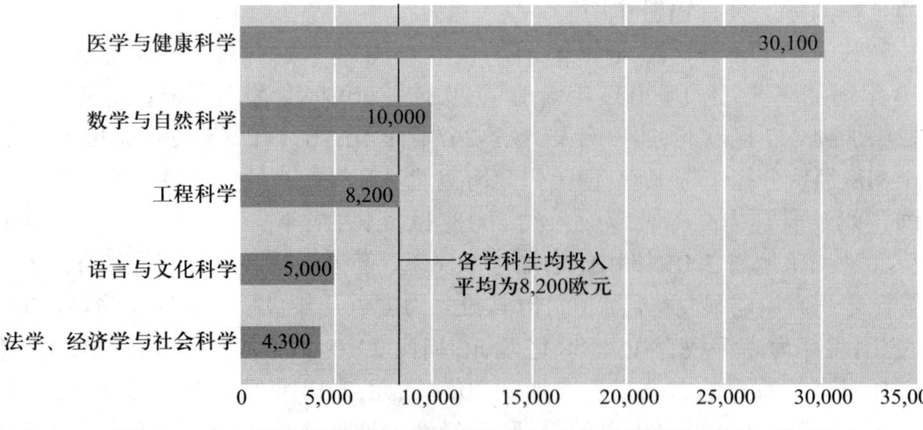

图 6-9 2011 年德国高等教育经费各学科生均分配结构(单位:欧元)

资料来源:*Monetäre hochschulstatistische Kennzahlen 2011*. Statistisches Bundesamt.

二、教育经费的分配与使用

德国高等教育财政经费的分配模式在近几年发生了根本变化，大部分联邦州采取一揽子财政拨款，而高校在经费使用上具有很大的自主支配权。在政府对高校的调控方面，德国出现了“减少国家控制”与“增加大学自我管理”的声音，高等教育治理领域也产生了一种新话语，即“新调控模式”（Das neue Steuerungsmodell，简称 NSM），反映了德国高等教育治理“去管制化”的新理念。国家不再对高校进行“细节调控”（Detailsteuerung），而是通过“制定目标”的方式进行“外部调控”（Außensteuerung），此外在高校内部建立“等级式的、管理式的自我调控”（hierarchisch-managerielle Selbststeuerung）。按照这一理念，在各州对高校的财政拨款方面，近年来出现了目标合约或者目标－绩效合约的财政经费分配工具，逐渐推广了一套绩效型财政拨款体制。

以柏林州为例，2010—2013 年目标合约第 1 条从总体上规定，高校财政体制以“绩效为基础”，高校在州教育部提议的财政拨款模式基础上于 2009 年制定出具体的模式，促进以绩效为基础的高校财政拨款体制的执行。从比例看来，绩效型财政拨款已经占总财政拨款的 2/3 以上，其参考的具体指标为高校第一学期新生人数、规定学业时限内学生人数、毕业生数、第三方资金支出费用、授予博士学位数以及女性比例，数据来自高校官方统计部门（以前两年为基础，即 2010 年和 2011 年）。以 2008 年作为参照年（绩效拨款比例上升到 2012 年前的最高点，即 30%），对 2009 年的绩效财政经费进行测量。以柏林三所综合性大学为例，柏林自由大学（FU）、洪堡大学（HU）和科技大学（TU）的绩效性财政拨款情况见表 6–2：

表 6–2　2009 年柏林州高校财政绩效拨款模式

栏目	(1)	(2)	(3)	(4)=(3)×(2)	(5)	(6)	(7)=(6)/(4)	(8)
2009 年绩效财政经费测量情况		拨款总额 千欧元	绩效拨款比重	绩效拨款数额（千欧元）	调整比率：不包括综合性大学	绩效考评结果 奖励 & 扣除		
						绝对额（千欧元）	比重 1	比重 2
大学	FU	170.125	30%	51.037	—	395	1%	0.2%
	HU	137.625		41.287		601	1%	0.4%
	TU	154.596		46.379		–996	–2%	–0.6%
	Σ	462.345		138.703				

资料来源：*Leistungsberichte der Berliner Hochschulen zum Jahr 2008 einschließlich Mittelbemessung*（*ohne Medizin*）. Senatsverwaltung für Bildung, Wissenschaft und Forschung, Berlin.

对2008年进行绩效考评须按照2006—2009年高校目标合约第2条和第3条规定进行。评估报告于2008年12月19日提交至柏林州议会科学研究委员会。具体来讲,2009年绩效拨款额度的确定要参考2008年绩效评估报告,2008年的评估过程则采用2007年的数据。表6-3反映了三所综合性大学绩效拨款的结果。按照2008年绩效经费占财政拨款总额30%的规定,柏林自由大学、洪堡大学和科技大学中,前二者额外获得占395,000欧元和601,000欧元的奖励,而科技大学则从绩效拨款中扣除了996,000欧元。

表6-3 柏林州三所综合性大学2008年绩效考评结果

单位:千欧元

绩效考评结果		总额	绩效领域		
			教学	科研	反歧视
大学	FU	395	988	–815	221
	HU	601	–98	893	–194
	TU	–996	–890	–78	–27

资料来源:*Leistungsberichte der Berliner Hochschulen zum Jahr 2008 einschließlich Mittelbemessung* (*ohne Medizin*). Senatsverwaltung für Bildung, Wissenschaft und Forschung, Berlin.

柏林州政府对高校的绩效评估分别从教学、科研和反歧视三个方面进行,从而决定相应的绩效财政拨款数额。以教学为例(详见表6-4),其测量指标有四项,分别为"容纳比率""成果比率""完成规定学习年限的比率"和"国际化",数据收集的单位是学生人数,计算结果为百分比,分别进行加权处理。

表6-4 柏林州绩效型财政拨款的参数指标和计算方式(以教学为例)

指标项	权重	计算方式
"容纳"比率	0.1	规定学习期限(RSZ)内的学生人数/学习席位总数
"成果"比率	0.5	毕业生数/毕业年级学生总数
"完成规定学习年限"比率	0.3	在规定学习期限(+2)毕业的学生人数/毕业生总数
"国际化"比率	0.1	综合性大学/艺术设计院校:国际学生毕业生数/毕业生总数 应用技术大学:规定学习期限(+2)内的国际学生数/规定学习期限(+2)的学生总数

资料来源:*Hochschulvertrag 2006–2009*. Senatsverwaltung für Bildung, Wissenschaft und Forschung, Berlin.

在经费使用方面,2011年德国公立高校共支出420亿欧元,其中有233亿欧元用于人员经费支出,139亿欧元为物资经费支出,48亿欧元用于投资建设。若按高校的活动类型划分，2011 年德国高校的公共财政经费有 173 亿欧元用于教学，与 2005 年相比增长了 31.7%；134 亿欧元用于科研，与 2005 年相比增长了 43.4%；142 亿欧元用于高校医学部的医学治疗，与 2005 年相比增长了 35.2%。（见图 6–10）

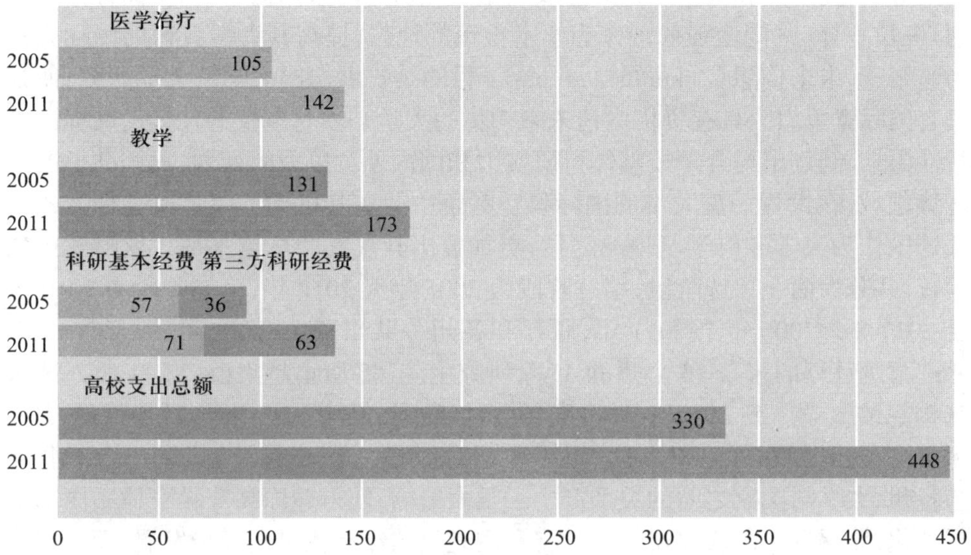

图 6–10　2011 年高等教育财政经费使用结构（单位：亿欧元）

资料来源：*Monetäre hochschulstatistische Kennzahlen 2011*. Statistisches Bundesamt.

从联邦层面高等教育经费的分配与使用情况来看，除了上文多次提及的《未来投资法案》（2009 年至 2011 年）以外，主要体现在以下两种方式上："卓越计划"与"2020 高校公约"。

（1）"卓越计划"。为了提高德国高等教育的总体竞争能力，德国联邦政府做出了实施卓越战略的决定，通过重点资助的方式，打造德国乃至世界一流大学。卓越战略的具体做法就是在全国范围内评选出少数优秀研究生院、卓越研究集群和未来构想大学，由联邦政府和各州政府按照比例对其投入巨资，以培养德国科学的未来人才并提升德国大学科研实力。重点资助的主要有三个方面：第一，研究生院（Graduiertenschulen，德国由于具有其特殊传统，研究生院只包括博士研究生的培养）。研究生院对于培育德国在科学领域国际上具有竞争力的卓越基地具有重要意义，是培养未来学术人才的质量保障工具，遵循在卓越环境中培养优秀博士生的原则，在一个较宽的科学领域内提供理想的攻读博士环境，作为在国际上有影响的整体机构促进博士生对于各自研究生院的身份认同。第二，卓越集群（Exzellenzcluster，主要是指跨学科的研究中心、所）。通过卓越集群在德国大学建立国际上有影响的具有竞争力的研究和培养机构,建立网络和合作。卓越集群应该是高校动议和主题计划的重要组成部分,要求取得优先发展的地位。此外还应该为未来科学人才提供卓越的培养条件和事业发展条件。卓越集群、研究生院和基于项目的扩展大学尖端研究的未来构想(以下简称未来构想)三位一体,共同增强德国作为学术重镇的地位,提高其大学教育的国际竞争力。第三,未来构想(Zukunftskonzepte)。目的是扩展德国大学的尖端研究,使其具有国际竞争力。具有资格申请未来构想的大学必须对本校的长远发展提出可行性愿景,制订出提升学校整体科研实力和国内外竞争力的计划,巩固并扩展其优势领域,在世界一流大学的国际科学竞争中树立其机构形象。以这种方式增强德国作为大学和科学基地的地位,更加突出其现有的卓越水平。就财政拨款而言,共分为两个评选阶段,第一阶段为 2005 年至 2012 年,第二阶段为 2010 年至 2017 年。2006 年至 2011 年,联邦和各州一共出资 19 亿欧元,用于 2012 年入选卓越计划的来自 13 个州的 45 家研究生院、43 所卓越集群、与 11 所入选未来构想的大学。到 2017 年又将准备 27 亿欧元,其中 75% 来自联邦财政,25% 来自主导州财政(即该州入选“卓越计划”的机构)。“卓越计划”的出台对联邦与各州、大学与国家之间的关系产生了很大影响,使得德国高等教育体系内部出现分化,获得资助的联邦州与大学将利用充足的经费获得进一步发展,而未被资助的州与大学也将受到竞争的冲击;与此同时,结构评估、竞争意识与标杆管理被引入“卓越计划”之中,尽管各大学对于通过评估的方式表示同意,但对于采用何种指标进行评估仍持不同意见,此外评估指标也同样出现在州政府对大学的财政拨款中。

(2)“2020 高校公约”。为了增加高校入学人数,持续保障高校科研质量,联邦和各州根据《基本法》第 91b 条第 1 款于 2007 年共同发布了“2020 高校公约”(Hochschulpakt 2020),以通过提高高校入学人数来应对目前高等教育面临的诸多挑战。具体来讲,包括如下五项重点:(a)雇佣更多人员;(b)提高应用科技大学的入学人数;(c)提高数学、信息科学、自然科学以及技术专业的入学人数;(d)提高大学学习质量;(e)提高教席和其他职位上女性的比例。在项目的第一阶段(2007 年至 2010 年)高校可以增加 185,000 个大学学习席位,对应的财政拨款为 11.3 亿欧元,其中一半来自联邦财政,一半来自各州财政。2009 年 6 月联邦和各州继续签订高校公约,将第二个项目阶段规定为 2011 年至 2015 年,其间高校可以期望增加 327,000 个学习席位,对此联邦政府从 2011 年至 2015 年准备投入 48 亿欧元。就促进的情况来看,2012 年德国高校新入学大学生人数为 495,099 人,比 2005 年 362,345 人增加了 1/3。在 2010 年 6 月,联邦政府与州政府达成一致,将高校公约扩展到第三个阶段,目标在于改善学习条件,提高教学质量，为此联邦通过《教学质量公约》的形式，准备至 2020 年前投入 20 亿欧元，并计划通过两轮申请制度，覆盖 90% 的公立高校，促进 16 个州共 186 所高校的发展，包括改善人员配备，提高教学人员的质量，确保高校教学的高质量等。这项促进计划第一期于 2016 年截止，第二轮通过中期评估后可以延续至 2020 年。

就这笔资金的使用来看，各州与联邦政府达成一致，按照高校公约框架制定具体措施。具体来讲包括两个部分。其一，高校整治措施，专门用于提高大学入学人数。每个州的情况不一，举例而言，巴登 - 符腾堡州颁布了《扩建计划"2020 高校公约"》，柏林州颁布了《2012 至 2016 教学质量促进计划》，北威州颁布了《基于目标绩效合约的奖励模式》。其二，高校发展项目，如扩大学生公寓、食堂以及图书馆，为学生提供咨询服务等，不同的州根据自身发展情况采取相应行动。为确保资金的正常使用，在资金的拨付方式方面，联邦每年在 1 月份拨付当年所需经费，这笔经费根据四年的比率来计算，在经费拨付后还要根据实际新增入学人数调整经费，以确保与实际新增大学入学人数相符合，各州可以灵活使用这笔费用，制定自身发展重点，但前提是遵守"2020 高校公约"所提出的目标。

三、教育经费的管理与监督

与学前和中小学教育有所不同的是，德国的高等教育经费不仅要接受各州的州级审计署监管，还要受到联邦审计署的监管。在联邦行政机构中，联邦审计署的位置与联邦总统府、总理府和联邦各大部门平级。作为国家独立的财政监督部门，它只遵照法律履行职权，任何一个国家机构都不能委托审计署进行某种特定的审计任务，而审计署也不能对任何政治决定进行评判。联邦审计署与州级审计署并不存在上下级隶属关系，但如果双方达成一致，也可以共同开展审计工作。

作为外部监管机构，联邦审计署按照《联邦预算法案》第 88 条的规定，对联邦预算和经管的情况进行审计。《联邦预算条例》（BHO）第 89 条规定了联邦审计署的具体审计项目，包括：(1) 收入、支出、支出项应尽的义务，财产和债务；(2) 有财政影响的措施；(3) 留存资金与预先支付；(4) 自我经管资金的使用。第 90 条规定审计内容包括：接受审计的部门 (1) 是否遵守预算法与预算；(2) 收入与支出是否有合理的依据并被证明，预算账目和财产证明是否按规定呈报；(3) 是否经济节省地运行；(4) 是否用最小的人员和物资消耗或者其他方式有效地完成任务。审计程序如图 6-11 所示。

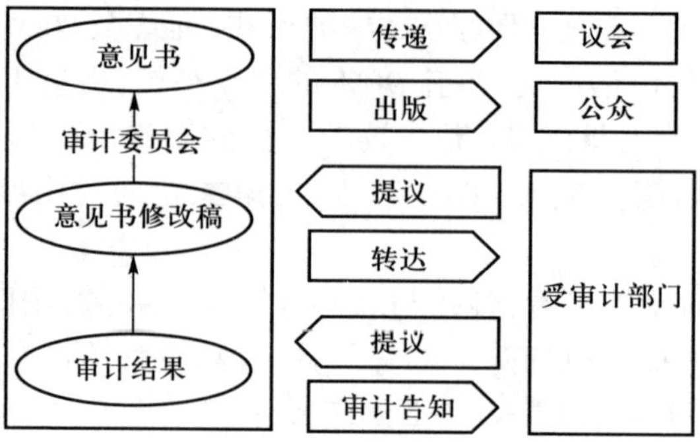

图 6-11 联邦审计署审计程序

资料来源:*Bemerkungsverfahren*. Bundesrechnungshof,2013.

审计结果由审计署直接向被审计部门公布。当审计署认为出于特定理由且有必要时,可以向其他部门和联邦议会的预算委员会公布审计结果。如涉及根本的或者具有重大财政意义的审计结果,联邦审计署要将其公布给联邦财政部。联邦审计署可以通过答复、文件审查或者其他方式,向第三方提供已经审计完成的审计结果。然而为了保护审计程序,有关审计行动的文件并不予以公布。联邦审计署每年将审计结果以意见书的形式公布给联邦议会和参议院,意见书由以下四个部分构成:(1)对于预算年联邦预算账目和财产账目进行评判;(2)将每个部门作为单独的方案,审计其收入与支出情况;(3)将第二部分审计的结果与联邦预算相结合;(4)国际性质的审计(比如与欧盟审计署共同合作)。如《联邦审计署 2014 年审计意见书》反映了对高等教育财政经费的审计结果,联邦审计署据此也提出了相关意见,比如"联邦对科研经费的监管持续力度不够","联邦应该在可能的范围内充分发挥影响力以确保联邦财政经费按照特定的目的与预算法的规定得到有效使用",等等。

从高校财政经费的内部监管来看,学院具有独立财务权,并对学院的财务负责。学院财务科设专人负责学院的财务监督,审核各种开支科目,严格控制开支额度超出预算,并定期向学校财务处提交季度和年度财务报告。学校财务处设财务预算管理科和财务结算管理科审核学院提交的财务报告,负责整个大学的财务监督,并定期向校务委员会报告财务情况。各州审计署(Rechnungshof)不定期对学校的财务状况进行监督,对学校年终财务报告进行审核。

从高校行政经费的监管来看,目前统一的趋势是要求高校内部建立一套成本—绩效结算体系(Kosten-und Leistungsrechnung,简称 KLR 体系),主要应用于高校行政服务部门。简单而言,类似于建立一种"产品列表"(Produktkatalog),其中标明每一项产品(即绩效)的资源投入量。通过 KLR 体系可以计算出"产出特定绩效的资源消耗量”，作为高校下一步调控与决策的依据，也是汇报体制强有力的数据基础，同时还是一种有效的成本控制方式（Kosten-Controlling）。以柏林自由大学为例，2007 年开启了“建立成本—绩效结算体系项目”，截至 2009 年年底，将 KLR 体系在所有行政和服务部门进行推广，其中一个子项目是推广名为“Tisoware”的 IT 支持系统，其操作界面如图 6–12，表格中第一栏为日期，第二栏为行政人员录入的工作时间，第三栏为“工作项目”代号，也就是行政经费开支项，需要行政人员从项目备选库中进行选择后录入，第四栏为对该项目的总体描述，第五、六两栏由系统自动生成，为工作人员岗位代号。通过该软件记录行政部门的“资源的使用量”，包括人工费用和工作时间等，目的是建立一套相对合理的资源消耗的计算体系。

图 6–12　柏林自由大学成本—绩效结算体系的 IT 支持系统

资料来源：*Stabsstelle Berichtswesen und Systeme*（*BWS*）[EB/OL]. http://www.fu-berlin.de/sites/bws/2_zeiterfassung/einstieg_tisoware/index.html. [2015–7–30].

下篇

专题研究

第七章　世界主要国家各级各类教育投入比较

第一节　教育投入的概念界定

教育投入又称教育经费、教育投资等，是社会和受教育者个人直接、间接投入教育领域以获得预期收益的人力和物力的货币表现。在英文中，也存在着许多不同表述。在教育财政研究中，不同学者对相关概念进行了界定。

范先佐认为："教育投资是投入教育领域中，用于培养不同熟练程度的后备劳动力和各种专门人才，以及提高人的劳动能力的人力和物力的货币表现。这里包含着两层意思：第一，教育投资是投入教育领域而非其他领域的人力和物力的货币表现；第二，教育投资的目的在于培养人和提高人的劳动能力。"[①] 王善迈认为："教育经费是投入教育的人力与物力资源的货币表现，是教育改革与发展的保障。"[②] 同样是"投入教育的人力与物力资源的货币表现"，这里指的是"教育经费"。栗玉香认为：教育领域投入的人力、物力、财力（三要素）及其货币表现有几种称谓，在财政学上称为"教育支出"，在经济学上称为"教育投资"。[③] 从学者给出的定义来看，"教育经费""教育投资""教育投入""教育支出"具有相似的内涵，在目前的文献中也基本没有区分。

"作为公共服务的教育服务是政府的重要职能，财政是公共教育服务的负担主体。"[④] 因此在谈论教育投入时，往往提得最多的是政府的教育投入，也被称为教育财政，英译名称为"educational finance""government educational expenditure""government input in education"或"public educational expenditure"，即政府教育投入或公共教育投入。对于教育财政的研究在广义上属于应用经济学的研究范畴，是对宏观的政府教育经济或者某个领域的研究。而狭义的教育

---

① 范先佐．教育经济学新编［M］．北京：人民教育出版社，2010：218.

② 王善迈．经济变革与教育发展：教育资源配置研究［M］．北京：北京师范大学出版社，2014：47.

③ 栗玉香．教育财政学［M］．北京：经济科学出版社，2009：18.

④ 王善迈．经济变革与教育发展：教育资源配置研究［M］．北京：北京师范大学出版社，2014：47.

财政研究是指对政府教育财政行为中有关教育的经费来源和使用的相关分析，主要是对政府教育理财的价值观、教育经费的筹措、预算分配及管理、国家教育经费使用的效益及评估以及教育的财务体制等问题进行的研究。[①]

本章所讨论的主要是各国政府的教育投入水平比较。一方面由于政府教育投入水平的数据统计相对比较完善，有国际比较的基础。另一方面，中国教育投入的主体是政府，因此对政府教育投入的讨论更有借鉴意义。目前一些国际组织对各国教育的投入数据进行了收集和分析，如联合国教科文组织、经济合作与发展组织等。联合国教科文组织关于教育数据的来源是来自于各国政府财政部门、教育部门或统计部门发布的相关报告。在我国，这些数据的来源主要是财政部、教育部与国家统计局联合发布的《全国教育经费执行情况统计公告》《中国教育经费统计年鉴》等。

尽管国际支出水平的数据是不完全的，有时甚至由于统计口径不同使人产生误解，但是他们提供了变化趋势等信息，使得我们可以在不同国家之间进行国际比较。

联合国教科文组织的数据库中将政府的教育投入（expenditure on education from government sources）定义为："各级政府用于教育的所有经费，包括经常性支出（current expenditure），基本建设支出（capital expenditure）和转移性支出（transfers expenditure），包括政府从国际资源转移而来的资金。"[②]经合组织关于公共教育投入（public spending on education）的定义是教育机构的直接花费以及由教育机构管理的给予家庭的教育类补助费用。支付的实体包括教育部门和其他部门，地方政府和其他公共机构。[③]

在中国的统计资料中，政府教育投入的指标为"国家财政性教育经费"。该指标"包括公共财政预算教育经费，各级政府征收用于教育的税、费，企业办学中的企业拨款，校办产业和社会服务收入用于教育的经费以及其他属于国家财政性教育经费"[④]。可见该指标中，教育经费的来源不仅是财政，还有企业、校办产业等。而完全来源于财政的教育经费在统计上的指标是"公共财政预算教育经费"，其定义是指中央、地方各级财政或上级主管部门在本年度内安排，并划拨

① 廖楚晖．教育财政学[M]．北京：北京大学出版社，2006：3.

② UNESCO Institute for Statistics. *Data Center*：*Education* [EB/OL]. http://data.uis.unesco.org/index.aspx?queryid=181&lang=en#.[2015-3-2].

③ OECD. *Data*：*Education Resources* [EB/OL]. http://data.oecd.org/eduresource/public-spending-on-education.htm#indicator-chart.[2015-3-3].

④ 中华人民共和国国家统计局．指标解释：教育和科技[EB/OL]. http://www.stats.gov.cn/tjsj/zbjs/201310/t20131029_449419.html.[2013-10-29].

到各级各类学校、教育行政单位、教育事业单位，列入国家预算支出科目的教育经费。包括教育事业费拨款、科研拨款、基本建设拨款和其他拨款。[①] 但是该指标只是预算，并不是实际支出的教育经费。实际支出的教育经费指标称为"公共财政教育支出"。根据《中国统计年鉴 2014》中关于教育经费的数据，2012 年国家财政性教育经费为 22,236.23 亿元，其中公共财政教育支出为 20,314.17 亿元。[②] 其比例为 91% 左右。

从统计指标上看，公共财政教育支出与国际上的政府教育投入指标较为一致。而中国一直沿用了国家财政性教育经费作为政府教育投入的指标。该做法有其历史原因。在一些发展中国家，包括中国，由于政府教育经费紧张，政府允许学校以某些方式创收，并将这些收入用于学校发展教育。[③]

从图 7-1 来看，2002 年以来，公共财政教育支出占国家财政性教育经费的比例一直在 90% 以上。尽管如此，由于统计口径的不同，中国的教育财政经费不能直接和其他国家进行比较。在联合国教科文组织和经合组织的数据库中也没有中国的数据。

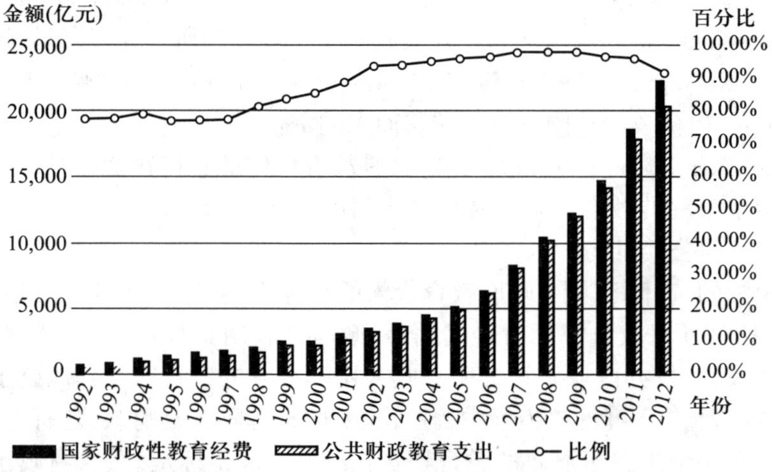

图 7-1 1992—2012 年公共财政教育支出占国家财政性教育经费的比例

资料来源：中华人民共和国国家统计局．中国统计年鉴 2014：教育经费情况[EB/OL]. http://www.stats.gov.cn/tjsj/ndsj/2014/indexch.htm.[2015-7-14].

① 中华人民共和国国家统计局．指标解释：教育和科技[EB/OL]. http://www.stats.gov.cn/tjsj/zbjs/201310/t20131029_449419.html.[2013-10-29].

② 中华人民共和国国家统计局．中国统计年鉴 2014：21-40 教育经费情况[EB/OL]. http://www.stats.gov.cn/tjsj/ndsj/2014/indexch.htm.[2015-7-14].

③ 孙国英，许正中，王铮．教育财政：制度创新与发展趋势[M]. 北京：社会科学文献出版社，2002：122-123.

第二节　世界主要国家政府教育投入比较

由于教育投入的统计口径不同,在目前关于教育投入的各类数据库中,一些指标和统计结果存在差异。为了保证数据统计口径的相对一致,我们主要选取了联合国教科文组织数据库中的教育投入数据进行比较。但是由于在该数据库中没有中国的相关数据,本章在教育部和统计局公布的官方数据中选取了定义最接近的指标进行对比。

本章要比较的国家有 12 个。首先是美国、英国、法国、德国、澳大利亚这些主要的发达国家。日本和韩国是中国邻国中的教育大国,也加入比较。芬兰的教育因为 PISA 成绩名列前茅而受到瞩目,因此亦在比较之列。另外金砖五国成员,即巴西、俄罗斯、印度、南非都和中国的发展阶段类似,了解它们的教育投入状况也有一定的意义。

本章主要截取了 2001 年至 2013 年的数据,分析各国教育投入的规模和结构。分析的内容主要是各国政府教育投入的规模和结构。政府教育投入规模的统计主要有两个指标,一是政府教育投入的 GDP 占比,二是政府教育投入占政府财政总开支的比重。“确定教育财政支出规模,一方面可以保证国家财政对教育的投入;另一方面也可以反映教育在经济社会中的地位。”① 分析政府教育投入的结构首先要清楚政府教育投入的分类。廖楚晖认为共有五种分类方法。第一是按教育体制(或受教育程度)分类,分为学前(幼儿)教育财政、初等教育财政、中等教育财政、高等教育财政以及其他形式的教育财政;第二是按政府管理体制分为中央或联邦教育财政和地方(包括省、地两级)教育财政;第三是按收入来源分类;第四是按支出用途分类,分为教育事业费支出和教育基建投资支出;第五是按支出有无补偿分类,分为教育财政的购买性支出和转移性支出。② 后四种分类涉及教育体制,因此本章只按照第一种分类方法,分析政府教育投入在各个教育阶段的情况。也有两个指标,分别是不同教育阶段的生均公共教育经费占人均 GDP 的比重和不同教育阶段的政府教育投入占政府教育总投入的比重。

---

① 廖楚晖 . 教育财政学[M]. 北京:北京大学出版社,2006:9.

② 廖楚晖 . 教育财政学[M]. 北京:北京大学出版社,2006:4–7.

一、政府教育投入的GDP占比和财政总支出占比

（一）政府教育投入的GDP占比

政府教育投入的GDP占比一直是讨论的重点。联合国教科文组织的数据中关于政府教育投入的定义是政府用于教育机构的资金，包括公立的和私立的，用于教育管理的资金和对私人实体的补助，比如对学生、家庭和其他一些实体的补助。

表7-1是各国政府教育投入的GDP占比。从数据来看，该比例最高的是芬兰，最高值是在2010年，达到了6.54%。在表7-1中所列的发达国家中，该比例在2010年几乎都超过了5%，只有日本没有超过4%，而且没有很明显的上升迹象。在金砖五国中，巴西和南非都超过了5%，并且巴西这十年的增长从2002年的3.78%上升到2011年的6.06%。从趋势来看，这十年中有不少国家都在该比例上实现了增长。除了巴西之外，还有英国、德国、韩国和南非。芬兰在2002年就已经达到6.02%，到了2011年更是增长到了6.48%。在所列的这些国家中没有国家呈现下降趋势，只出现过下降的波动。美国、日本和法国的平均水平在这十年中都呈现十分平稳的态势。

表7-1 2002—2011年各国政府教育投入的GDP占比（%）

	2002年	2003年	2004年	2005年	2006年	2007年	2008年	2009年	2010年	2011年
美国	5.41	5.57	5.31	5.07	5.39	5.25	5.30	5.25	5.42	5.22
英国	4.98	5.12	5.01	5.19	5.25	5.16	5.12	5.31	5.95	5.75
法国	5.41	5.72	5.64	5.50	5.44	5.45	5.44	5.74	5.68	5.52
德国	—	—	—	—	4.28	4.35	4.42	4.89	4.92	4.81
芬兰	6.02	6.17	6.17	6.04	5.94	5.69	5.85	6.49	6.54	6.48
澳大利亚	—	—	—	4.91	4.74	4.66	4.63	5.09	5.57	5.11
日本	3.59	3.64	3.60	3.48	3.46	3.46	3.44	—	3.78	3.78
韩国	3.79	4.13	4.12	3.90	3.97	3.95	4.46	4.67	—	—
印度	—	3.55	3.29	3.13	3.09	—	—	3.21	3.32	3.85
巴西	3.78	—	4.01	4.53	4.95	5.08	5.40	5.62	5.82	6.06
俄罗斯	3.84	3.68	3.55	3.77	3.87	—	4.10	—	—	—
南非	5.07	4.86	5.07	5.06	5.07	4.97	4.87	5.25	5.72	5.96

资料来源：UNESCO Institute for Statistics. *Data Center*: *Education* [EB/OL]. http://data.uis.unesco.org/index.aspx?queryid=181&lang=en#.[2015-7-4].

世界银行在 2013 年 2 月发布的报告显示(见表 7–2 和表 7–3),在 2006—2012 年,政府的教育投入占 GDP 比重最低的国家是缅甸,仅为 0.78%。在比重最低的前十位中有各种收入层次的国家,比如摩纳哥和列支敦士登是属于高收入国家。这十个国家的小学净入学率为 35.6%~94.9%。同样这一期间,政府的教育投入占 GDP 比重最高的国家是莱索托,为 13.0%。比重最高的前十位数值在 7.8%~13.0% 之间。而这十个国家的小学净入学率为 51.7%~99.0%。可见政府的教育投入 GDP 占比高,小学的净入学率不一定就高,反之也不能成立。同样,世界银行的数据分析显示,政府的教育投入 GDP 占比高,小学的完成率也不一定高。

表 7–2　2006—2012 年政府教育投入 GDP 占比最低的 10 个国家(%)

序号	国家	教育投入 GDP 占比	人均 GDP(美元)	小学净入学率
1	缅甸	0.78%	—	—
2	摩纳哥	1.21%	172,676	—
3	中非共和国	1.25%	483	68.5
4	赞比亚	1.35%	1,425	91.4
5	黎巴嫩	1.56%	9,904	94.9
6	斯里兰卡	2.06%	2,835	94.0
7	列支敦士登	2.11%	134,915	93.5
8	厄立特里亚	2.13%	482	35.6
9	多米尼加共和国	2.19%	5,530	89.4
10	孟加拉国	2.23%	735	86.3

备注:缅甸、中非共和国和黎巴嫩的数据为 2011 年;摩纳哥、斯里兰卡和孟加拉国为 2009 年,赞比亚和列支敦士登为 2008 年,多米尼加共和国为 2007 年,厄立特里亚为 2006 年。在 214 个国家中,有 55 个国家的数据缺失,未列入计算和排名。

资料来源:World Bank. *Education Expenditure*:*Global Report* [EB/OL].http://datatopics.worldbank.org/education/wDataQuery/ByExpenditures.aspx. [2013–2–1].

表 7–3　2006—2012 年政府教育投入 GDP 占比最高的 10 个国家(%)

序号	国家	教育投入 GDP 占比	人均 GDP(美元)	小学净入学率
1	莱索托	13.0%	1,106	73.4
2	古巴	12.9%	5,397	98.2
3	东帝汶	10.1%	896	85.3
4	丹麦	8.7%	59,684	95.4
5	摩尔多瓦	8.6%	1,967	87.8
6	吉布提	8.4%	1,203	51.7
7	纳米比亚	8.3%	5,293	85.1

续表

序号	国家	教育投入 GDP 占比	人均 GDP(美元)	小学净入学率
8	塞浦路斯	7.9%	30,670	98.7
9	博茨瓦纳	7.8%	8,680	87.1
10	冰岛	7.8%	44,072	99.0

备注:摩尔多瓦和东帝汶的数据是 2011 年;古巴和纳米比亚的数据是 2010 年;莱索托的数据是 2008 年;吉布提的数据是 2007 年;其余 4 国的数据为 2009 年。在 214 个国家中,有 55 个国家的数据缺失,未列入计算和排名。

资料来源:World Bank. *Education Expenditure*:*Global Report* [EB/OL].http://datatopics.worldbank.org/education/wDataQuery/ByExpenditures.aspx. [2013-2-1].

(二) 政府教育投入的财政总支出占比

表 7-4 是 2002—2011 年期间各国政府教育投入占政府财政总支出的比例。在上述国家中,南非政府教育投入占财政支出的比重最高,基本维持在 18% 到 20% 之间。发达国家的比例整体呈下降趋势。美国、英国、法国和芬兰都不同程度地降低了教育投入的比例。以美国为例,2002 年美国的这一比重为 16.38%,到了 2011 年下降到 12.91%。与这些国家相反的是,这十年间巴西的政府教育投入占政府财政支出的比例一直在上升。巴西由 2002 年的 9.64% 上升为 2011 年的 15.27%,上升幅度很大。除了所提到的这些国家之外,其他国家基本上呈现平稳的趋势。

表 7-4 2002—2011 年各国政府教育投入占财政总支出的比例(%)

	2002 年	2003 年	2004 年	2005 年	2006 年	2007 年	2008 年	2009 年	2010 年	2011 年
美国	16.38	16.43	15.53	14.98	15.01	14.40	14.02	12.78	13.04	12.91
英国	13.57	13.62	12.96	13.19	13.22	13.01	12.97	12.61	12.96	12.72
法国	10.34	10.84	10.73	10.40	10.37	10.43	10.27	10.11	10.07	9.86
德国	—	—	—	—	9.76	10.33	10.36	10.48	10.62	11.03
芬兰	12.68	12.78	12.78	12.25	12.28	12.15	12.11	11.84	11.96	11.92
澳大利亚	—	—	—	13.59	13.18	13.03	12.60	13.42	14.33	13.50
日本	9.86	9.95	9.94	10.29	10.15	10.04	10.33	—	9.46	9.71
印度	—	12.92	11.55	11.53	11.78	—	—	10.82	11.74	14.15
巴西	9.64	—	10.39	11.26	12.42	13.22	14.08	14.72	14.56	15.27
俄罗斯	10.58	10.53	11.18	11.95	12.43	—	11.96	—	—	—
南非	20.10	19.59	19.93	19.92	19.68	18.38	17.91	18.31	18.04	18.92

资料来源:UNESCO Institute for Statistics. *Data Center*:*Education* [EB/OL]. http://data.uis.unesco.org/index.aspx?queryid=181&lang=en#. [2015-3-2].

从表 7–5 和表 7–6 可以看出，在世界范围内，根据世界银行的报告，2006—2012 年该比重全世界的平均水平是 15.4%，其中最低的是黎巴嫩，为 7.1%，最高的为所罗门群岛，为 34.0%。同样，该比重的高低也不能预测小学净入学率和完成率。比如日本政府教育投入占政府支出总量的 9.4%，但日本的小学净入学率为 100%，完成率为 101.9%。①

表 7–5　2006—2012 年政府教育投入占财政总支出比例最低的 10 个国家（%）

序号	国家	教育投入财政占比	小学净入学率	小学完成率
1	黎巴嫩	7.1	94.9	87.0
2	卡塔尔	7.1	94.0	95.8
3	格鲁吉亚	7.7	98.1	116.2
4	摩纳哥	8.1	—	132.2
5	斯里兰卡	8.1	94.0	100.8
6	东帝汶	8.1	85.3	65.5
7	津巴布韦	8.3	—	—
8	安哥拉	8.5	85.7	46.6
9	刚果民主共和国	8.9	—	58.7
10	意大利	9.1	97.4	103.2

备注：黎巴嫩、摩纳哥和东帝汶的数据是 2011 年；津巴布韦、安哥拉和刚果民主共和国的数据是 2010 年；卡塔尔的数据是 2008 年；其余 3 国的数据为 2009 年。在 214 个国家中，有 55 个国家的数据缺失，未被列入计算和排名。

资料来源：World Bank. *Education Expenditure*: *Global Report* [EB/OL]. http://datatopics.worldbank.org/education/wDataQuery/ByExpenditures.aspx. [2013–2–1].

表 7–6　2006—2012 年政府教育投入占财政总支出比例最高的 10 个国家（%）

序号	国家	教育投入财政占比	小学净入学率	小学完成率
1	所罗门群岛	34.0	86.8	—
2	阿曼	31.1	96.6	107.0
3	贝宁	27.8	89.1	75.3

① World Bank. *Education Expenditure*: *Global Report* [EB/OL]. http://datatopics.worldbank.org/education/wDataQuery/ByExpenditures.aspx. [2013–2–1].

续表

序号	国家	教育投入财政占比	小学净入学率	小学完成率
4	尼加拉瓜	26.4	92.5	80.9
5	摩洛哥	25.7	95.7	89.3
6	埃塞俄比亚	25.4	86.5	64.0
7	科特迪瓦	24.6	61.5	58.6
8	加纳	24.4	82.1	99.1
9	布隆迪	24.1	89.7	62.1
10	塞内加尔	34.0	86.8	—

备注:布隆迪的数据是 2011 年,塞内加尔的数据是 2009 年,摩洛哥和科特迪瓦的数据是 2008 年,阿曼的数据是 2006 年,其余 5 国的数据为 2010 年。在 214 个国家中,有 55 个国家的数据缺失,未列入计算和排名。

资料来源:World Bank. *Education Expenditure*:*Global Report* [EB/OL]. http://datatopics.worldbank.org/education/wDataQuery/ByExpenditures.aspx. [2013-2-1].

(三) 中国政府教育投入的 GDP 占比和财政总支出占比

根据《中国统计年鉴 2014》的数据,21 世纪以来,中国的国内生产总值飞速增长,由 2001 年的 95,933 亿元增长到了 2013 年的 568,845.2 亿元,排除货币购买力和通货膨胀率等因素,GDP 绝对值增长了近 6 倍。而中国全国的财政支出也由 2001 年的 18,903 亿元增长到 2013 年的 140,212.1 亿元,增长了 7.4 倍多,比 GDP 的增长速度更快。在此期间,全国财政支出占 GDP 的比重由 2001 年的 19.70% 增加到 2013 年的 24.65%,增长了近 5 个百分点。国家财政性教育经费占 GDP 的比例也缓慢上升。2012 年,该比例超过了 4%,终于实现了中国政府在 1993 年规划的目标。然而按照联合国教科文组织的标准,中国的政府教育投入占 GDP 的比例是否已经高于 4% 还不能确定。但是 2012 年中国公共财政教育支出的 GDP 占比也已经达到 3.91%,可见真正实现 4% 的目标也不遥远。联合国教科文组织收集的 2008—2011 年数据显示,世界各国政府教育投入 GDP 占比的中位数是 4.7%,其中有一半的国家其政府教育投入 GDP 占比是介于 3.4%~5.7%。[①] 联合国教科文组织的数据库中未收集中国的数据是由于统计口径不同。表 7–7 的数据是根据《中国统计年鉴 2014》整理,使用"公共财政教育支出"指标进行计算。从中可以发现,2002—2012 年我国公共财政教育支出占公共财政支出总额的比例呈上升趋势,在 2009 年有所波动。与其他国家一样,

① UNESCO Institute for Statistics. *Education Data Release* [EB/OL]. http://www.uis.unesco.org/Education/Pages/education-data-release-2012.aspx. [2015-1-30].

该比例更容易受到国家经济情况的影响。比较中国与所选的国家的这一数值，可以看出中国的比例比欧美发达国家更高。2011 年，中国和印度、巴西和南非都超过了欧美发达国家，可见这些新兴的发展中国家希望通过教育投入促进国家发展。中国公共财政教育支出占全国教育经费总投入的比例继上升之后又有下降趋势，波动情况与公共财政支出总额占比一致，表明也受到了经济大环境的影响。

表 7–7　2002—2013 年中国政府教育投入情况

年份	公共财政教育支出占公共财政支出比例	公共财政教育支出占全国教育经费总投入的比例	公共财政教育支出占国内生产总值比例	国家财政性教育经费占国内生产总值比例
2002	14.76%	59.40%	2.70%	2.90%
2003	14.68%	58.29%	2.66%	2.84%
2004	14.90%	58.60%	2.65%	2.79%
2005	14.58%	58.75%	2.67%	2.79%
2006	15.18%	62.51%	2.84%	2.93%
2007	16.26%	66.63%	3.05%	3.12%
2008	16.32%	70.43%	3.25%	3.33%
2009	15.69%	72.56%	3.51%	3.59%
2010	15.76%	72.41%	3.53%	3.65%
2011	16.31%	74.66%	3.77%	3.93%
2012	16.13%	73.35%	3.91%	4.28%
2013	14.49%	66.90%	3.57%	4.30%

资料来源：中华人民共和国国家统计局．中国统计年鉴 2014［EB/OL］．http://www.stats.gov.cn/tjsj/ndsj/2014/indexch.html.［2015–7–18］．教育部，国家统计局，财政部．关于 2013 年全国教育经费执行情况统计公告［EB/OL］．http://old.moe.gov.cn/publicfiles/business/htmlfiles/moe/s3040/201411/178035.html.［2014–10–31］．

（四）小结

与政府教育投入的 GDP 占比联系起来，可以发现这两个比值并不具有绝对的联系。比如南非的政府教育投入占 GDP 的比重一直稳步上升，而占政府财政总开支的比重有下降趋势。芬兰的政府教育投入 GDP 占比在书中所选国家中为最高，但政府财政总开支占比在 12%~13% 之间，为一般水平。

政府教育投入占政府财政总开支的比重只能部分说明政府对于教育的重视程度。比如巴西的这一比重一直在增长，十年间增长了近 4 个百分点。同时巴西的政府教育投入占 GDP 的比重也一直增长,可以看出巴西政府对教育越来越重视,花费的教育经费越来越多。由于政府教育投入占政府财政总开支的比重还涉及政府的财政体制、教育的投入体制等,因此也不能仅通过该数值来判断一个国家的教育状况。

教育是每个国家都需要优先发展的领域。尤其是对发展中国家来说,发展教育是立国之本。这一观点几乎已成共识。所以从世界范围来看,许多低收入国家都向教育投入大量资本。但是从数据来看,即使投入的资金很多,小学的净入学率也不一定高。小学净入学率虽然不能反映一个国家整体的教育状况,但对于了解一个国家的基础教育有很大的参考价值。政府的教育投入与基础教育产出没有绝对的关系,原因有三:(1) 与投入资金的绝对值相关。低收入国家尽管教育投入的 GDP 占比高,但是本身 GDP 总量就不高。就绝对值来说,教育投入的资金不足,所以不能产生很好的效果。反之,高收入国家的 GDP 总量高,因此虽然比例低也能为教育提供比较充足的经费。当然也不排除像芬兰一样,教育经费占 GDP 总量比例依然很高。另一个绝对值是政府财政总支出。如果一个国家的税率很高,那么政府财政经费的绝对值就很高,所以即使比例低也能提供较充足的经费。(2) 与教育系统的效率相关。教育经费是教育产出的必要不充分条件。教育经费是教育产出的基础,然而真正要使教育经费物尽其用则涉及教育财政管理的方方面面。如果教育财政管理不到位,教育系统的效率太低,那么教育经费就不能发挥出足够的价值,教育产出也不会有提升。(3) 与教育投入结构相关。因为“小学净入学率”只是基础教育的一个指标。而每个国家的教育投入结构不同,对各阶段教育的投入比例不同。所以“小学净入学率”的百分比低,并不意味着该国的学前教育、中等教育和高等教育状况也同样不理想。另外,在此只讨论政府教育投入。对很多国家来说,除政府以外的实体对教育投入的比例也很大。

从参与比较的 12 个国家来看,在 2002—2011 年,各国政府教育投入的 GDP 占比都保持稳定或上升的趋势。大部分国家的比例都在 5% 以上。在此期间,各国政府教育投入占财政总额的比例有不同的发展趋势。受经济危机的影响,一些发达国家减少了政府财政拨款中对教育的投入。为了满足教育经费需求,英、美等国尝试从其他渠道筹措经费,包括学生学杂费的上涨。但该举措无疑引起了学生及其家长的抗议。从总体来看,各国的比例主要分布在 10%~15% 之间,就比例而言,中国政府的教育投入与其他国家没有差距。

对政府教育投入讨论最多的一个指标就是政府教育投入的 GDP 占比。对该指标的关注可以追溯到 1993 年。当时在中共中央、国务院印发的《中国教育改革和发展纲要》中明确提出“逐步提高国家财政性教育经费支出(包括:各级财政对教育的拨款，城乡教育费附加，企业用于举办中小学的经费，校办产业减免税部分）占国民生产总值的比例，本世纪末达到百分之四”① 这一政策目标。在 2010 年中共中央、国务院印发的《国家中长期教育改革和发展规划纲要（2010—2020 年）》中再次明确提出“提高国家财政性教育经费支出占国内生产总值比例，2012 年达到 4%”②。如上文所述，如今中国的政府教育投入规模已经达到世界平均水平，那么政府是否需要设立更高的目标向发达国家看齐？对这一点王善迈持反对观点。他认为有以下三个原因：第一，因为决策目标要以科学预测为前提，未来一定时期公共教育经费供求存在很多不确定因素，预测难以科学准确，国际比较也只是提供一个参照值。第二，政府教育支出只是公共支出的一部分，影响公共支出结构的因素是政府职能和社会经济发展所处阶段，不同国家不同时期并不相同，何况中国处在变革和发展的过程中，难以给出合理的支出结构。第三，政府不同部门间的行为特征之一是权力和公共资源最大化，由此它加剧部门间争夺公共资源的竞争。③ 从目前我国政府教育投入的趋势来看，政府教育投入的 GDP 占比依旧呈上升趋势，这也意味着教育经费会更加充足。在这样的情况下应该把目光放在政府教育投入的公平和效率问题上。一味地提高这一比例会加重政府的财政负担，却不能保证教育质量。因此即使要设立更高的目标也需要慎重考虑其必要性。

二、不同教育阶段的政府投入比较

（一）生均公共教育经费的人均 GDP 占比

上一部分从整体上讨论和比较了政府教育投入的情况。而不同教育阶段政府的教育投入也是不同的。这一部分就从小学教育、中学教育和高等教育这三个层次来讨论和比较各国的政府教育投入。这一部分涉及的一个关键词是生均公共教育经费。公共教育经费与上一部分的政府教育支出是同一个概念，指的是政府用于教育机构（包括公立的和私立的）、教育管理部门的花费，以及用于私人实体的津贴。而生均公共教育经费即为该数值平均分配到每个学生之后的数值。各国间所比较的指标是生均公共教育支出占人均 GDP 的比重。用该指标是为了弥补政府教育投入的 GDP 占比这一指标的片面性。如盖浙生所说：“各

---

① 中华人民共和国国务院．中共中央、国务院关于印发《中国教育改革和发展纲要》的通知[J]．中华人民共和国国务院公报，1993(4)：159.

② 新华网．国家中长期教育改革和发展规划纲要(2010—2020 年)(公开征求意见稿)[N/OL]．http://news.xinhuanet.com/edu/2010-02/28/content_13069058_10.html.[2010-2-28].

③ 王善迈．经济变革与教育发展：教育资源配置研究[M]．北京：北京师范大学出版社，2014：50.

国就学率不同，影响教育经费之绩效。政府教育支出占 GNP 比率虽同，若其就学率高低有别，则所产生的效能往往产生差异。比率相同，就学率越高，平均单位学生所享有之经费越小，此一因素变化在解释教育投资时不宜忽略。”① 所以结合这两个指标才能更好地判断政府的教育投入是否充足。

1. 小学教育（Primary Education）

2002—2011 年，大部分国家和地区的小学生生均教育公共经费占人均 GDP 的比重在 20% 左右，并基本上都呈现上升或稳定的趋势。占比最高的英国已经超过 25%，从 2002 年的 15.32% 上升到 2011 年的 25.13%，十年内上升了近 10%。在这几个国家中增长幅度最大的是巴西，从 2002 年的 9.86% 上升到 2011 年的 21.20%，幅度超过 10%。与大部分国家不同的是，印度的这一数据一直徘徊在 10% 左右（见表 7–8）。

表 7–8　2002—2011 年各国小学教育生均公共教育经费的人均 GDP 占比（%）

	2002 年	2003 年	2004 年	2005 年	2006 年	2007 年	2008 年	2009 年	2010 年	2011 年
美国	20.30	20.39	20.80	19.64	20.94	21.19	21.77	21.79	22.10	20.89
英国	15.32	17.26	16.69	17.79	20.66	21.84	22.21	23.14	25.24	25.13
法国	17.69	17.67	17.88	17.49	17.17	17.79	17.50	17.97	18.12	17.90
德国	—	—	—	—	15.62	15.15	15.12	17.21	17.69	17.40
芬兰	17.21	17.70	17.78	17.22	17.33	16.79	17.70	19.52	20.12	20.22
澳大利亚	—	—	—	17.92	17.70	17.28	17.63	19.95	22.43	20.09
日本	22.14	22.58	22.34	21.98	21.85	21.75	21.63	—	23.81	23.48
韩国	14.79	16.65	17.05	16.49	16.19	15.95	18.19	21.53	—	—
印度	—	10.99	—	—	—	—	—	7.27	7.19	9.01
巴西	9.86	—	12.80	15.36	—	17.28	18.57	20.18	21.08	21.20
南非	13.55	12.37	12.66	13.65	14.81	13.91	13.19	14.72	17.06	17.46

资料来源：UNESCO Institute for Statistics. *Data Center*：*Education*［EB/OL］. http://data.uis.unesco.org/index.aspx?queryid=181&lang=en#.［2015–7–18］.

世界银行的报告中提到，就世界的平均水平来说，2006—2012 年小学生生均教育投入的人均 GDP 占比为 16.7%，占比最低的 10 个国家的比重为 3.5%~7%。这 10 个国家中有 5 个的净入学率超过了 90%。占比最高的 10 个国家的比重为 27.2%~55.6%。② 虽然说该比重也不能直接推出教育状况的好坏，但

① 盖浙生. 教育经济与计划［M］. 台北：五南图书出版有限公司，1993：274.

② World Bank. *Education Expenditure*：*Global Report*［EB/OL］. http://datatopics.worldbank.org/education/wDataQuery/ByExpenditures.aspx.［2015–6–3］.

是该比重的增长意味着，只要该国的人均GDP稳定或增长，该国的小学教育生均公共经费就越多。

2. 中学教育(Secondary Education)

根据世界银行的报告，同一个时期中学生生均教育投入的人均GDP占比的世界平均水平是24.4%，占比最低的10个国家的比重是5.5%~9.4%。占比最高的国家是洪都拉斯，比重为279.7%，但是洪都拉斯中学生的私立学校入学率也最高，占27%。除洪都拉斯之外，占比最高的前10位的比重在84.8%~39.1%之间。①

从表7–9来看，所选国家中比重最高的是芬兰，增长的幅度也很大，从2002年的25.33%增长到2011年的34.70%，增长了近10个百分点。巴西也不甘示弱，从2002年的10.21%增长到2011年的23.01%，为这10年中增长幅度最大的国家。与大部分国家保持稳定或逐步上升不同的是，印度在此期间呈下降趋势，2011年的比例为15.53%。至2011年，在所选国家中，英国和芬兰的这一比重都超过了30%。而美国、德国、澳大利亚、韩国、印度、巴西和南非都没有超过世界平均水平(24.4%)。

表7–9　2002—2011年各国中学教育生均公共教育经费的人均GDP占比(%)

	2002年	2003年	2004年	2005年	2006年	2007年	2008年	2009年	2010年	2011年
美国	23.43	24.51	23.35	21.91	23.22	23.28	23.94	24.47	24.34	23.94
英国	25.13	26.48	25.02	24.55	25.62	26.71	27.58	29.58	32.35	30.01
法国	28.39	29.76	29.18	27.13	27.12	26.56	27.00	28.66	28.34	27.17
德国	—	—	—	—	20.32	21.12	21.11	23.89	23.92	23.31
芬兰	25.33	26.00	31.07	30.84	30.50	29.59	30.83	34.37	34.90	34.70
澳大利亚	—	—	—	15.93	17.78	17.26	17.11	18.51	19.79	17.93
日本	21.62	22.24	22.28	22.15	22.28	22.43	22.43	—	24.41	25.40
韩国	21.41	22.47	22.21	20.59	20.88	20.77	21.73	22.02	—	—
印度	—	19.66	17.74	16.69	16.18	—	—	13.03	13.57	15.53
巴西	10.21	—	11.54	13.15	—	18.00	19.53	20.54	21.57	23.01
南非	16.74	17.95	18.73	16.78	16.03	16.79	15.30	17.12	19.21	21.26

资料来源：UNESCO Institute for Statistics. *Data Center*：*Education*［EB/OL］. http://data.uis.unesco.org/index.aspx?queryid=181&lang=en#.［2015–7–18］.

① World Bank. *Education Expenditure*：*Global Report*［EB/OL］. http://datatopics.worldbank.org/education/wDataQuery/ByExpenditures.aspx.［2015–6–3］.

3. 高等教育（Tertiary Education）

高等教育方面，同一时期的世界平均水平是生均教育投入占人均 GDP 的 91%，中位数是 30%。占比最低的 10 个国家的比重为 3.5%~12%。在这 10 个国家中除缅甸数据缺失外，有 6 个国家的私立教育占据高等教育 50% 以上的份额。韩国是占比最低的国家中的第 12 位，但是韩国的高等教育毛入学率达到了 103%。占比最高的 10 个国家都在撒哈拉以南非洲地区，这些国家投入人均 GDP 的 2~18 倍于国家的高等教育中，而它们的入学率低于 8%，在世界范围内居于垫底的 20 个国家之列。①

由于各国的国情和教育体制不同，各国高等教育生均公共经费占人均 GDP 的比重差异很大。表 7–10 显示，在所选国家中该比重最高的是印度，2011 年印度高等教育生均公共经费占人均 GDP 的 58.26%。该比例在 2009 年曾达到 74.31%。而比重最低的是韩国，虽然一直呈现增长状态，8 年间增长了超过 8 个百分点，但是2009年该比重仅为12.17%。2011年，芬兰和法国超过了36%。英国、日本和美国都超过了 20%。经合组织成员国的平均水平徘徊在 25%~30%。也有一些国家在此期间该比重呈下降趋势。比如巴西从 2002 年的 44.63% 下降为 2011 年的 28.87%，减少了超过 15 个百分点。而从表 7–8 和表 7–9 可知，巴西的小学教育和中学教育的该指标在这 10 年间都增长了 10 个百分点左右，可见巴西政府正在调整国内各阶段教育经费的分配，更侧重于中小学教育。调整后的高等教育生均经费人均 GDP 占比已经稳定在 28% 左右。同样有下降趋势的是美国，但下降幅度不大。英国在这 10 年期间其中小学生均公共教育经费占人均 GDP 的比例都在稳定增长，与此相比，高等教育的这一比例波动得比较厉害，从 2002 年的 27.10% 下降到 2009 年的 19.54%，而后又反弹到 2011 年的 32.01%。法国和日本在中小学生均公共教育经费占人均 GDP 的比例中一直呈现平稳的状态，相比较而言这两国在高等教育上的增长可圈可点。法国由 2002 年的 29.16% 上升到 2011 年的 36.35%，上升了 7 个百分点以上。日本由 2002 年的 17.10% 上升至 2011 年的 24.28%，也上升了超过 7 个百分点。

（二）政府教育投入占财政总投入的比例

如果说生均公共教育经费的人均 GDP 占比更多地侧重于经费的数量，那么各阶段教育投入在政府教育总投入的比重更能体现出政府对各级教育的财政分配。这一部分的数据是来源于联合国教科文组织，为便于分析此处截取了 2006—2010 年 5 年的数据进行比较。由于数据所限，上一部分并未谈到学前教

① World Bank. *Education Expenditure: Global Report* [EB/OL]. http://datatopics.worldbank.org/education/wDataQuery/ByExpenditures.aspx. [2013-8-2].

育阶段,这一部分将先从学前教育谈起。

表 7-10 2002—2011 年各国高等教育生均公共教育经费的人均 GDP 占比(%)

	2002 年	2003 年	2004 年	2005 年	2006 年	2007 年	2008 年	2009 年	2010 年	2011 年
美国	24.36	25.29	22.24	22.18	23.96	20.89	20.43	18.89	20.88	20.08
英国	27.10	26.26	25.63	30.37	27.27	23.12	21.18	19.54	24.52	32.01
法国	29.16	34.06	34.14	33.52	33.67	35.08	35.94	38.87	37.25	36.35
芬兰	35.85	35.35	34.63	32.92	32.04	30.51	31.11	37.05	36.80	36.27
澳大利亚	—	—	—	21.70	20.74	20.15	19.78	20.37	21.43	19.99
日本	17.10	19.57	20.45	19.02	18.98	20.18	21.09	—	25.35	24.28
韩国	4.54	8.34	7.95	8.17	8.96	8.47	9.49	12.17	—	—
印度	—	68.00	60.85	57.79	54.98	—	—	74.31	68.72	58.26
巴西	44.63	—	32.64	35.01	—	29.63	27.67	28.44	28.44	28.87
俄罗斯	11.93	11.44	10.85	12.63	13.16	—	14.25	—	—	—

资料来源:UNESCO Institute for Statistics. *Data Center*:*Education*[EB/OL]. http://data.uis.unesco.org/index.aspx?queryid=181&lang=en#.[2015-3-2].

1. 学前教育(Pre-primary Education)

如表 7-11 所示,各国政府在经费上对学前教育的支持差异很大。在所选国家之中,占比最高的是法国,超过了 11%。占比较低的是澳大利亚、南非和印度,比重都在 1%~2% 之间。从时间上来看,各国对学前教育的分配比例变化不大。在此期间,德国一直保持 9% 左右的比例,巴西则多为 7%~8%。美国、英国和芬兰则一般在 5%~7% 的区间内。日、韩两国在 1%~3% 的区间内。

表 7-11 2002—2011 年各国政府对学前教育的投入占财政总投入的比例(%)

	2002 年	2003 年	2004 年	2005 年	2006 年	2007 年	2008 年	2009 年	2010 年	2011 年
美国	6.79	5.59	5.77	5.84	5.90	6.37	6.04	6.24	6.51	6.43
英国	8.59	6.49	6.63	5.85	5.83	6.63	5.49	5.42	5.19	5.56
法国	11.12	11.28	11.71	11.37	11.34	11.53	11.32	11.52	11.57	11.72
德国	—	—	—	—	8.38	8.39	8.75	8.80	9.12	9.50
芬兰	5.37	5.33	5.38	5.50	5.53	5.69	5.83	5.94	5.80	5.95
澳大利亚	—	—	—	1.04	1.02	0.93	0.93	1.12	1.17	2.18
日本	2.60	2.60	2.60	2.66	2.65	2.62	2.62	—	2.68	2.64

续表

	2002 年	2003 年	2004 年	2005 年	2006 年	2007 年	2008 年	2009 年	2010 年	2011 年
韩国	1.24	1.20	1.32	1.60	2.24	2.53	1.83	2.24	—	—
印度	—	1.50	1.33	1.28	1.14	—	—	1.22	1.06	1.22
巴西	7.84	—	8.78	8.20	7.52	7.97	7.61	7.02	7.61	8.83
俄罗斯	14.61	14.84	15.18	13.86	13.99	—	15.03	—	—	—
南非	3.66	0.16	0.31	0.60	0.53	0.60	0.67	0.92	1.08	1.28

资料来源：UNESCO Institute for Statistics. *Data Center*：*Education*[EB/OL]. http://data.uis.unesco.org/index.aspx?queryid=181&lang=en#.[2015-3-2].

2. 小学教育

在所选国家中，南非对小学教育投入的比例最高，超过了 40%，但表 7-11 显示南非在学前教育上的投入比例很低。在学前教育投入比例最高的法国在小学教育阶段的投入比例是 20% 左右，波动极小。芬兰也稳定在 20% 左右。在小学教育阶段投入比例最低的是德国，在 14% 左右。德国在学前教育上的投入比例在所选国家中为第二高。剩余的国家中，澳大利亚、巴西、日本、韩国、英国和美国大都集中在 30%~36% 的区间内。印度在此期间下降了约 10%，2011 年印度政府对小学教育的投入占财政总投入的 26.72%。（见表 7-12）

表 7-12　2002—2011 年各国政府对小学教育的投入占财政总投入的比例（%）

	2002 年	2003 年	2004 年	2005 年	2006 年	2007 年	2008 年	2009 年	2010 年	2011 年
美国	32.75	31.65	33.16	32.33	31.98	33.15	33.63	33.56	32.42	31.59
英国	23.63	25.48	26.20	26.46	29.45	30.65	31.58	31.12	30.09	30.77
法国	20.15	18.81	19.14	20.21	20.09	20.96	20.67	20.09	20.40	20.72
德国	—	—	—	—	14.74	14.02	13.50	13.55	13.48	13.21
芬兰	21.60	21.60	21.39	20.76	20.62	20.38	20.37	19.79	19.91	20.01
澳大利亚	—	—	—	34.62	34.97	35.14	35.42	35.96	36.81	35.97
日本	35.58	35.36	35.27	35.71	35.70	35.45	35.20	—	34.91	34.11
韩国	33.96	35.24	35.59	35.40	33.17	31.86	30.63	32.64	—	—
印度	—	36.08	36.38	35.59	35.38	—	—	26.68	25.21	26.72
巴西	28.20	—	32.93	34.02	32.02	32.20	31.92	32.38	31.33	29.29
南非	44.15	41.70	40.45	42.95	45.11	42.29	40.73	41.09	42.46	40.49

资料来源：UNESCO Institute for Statistics. *Data Center*：*Education*[EB/OL]. http://data.uis.unesco.org/index.aspx?queryid=181&lang=en#.[2015-3-2].

3. 中学教育

表 7-13 显示,大部分国家对中学教育的投入比例大多集中在 33%~45%。法国、德国、澳大利亚和韩国在此期间的比例都呈下降趋势。而巴西呈上升趋势,由 2002 年的 40.36% 上升到 2011 年的 45.12%。剩下的国家都没有明显的上升或下降趋势,但是都有所波动。英国在此期间的波动比较大,比如从 2010 年的 48.32% 降到 2011 年的 41.57%。

表 7-13　2002—2011 年各国政府对中学教育的投入占财政总投入的比例(%)

	2002 年	2003 年	2004 年	2005 年	2006 年	2007 年	2008 年	2009 年	2010 年	2011 年
美国	35.28	36.52	36.66	36.04	35.81	36.78	37.00	37.59	35.42	35.87
英国	47.15	48.27	47.88	45.39	43.31	45.11	47.04	48.92	48.32	41.57
法国	49.70	48.95	48.11	47.12	46.95	45.26	45.45	45.25	45.03	44.38
德国	—	—	—	—	47.12	47.12	46.03	46.20	45.55	44.55
芬兰	40.55	41.04	41.03	41.93	42.19	42.57	42.80	42.52	42.45	42.02
澳大利亚	—	—	—	39.71	39.60	38.94	38.62	37.78	36.79	36.59
日本	39.82	38.95	38.26	38.37	38.07	37.62	37.47	—	36.79	38.24
韩国	43.41	41.41	41.49	41.51	42.04	42.36	39.37	38.22	—	—
印度	—	41.67	41.62	42.89	42.50	—	—	34.92	36.99	38.02
巴西	40.36	—	39.36	38.79	43.79	43.66	44.56	44.61	44.66	45.12
南非	31.26	35.28	35.63	32.58	31.09	33.68	31.12	30.88	31.45	32.92

资料来源:UNESCO Institute for Statistics. *Data Center*:*Education*[EB/OL]. http://data.uis.unesco.org/index.aspx?queryid=181&lang=en#.[2015-3-2].

4. 高等教育

高等教育方面,如表 7-14 所示,各国对其投入所占财政总投入的比例在 10%~35% 之间。芬兰在这 10 年中一直都维持在 32% 左右。而印度在 2009—2011 年后来者居上,比例在 2009 年达到 36.45%,而后在 2011 年下降到 33.42%。在这些国家中呈上升趋势的有法国、德国、日本、韩国和俄罗斯。其中法国、德国和韩国的中学教育投入所占比例是呈下降趋势的。也就是说这些国家的政府将中学教育的部分资金转移到高等教育。韩国的增长尤其明显。2002 年韩国政府对高等教育的投入占总投入的比例只有 8.07%,而 2009 年增长到 17.06%,比例更接近其他国家。比例最低的国家是南非,并且这 10 年内南非的政府高等教育投入占总投入的比例由 2002 年的 14.65% 下降到了 2011 年的 11.71%,与所选其他国家的差距较大。

表 7-14 2002—2011 年各国政府对高等教育的投入占财政总投入的比例(%)

	2002 年	2003 年	2004 年	2005 年	2006 年	2007 年	2008 年	2009 年	2010 年	2011 年
美国	25.18	26.25	24.40	25.79	26.31	23.70	23.33	22.61	25.65	26.11
英国	20.64	19.76	19.29	22.29	20.10	17.39	15.71	14.37	16.39	22.10
法国	17.70	20.26	20.86	21.10	21.41	21.93	22.20	22.74	22.63	22.79
德国	—	—	—	—	25.19	25.36	26.65	26.44	27.16	28.13
芬兰	32.47	32.03	32.20	31.81	31.65	31.36	31.00	31.75	31.85	32.02
澳大利亚	—	—	—	22.20	21.98	22.50	22.46	22.11	22.28	23.20
日本	14.88	16.80	17.94	17.25	17.53	18.37	18.86	—	20.09	19.47
韩国	8.07	13.60	12.96	13.96	14.96	14.16	13.92	17.06	—	—
印度	—	20.09	20.01	19.55	20.28	—	—	36.45	36.08	33.42
巴西	23.59	—	18.92	19.00	16.66	16.17	15.91	15.99	16.40	16.76
俄罗斯	17.02	18.47	18.30	21.06	21.90	—	23.11	—	—	—
南非	14.65	14.11	13.32	15.05	12.85	13.10	13.01	12.53	11.88	11.71

资料来源:UNESCO Institute for Statistics. *Data Center*:*Education* [EB/OL]. http://data.uis.unesco.org/index.aspx?queryid=181&lang=en#. [2015-3-2].

5. 各国政府各阶段教育经费分配情况比较

从表 7-11 至表 7-14 可以看出所选国家在 2002—2011 年期间对各阶段教育经费的分配变化。与上一部分的指标"生均公共教育经费的人均 GDP 占比"不同的是,各阶段教育经费占政府教育总投入的比例直接体现了政府各阶段教育经费分配的理念和政策。各国对各阶段教育经费的分配与该国的教育体制和教育政策紧密相连。为了更清楚地比较各国之间对教育经费的分配差异,以 2011 年的数据为例制成图 7-2(俄罗斯和韩国因为没有足够的数据所以没有加入比较)。

如图 7-2 所示,首先来看所选各国对哪个阶段的教育经费投入最多。除了南非以外,其余国家政府均把最大份额的教育经费投入中学教育中。法国、德国和巴西都把 45% 左右的教育经费投入中学教育中。而比例最低的南非也投入了 32.92%。南非将最高比例 40.49% 的教育经费投入小学教育。投入比例第二高为小学教育的国家有美国、英国、澳大利亚、日本和巴西。而剩下的法国、德国、芬兰和印度则分配给高等教育第二高的比例。各国学前教育的政府经费投入比例都是最低的。法、德两国在学前教育投入的比例高于其他国家,这与它们的学前教育政策相关,体现出政府对学前教育的扶持。从总量上来看,德国、日本、澳

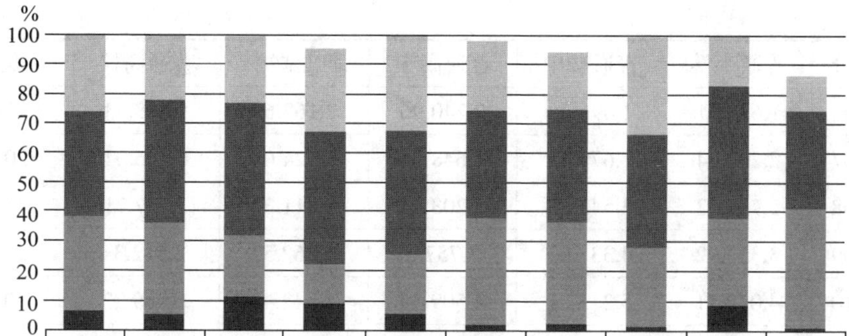

	美国	英国	法国	德国	芬兰	澳大利亚	日本	印度	巴西	南非
高等	26.11	22.10	22.79	28.13	32.02	23.20	19.47	33.42	16.76	11.71
中学	35.87	41.57	44.38	44.55	42.02	36.59	38.24	38.02	45.12	32.92
小学	31.59	30.77	20.72	13.21	20.01	35.97	34.11	26.72	29.29	40.49
学前	6.43	5.56	11.72	9.50	5.95	2.18	2.64	1.22	8.83	1.28

图 7-2　2011 年各国政府对各阶段教育的经费投入比例

资料来源：UNESCO Institute for Statistics. *Data Center*：*Education*［EB/OL］. http://data.uis.unesco.org/index.aspx?queryid=181&lang=en#.［2015-3-2］.

大利亚和南非这 4 国还有一部分经费用于其他类型和阶段的教育。

（三）中国各阶段教育经费投入情况

1. 中国各阶段教育生均经费占人均 GDP 的比例

每年由教育部、国家统计局、财政部共同发布的《全国教育经费执行情况统计公告》公布了我国各级生均教育经费的情况。具体的指标名称为“生均预算内事业费支出”。

表 7-15 为综合 2001—2013 年的公告制成的中国各级生均教育经费情况表。其中中学生均教育经费在公告中分为普通初中、普通高中和职业高中三类来计算，因此我们分析时也把中学教育分为这三类。

表 7-15　2001—2013 年中国各阶段教育生均预算内事业费支出表

单位：元

年份	普通小学	普通初中	普通高中	职业高中	普通高校	人均 GDP
2001	645.28	817.02	1,471.12	1,547.32	6,816.23	8,670
2002	813.13	960.51	1,565.25	1,664.06	6,177.96	9,450
2003	931.54	1,052	1,606.58	1,684.79	5,772.58	10,600
2004	1,129.11	1,246.07	1,758.63	1,842.58	5,552.5	12,400
2005	1,327.24	1,498.25	1,959.24	1,980.54	5,375.94	14,259

续表

年份	普通小学	普通初中	普通高中	职业高中	普通高校	人均 GDP
2006	1,633.51	1,896.56	2,240.96	2,163.69	5,868.53	16,602
2007	2,207.04	2,679.42	2,648.54	3,124.01	6,546.04	20,337
2008	2,757.53	3,543.25	3,208.84	3,811.34	7,577.71	23,912
2009	3,357.92	4,331.62	3,757.6	4,262.52	8,542.3	25,963
2010	4,012.51	5,213.91	4,509.54	4,842.45	9,589.73	30,567
2011	4,966.04	6,541.86	5,999.6	6,148.28	13,877.53	36,018
2012	6,128.99	8,137	7,775.94	7,563.95	16,367.21	39,544
2013	6,901.77	9,258.37	8,448.14	8,784.64	15,591.72	43,320

资料来源：根据中国教育部、国家统计局、财政部《全国教育经费执行情况统计公告》历年的数据编制，详见 http://www.moe.gov.cn/publicfiles/business/htmlfiles/moe/moe_0/index.html.[2015-7-1]。

从表 7-15 可以看出，2001—2013 年期间，伴随着我国人均 GDP 的快速增长，我国各阶段教育的预算内生均经费都有大幅增长。从绝对数值上来看，人均 GDP 的上升幅度最大。普通高等学校的预算内生均经费经历了先小幅下跌，再大幅上升，2013 年又下降的过程。普通小学、普通初中、普通高中和职业高中的增长幅度都差不多。从增长速度上来看，在这 13 年间，普通小学和普通初中的预算内生均经费增长了 11 倍左右，普通高中和职业高中也增长了近 6 倍。普通高等学校在这期间改革很多，2013 年的生均预算内经费比 2001 年增长了 2 倍多。而人均 GDP 虽然从绝对数值上看增长幅度最大，但是仅增长了 5 倍。

单纯以经费的数值来计算未考虑到货币价值的变化。为了和其他国家进行比较，需要算出各阶段教育生均预算内经费支出的人均 GDP 占比（见图 7-3）。从图 7-3 可以看出，2001—2013 年变化幅度最大的是高等教育的占比，从 2001 年的 78.62% 一直降到 2010 年的 31.37%，之后的波动幅度也很大。相比之下，其他教育阶段的变化幅度则显得小很多。普通小学和普通初中都一直处于增长状态，普通高中和职业高中则经历了先跌后涨的过程。以 2013 年为例，国家要培养一名小学生需要花费人均 GDP 的 15.93%，培养一名中学生需要花费人均 GDP 的 19%~22%，而培养一名大学生则需要花费人均 GDP 的 35.99%。与其他国家相比，高等教育方面我国与芬兰、法国相当。鉴于我国大部分的顶尖大学都是公立学校，这一点是可以理解的。中学方面我国低于世界水平，但是与大部分所选国家的比例相近。小学阶段我国的比例相比于所选国家来说偏低，仅高于印度。

2. 中国各阶段教育经费投入占教育总投入的比例

图 7-4 选取了 2001—2011 年国家统计局的数据。由于 2006 年的数据空缺，

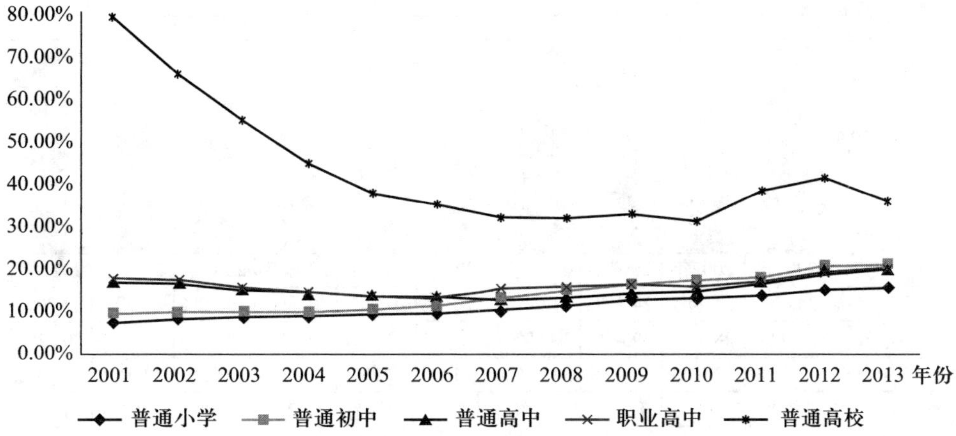

图 7-3　2001—2013 年中国各阶段教育生均预算内事业费的人均 GDP 占比变化图

资料来源：根据中国教育部、国家统计局、财政部《全国教育经费执行情况统计公告》历年的数据编制，详见 http://www.moe.gov.cn/publicfiles/business/htmlfiles/moe/moe_0/index.html.[2015-7-1].

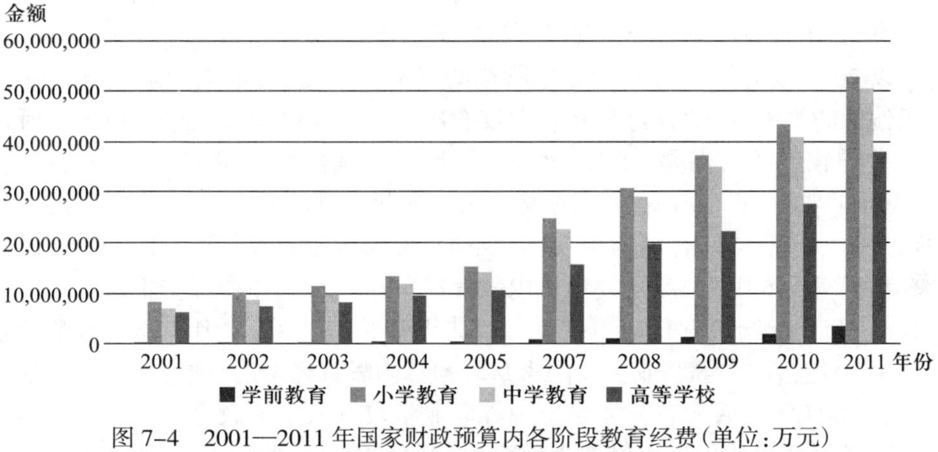

图 7-4　2001—2011 年国家财政预算内各阶段教育经费（单位：万元）

资料来源：中国国家统计局网站历年数据[EB/OL]. http://data.stats.gov.cn/index.[2015-8-7].

所以未在图中呈现。从图 7-4 中可以看出，在此期间我国的财政预算内各阶段教育经费都有大幅增长。其中小学教育和高等教育增长了 5 倍多，中学教育增长了 6 倍多，而学前教育增长了 9 倍多。中小学教育与高等教育的财政预算内经费差距越来越大，而学前教育的财政预算内经费的增长也意味着政府对学前教育更多的扶持。

为了更清楚地看到各阶段教育的财政预算内经费，需要知道各阶段的经费与总经费数额的占比。从图 7-5 可以看出，各阶段教育的财政预算内经费比重变化不大，基本保持平稳的状态。学前教育上升了不到 2 个百分点，小学教育下

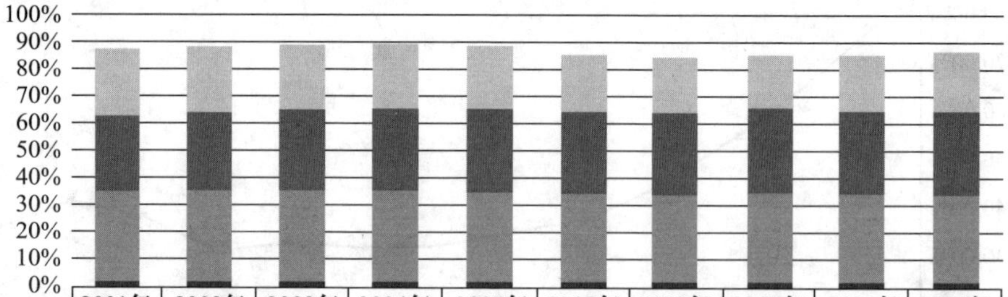

	2001年	2002年	2003年	2004年	2005年	2007年	2008年	2009年	2010年	2011年
高等学校	24.48%	24.24%	24.29%	23.98%	23.15%	20.90%	20.64%	19.70%	20.59%	22.79%
中学教育	27.90%	28.91%	29.61%	30.09%	30.79%	29.96%	30.24%	30.96%	30.51%	30.22%
小学教育	33.15%	33.63%	33.49%	33.58%	33.10%	32.89%	32.14%	33.02%	32.54%	31.63%
学前教育	1.34%	1.28%	1.28%	1.29%	1.33%	1.25%	1.27%	1.34%	1.62%	2.09%

图 7-5 2001—2011 年中国各阶段教育财政预算内经费占教育财政预算内总经费的比重

资料来源:中国国家统计局网站历年数据[EB/OL]. http://data.stats.gov.cn/index.[2015-8-7].

降幅度不到3个百分点,中学教育上升了2个百分点左右。高等教育有一些波动,2009 年比 2001 年下降了 5 个百分点多,随后至 2011 年又反弹了 3 个百分点。

以 2011 年的数据与上一部分所选的其他国家相比,中国学前教育的比例属于偏低的水平,小学教育和高等学校的比重都与其他国家大致相当。与所选国家差异较大的两点是:(1) 中学教育的比重与其他所选国家相比是偏低的;(2) 从历年来看,四个教育阶段的投入比例加起来都不足 90%。造成这两点的原因是中国政府与联合国的统计体系不同,统计指标的含义不一致。中国政府的教育经费投入用"国家财政预算内教育经费"来表示,该项经费不仅会分配给学校,还会分配给教育行政单位和教育事业单位。另外,"中学国家财政性教育经费"不包括"中等职业学校国家财政预算内教育经费"。中等职业学校的数据只有 2007 年之后才有。如果把中等职业学校算入中学教育中,则 2011 年中国各阶段教育财政预算内经费占教育财政预算内总经费的比重(见表 7-16)为 36.36%,与其他国家相比差异不大。除了以上提到的教育投入类别之外,剩余的教育经费被投入特殊教育学校和其他类别学校中。

表 7-16 2011 年中国各阶段教育财政预算内经费占教育财政预算内总经费的比重

<table>
<tr><th>学前教育</th><th>小学教育</th><th colspan="3">中学教育</th><th>高等教育</th></tr>
<tr><td rowspan="3">2.09%</td><td rowspan="3">31.63%</td><td colspan="3">36.36%</td><td rowspan="3">22.79%</td></tr>
<tr><td>普通初中</td><td>普通高中</td><td>中等职业学校</td></tr>
<tr><td>21.03%</td><td>9.15%</td><td>6.18%</td></tr>
</table>

资料来源:中国国家统计局网站历年数据[EB/OL]. http://data.stats.gov.cn/index.[2015-8-7].

盖浙生在1993年对各国各阶段教育的经费比较中发现:“在国民所得偏低或开发中国家,三级教育经费支出以初等教育为主。属于OECD组织中先进国家,则偏重于高等教育经费支出,且亦能兼及到初、中等教育的均衡发展。”①2004年世界银行的经济学家萨卡罗普洛斯曾对不同地区、不同类型国家的教育收益率进行了测算,发现在发展中国家基础教育的收益率远远高于高等教育的收益率。这意味着在发展中国家优先发展初等教育、普及基础教育,不仅是最公平的,也是最高效的。② 这也进一步解释了盖浙生的结论。中国作为一个发展中国家,其教育经费分配比例也顺应了该观点。中国实行九年义务教育,如果把小学教育和初中教育的经费比例加起来超过了政府教育总投入的一半。在所选国家中,南非、巴西,甚至日本、澳大利亚、英国和美国都在2011年把50%或以上的教育经费投入到小学和初中阶段。德国、法国和芬兰比较偏重于高等教育,并且兼顾到了其他阶段教育经费的均衡分配。

需要指出的是,对于教育投入的讨论并不能直接反映出一个国家的教育状况。各国之间各个指标和数值的比较也只是从数据上比较,无所谓好坏优劣。每个国家都有不同的教育体制,有不同的历史背景和国情,关键是要找出最适合的道路。数据所展现的只是冰冷的外壳,而内里和细节需要更多的挖掘。比如生均经费的人均GDP占比,即使该比例很高,但倘若没有用在合适的地方也不会提高教育的质量水平。本章所谈论的教育投入也只是政府的教育投入,并未涵盖所有的教育投入。而通过本章对于教育投入的分析,可以了解各国政府的教育投入变化,不管是总额数值、生均数值,还是比重和分配,在一定程度上都是政府教育政策的反映,尤其是大幅度的变化特别值得关注。各国政府每年编制教育财政投入都是在过去的经验和当下的需求下做出调整。中国要进行教育改革,就需要参考世界上其他国家的经验。21世纪以来中国的经济飞速发展,教育体制为了适应新的形势有很多新的目标。从目前来看,中国在教育经费投入上与所选国家的差距越来越小。在这种情况下,我们的重点应更多地放到教育经费的管理和使用问题上。

---

① 盖浙生.教育经济与计划[M].台北:五南图书出版有限公司,1993:274.

② George Psacharopoulos & Harry Anthony Patrinos. Returns to Investment in Education: A Further Update[J]. *Education Economies*, 2004(12): 112-134.

第八章　世界主要国家各级各类教育财政拨款体制比较

教育财政拨款体制作为教育财政体制中运行层面的问题，具有十分重要的实践与理论意义。本书的国别研究部分已经对六个具有代表性和借鉴意义的国家的教育财政情况进行了详细的梳理与介绍，本章则将选择八个国家，对其各个教育阶段的教育财政拨款体制进行横向的比较分析，总结归纳各国教育财政拨款体制上存在的特征。

第一节　世界主要国家学前教育财政拨款体制比较

在对各国学前教育财政拨款体制进行比较分析之前，需要对学前教育的范畴进行简单的界定。学术界对于学前教育的界定主要是通过学前教育的对象的年龄阶段以及学前教育的实施机构来进行的。广义的学前教育是指对进入小学学习前的0~6岁幼儿的教育，甚至包括胎教；狭义的学前教育则更多地关注3~6岁幼儿的教育。在学前教育的实施机构上，广义的学前教育包括家庭学前教育和社会学前教育两大组成部分。从世界范围来看，不同的国家在学前教育的年限以及服务内容上存在差异。在欧美的许多国家，学前教育通常被称为“早期保育与教育”（Early Childhood Care and Education，简称ECCE），包括学前教育阶段的保育与教育。本节所使用的数据均来自经济合作与发展组织所发布的报告，报告中将学前教育表述为“小学前教育”（pre-primary education），即包括学生在正式接受小学教育之前所接受一切教育服务在内。鉴于此，在本节研究中，学前教育指的是为0~6岁的儿童所提供的保育与教育。

一、学前教育经费的来源以各级政府的财政投入为主

在学前教育的财政投入上，本节所涉及的大部分国家的公共支出的比例远

远高于私人支出的比例。这是由于在澳大利亚、法国、英国、美国和韩国，学前教育虽然不属于义务教育的范畴，但政府实施了某一阶段学前教育免费的政策，一般是在3~6岁。其中，澳大利亚实施的是4~6岁儿童学前教育免费政策，法国实施的3~6岁儿童学前教育免费政策。

表8–1所呈现的是2011年各国学前教育支出中公共支出与私人支出所占的比例。从表中可以看出，在法国、俄罗斯、德国和英国，各级政府的公共支出是学前教育资金的主要来源。以法国为例，包括教师工资在内的大部分学前教育经费都由政府提供。在美国，政府公共支出占学前教育经费总支出的70%左右，仍然是学前教育经费的主要组成部分，与包括社会以及家庭在内的私人投资一起支撑起学前教育的发展。在澳大利亚、日本和韩国，政府对学前教育的投入占学前教育支出的比例相对较低，低于以上欧美国家的比例，学前教育的经费由政府与私人共同承担。

表8–1　2011年各国学前教育公共支出和私人支出的比例

国家	公共支出所占比例（%）	私人支出所占比例（%）
澳大利亚	45.5	54.5
法国	93.7	6.3
德国	80.4	19.6
日本	45.4	54.6
韩国	53.8	46.2
俄罗斯	88.9	23.1
英国	76.9	29.9
美国	70.1	11.1

资料来源：*Education at a Glance 2014* [EB/OL].http://www.keepeek.com/Digital-Asset-Management/oecd/education/education-at-a-glance-2014/relative-proportions-of-public-and-private-expenditure-on-educational-institutions-by-level-of-education-2011_eag-2014-table131-en#page1.[2015–7–10].

二、学前教育财政投入体制呈现两级与多级政府财政投入为主

本节所比较的八个国家中，政府投入在学前教育总投入中都占了很大比例，但是各级政府的财政分担方式呈现出多样化的特征。总的来说，各国学前教育的财政负担主体分为三个层次：一是中央政府，二是地区政府，三是地方政府。在学前教育财政投入的体制上，各国均呈现两级与多级政府共同分担的特征，各

级政府所承担的财政比例各不相同。

其中,英国采用的是两级政府投入体制,法国、澳大利亚、日本、美国、德国和韩国均采用了三级政府投入体制。英国学前教育财政投入采取的是地方政府为主、中央政府为辅的模式;法国采用的是中央政府为主、地区政府与地方政府为辅的模式;美国、德国和韩国采用的是地方政府为主、中央和州政府为辅的模式;日本和澳大利亚采用的是地区政府为主、中央和地方政府为辅的模式。各国学前教育的拨款结构并非一成不变,而是根据国家经济发展的实际情况对学前教育的财政投入机制做出调整。

三、需求方导向拨款与供给方导向拨款相结合

根据政府拨款对象的不同,可以将各级政府学前教育财政拨款分为两种类型:一是需求方导向的拨款(demand-sided funding),二是供给方导向的拨款(supply-sided funding)。所谓需求方导向的拨款是指政府将学前教育拨款以各种形式拨付学前教育的需求方,即拨付儿童的家长或其他监护人;供给方导向拨款是指各级政府将款项以各种形式拨付学前教育的供给方,即拨付能为儿童提供学前教育的机构。OECD 的报告显示,对于 3 岁以下儿童的学前教育,一般而言,在诸如澳大利亚、韩国、美国和英国等,都倾向于需求方导向的投入,欧洲大陆国家则将供给方导向的拨款作为主要的公共财政投入方式;对于 3 岁以上儿童的学前教育,大部分国家以供给方导向的拨款为主。[①] 各国在具体的实践中往往采用两种拨款相结合的方式,目前,并没有详细的数据对于各国政府学前教育拨款中需求方导向的拨款与供给方导向的拨款所占的比例进行说明。

需求方导向的拨款的出现是为了应对学前教育服务市场化的趋势,将款项直接拨付家长能够为家长提供更多的选择机会,促进学前教育机构之间的竞争,旨在通过竞争提高学前教育的质量并降低学前教育的费用。各国针对学前教育机构的供给方导向的拨款主要用于支付学前教育机构中的教职工工资、购买固定设备和相关器材的开支、基础设施建设与维护费、机构运作费、为有特殊教育需要的儿童提供服务的额外开支,以及学前教育机构的管理(教师培训、规划、评价等)开支,其额度往往会与学前教育机构中接受服务的儿童数量挂钩。[②]

---

① OECD. *Starting Strong: Early Childhood Education and Care* [R]. Paris: OECD Publishing, 2006: 111–113.

② 李召存,姜勇,史亚军. 国际学前教育公共经费投入方式的比较研究[J]. 全球教育展望,2009(11): 80–85.

四、拨款具体形式多样

各国政府在学前教育具体拨款形式的选择上呈现出了多样性，从整体上看主要包括以下几种形式：现金支出、税收优惠、服务与实物支出、发放教育券。其中，现金支出是指政府通过其职能部门，以现金的形式支付与幼儿保育以及教育相关的费用，现金支出的对象既可能是儿童、儿童的父母、儿童所在的家庭，也可能是儿童所在的保育或教育机构；税收优惠是政府通过税收减免、税率优待的方式，减少父母在儿童学前保育与教育方面的支出以及让利于学前教育机构的一种投入方式；服务与实物支出主要是指政府为儿童保育或教育所提供的各种免费或优惠的服务，以及政府使用公共财政购买实物提供给教育机构或学生使用；发放教育券是指政府把投入给教育机构的教育经费以有价证券的形式直接发放给家庭或学生，学生凭教育券选择政府所认可的学校就读，教育券可以冲抵全部或部分学费，学校凭收到的教育券到政府部门兑换教育经费。

(一) 现金支出

现金支出是早期保育与教育拨款中使用最广泛的一种形式，世界各国几乎都有法定的以现金形式支付的儿童补贴，以满足儿童及其家庭千差万别的需要。[①] 现金支出的对象既包括学生的家长，也包括学前教育机构。

就家庭的现金支出而言，可以根据支出所面向的群体的范围，将其分为普惠式津贴与重点投放式津贴。一般而言，津贴的数额主要根据家庭收入确定，家庭收入越高，经济条件越好，所能获得的津贴越少，甚至没有资格获得津贴。普惠式津贴面向的是大部分甚至是所有具有学前教育需要的家庭；重点投放式津贴面向的是特定的家庭群体，一般来说包括低收入家庭、偏远地区家庭、少数民族家庭等。韩国福利保健部与教育科技部于 2012 年 3 月推出的“Nuri 项目”是普惠式津贴的典型代表，从 2013 年 2 月起，这一项目的财政补助受益对象是全体 3~5 岁的幼儿(包括 5 岁以上的学龄前儿童)。该项目规定由地方政府拨款补助每一名 3~5 岁幼儿的保育、教育费用，旨在使每一名 3~5 岁的幼儿都能获得平等的保育、教育机会。根据 3~5 岁幼儿的受教育机构类型，居民申请财政补助时有三种申请名目：子女在保育园就学的，可申领幼儿保育费；子女在幼儿园就学的，可申领幼儿园学费；子女没有送到任何一种学前教育机构而是在家庭中抚养的，可申领养育津贴。[②] 从教育公平的角度来看，普惠式津贴更加关注水平

① 蔡迎旗 . 幼儿教育财政投入与政策[M]. 北京：教育科学出版社，2007：183.

② 常颖 . 韩国学前教育改革新声：“Nuri 项目”的提出与推进[J]. 教育导刊，2013 (4)：92–94.

公平的实现，重点投放式津贴则更加注重垂直公平的实现。[①] 重点投放式津贴在许多国家得到广泛的应用，大部分的国家都在投入中对低收入家庭和偏远地区等处境不利儿童予以倾斜，以促进幼儿教育资源的公平分配。澳大利亚联邦政府面向5岁以下儿童家庭提供了多种类型的拨款，儿童保育补助是其重要形式之一。联邦政府的这一补助并非“一视同仁”，而是与儿童的家庭收入成反比。根据联邦政府的规定，儿童家长可以申请补助来减免儿童接受学前教育或保育服务所需的费用，其减免的程度由儿童的家庭税后收入情况决定，收入越低，减免程度越高。[②]

支付学前教育机构的现金旨在帮助学前教育机构更好地提供服务。根据澳大利亚《新税收制度(家庭帮助)(行政)法1999》和《新税收制度(家庭帮助)法1999》有关条款的规定，澳大利亚联邦政府有责任为符合条件的保育机构提供资助。澳大利亚联邦政府实施保育机构支持计划，每年投入约95亿澳元为保育机构提供资金和专业支持。该计划主要包括社区支持计划(Community Support Program)和包含及专业支持计划(Inclusion and Professional Support Program)。再以英国为例，目前英国的学生补助金资助范围仅限于中小学及附设于中小学的学前班和幼儿班学生，但自2015—2016年度起，资助范围将下延至学前教育阶段，以提高处境不利的低龄儿童的学业成就。英国政府对于获得资助的条件进行了详细的规定，凡是符合条件之一的3~4岁儿童均有资格获得这一补助。根据英国政府的规定，该类学生补助金并非发放给受资助学生本人，而是划拨给受资助学生所在学校，而学校则使用该笔经费为受资助学生提供各种类型的特殊福利，至于具体的使用方式由各校自行决定。

(二)税收优惠

税收优惠的对象也包括儿童所在的家庭以及学前教育机构。税收优惠是指在计算家庭收入所得税时，通过退税或减免家庭的缴税负担来为家庭提供支持，冲抵家庭为孩子所支出的学前教育花费；或是政府通过对学前教育机构所获得的服务性收入施行税收减免等优惠政策，从而让利于学前教育机构。税收优惠是一种间接的公共经费投入方式，许多国家都采用了这种方式，税费返还(Tax Deduction)和税费抵扣(Tax Credit)是比较常见的形式。

英国政府通过儿童抚养税费抵扣(Child Tax Credit)和工作所得税费抵扣

① 教育水平公平与垂直公平的概念源于麦克马洪(McMahon)的研究。麦氏的研究将教育公平分为了三种类型：水平公平(horizonal equity)指的是对相同的人相同对待；垂直公平(vertical equity)指的是对不同的人不同对待；代际公平(intergenerational equity)指的是确保上一代人身上的不平等现象不至于全然延续下去。

② 王春亚.澳大利亚学前教育和保育改革研究[D].南京:南京师范大学,2012:16.

(Working Tax Credit)等方式抵销部分保育费用。[①] 儿童抚养税费抵扣始于1999年,90%的儿童家庭有资格获得该项抵扣,可获得的金额视家庭的具体情况而定;工作所得税费抵扣中包括了一个专门的项目来补助在职父母的保育费用,可以为家长提供高达80%的儿童保育费用的补贴,具体规定如下:为1名幼儿支付保育费用,可获得的最高税费抵扣是每周175英镑;为2名或以上幼儿支付保育费用,可获得的最高税费抵扣是每周300英镑。美国设有依附性看护税费抵扣(Dependent Care Tax Credit),为幼儿家长提供学前教育费用补助。依附性看护税费抵扣面向的是0~13岁的儿童,要求儿童就读于付费托幼机构、其父母工作,通常要求儿童父母必须支付学费的60%。依附性看护税费抵扣由美国财政部直接管辖。[②]

(三)服务与实物支出

服务与实物支出是政府对于学前教育的一种间接投入方式,主要是指政府为儿童保育或教育提供的各种免费或优惠的服务,以及政府使用公共财政购买实物提供给教育机构或学生使用。

美国影响最为直接且最为广泛的服务项目当属"开端计划",该项目是美国联邦政府规模最大的早期儿童发展项目。该计划并不直接为家长提供现金援助,而是提供与儿童保育与教育相关的各项服务,主要针对的是3~5岁的幼儿,包括关注儿童营养和精神方面的健康服务,以及促进家长提升养育子女技能的亲子教育等。该项目的主要目的是通过向贫困家庭及其幼儿提供教育、健康与支持性服务,提高低收入家庭子女的认知、社会和情感发展,为他们的入学做更好的准备,从而打破"代际贫困"。英国的"确保开端计划"(Sure Start)是英国政府实施的一项以家庭为切入口、以社区为依托,面向早期儿童及其父母的综合服务计划,旨在通过提供综合早期教育、儿童保育、健康支持来促进儿童的全面发展。该项目始于1998年,最初的目标人群是贫困儿童及其家庭,现在的服务对象已经扩展到全体儿童及其家庭。

(四)发放教育券

最早提出教育券理论的是美国经济学家米尔顿·弗里德曼(Milton Friedman)。1955年弗里德曼在其《经济学和公共利益》一文中首次提出了教育券理论。20世纪60年代末该理论在美国得到广泛的关注,在当时美国的选择教育运动中由政府资助的教育券制度得到初步实验。直到20世纪90年代才在一些地方逐步推

---

① Childcare Costs Survey 2008. *Daycare Trust* [EB/OL].www.daycaretrust.org.uk/mod/fileman/files/cost_survey2008.pdf.[2010-7-16].

② 霍力岩,余海军,郑艳.美、英学前教育财政投入主要方式初探[J].外国教育研究,2012(6):95-101.

广。在学前教育阶段,美国联邦政府于 1996 年设立了"儿童保育与发展专款"(Child Care and Development Fund,简称 CCDF)项目,该项目是美国继"开端计划"之后的第二大联邦贫困儿童早期保教项目,面向的主要是低收入家庭和贫困家庭儿童,特别是 5 岁及以下幼儿的托育工作。CCDF 项目由联邦政府与州政府合作管理。在联邦政府层面,由卫生和人类服务部负责对其进行专门管理;在州和地区层面,必须设立一个专门机构负责该项目的具体管理工作。联邦法规对 CCDF 项目的申请对象和申请条件有明确规定,各州可在不违背联邦规定的前提下,根据地区经济状况、具体申请人数等多方面因素自主制定申请标准,划定服务对象范围。CCDF 项目资金由儿童保育局拨给州政府,州政府在实际执行时享有高度的自主权。CCDF 项目的补助通常不以现金形式发放,而是由各州和地方管理机构发行早教券、支票等形式的支付凭证,符合标准的贫困儿童与低收入儿童父母可向当地管理机构或由管理机构授权的早期保教资源和转介机构申请领取,这些凭证仅用于支付 CCDF 项目资助下的教育或托儿费用。

第二节 世界主要国家基础教育财政拨款体制比较

《教育大辞典》中对基础教育的定义是:"基础教育"亦称"国民基础教育",是"对国民实施基本的普通文化知识的教育,也是提高公民的基本素质的教育,或者指为继续升学或就业打好基础的教育"①。《世界全民教育宣言》对基础教育做了如下界定:"基础教育本身不仅仅是目的。它是终身学习和以人的发展为中心的基础,各国可以在这一基础上系统地建立其他层次和种类的教育和培训。"② 总的来看,关于基础教育的定义有广义和狭义之分。广义的基础教育指的是各级各类教育中的基础教育阶段的教育,不仅包括普通中小学教育,也包括职业技术教育、成人教育中的普通文化科学知识教育;狭义的基础教育即普通教育,指国家对儿童和青少年实施的一定年限阶段的普通教育,主要指中小学教育。本节所涉及的基础教育指的是狭义的基础教育,即主要指公共教育中的小学、初中、高中教育。

一、基础教育经费来源以公共支出为主

在本节所涉及的几个国家中,公共支出在基础教育经费中占很大的比例,

① 顾明远 . 教育大辞典[M]. 上海:上海教育出版社,1990:71.

② 联合国教科文组织 . 世界教育报告[M]. 北京:人民教育出版社,1992:41.

是基础教育经费的主要来源。其中,在 2011 年,公共支出在各国基础教育经费中所占的比例均在 80% 以上,公共支出所占比例最高的是俄罗斯,达到了 95.9%,相对较低的是澳大利亚,比例为 83.6%(见表 8–2)。这是由于在世界各国,义务教育都包括在基础教育的范围之内,义务教育的免费性决定了公共支出在义务教育阶段以及基础教育阶段经费来源中的主体性地位。

表 8–2　2011 年各国基础教育公共支出和私人支出的比例 ①

国家	公共支出所占比例(%)	私人支出所占比例(%)
澳大利亚	83.6	16.4
法国	91.8	8.2
德国	87.9	12.1
日本	93.0	7.0
韩国	80.7	19.3
俄罗斯	95.9	4.1
英国	85.7	14.3
美国	91.6	8.4

资料来源:*Education at a Glance 2014* [EB/OL]. http://www.keepeek.com/Digital-Asset-Management/oecd/education/education-at-a-glance-2014/relative-proportions-of-public-and-private-expenditure-on-educational-institutions-by-level-of-education-2011_eag-2014-table131-en#page1. [2015–7–10].

二、基础教育经费呈现两级或多级政府分担的特征,并且相对集中

基础教育财政分担相对集中是指基础教育的经费主要来自中央政府和地区政府,基层的地方政府所承担的比例较小。从表 8–3 中可以看出,澳大利亚和英国的基础教育经费由两级政府承担,其中澳大利亚的基础教育经费主要来自中央政府和地区政府,而英国的基础教育经费主要来自中央政府和地方政府。法国、德国、日本、韩国和美国则呈现三级政府承担的特征,其中,法国和韩国的基础教育经费主要来自中央政府,德国和日本的基础教育经费主要来自地区政府,美国的基础教育经费由三级政府共同分担。

① 需要在此说明的是,OECD 数据中将中等后教育和非第三级教育也包括在内。

表 8-3 2011 年各国转移支付前各级政府基础教育财政分担

国家	中央政府(%)	地区政府(%)	地方政府(%)
澳大利亚	35.1	64.9	0
法国	69.8	17.7	12.5
德国	10.7	72.3	17.0
日本	16.5	66.2	17.2
韩国	68.7	28.1	3.2
俄罗斯	m	m	m
英国	16.5	0	83.5
美国	13.7	35.0	51.3

备注:m 表示数据缺失。

资料来源: *Education at a Glance 2014* [EB/OL]. http://www.keepeek.com/Digital-Asset-Management/oecd/education/education-at-a-glance-2014/relative-proportions-of-public-and-private-expenditure-on-educational-institutions-by-level-of-education-2011_eag-2014-table131-en#page1. [2015-7-10].

根据澳大利亚联邦宪法的规定,地方政府不负责教育事务,中小学教育完全由地区政府负责,中央政府对中小学教育也没有法律上的直接责任和义务。因此基础教育阶段的经费绝大部分来自地区政府,联邦政府自 1964 年以来才开始对中小学教育划拨经费。在法国现行的基础教育经费投入体制中,中央政府承担的是基础教育支出的最大项目——教师工资的支出,地区财政负责校舍建设和学校运转经费,中央财政负担的基础教育经费比例历年都很高。韩国中央政府也是基础教育投资的绝对主体,基础教育的教师工资与其他相关经费均由中央政府承担,中央财政在预算范围内对市、道实行教育补贴。根据德国联邦宪法的规定,教育的主权属于各州,州政府对基础教育有义不容辞的责任。德国的基础教育经费主要由地区政府与地方政府承担。通常地区政府即州政府负担教师工资和养老金,地方政府即市镇政府负担校舍建设、维修以及学校行政经费。在日本,市町村在基础教育中负有主要的管理责任,但是经费的分担上并非以地方的基层政府为主,而是三级政府共同承担,作为地区政府的都道府县所承担的比例比较高。

三、各国将公平作为基础教育财政拨款的基础性原则

基础教育作为提高国民素质的最基本、最重要的方式具有重大意义,并且基础教育通常与义务教育的普及相联系。为实现基础教育的均衡发展,各国都

将公平作为财政拨款的基础性原则,并在改革发展的过程中使公平的含义得到深化,实现了水平公平与垂直公平的兼顾,不仅确保全国的学生能够享受相当的教育,而且力图保证贫困家庭学生、身心发展有障碍的学生、少数民族或种族学生、偏远地区及居住地分散的学生等的特殊教育需要得到满足。

以英国为例,2010年联合政府执政伊始就着手对基础教育财政体制进行改革。2012年发布了《学校拨款改革:下一步建立更加公平的系统》[①]政策文件,开始对教育拨款系统进行改革,政府将公平、一致与透明作为改革的原则,其中公平是此次改革的首要原则。改革对于处境不利以及偏远地区的学生给予了更多的关注,增加了对于处境不利学生的资助,并新增对于偏远地区以及学生人数较少的学校的额外资助。在美国,对公立中小学进行管理是州政府的法定职责,然而公立中小学的具体管理以及经费的筹措由地方教育行政当局,即学区负责。地方学区筹措经费的方式包括财产税、联邦政府补助、州政府补助和地方学区的其他收入,其中财产税是美国公立中小学教育经费的一个主要来源。由于财产税是以居民的财产价值为基础的,因此各个学区所能筹集到的经费与学区的富裕程度密切相关,这就造成了学区之间教育经费存在极大的差距。为了改变该状况,美国在第二次世界大战后对财产税不断进行改革,并改革了教育财政拨款机制,公平一直是基础教育财政的焦点和努力的方向。自20世纪90年代,随着美国中小学对教育质量、教育效果的关注,美国州政府对义务教育财政的关注焦点由公平转向充足[②],然而公平作为美国基础教育财政拨款的基础性原则仍然没有改变。美国各州的基础教育拨款模式不尽相同,主要包括四种:等额补助模式、基准补助模式、保障税基计划、基准补助与保障税基补助组合计划。等额补助模式即州政府对各学区内每个学生给予相同数额的拨款,旨在向财力较弱的学区提供最低限额的教育补助;基准补助模式中,州政府的资助水平与地方财政能力成反比,税源越差、财力越薄弱的学区得到的州政府补助越多;保障税基计划属于学区能力均等化的补助形式,旨在促进学区之间财政能力的均等化,在该模式中,学区获得经费补助的数额与学区的税基与税率都相关;组合计划综合了两种模式的优势,基准补助部分能够保障各学区均能达到基本的教育水平,保障税基补助部分有助于激励地方政府增加义务教育财政支出,满足了效率要求。在这四种拨款模式中,基准拨款模式在各州的应用最为广泛,除第一种模式外,

① *School Funding Reform: Next Steps towards a Fairer System* [EB/OL]. https://www.gov.uk/government/publications/school-funding-reform-next-steps-towards-a-fairer-system. [2015-7-30].

② 雷丽珍. 从公平到充足——美国州政府义务教育拨款原则及其实施办法的改革[J]. 比较教育研究, 2010(7): 83-87.

其他三种模式都在不同程度上蕴含了公平的理念。[①]

四、各国基础教育财政转移支付模式以自上而下的纵向模式为主,形式以一般转移支付为主

财政转移支付又称无偿支出,指的是各级政府之间为解决财政失衡而通过一定的形式和途径转移财政资金的活动。规范的基础教育财政转移支付制度对于解决基础教育发展不均衡的问题具有重要意义。本部分对于基础教育财政转移支付的讨论主要涉及两个问题:一是转移支付的模式,二是转移支付的形式。转移支付的模式包括自上而下的纵向转移支付模式和以纵向为主、纵横交错的转移支付模式。[②] 前者依靠的是上下级政府间的纵向转移支付;后者以上下级政府间的纵向转移支付为主,辅之以同级政府间的横向转移支付。从形式上可以将政府间的财政转移支付分为一般性转移支付和专项转移支付。[③] 一般转移支付也称为无指定用途转移支付,不规定资金使用方向,不附加其他要求,主要用于平衡各地区间的财政差距。而专项转移支付也称为特殊目的转移支付,主要用在一些特定项目的资助上,资助资金有比较明确的使用规定,并会附上一些有很强政治性和竞争性的要求。

在基础教育财政转移支付的模式上,美、日、英、法采用了纵向转移支付模式;德国则是以纵向转移支付为主,但州政府之间的转移支付规模也不小,是后一种转移支付模式的典范。[④] 德国基础教育横向转移支付主要包括两个层次:一是德国 16 个州之间的转移支付,二是州内各市镇之间的分配。德国基础教育转移支付的模式有着深刻的社会原因,德国政府将同级政府间的转移支付作为实现财政平衡的重要手段。基础教育是提高国民素质的基本手段,均衡是其最为重要的原则。德国基础教育经费主要由地区政府和地方政府承担,2011 年,德国转移支付前中央政府所承担的基础教育经费的比例仅为 10.7%,地区政府和地方政府分别承担了 72.3% 和 17.0% 的基础教育经费。在这种财政分担体制下,进行同级政府间的转移支付以确保基础教育的均衡发展显得尤为重要。

划分各国转移支付形式的主要依据是经费使用的目的和方式。德、法、英三

---

① 雷丽珍 . 从公平到充足:美国州政府义务教育拨款原则及其实施办法的改革[J]. 比较教育研究,2010(7):83-87.

② 蒙丽珍 . 中国转移支付目标模式的设计[J]. 财政研究,1997(10):31-35.

③ 王善迈,杜育红,张晓红 . 建立政府间转移支付制度的理论与制度分析[J]. 北京师范大学学报(社会科学版),1998(3):73-82.

④ 刘泽云 . 西方发达国家的义务教育财政转移支付制度[J]. 比较教育研究,2003(1):35-40.

国主要采用一般性转移支付的形式;美国联邦政府补助以专项转移支付为主,州政府以一般性转移支付为主;日本采用的是一般性转移支付与专项转移支付相结合的形式。美国基础教育阶段的主要财政责任由地方政府承担,联邦政府提供的是专项拨款,州政府的拨款分为基本资助拨款和专项拨款。其中基本资助拨款与教育需求成正比,学区教育需求越大,接受的拨款也就越多;与地区支付能力成反比,越富裕的学区所获得的拨款越少。

五、保障基础教育教师工资的责任适当集中

在世界各国,教师工资是基础教育公共经费中最主要的支出。许多国家在实施基础教育之初,曾将基础教育视为基层地方政府的责任,并将教师工资经费的支付责任也一并交给基层的地方政府。这种做法给地方财政造成了很大的负担,无法切实保证教师工资的发放。为解决该问题,各国相继将基础教育教师工资的责任主体上移。当前,各国基础教育教师工资责任的承担主体大体可以分为以下四种:由中央政府独立承担,由高层次的地区政府承担,由各级政府联合承担,由基层地方政府承担。

在法国,基础教育阶段的教师工资由中央政府独立承担,法国实行严格的支出分类管理,中央政府教育部门负责全国各级学校的教师的训练、派驻和薪俸发放,区域和地方政府负责各自管理学校的非教学人员工资和其他费用。德国教师的工资由地区一级的教育和文化事务部负责,地方政府承担非教学人员的费用和材料成本。美国没有清晰的支出分类管理体系,教育财政的支出项目由地方政府接受中央政府和地区政府的转移支付后统一安排,教师工资由学区进行具体的管理。日本的基础教育教师经费由中央政府和地区政府共同承担,中央政府和都道府县政府各负责公立学校教师工资的一半。

第三节　世界主要国家高等教育财政拨款体制比较

一、各国高等教育阶段经费以公共支出为主,以高层次政府财政投入为主

在各个国家中,高等教育经费的主要来源仍然是各级政府的公共支出。根

据 2011 年的数据，高等教育经费中公共支出所占比例最高的是法国，达 89.4%；相对较低的是韩国和美国，分别为 62.8% 和 67.9%（见表 8–4）。

表 8–4 2011 年各国高等教育公共支出和私人支出的比例

国家	公共支出所占比例（%）	私人支出所占比例（%）
澳大利亚	72.2	27.8
法国	89.4	10.6
德国	86.4	13.4
日本	69.5	30.5
韩国	62.8	37.2
俄罗斯	84.9	15.1
英国	74.9	25.1
美国	67.9	32.1

资料来源：*Education at a Glance 2014* [EB/OL]. http://www.keepeek.com/Digital-Asset-Management/oecd/education/education-at-a-glance-2014/relative-proportions-of-public-and-private-expenditure-on-educational-institutions-by-level-of-education-2011_eag-2014-table131-en#page1. [2015–7–10].

此外，在高等教育阶段，中央政府和地区政府是财政投入的主力军，承担了比较大的比例。从 2011 年的情况来看，澳大利亚、法国、日本、韩国和英国的中央政府在高等教育经费投入中负担了 85% 以上；美国高等教育阶段的经费是中央政府、地区政府、地方政府三级分担，其中中央政府和地区政府占 90% 左右；德国高等教育投入中所占比例最高的是地区政府，达到了 71.3%，其次是中央政府和地方政府(见表 8–5)。

表 8–5 2011 年各国转移支付前各级政府高等教育财政分担

国家	中央政府（%）	地区政府（%）	地方政府（%）
澳大利亚	90.7	9.3	m
法国	86.8	9.6	3.6
德国	26.8	71.3	1.9
日本	93.1	6.6	0.3
韩国	94.2	5.2	0.6
俄罗斯	m	m	m
英国	99.7	a	0.3
美国	46.7	42.0	11.3

备注：a 表示数据不适用，m 表示数据缺失。

资料来源：*Education at a Glance 2014* [EB/OL]. http://www.keepeek.com/Digital-Asset-Management/oecd/education/education-at-a-glance-2014/relative-proportions-of-public-and-private-expenditure-on-educational-institutions-by-level-of-education-2011_eag-2014-table131-en#page1. [2015–7–10].

二、设立第三方机构,作为政府与大学之间的“缓冲器”

许多国家在大学与政府之间设立了拨款中介机构,形成由政府、中介机构、高校三者构成的拨款体制。这种拨款中介机构也被称为缓冲器,它的存在有利于协调政府与高校之间的关系。一方面政府能够通过拨款对高校施加影响,促使高等学校恰如其分地履行社会期望于它们的责任;同时又能维护大学的办学与学术自主权,并代表高校把高校的愿望和对政府的要求传达给政府。

英国所设立的缓冲组织是其他国家效仿的对象。英国高等教育拨款的缓冲组织几经变动,并与英国高等教育的组成相联系。1982 年,英国政府成立公立高等教育的全国资助机构——全国顾问委员会,负责全国大学的拨款事宜;1988 年,英国政府发布《教育改革法》,将全国顾问委员会改为多科技术学院和高等教育学院基金委员会、大学基金委员会,实行大学拨款的“双轨制”;1992 年,政府将两个机构合并为高等教育基金委员会。现在,英国高等教育拨款机构主要分为四个部门:英格兰高等教育拨款委员会(Higher Education Funding Council for England,简称 HEFCE)、苏格兰高等教育基金委员会(Scottish Higher Education Funding Council,简称 SHEFC)、威尔士高等教育基金委员会(Higher Education Funding Council for Wales,简称 HEFCW)和北爱尔兰就业与学习部(Department for Employment and Learning,Northern Ireland,简称 DEL)。以 HEFCE 为例,该机构负责对英格兰的所有大学和高等学院拨款,英格兰政府决定拨款的总数,下达到 HEFCE 负责执行,该机构对英国议会和法律负责,教育部主要负责制定高校的办学方向和拨款原则,具体的拨款由高等教育基金委员会负责。在美国的大多数州,政府对高等学校拨款的严格控制权由专门的高等教育管理委员会或协调委员会掌握,委员会的功能主要有两项:一是提出、选择并修正作为拨款决策支持系统的拨款公式,二是在政府和高等教育机构之间起到“缓冲器”的作用。委员会既是高等教育的代言人,帮助学校提出对政府的要求,也是政府的助手,帮助政府把适当的责任施加给高等教育机构。

三、大部分国家对于学生的资助以“有偿性资助”为主

目前,各个国家对高等教育阶段学生的资助已经逐渐由“无偿性资助”为主的模式转变为了“有偿性资助”为主的模式。“无偿性资助”是指不需要学生偿还的资助,包括奖学金和助学金等形式,又称赠予性资助或给付制资助;“有偿性资助”是指需要学生偿还的资助,各国实施得比较广泛的是贷款及推迟付费性

资助。澳大利亚、英国实施的是以推迟付费为主的资助模式,日本、韩国采用的是以贷款为主的模式,美国的混合资助模式中贷款是最主要的资助形式。

澳大利亚自1989年开始实施“高等教育贡献计划”(Higher Education Contribution Scheme,简称HECS),该计划的理念是所有接受高等教育的学生都应该做出相应的财政贡献,并允许学生延期支付学费。根据HECS的规定,所有“澳大利亚公民和持澳大利亚永久居民签证的人或者新西兰居民”在支付他们在公立大学所有本科和大部分硕士研究生教育的学费时,只需付一些杂费,学费可推迟到他们毕业后获得有工资收入的职业时再分期偿还,利息全免。日本政府所提供的学生贷款是提供给学生的“奖优”助学金,旨在减轻具有学习愿望与学习能力的学生的经济负担。日本政府奖学金中最为重要、影响最广泛的是日本学生支援机构奖学金,该机构是独立行政法人,直接对文部科学省大臣负责,承担全日本奖学金的资金筹集、发放及回收的一体化管理,其前身是“育英会”。日本支援机构的奖学金属于借贷性质,分为无息奖学金和有息奖学金,后者的申请条件比前一种宽松。美国的高等教育学生资助体系最为复杂,也最为发达,是“混合资助模式”的代表。在混合资助模式中,学生贷款是最主要的资助形式。联邦政府为学生提供了五大贷款计划:帕金斯贷款计划、斯坦福贷款计划、联邦父母贷款计划、联邦直接贷款计划和学生补充贷款计划。几类大学生资助项目因学生家庭的经济状况而有所区分,其中帕金斯贷款项目面向的是家庭经济状况最差的学生,斯坦福贷款面向的是所有有经济资助需要的学生。

OECD在报告中对成员国家高等教育阶段的学费状况以及学生资助系统的发展程度进行了分类:一是不收学费或是低学费并具有慷慨的学生资助系统的国家;二是学费昂贵并具有发达的学生资助系统的国家;三是学费昂贵而学生资助系统欠发达的国家;四是学费较低且学生资助系统欠发达的国家。根据OECD的分类,澳大利亚、英国和美国属于第二种类型;日本和韩国属于第三种类型;法国属于第四种类型。在澳大利亚、英国和美国,高等教育阶段学费较高,但是学生资助系统发达,这些国家高等教育的费用由政府、家庭和私人公司共同承担。这些国家的学生资助系统很发达,而且基本满足了全体学生的需要,美国和澳大利亚对高等教育阶段的公共支出在公共总支出中所占的比例都高于OECD国家的平均水平,美国和澳大利亚的比例分别为3.5%和3.3%,英国的比例略低于OECD国家的平均水平,为2.7%。日本和韩国属于第三种类型,在这种类型的国家中,高等教育阶段的学生及其家庭背负了沉重的经济负担,日本和韩国对高等教育的公共支出在国内生产总值中所占的比例在OECD国家中处于最低的水平,均为0.8%,OECD国家的平均水平为1.4%。法国属于低学费、学生资助系统欠发达的国家，其学生资助只面向小部分特定的学生群体。①

四、区分教学拨款与科研拨款

区分教学经费与科研经费具有两层含义：一是教学经费与科研经费分开拨付，二是两种经费的获取机制不同。各国之所以对于教学经费与科研经费进行区分，主要出于两方面的原因——教学经费与科研经费的性质与分配原则不同。教学经费是保障高校正常运行和发展的必要经费，与学校的招生规模、学科特点等指标关系较大，竞争性成分较少，遵循的是公平的原则；科研经费的分配遵循的是竞争性的原则，科研能力强、业绩优者将获得更多的拨款。

以英国高等教育基金委员会向高校提供的拨款为例，总的来看，该委员会提供的拨款包括一揽子性质的循环性拨款和专款专用的非循环性拨款两个部分。其中，循环性拨款包括教学拨款、科研拨款和知识交流基金三类。教学拨款主要用于分担高校的教学成本，如今英国高校的教学经费越来越依赖于学费收入。英国的高等教育不像其学前和基础教育那样，每一位就读于公立学校的学生都一定能获得政府的拨款资助（至少有“基本拨款”），而是只有当高校学生所读专业的教学成本完全超出学生及其家长的经济承受能力时，才能获得政府拨款。英格兰高等教育基金委员会提供的科研拨款并非百分之百覆盖所有高校，而是只面向高校中科研质量突出的研究机构，因而称为质量相关基金。在实际操作过程中，高等教育基金委员会根据每所研究机构的各项“研究卓越框架”级别百分比及相应的权重计算出质量得分，并以此衡量该研究机构的科研绩效，进而进行经费分配。澳大利亚的教学与科研拨款分别根据不同的原则和方式进行分配，教学拨款主要基于投入因素——学生人数由高校与教育部协商分配；科研拨款主要按照绩效原则分配，其中一部分根据高校产出按公式分配，其他的以科研项目申请的方式竞争性分配。

五、评估对高等教育拨款的影响逐渐增加

依据拨款的原则可以将高等教育拨款分为协商拨款、投入拨款和产出拨款三种类型。目前，大多数国家采用的是投入拨款，即以投入、以成本分析为基础

① *Education at a Glance 2014* [EB/OL]. http://www.keepeek.com/Digital-Asset-Management/oecd/education/education-at-a-glance-2014/relative-proportions-of-public-and-private-expenditure-on-educational-institutions-by-level-of-education-2011_eag-2014-table131-en#page1. [2015-7-10].

分配高等教育资金。产出拨款尽管在理论上比协商拨款和投入拨款显得科学，但由于绩效测量的困难，各国在实践应用上还是比较谨慎的。但各国普遍吸纳了产出拨款重视绩效的一些思想，加强评估对拨款的影响，如英国的研究拨款就完全建立在学科评估的基础上，教学也有专门的质量评估组织及相应的措施，英国高等学校教学质量评估主要包括四个方面：(1) 学校内部质量保证，由高等学校自身执行评估；(2) 学校层面教学质量和学科层面教育质量，由质量保障机构英国高等教育质量保障署进行评估；(3) 学生职业认证，由专业学会和法定认证机构进行；(4) 学科科研水平，由拨款机构组织进行评估。21 世纪以来，德国政府针对高等教育财政中长期存在的拨款机制激励性缺失的问题采取了具体的措施，联邦政府对拨款机制进行了改革，规定依据产出大小进行拨款。德国各州也纷纷推出了以效率为导向的高等教育拨款措施。从 2003 年开始，黑森州等州开始实施基本拨款和绩效拨款相结合的制度，州政府对高等教育的财政拨款 85% 为基本拨款，主要依据学生数量进行拨款，另 15% 为绩效拨款，主要依据教学和科研绩效进行拨款。[①] 北威州等州更是从 2004 年起将所有公立高校纳入绩效拨款的新机制中，在全部高等教育财政拨款中，绩效拨款所占拨款总额的比重从 2005 年的 14% 上升到 2006 年的 20%。[②]

评估影响拨款的基本形式不外乎两类：一是评估结果直接与拨款额挂钩，即绩效拨款；二是绩效因素参与拨款过程，即绩效预算。[③] 但是，在不同的国家，高等教育评估与拨款相结合的方式不同。澳大利亚评估与拨款相结合采用的是指标介入的形式；法国与韩国采用的是前提程序的形式；英国采用的是分等赋权的形式；美国则是指标介入与前提程序两种形式均有涉及。指标介入式是指在拨款公式中引入绩效指标，使绩效因素参与拨款，为典型的绩效预算。前提程序式是指评估是拨款的前提，拨款前需要先进行评估。例如在美国高校只有通过认证才能够拥有获得联邦资助的资格；在韩国，高校在评估中得到“合格”的结果将能够优先获得国家财政拨款和政府补助金，在科研经费方面也将得到更多的资助；法国政府依据合同为高校提供经费，政府与大学每四年签订一次合同，由第三方机构对高校进行评估，以使政府确定对某高校的资助水平。分等赋权式是指评估结果被严格划分为若干等级，不同的等级得到不同的拨款额。[④]

---

① Lydia Hartwig. *Financial Management and Governance in HEIS: Germany* [R]. Paris: OECD, 2004: 15, 22.

② Ben Jongbloed. *Higher Education Funding Systems: An overview covering European Jurisdictions and the Canadian Province of Ontario* [R]. Enschede: Center for Higher Education Policy Study (CHEPS), 2009: 11.

③ 范文曜，马陆亭. 国际视角下的高等教育质量评估与财政拨款[M]. 北京：教育科学出版社，2004: 9.

④ 范文曜，马陆亭. 国际视角下的高等教育质量评估与财政拨款[M]. 北京：教育科学出版社，2004: 10–12.

第九章　世界主要国家各级各类教育经费监管机制比较

第一节　教育经费监管机制的概念解析

《国家中长期教育改革和发展规划纲要(2010—2020年)》明确提出要加强经费管理与监督,教育经费监管也一直被相关研究频繁提及,但是对教育经费监管进行专门研究的并不多,对于教育经费监管机制的内涵,许多研究并未进行明确剖析。而在国际教育财政的比较研究中,只有理清了教育监管机制的概念,才方便我们进行对比。

一、教育经费监管机制的内涵

教育经费是指国家和地方各级财政以及企业、团体、个人等社会各界投入教育事业的费用,是教育事业建设发展的最基本的物质保证条件。广义的教育经费是指所有用于教育的货币投入,但是由于在教育经费的投入主体中,财政是重要的负担主体,教育经费监管主要是对财政性教育经费的监督与管理。这其中既包括各级政府在教育资源投入中对经费投入、使用的管理与监督,当然也包括各学区、学校对教育经费的自我管理与自我监督。

《现代汉语词典》对于“监管”一词的表述是监视管理、监督管理。[1]2009年出版的第六版《辞海》(上)对“监管”中的“监”定义为监视、督察。[2]因此,监管应当理解为含有监督和管理两层含义。

教育经费的监管机制是在国家教育经费的分配中,监督管理内部各构成要

① 中国社会科学院语言研究所词典编辑室.现代汉语词典(第7版)[M].北京:商务印书馆,2016:633.

② 夏征农,陈至立.辞海:第六版彩印版[M].上海:上海辞书出版社,2009:1061.

素相互作用的关系以及运行过程和方式①。一个完整的监管机制,其构成要素应包括:监管制度、监管体系与监管结果。监管法律与制度是监管机制的原则和依据;监管体系包括监管机构、监管对象和内容、监管方式和手段,其作为一个整体是监管机制的重要组成部分;监管结果是监管体系相互作用、运行之后的结果。

二、教育经费监管机制的特点

教育经费监管机制是一套复杂的制度架构。教育经费监管机制往往涉及很多方面,既是各国教育督导制度中的重要组成部分,也是各国公共财政监管制度中的一个子系统。一国的教育经费监管机制本身体现了该国财政资金的管理法律制度和财经纪律,包括了该国教育经费的预算管理、经费分配、财务监督、绩效评价等多部分内容。涉及的部门既包括教育部门、预算管理部门,也涉及财务、审计、监察等部门。因此在教育经费监管机制的研究中,需要有宽阔的视野,多方切入,以系统的角度理解各国的教育经费监管机制。

同时教育经费监管机制有着不可复制性。各国的教育经费监管机制深深扎根于本国的制度基础之中,各国政治体制与教育体制不同,对教育事权的责任分担不同,使各国教育监管机制有较大差异。由于不同的社会对于教育事务的共识存在差异,教育经费监管机制的简单移植并不会带来好的效果。在教育经费监管机制的分析中,必须不断反思监管机制的演变脉络与国家的文化制度背景之间存在着怎样的关系,又能以怎样一种形式适应本国特殊的制度背景。

各国的教育经费监管机制都处在不断的改革之中。信息化时代的到来革新了各国教育经费监管机制中的许多技术手段,大大提高了各国经费管理与监督水平。在这一浪潮中,我们要着眼各国的创新实践,以现代化技术路线为抓手,促进本国教育经费监管机制的科学化。

三、基础教育与高等教育经费监管机制的差异

教育经费的监管往往体现着教育财权和事权的对应关系,由于基础教育和高等教育在基本属性、来源经费结构上的一些不同,二者的经费监管机制也有着不同的重点。

在基础教育经费的监管机制中,由于各国的基础教育基本以政府投入为主,因此更加重视不同层级政府间的责任的明确划分和教育财政作为公共财政

① 杜玮薇.中国高等教育经费监管机制研究[D].昆明:云南财经大学,2014:17.

的使用效益，特别关注处境不利儿童教育经费的充足性和教育公平。同时建立完善的教育经费基础信息库，提升经费管理信息化水平；加强基础教育阶段中小学的预算管理，建立科学化、精细化的预算管理机制，科学编制预算，提高预算执行效率；规范校内财务和经费的自我监管，提升经费使用绩效。

从经济学中关于产品的竞争性和排他性的基本属性的理论来看，高等教育可被视为一种准公共产品已经成为众多学者的共识。高等教育的经费也更为广泛，既包括国家财政性教育经费、民办教育中举办者投入、社会捐赠，也包括事业收入和其他收入（具体经费来源分类见图 9–1）。在经费使用方面，高等教育经费主要可分为教学经费、科研经费、学生资助等部分。

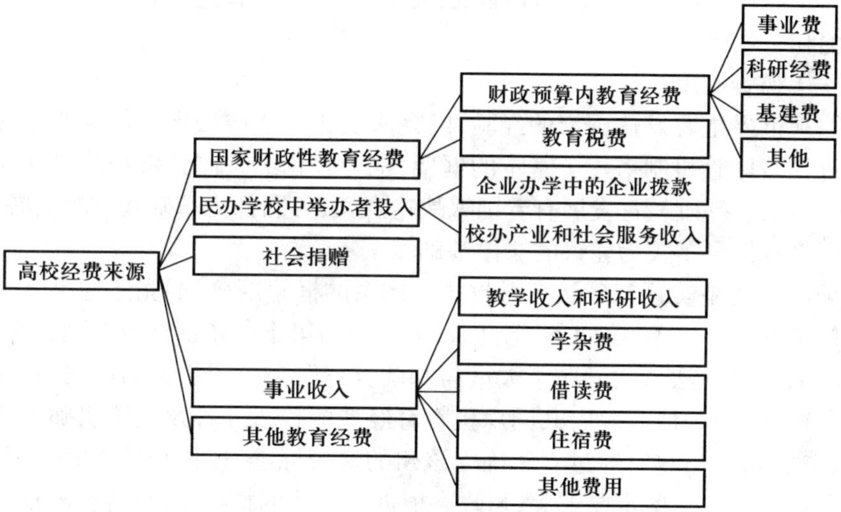

图 9–1　高等教育经费来源

基础教育和高等教育在属性、经费来源及使用等方面存在差异，加之各自的监管部门可能不同，监管的手段、过程有差异，这些因素会导致基础教育经费监管机制和高等教育监管机制的区别，因此，笔者将监管分为基础教育经费监管和高等教育经费监管两大部分。

第二节　世界主要国家基础教育经费监管机制比较

基础教育是各国提供的基本公共服务，提供普遍的高质量的基础教育一直是各国不断完善基础教育体系的动因。在新一轮公共管理运动下,加强地方分权、增强中小学自我经费管理成为重要趋势,正是在这一背景下,如何实现适当监管以及了解各国在这方面的经验,有着重要的意义。

一、各国基础教育经费监管的国际经验

从整体来看,教育经费的使用和监管在越来越多的国家受到重视,虽然各国教育行政管理体制存在着巨大差异,但在教育经费监管的发展中呈现出一些共同趋势:各级政府不断调整角色,保障教育经费使用中的充足、公平和有效。各个国家通过出台一系列法律和制度,完善监管体系,促进教育经费在全国的公平分配和有效使用。

(一)监管制度

综观世界主要发达国家的经验,以宪法及相关法律法规为基础的监管制度为教育经费监管机制搭建了基本的框架,也为教育经费监管机制的建立提供了行动的指南。基础教育发展有着国家战略意义,各国都为基础教育的发展、经费投入保障等提供了较为完善的法律基础。

美国宪法是美国基础教育财政法律体系的框架部分,如宪法的第一条以及宪法修正案的第一条、第四条、第九条、第十条与第十四条都涉及基础教育财政。联邦政府通过立法形式颁布了大量与基础教育财政分配相关的法案,并通过立法保障联邦、州与地方政府共同承担教育经费的投入。各州宪法明确了教育财政分配的条款,州政府通过立法确立该州的建校标准、校长和教师的任职资格、学校课程大纲以及鉴定要求等,州政府根据州立法的精神,进行各类教育经费和资助的筹集及配置。[①] 美国基础教育财政体制每向前发展一步,都有相应的立法措施,法院和诉讼案件又对美国教育财政发挥着重要的引导和促进作用。

在英国,1997 年新工党上台后,提高基础教育的质量成为新政府改革的重点。1998 年通过的《学校标准和框架法》,成为近十多年的教育监管法律基础。1992 年《教育法》取消了中央和地方两级监督机构的体制,建立了单一的教育督导体制,并经过逐年修改,得到不断修正。

澳大利亚制定了从学前教育到高等教育、从普通教育到职业教育和特殊教育的一系列法律,例如,作为教育基本法的《澳大利亚教育法》,促进教育公平的《土著教育法》,旨在提高学前教育质量的《教育和保教服务国家法》,保证教育投入的《学校援助法》等。同时,澳大利亚注重教育立法的规范性和科学性,先

① 王瑜.美国基础教育财政公平保障体系述评[J].教学与管理,2014(9):152–156.

后颁布了《教育立法修正法(1997年)》和《教育立法修正法(2008年)》等。

日本通过立法确立了基本的教育理念和教育制度。在宪法指导下制定的《教育基本法》,明确了国家和国民所应遵守的教育理念和原则。在监管过程中,日本《义务教育费国库负担法》和《义务教育学校设施费国库负担法》等成为促进教育经费监管的有效法律保障。

(二)监管体系

1. 监管主体

在美国基础教育财政发展过程中,联邦、州和地方三级政府一直在不断调整其在基础教育财政中的职能与作用,从目前的发展趋势来看,许多财政经费直接由州政府拨给学校,地方学区逐渐成为州政府的小型代理机构,成为州政府的具体执行者。由于宪法规定美国联邦政府没有权力直接干预教育,州政府是教育经费投入的主体,并直接监督各州教育经费的使用情况,通过强力手段确保每一个学区的教育经费达到充足的标准。

英国是世界上最早建立教育督导制度的国家之一。基础教育投入监管作为教育督导的重要组成部分,也是英国最初成立教育督导制度的动因之一。1993年《教育法》为脱离地方教育当局的学校特设一个拨款机构,同时设立教育标准局,以视察、指导由国家直接拨款的学校。[①]2007年教育标准局改称教育、儿童服务和技能标准局(The Office for Standards in Education, Children Services and Skills,简称OFSTED),独立于英国教育部,对监督基础教育经费投入发挥了重要监督作用,同时诸如教育部、议会、国家审计局、地方当局、学校论坛等机构也负有监督责任。[②]

日本教育监管主要由文部科学省负责,具体责任包括:制定学校设置基准、教师任免基准、班级编制和教师定员标准;担负义务教育学校国库负担与补助的基准设定和执行等。[③]地方设有专门的教育委员会,负责人为教育长,由地方教育委员会选举产生,直属地方行政长官领导,负责地方教育经费的保障和监管。2006年修改后的《地方教育行政组织运营法》提出:"都道府县需在其管辖区域内发挥最大作用。市町村地方当局和学校作为义务教育的实施主体,有必要被赋予更大的权限和责任。"

事实上,无论是在美国、英国、日本,还是在其他发达国家,教育经费的监管往往由多个主体分担,但在发挥主要作用的主体上,监管的主体与拨款主体呈现

① 金星,张福云.英国公共教育支出制度探析及其启示[J].理论研究,2013(2):39-42.

② 施祖毅.英国中小学财政性教育经费投入研究[D].重庆:西南大学,2014.

③ 邸存静.日本义务教育财政制度研究[D].保定:河北大学,2009.

非常强烈的对应关系，即在法律框架下，哪一级主体投入，便由哪一级主体主要履行监管责任。在分权制改革背景下，由于教育事权的不断下移，监管的主体也逐渐下移。与此同时，为了加强教育经费监管的专业化，越来越多相对独立的监管主体也在不断出现。

2. 监管对象与内容

教育经费监管的对象主要是学校和下级教育部门，内容主要是教育经费的使用情况、资金落实情况、财务管理情况等。由于各国监督主体承担的义务不同，在监管具体内容上也不尽相同。

如最典型的是，在美国教育经费学校本位的财务管理制度下，美国的州政府主要通过监督各校教育经费的充足程度、监督学区税基等实现监管，联邦政府则只能通过资助计划等促进各地教育经费的平衡。

相较而言，英国、日本和法国的监管内容更为丰富与具体。英国教育、儿童服务和技能标准局对中小学经费的监管主要关注学校使用资金的效率，包括学校管理者对学校财政的定位、对学校财政的认识，经费使用决定对学校教学产生的影响，学校是否达到学校财政管理标准，学校财政计划的有效性，学校资金使用的正当性和有效性等，其目的是为中小学提供一个客观、准确的评价，帮助它们提高教育质量，提醒学校在哪些方面需要改进。日本以文部科学省省令的形式，发布了各级各类学校的设置基准，在教育经费的监管中强调保障全国所有学校的办学条件不低于国家规定的标准；同时监管教师工资发放、地区间财力差距以及地方财政状况对义务教育的影响等。① 法国国民教育部在教育经费监管中直接设立教育账户作为国民财政的“卫星”账户，旨在为地方政府在教育系统方面测定经费的使用情况，以评估地方政府的教育开支，研究其经费的组成状况。它还拥有经济审计地位，整合和组织与教育筹措和支出相关的经费流通。监管内容的方式保障了义务教育阶段学校的均衡，但是在监管效率上有所下降。

3. 监管方式与手段

在各国教育监管的实践中，监管的方式与手段不断创新，发展出了不同模式，其中有代表性的为以下两种：

(1) 技术路线的强化

在美国教育经费监管过程中，体现出了强烈的技术主义倾向。从 20 世纪 60 年代后期到 70 年代初期，公立学校引进了许多管理策略与技术，以改进学校效能，如规划预算制度（Program Planning Budgeting System，简称 PPBS）、计

---

①「義務教育費に係る経費負担の在り方について」(中間報告) の概要[EB/OL]. http://www.mext.go.jp/b_menu/shingi/chukyo/chukyo3/gijiroku/04053101/003.html.[2015-7-30].

划考评技术(Program Evaluation and Review Techniques,简称 PERT)、目标管理(Management by Objectives,简称 MBO)等。技术主义促进了美国基础教育规划与预算制度的推行,特别是在学区和学校的层面。① 而受 2008 年以来经济萧条的影响,教育经费收入减少,推动了一系列变革,更加注重教育投入的效率和公平性。2010—2011 年,匹茨堡等地区将原先传统的教育经费方式改革为基于学生课堂评价和学业水平测试的投入体制,佛罗里达和印第安纳等州也批准了有关绩效工资的立法。②2013 年 7 月,加利福尼亚州改革了新的教育经费资助体系,被称为本地控制资助框架(Local Control Funding Formula,简称 LCFF),更加关注教育财政在低收入家庭的学生、非英语学生及领养学生方面的分配情况,注重教育经费分配中的公平性。③

(2) 评价方式的完善

英国教育标准局监管地方教育政府的经费情况,其中主要是通过外部评价的方式,监督地方当局是否履行了其法定义务。主要监督地方当局的投入效率,识别和干预薄弱学校的效率,使用教育基金的效率等。公立中小学每四年必须接受一次监管,内容包括教学和学生课堂反应、学校入学人数、教育资金和学校财政管理等。同时英国为了加强教育经费的监管,做出了许多制度化的努力,其中包括:地方当局公布学校预算声明和结算声明;选择教师代表参与学校管理,增强教师对学校拨款的了解;通过教师和家长的联合会(Parent Teacher Association,简称 PTA)加深家长对学校投入的理解;通过培训和提供相关投入材料帮助学校委员会成员了解学校投入等。④ 地方教育部门有责任对下拨的教育经费的使用进行监督与管理,地方要制定一个财务管理方案,其内容就有关教育经费使用的管理和监督。学校财务管理方案经教育大臣批准后生效,地方教育当局必须将方案的副本送达各学校董事会及校长,并公之于众。学校董事会和校长在使用学校的教育经费、保留学校的财务记录等方面,都要按照学校财务管理方案的规定操作。学校所有教育预算及收到的公共费用都要接受地方教育当局审计部门的审计,对于学校所掌握的私人捐款,地方当局也会要求学校提供相应的审计证明。⑤ 如果一个学校持续、严重地违反了方案的有关要求,或是不

① 高建民 . 美国基础教育财政发展研究[M]. 北京:人民教育出版社,2005:179.

② *Editorial Projects in Education Research Center, Issues A–Z: School Finance.* [EB/OL]. http://www.edweek.org/ew/issues/school-finance/. [2015–2–15].

③ The Education Trust-West [EB/OL].http://www.edtrust.org/west/our-work/school-finance. [2015–2–15].

④ Levacic R, Downes P. *Formula Funding of Schools, Decentralization and Corruption: A Comparative Analysis* [M]. Paris: UNESCO, 2004: 67–69.

⑤ 沈卫华 . 英国地方教育当局的基础教育拨款制度探析[J]. 外国中小学教育,2007(2):56–60.

能很好地管理学校财务，地方当局有权取消该校的教育预算授权，相应下放的人事权也会被取消。

（三）监管结果

教育经费监管的结果体现在各国教育监管体系的修正与政策调整中。在基础教育经费监管中，公平与质量成为其中的主旋律。一方面，如德国等国家在公共管理领域进行“现代化进程改革”，增加中小学对经费的自我监管权限。在增强自我责任的同时，对于中小学的监管采用目标合约的形式，由中小学定期进行自我质量分析和内部评估，保障教育经费的使用效率和教育质量。美国教育财政领域的改革也越来越强调在教育投入和教育结果之间建立联系的必要性。2001 年时任总统乔治·沃克·布什颁布《不让一个孩子掉队法案》，也代表了以结果为导向的模型成为美国基础教育财政的支撑。州政府如加利福尼亚州政府则通过幕后领导（Lead-From-behind Approach）的方式将经费拨付地区，在当地控制资助框架下，各地需制订三年期的本地控制责任计划（Local Control Accountability Plans），保证教育经费用于提升弱势学生教育和八个教育发展优先事项，并将一些资助额度与学业水平测试成绩直接挂钩。①

在更多国家的案例中，对监管结果的重视体现在促进国内基础教育均衡的努力中。美国联邦政府建立了标准化的测量体系，通过公平指数（equity factor）监测各州间及州内各地区间的教育经费分布情况②，并将其写入了《不让一个孩子掉队法案》。在州一级也设立了相关的法案，保障教育经费的公平分配。英国在 1997 年新工党上台后，大规模增加了教育投入，更强调整体教育质量的提高，即为所有人提供均等的教育机会并提高教育水平，为此规定地方学校预算额的增长不能低于国家教育公式支出额的增长。在经费使用中，为体现国家对处境不利儿童的关注，出台了多个计划，如 2007 年公布了《儿童计划：创造更美好的未来》，提出要投资 9,000 万英镑改善残疾儿童的设施，为处境不利学校提供最优秀的教师，投资 2,000 万英镑用于青少年反社会行为的预防等。③2006 年教育督查法④中对教育标准办公室的更名，体现了其新的使命：“促进服务质量改进，确保服务关注用户利益，监察服务质量的效率和效能，提升物有所值的

---

① Andrew Ujifusa. *California's K-12 Funding Overhaul Slowly Takes Root* [EB/OL]. http://www.edweek.org/ew/articles/2014/12/04/14california.h34.html. [2015-2-15].

② *Federal, State, and Local K-12 School Finance Overview* [EB/OL]. http://febp.newamerica.net/background-analysis/school-finance. [2015-2-15].

③ 蒋丹 . 英国基础教育财政投入政策折射出的教育公平理念及启示[J]. 教育与经济，2009 (2): 58-63.

④ *Education and Inspections Act 2006* [EB/OL]. http: www.opsi.gov.uk/acts/acts2006/pdf/ukpga_20060040_en.pdf. [2015-2-13].

服务”。

二、教育经费监管的国际趋势

(一) 经费投入监测体系不断加强,保障教育投入的基本公平

从国际经验来看,由中央政府或上级政府对教育经费使用充足性与公平性进行监测成为国际普遍做法。常用的监测有:教育财政均衡指标(各级各类学校生均财政性经费的校际、区域、城乡差异程度,各级各类学校办学条件的校际、区域、城乡差异程度,义务教育标准化建设达标率等),教育财政效率指标(各级各类学校生师比、学校教师管理人员比、教育行政事业单位人员与专任教师比等),教育财政充足指标(教育支出结构——人员支出占总支出的比重,生均经费指数——生均支出占全国 / 当地人均 GDP 的比重,生均公用经费指数,教师工资指数——教师平均工资与全国 / 当地人均 GDP 的比重等)。①

经费投入的监测是提高经费效率的基础,更是投入公平的保障。在各国教育改革的进程中,公平与质量成为主旋律,尤其是由于地区财力差别带来的校际差异,许多国家还针对处境不利的儿童设立了专门的教育项目,保障在经费投入中的基本公平。同时教育经费监测的意义还在于发现优秀案例并进行推广、帮助地方政府改进经费管理工作等。

(二) 经费执行控制不断完善,以制度框架的建立进行保障

为了加强经费执行的控制,各国都建立了一套制度化的框架,通过教育经费的预算和审计提升教育经费的透明性。

在教育经费执行过程中,由于国家间教育体制的不同,不同层级政府的支出责任有着较大差异。如美国强调地方负责、州级统筹,德国强调以州为核心,日本增加地方自主权,以分权化为基础不断扩大地方学区或学校的财政自主权是重要的趋势。但是也不尽如此,如法国则由于中央集权的教育分权体制具有较高的社会认同度,在经费管理上实行严格的支出分类管理,中央教育部门负责全国各级学校的教师工资的发放,地方无权干预,区域政府和地方政府负责各自管理学校的非教学人员的工资发放和其他支出。

但是各国都为建立制度化的经费执行框架做出了不懈努力。一方面,各国负有监督义务的中央政府或地区政府不断明确主体,开发了较为完善的审计体系,包括具体的审计内容、审计标准、审计程序等;另一方面,学校也在建立相应的核算和汇报机制,如美国的中小学教育决算制度,德国的中小学定期进行自我

① 陈晓宇. 教育财政体制改革应设计出科学可行的保障机制[J]. 教育与经济,2014(1):3-4.

质量分析和内部评估，英国教育标准局的《学校监督框架》(The Framework For School Inspection)[①]，均为我们提供了具体的参考。

(三) 经费监管强调使用效率，绩效评价成为重要的方式

除了保证在经费投入的充足，越来越多的国家注重投入的有效性。各国纷纷建立问责体系，以循证的方式(evidence-based approach)识别地区的教育经费需求[②]，并通过绩效评价促进教育经费的高效使用。

国际学生评估项目(简称 PISA)、国际小学生读写素养发展评估项目(简称 PIRLS)、国际中小学生数学与科学素养发展评估项目(简称 TIMSS)等项目的实施使得公众对本国教育经费投入的有效性提出了更多关切。在经费监管的过程中，教育评估的结果成为评估教育经费投入的重要绩效指标。同时，在监管的过程中，教师的职业满意度、教师的自我效能、学生的自我教育能力、学生对学校的满意度、学生创新能力的发展等指标也被纳入各国绩效评价的指标体系中。在美国"教育增值"评价法得到不断推广，即将考核学生入学后的增量部分看作学校培养计划、课程和教师的成就，真正体现评价的公平性。

有效率的教育经费投入必须将财政投入和学校教育质量的核心环节教师、学生、课堂、教学、学习等紧密结合起来，把经费直接地、切实地、有效地投入教学过程和学习过程中，也就是要将财政政策和促进学生发展的核心环节(教学过程和学习过程)直接相连，真正实现教育质量的提高，这对于目前我国教育经费监管体系的改革有着重要的借鉴意义。

第三节　世界主要国家高等教育经费监管机制比较

一、各国高等教育经费监管机制的国际经验

完整的监管机制包括监管制度、监管体系及监管结果。监管法律与制度是监管机制的原则和依据；监管体系包括监管机构、监管对象和内容、监管方式和手段，其作为一个整体是监管机制的重要组成部分；监管结果是监管体系相互作用、运行之后的结果。因此，对各国高等教育经费监管机制的国际经验的介绍也

① OFSTED. *The Framework for School Inspection* [R]. Manchester: Publication of OFSTED, 2013: 4–28.

② A.Odden, L. O. Picus. School Finance Adequacy at a Crossroads [J]. *Education Week*, 2007, 26(45): 40.

将从以上几个方面分别展开。

（一）监管制度

经费监管制度是监管主体履行监管职能的重要保障，主要体现为法律法规、规章制度、意见、通知等形式。综观各国的教育实践不难发现，各国纷纷出台、修订或完善与教育经费监管有关的法律法规，从制度上进行引导与规范。

美国 1958 年颁布的《国防教育法》和 1965 年颁布的《高等教育法》中都对高等教育的投入进行了明确的规定。德国联邦审计署根据联邦预算条例（BHO）对高校进行具体审计。法国通过《财政相关组织法》实现对高等教育经费监管的规范。澳大利亚的《2003 年高等教育支持法案》对高等教育财政体制作出了明确规定。英国的《商业、创新与技能部国务大臣与英格兰高等教育基金委员会框架文件》《英格兰高等教育基金委员会与高等教育机构之间的保障与问责备忘录》对英国高等教育经费监管的具体事项进行了规定。

（二）监管体系

1. 监管主体

从各国的教育经费监管主体的具体情况来看，监管主体呈现出层次性、全面性和代表性的特点。政府宏观监督、主管部门日常监督、学校内部监督、审计部门事后监督相结合，内外部监管通力合作；具体的监督人员既有政府管理人员，也有学生、家长代表和工商企业代表，代表广泛，确保全面监督。

高等教育机构作为教育经费的实际使用者与受益者，自身需要进行教育经费使用过程的内部监控，以确保经费用到实处。然而，仅有高校内部监管是远远不够的，高校不能既担任运动员的角色，又担任裁判的角色，因此，学校之外的外部监管同样必不可少。

以法国为例，法国高等教育经费监管主体既有政府部门，如国民教育部、高等教育与研究部、财政部和财税法院、财务司等，也有独立的第三方机构，如国家评估委员会（简称 CNE）、国家研究委员会（简称 CNER）和科学、技术与教学审查团（简称 MSTP）。这种多部门联动的监管体系形成了巨大的监管合力，确保教育经费的有效利用。

澳大利亚各州 / 领地审计署或审计署授权机构依法对各大学的年度财务报表进行外部审计，审计与风险管理委员会则是各大学的内部审计机构。

就英国而言，议会、国家审计署、教育主管部门（商业、创新和技能部，Department for Business，Innovation and Skills，简称 BIS）、高等教育拨款委员会、研究理事会等对高校教育经费进行外部监管，高校内部的董事会、审计委员会对高校科研经费进行内部监管。内外部监管机构相互配合，通力合作，共同构建起英国完善的高校经费内外部监管体系。如果再将监管主体进行进一步细分，英国教育经费的监管体系可以分为三个层次。第一个层次是由政府相关部门组成的管理层,如议会与商业、创新和技能部。第二个层次是由 7 个研究理事会与高等教育拨款委员会组成的管理层,其中 7 个研究理事会是由 7 个具有“准政府”职能的科研管理机构组成的。第三个层次是学校层面的管理层,高校作为接受拨款的机构,需要遵守财政备忘录及其他相关的规章制度,建立审计委员会,设立内部和外部审计员(内部审计员由审计委员会指定,外部审计员由董事会指定,两者不能来自同一机构),定期对高校调查审计,就财务状况、风险管理、财务可持续性进行评估,以确保公共资金安全、高效使用。当高校财务状况以及人员或者制度出现重大变化时,应当告知拨款委员会。高校有义务对高等教育拨款委员会提供所有信息并在必要时候做出解释。

美国高校内部审计委员会(Audit Committee)负责审查内部控制制度,高校之外的总监察长办公室、国会审计署等负责外部监督。

2. 监管对象与内容

高等教育经费监管的对象是高校教育经费的收入、支出、使用的所有环节。经费来自何处、学校收到之后如何处理、最后花费在何处,即高等教育经费从收入到支出的全过程,均需要受到监管。具体的监管内容既涉及高校内部财务管理制度建设,又包括经费来源、预算编制、预算执行、决算审计等各方面的合法合规性。例如德国的联邦预算条例(简称 BHO)第 89 条规定了联邦审计署具体审计的项目,包括:(1) 收入、支出、支出项应尽的义务、财产和债务;(2) 有财政影响的措施;(3) 留存资金与预先支付;(4) 自我经管资金的使用。第 90 条规定了检查的具体要求,包括:(1) 预算法与预算计划是否被遵循;(2) 收入与支出是否有合理的依据并被证明,预算账目与财产账目是否清楚有序地呈报;(3) 是否经济节省地运行;(4) 是否用最少的人员和物资消耗完成任务或者用其他方式有效地完成。

3. 监管方式和手段

依据国家对高校的管理体制和高等教育经费的监管机构,监管方式和手段主要有三个方面,即内部监管、外部监管、社会监督。

内部监管主要指高等学校内部对经费运行全过程进行的监管。

外部监管主要指政府对预算的审查批准和教育主管部门、财政、监察、审计、价格等部门对高校经费进行的监管,主要方式和手段包括巡视、财务评价、外部审计、专项检查、要求高校自查自纠等。

社会监督主要依托舆论、社会团体以及学生、家长等公众,其效果主要取决于公众对高等教育经费的了解程度。其中,舆论监督主要包括报刊、电视、广播、网络等传媒对高等教育经费使用过程中的违法、违规行为的报道,这种监督方式最大的优点是传播速度快、覆盖面广、影响范围大。

以德国为例,德国的高校接受外部的联邦审计署和州审计署的监管,高校内部财务处对学院的财务报告进行审核,具体工作由财务预算管理科和财务结算管理科负责,此外,新闻媒体、家长和学生发挥社会监督的作用。

4. 监管过程

从各国的教育经费监管过程来看,监管从教育经费的拨付环节就已经开始,贯穿教育经费使用的全过程,实行全方位、全过程的监管模式,包含了事前、事中和事后监管。

(1) 事前监管——预算编制

事前监管是在高校经济事项发生前,对其合法、合理、合规性进行监管,是对教育经费监管的基础环节,从教育经费的申请和拨款过程就已经开始。以严格的项目立项申请和审查来保障项目的顺利实施,避免人情项目、欺诈项目。实质是在经费尚未使用之前,对经费将要使用的方向、目的等通过既定的规章制度进行约束。事前监管表现在工作中,主要是通过预算编制来实现的。一个高校的预算基本反映本年度该高校的活动范围、方式及内容。

(2) 事中监管——预算执行

事中监管是对高校正在运行的经济事项、在其尚未结束之前对其进行监管,对高等教育经费预算的执行情况进行监管。一方面,高校内部需要加强内部控制,尤其是财务部门必须按照相关规章和程序,严格控制每一笔经费的支出。另一方面,上级部门通过日常检查和专项检查两种方式,对高校经费的使用进行监督。

(3) 事后监管——决算审计

事后监管是指对已经完成的经济事项及其运行结果,以及与结果相关的各类行为的合法性、合规性进行审处。① 决算审计包含两个方面:一是内部审计,即高校内部的审计处对高校经费运行情况进行决算审计;二是外部审计,一般由上级审计部门实施。内部审计是高校对经费使用情况进行自我监管的有效手段,高校可以通过内部审计及时发现问题,从而避免经费损失或错误使用。外部审计是上级部门对高校经费进行监管的重要途径,主要包括年度决算审计、领导经济责任审计等。事后监管主要是经费审计,审计如果发现问题,视情况严重程度,受资助方必须纠正或退还资助款项。

因此,教育经费监管涉及经费申请、分配、使用和管理各个环节,实行全过程的监督,以确保科研经费分配的规范、公开,提高科研经费的使用效益。高等教育经费监管成败得失的大量事实说明,经费监管贯穿经费预算、使用、核算的全过程,仅加强上述单个方面或者某些方面的管理,难以有效发挥高校教育经

① 李武好,韩精诚,刘红艺. 公共财政框架中的财政监督[M]. 北京:经济科学出版社,2002:83.

费的最大效益，实现监管目标，易出现顾此失彼，头痛医头、脚痛治脚的“专科疗法”。通过前文中对不同国别的介绍可以看出，世界主要国家纷纷对高校经费实行全过程的监管，保障教育经费落到实处。

法国建立了以绩效和评估为导向的预算管理制度，使得教育经费的使用有标准可依，教育经费使用的全过程都得到有效监督。政府制订年度绩效规划和完成各项目标的详细绩效指标，学校需在规划和指标的指导下开展工作，从而提升了公共部门的预算执行力。绩效评估工作遵照公平和公开的原则，评估结果也将成为下一年预算分配的主要参考依据。《财政相关组织法》要求，在实现效益目标的前提下，公共部门负责人在预算实际执行过程中可调度各项目之间的预算额度，但不能超过授权的预算金额上限，也不可对人员的工资进行调整（在人员工资出现结余时，可把其用于其他项目的支出）。正是在严密的预算管理制度下，在总体规划和具体指标的指导下，教育经费使用的全过程都得到了规范。

同样地，英国高校教育经费的监管也形成了与教育经费流向相对应的“监管链条”。从教育经费的拨付到使用以及后续环节，议会、高等教育基金委员会等通过科研评估活动（Research Assessment Exercise）、同行评议、签订财政备忘录、全面支出审查（Comprehensive Spending Review）等方式对高校经费使用进行监管，校董事会、校审计委员会通过财年初期制定内部审计计划、财年中期定期检查、财年末期制定财务年度报告实现了经费使用的透明化。

（三）监管结果

1. 财务信息公开

学校财务信息的公开是保障教育经费得到有效利用的重要途径，学生、家长、社会从而可以实现对学校财务状况的知情权。

法国建立了新的财务信息管理系统。该系统将项目的执行、财务总结、会计出纳、税务征收、人员工资管理等信息综合在一个管理系统中，从而可以展现年度财务预算的实施情况。英国教育与技能部、财政部、高等教育基金委员会以及各高校通过发布年度报告，对教育经费支出情况进行公示。美国在 2008 年修订的《高等教育法》确立了大学学费的信息披露制度和教科书的信息披露制度，这些举措都有利于保证高等教育教育经费的公正、透明。

英国高等教育拨款委员会在其官方网站上公布高校教育经费使用情况，研究委员会及其 7 个下属理事会在《RUCK 数据政策通用原则》的基础上制定了各自的数据管理政策，对数据进行保存和公示，便于加强对研究结果的监督。

2. 监管结果的有效利用

对高等教育经费进行监管的最终目的是促进教育资源的有效分配与利用。高等教育经费监管结果首先可以反映高校内部存在的经费管理问题，对问题进行分析和诊断,从而改进高等教育经费的使用情况;其次,可以作为高校负责人的考核依据,不但可以激励高校负责人进一步完善经费使用,而且可以增加人事任免的公正性;再次,上级财务部门可以将经费监管结果作为资金拨付及预算分配的参考。

二、各国高等教育经费监管的国际趋势

(一)制度先行,注重立法,引导和规范教育经费监管过程

从各国教育经费监管的实践过程中不难看出,高等教育经费监管机制的建立,首先需要一套完善的监管制度,从法律法规等层面予以保障。这不仅包括从法律层面确立教育经费监管的法律地位,还包括从具体的操作层面出台细则,对预算、执行、决算、信息披露、违规处罚等监管的各个方面进行细化,确保法律制度的现实落地。

(二)重视第三方监管主体的作用,在政府与高校之间架起"缓冲器"

各国教育行政管理体制的差异决定了教育经费监管制度也势必会有所不同,但引入第三方的社会性机构承担监管职能是世界主要国家的基本改革方向,且英国、美国、法国、印度等国家已经将其付诸实践。

政府作为管理这个社会的合法组织,在实施高等教育预算拨款时,要综合考虑各学科发展对整个社会发展的潜在影响。在许多情况下,还要较多地从非学术的角度考虑学术发展的问题。政府干预高等教育的手段很多,比如通过立法制定各种政策、条例规章等,但最有效也最合理的手段还是通过财政拨款去施加影响。通过财政拨款对高等教育施加影响,使之向着政府选定的方向发展,其途径可以有多种。最基本的途径有二:其一是政府通过有关主管部门直接实施;其二是通过某种中介组织——"缓冲器"进行。值得注意的是,很多高等教育发达的国家均采取了第二种途径,即通过某种独立的第三方中介组织对高等教育进行拨款、监管。

基于教育公共事务和行政事务的庞大、复杂和专业化,政府已经没有足够的人力、时间、能力和财力来直接操作和管理教育中各项事务,于是将一部分职权,如拨款、各种评估委托给专门组织,借助专业的人力和专门知识来完成相应的教育管理,这些拨款组织扮演双重角色,在政府和高校之间起到重要的"缓冲器"的作用。一方面,它是政府的助手,帮助政府把相应的责任施加给高校;另一方面,它又是高校的代言人,帮助学校向政府提出要求。这一特点有利于高校在落实学术自由权的同时,确保政府拨款的有效利用,促使高等学校恰如其分地履行其社会职责。建立专业化的第三方机构承担教育经费监管职能,不仅能够

有效分散政府对公共事务的管理权力，而且有利于提升监管工作的专业化水平。

世界所公认的比较成功地将“缓冲器”组织应用到高等教育预算拨款过程中的国家，当属英、美两个现代发达国家。这些缓冲器不仅在高等教育拨款过程中发挥着作用，同样承担着对高等教育经费进行监管的职责。

英国的高等教育拨款委员会是被世人交口称赞的成功范例。英国高教经费拨款的最大特色是通过相对独立的拨款中介机构拨付，而非直接由政府主管部门向高校划拨。英国高教拨款体制是典型的政府—中介组织—高校的三元拨款体系。该拨款组织制度有以下特点：首先，大部分财政经费（教学经常费拨款和一部分科研拨款）通过高等教育基金委员会拨付，拨款中介机构成为政府与学校之间的桥梁，能够减少政府对高等教育的直接控制，增强高校的自主权；其次，引入质量评估中介，“评估—竞争—自主”三位一体的经费“拨付—获取—使用”机制，有利于提高高校质量。高等教育质量保证署（简称 QAA）的评估在很大程度上影响政府的拨款力度和方向及未来变化。通过评估，各高校之间为提升教学质量以吸引生源而不断竞争；英国高等教育基金委员会依据 QAA 的评估拨付给各高校资金；学校拿到经费后再与各学院通过协商来分配，从而保证高校在依赖政府经费的同时保有很大的办学自主空间，当然高校也有为获得下次拨款而迎合评估的驱动力。高等教育基金委员会作为拨款中介的同时，也是对高校经费使用进行监管的独立机构。

美国各州的缓冲器组织按名称分类大体可分为两种：一种是高等教育管理委员会，此类委员会往往拥有对高等学校的实际管理及预算拨款决策的权力。另一种是高等教育协调委员会，一般来说，它们没有对高等学校的实际管理权和预算拨款决策权，但它们在高等教育预算拨款过程中起着重要的咨询建议作用。

此外，德国研究协会（简称 DFG）也是一种具有预算拨款决策权的缓冲器组织。这是一个学术群体自我组织的机构，以公共机构会员为基础，代表德国联邦政府负责向研究课题、项目和专门强调基础科学研究的学校提供拨款。决定项目或学校应否获得支持、后续资金支持与否的全过程都建立在同行判断的基础上。尽管 DFG 所控制的拨款只涉及德国高等教育科研中的一部分，更与高等学校的运行经费无关，但在关系到一个国家研究领域的结构和未来方向的把握上，DFG 的同行判断发挥了举足轻重的作用。

1984 年法国建立了以科学、文化和职业为特点的公立机构的国家评估委员会、国家研究委员会和科学、技术与教学审查团[①]，对研究、文化和职业性的公立

① 目前这些机构已被“研究与高等教育评估署”（Agence d' evaluation de la recherche et de 1' enseignement superieu）所取代。

机构(如大学、高等工程师学校和其他高等教育机构)进行综合性整体评估,通过一个独立于政府的第三方机构的客观评价,来帮助政府评价拨款产生的效益。[①]这些第三方机构还同负责制定和执行教育与研究政策的机构一起对公立高校进行评议,并对高校与政府所签合同的执行情况进行检查。通过了解高校的具体情况,对高等教育内部的重大问题进行研究,对如何改善高校管理,提高教育与科研的质量,特别是对关于高等教育的地理布局、学生入学条件和方向指导方面的措施等提出建议。[②]需特别说明的事,国家评估委员会接受教育部财政拨款,直接向总统报告,不受教育部的直接领导,教育部对评估委员会的工作没有任何控制权,只是对委员会部分成员进行提名。国家评估委员会享有制定自己工作框架的权限,下设评估事务所(简称ASE)负责具体事务。[③]在上述体制的监督下,法国政府通过实施高校合同制,一方面加强了对高等学校所拥有的财产的管理,也在一定程度上支持高校的财务自主权,给予其自我管理和发展的空间。

(三)重视监管结果的运用

监管结果能否得到科学、有效的应用比监管本身更加重要,因此,各国都十分重视对监管结果的运用。一方面,监管结果的及时公开能够使社会公众充分了解高等教育经费的运行情况,发挥社会监督的效果;另一方面,将监管结果与财政拨款挂钩能够营造奖好惩坏的竞争氛围,任何一所有实力、有理想的大学都愿意借此争取更多的财政拨款,实现更好的发展,这将有助于大学水平的整体提升。

① 范文曜,马陆亭,杨秀文.法国和意大利高等教育管理体制调研报告[J].理工高教研究,2005(5):6-13.

② Guy Neave. *The Evaluation of the Higher Education System in France*:*The Evaluation of Higher Education Systems* [Z]. *World Year Book of Education*,1996:65-87.

③ 傅芳.西欧大陆国家高等教育质量保障中的政府行为研究[D].上海:华东师范大学,2006.

主要参考文献

一、中文文献

1. 译著

[1] [法]雅基·西蒙,热拉尔·勒萨热. 法国国民教育的组织与管理[M]. 安延,译. 北京:教育科学出版社,2007.

[2] [美]亚瑟·科恩. 美国高等教育通史[M]. 李子江,译. 北京:北京大学出版社,2010.

2. 专著

[1] 蔡迎旗. 幼儿教育财政投入与政策[M]. 北京:教育科学出版社,2007.

[2] 陈学飞. 美国、德国、法国、日本当代高等教育思想研究[M]. 上海:上海教育出版社,1998.

[3] 陈永明. 教育经费的国际比较[M]. 天津:天津教育出版社,2006.

[4] 范先佐. 教育经济学新编[M]. 北京:人民教育出版社,2010.

[5] 高建民. 美国基础教育财政发展研究[M]. 北京:人民教育出版社,2005.

[6] 盖浙生. 教育经济与计划[M]. 台北:五南图书出版有限公司,1993.

[7] 顾明远. 教育大辞典[M]. 上海:上海教育出版社,1990.

[8] 国家中长期教育改革和发展规划纲要(2010—2020年)[M]. 北京:人民出版社,2010.

[9] 李春生. 比较教育管理[M]. 南京:江苏教育出版社,2008.

[10] 李武好,韩精诚,刘红艺. 公共财政框架中的财政监督[M]. 北京:经济科学出版社,2002.

[11] 栗玉香. 教育财政学[M]. 北京:经济科学出版社,2009.

[12] 联合国教科文组织. 世界教育报告[M]. 北京:人民教育出版社,1992.

[13] 廖楚晖. 教育财政学[M]. 北京:北京大学出版社,2006.

[14] 孙国英,许正中,王铮. 教育财政:制度创新与发展趋势[M]. 北京:社会科学文献出版社,2002.

[15] 王善迈. 经济变革与教育发展:教育资源配置研究[M]. 北京:北京师范大学出版社,

2014.
[16] 张小萍. 公共财政体制下中国高等教育财政投入优化研究[M]. 北京:中国市场出版社,2009.
[17] 钟宜兴. 各国高等教育经营管理之比较[M]. 高雄:鹿文文化,2011.
[18] 朱华山,传统与变革的抉择:细读法国教育[M]. 沈阳:辽宁人民出版社,2011.

3. 期刊

[1] 常颖. 韩国学前教育改革新声:“Nuri 项目”的提出与推进[J]. 教育导刊,2013(4).
[2] 陈晓宇. 教育财政体制改革应设计出科学可行的保障机制[J]. 教育与经济,2014(1).
[3] 戴国庆. 美国联邦政府科研经费监督管理及其启示[J]. 科研管理,2006(1).
[4] 邓红红. 俄罗斯学制的特点及发展趋势[J]. 教育探索,2006(5).
[5] 东北财经大学经济与社会发展研究院课题组,张芳. 高等教育经费筹措的国际比较[J]. 经济研究参考,2004(60).
[6] 范文曜,马陆亭,杨秀文. 法国和意大利高等教育管理体制调研报告[J]. 理工高教研究,2005(5).
[7] 郭楠. 法国研究生教育财政支持机制述评[J]. 清华大学教育研究,2013(4).
[8] 侯锐. 艰难前行的俄罗斯经济[J]. 中国金融,2014(24).
[9] 霍力岩,余海军,郑艳. 美、英学前教育财政投入主要方式初探[J]. 外国教育研究,2012(6).
[10] 姜晓燕. 多样化发展的俄罗斯中小学教育[J]. 基础教育课程,2014(15).
[11] 蒋丹. 英国基础教育财政投入政策折射出的教育公平理念及启示[J]. 教育与经济,2009(2).
[12] 金星,张福云. 英国公共教育支出制度探析及其启示[J]. 理论研究,2013(2).
[13] 雷丽珍. 从公平到充足——美国州政府义务教育拨款原则及其实施办法的改革[J]. 比较教育研究,2010(7).
[14] 李宁. 高等教育财政拨款体制的国际比较及其对我国的启示[J]. 出国与就业(就业版),2010(18).
[15] 李伟,金洁. 欧美高校经费筹措多元化途径探析[J]. 沈阳建筑大学学报(社会科学版),2008(2).
[16] 李祥云. 义务教育财政转移支付制度:日本与美国模式[J]. 教育与经济,2004(2).
[17] 李召存,姜勇,史亚军. 国际学前教育公共经费投入方式的比较研究[J]. 全球教育展望,2009(11).
[18] 栗玉香,冯国有. 结果公平:美国联邦政府教育财政政策取向与策略[J]. 华中师范大学学报(人文社会科学版),2015(1).
[19] 刘淑华. 实名制国家财政券:俄罗斯高等教育财政体制的可贵探索[J]. 比较教育研究,

2005(9).
[20] 刘泽云. 西方发达国家的义务教育财政转移支付制度[J]. 比较教育研究,2003(1).
[21] 侣传振. 法国义务教育资金从何而来[J]. 中国乡村发现,2007(6).
[22] 蒙丽珍. 中国转移支付目标模式的设计[J]. 财政研究,1997(10).
[23] 沙莉,庞丽娟. 明确学前教育性质,切实保障学前教育地位——法国免费学前教育法律研究及其对我国的启示[J]. 学前教育研究,2010(9).
[24] 沈佳乐. 中央集权与大学自治——论法国大学与政府的关系[J]. 高教探索,2004(3).
[25] 沈卫华. 英国地方教育当局的基础教育拨款制度探析[J]. 外国中小学教育. 2007(2).
[26] 孙羽迪. 美国高等教育经费来源及启示[J]. 现代教育管理,2009(7).
[27] 谭娟. 美国学前教育改革战略新走向——《力争上游——早期学习挑战》计划述评[J]. 比较教育研究,2013(6).
[28] 唐卫民,周孟奎. 日本私立高等教育的经费与管理政策[J]. 中国成人教育,2007(12).
[29] [日]天野郁夫,鲍威. 日本国立大学法人化:现状与课题[J]. 北京大学教育评论,2006(2).
[30] 王璐. 英国现行教育督导制度的机构设置、职能范围与队伍建设[J]. 比较教育研究,2013(10).
[31] 王善迈,杜育红,张晓红. 建立政府间转移支付制度的理论与制度分析[J]. 北京师范大学学报(社会科学版),1998(3).
[32] 王瑜. 美国基础教育财政公平保障体系述评[J]. 教学与管理,2014(9).
[33] 魏建国. 美国《高等教育法》修订与高等教育财政改革[J]. 北京大学教育评论,2008(4).
[34] 肖昊,周丹. 美国公共基础教育财政的分配模式[J]. 教育与经济,2013(3).
[35] 杨明. 论法国高等教育财政的改革[J]. 教育与经济,2001(2).
[36] 衣萌,等. 发达国家研究生收费制度与资助体系比较研究[J]. 学位与研究生教育,2014(5).
[37] 中华人民共和国国务院. 中共中央、国务院关于印发《中国教育改革和发展纲要》的通知[J]. 中华人民共和国国务院公报,1993(4).
[38] 祝怀新,李玉静. 澳大利亚高等教育资助制度改革新策略——《2003年高等教育支持法案》解析[J]. 高等教育研究,2005(3).
[39] 庄丽君. 美国大学生资助体系现状及发展趋势[J]. 世界教育信息,2015(2).

4. 学位论文及其他

[1] 毕建宏. 英格兰高等教育拨款委员会(HEFCE)简介[Z]. 北京大学中国教育财政科学研究所简报,2011(8).
[2] 邸存静. 日本义务教育财政制度研究[D]. 保定:河北大学,2009.
[3] 丁颖,胡静. 法人化后的日本研究生教育财政机制[N]. 中国科学报,2012-8-29(7).
[4] 杜玮薇. 中国高等教育经费监管机制研究[D]. 昆明:云南财经大学,2014.

[5] 傅芳. 西欧大陆国家高等教育质量保障中的政府行为研究[D]. 上海:华东师范大学,2006.

[6] 刘敏. 理念与政策之间——法国大学自治研究[D]. 北京:北京师范大学,2011.

[7] 潘璐. 发达国家义务教育投资对我们的启示[D]. 保定:河北大学,2005.

[8] 上官晨南. 义务教育经费保障制度研究[D]. 南昌:江西师范大学,2008.

[9] 施祖毅. 英国中小学财政性教育经费投入研究[D]. 重庆:西南大学,2014.

[10] 王竞辛. 美国高等教育学生资助制度研究[D]. 长春:东北师范大学,2007.

[11] 张萌. OECD 国家学前教育财政投入水平及其国际比较[D]. 南京:南京师范大学,2013.

二、外文文献

[1] Carpenter H, Papps I, Bragg J. *Evaluation of Pupil Premium: Research Brief* [R]. London: Department for Education, 2013.

[2] Education Funding Agency. *Academies Financial Handbook 2015 for Academy Members, Trustees, Accounting Officers, Chief Financial Officers and Auditors* [R]. Publication of Education Funding Agency, 2015.

[3] Education Funding Agency. *Schools Block Funding Formulae 2014 to 2015: Analysis of Local Authorities' Schools Block Funding Formulae* [R]. Publication of Education Funding Agency, 2014.

[4] Fazekas M. *School Funding Formulas: Review of Main Characteristics and Impacts* [R]. OECD Education Working Papers, 2012, No. 74, Paris: OECD.

[5] Featherstone G, McCrone T, Sims; David, Southcott C. *Executive Summary: A Best Practice Review of the Role of Schools Forums* [R]. Berkshire: National Foundation for Educational Research, 2012.

[6] Gauthier P L. Le financement de l'éducation en France et au Japon [J]. *Revueinternationale d'éducation de Sèvres*, 2008(48).

[7] Hartwig L. *Financial Management and Governance in HEIS: Germany* [R]. Paris: OECD, 2004.

[8] HEFCE. *Memorandum of Assurance and Accountability between HEFCE and Institutions* [R]. Publication of HEFCE, 2014.

[9] Higher Education Commission. *Postgraduate Education: An Independent Inquiry by the Higher Education Commission* [R]. London: Policy Connect, 2012.

[10] Hustedt J T, Barnett W S. Financing Early Childhood Education Programs: State, Federal, and Local Issues [J]. *Educational Policy*, 2011(25).

[11] Jongbloed B. *Higher Education Funding Systems: An Overview Covering European Jurisdictions and the Canadian Province of Ontario* [R]. Enschede: Center for Higher Education Policy Study (CHEPS), 2009.

[12] Kaiser F, Vossensteyn H, Koelman J. *Public Funding of Higher Education* [M]. Zoetermeer: Ministerie van Onderwijs, Cultuur en Wetenschappen, 2002.

[13] Leunig T. *Mastering Postgraduate Funding* [R]. London: Centre Forum, 2011.

[14] Levacic R, Downes P. *Formula Funding of Schools, Decentralization and Corruption: A Comparative Analysis* [M]. Paris: UNESCO, 2004.

[15] McIntosh G, Phillips J. *Commonwealth Support for Childcare* [M]. Canberra: Australian Parliamentary Library Publications, 2002.

[16] National Audit Office. *Performance and Capability of the Education Funding Agency* [R]. London: The Stationery Office, 2014.

[17] Neave G. *The Evaluation of the Higher Education System in France: The Evaluation of Higher Education systems* [Z]. *World Year Book of Education*, 1996.

[18] Odden A, Picus L O. School Finance Adequacy at a Crossroads [J]. *Education Week*, 2007, 26(45).

[19] OECD. *Starting Strong: Early Childhood Education and Care* [R]. Paris: OECD Publishing, 2006.

[20] OFSTED. *The Framework for School Inspection* [R]. Manchester: Publication of OFSTED, 2013.

[21] OFSTED. *The Framework for School Inspection* [R]. Manchester: Publication of OFSTED, 2015.

[22] OFSTED. *The Framework for the Inspection of Local Authority Arrangements for Supporting School Improvement* [R]. Manchester: Publication of OFSTED, 2014.

[23] Press F, Hayes A. *OECD Thematic Review of Early Childhood Education and Care Policy. Australian Background Report* [R]. Paris: OECD, 2000.

[24] Psacharopoulos G, Patrinos H A. Returns to Investment in Education: A Further Update [J]. *Education Economies*, 2004(12), 112–134.

[25] Sibieta L, Chowdry H, Muriel A. *Level Playing Field? The Implications of School Funding* [R]. London: CFBT Education Trust, 2008.

[26] West A. Redistribution and Financing Schools in England under Labour: Are Resources Going Where Needs Are Greatest? [J]. *Educational Management Administration & Leadership*, 2009, 37(2).

三、官方网站

[1] apo.org.au

[2] apsms.fr

[3] atlas.newamerica.org

[4] cache.media.education.gouv.fr

[5] datatopics.worldbank.org

[6] dcalin.fr

[7] eclkc.ohs.acf.hhs.gov

[8] eduscol.education.fr

[9] febp.newamerica.net

[10] go8.edu.au

[11] grattan.edu.au

[12] minfin.ru

[13] nces.ed.gov

[14] nieer.org

[15] research.aceredu.au

[16] studentaid.ed.gov

[17] thelearningcurve.pearson.com

[18] webgate.ec.europa.eu

[19] www.abs.gov.au

[20] www.adminet.com

[21] www.aph.gov.au

[22] www.cbcse.org

[23] www.ccfc.ca.gov

[24] www.codes-et-lois.fr

[25] www.comlaw.gov.au

[26] www.daycaretrust.org.uk

[27] www.dec.nsw.gov.au

[28] www.des.wa.gov.au

[29] www.ed.gov

[30] www.edtrust.org

[31] www.education.gouv.fr

[32] www.education.gov.au

[33] www.education.state.mn.us

[34] www.edweek.org

[35] www.enseignementsup-recherche.gouv.fr

[36] www.enssib.fr

[37] www.e-stat.go.jp

[38] www.federalfinancialrelations.gov.au

[39] www.gov.uk

[40] www.hefce.ac.uk

[41] www.hesa.ac.uk

[42] www.hhs.gov

[43] www.house.leg.state.mn.us

[44] www.hsbc.com

[45] www.insee.fr

[46] www.jri.co.jp

[47] www.juritravail.com

[48] www.kansa.metro.tokyo.jp

[49] www.legifrance.gouv.fr

[50] www.legislation.gov.uk

[51] www.lwvri.org

[52] www.mext.go.jp

[53] www.mof.go.jp

[54] www.ncoa.gov.au

[55] www.ndl.go.jp

[56] www.oecd.org

[57] www.opsi.gov.uk

[58] www.otlcampaign.org

[59] www.performance-publique.budget.gouv.fr

[60] www.publicwhip.org.uk

[61] www.rcuk.ac.uk

[62] www.ref.ac.uk

[63] www.senatorhelenpolley.com.au

[64] www.slc.co.uk

[65] www.stats.gov.cn

[66] www.statutes.legis.state.tx.us

[67] www.studyinaustralia.gov.au

[68] www.topuniversities.com

[69] www.uis.unesco.org

[70] www.universityworldnews.com

[71] www2.ed.gov

索　引

后　记

教育是兴国之本。《国家中长期教育改革和发展规划纲要(2010—2020年)》明确提出:"要把教育摆在优先发展的战略地位。教育优先发展是党和国家提出并长期坚持的一项重大方针。"党的十八大报告明确指出,"教育是民族振兴和社会进步的基石","要坚持教育优先发展"。习近平总书记也多次强调"教育是人民群众最关心、最直接、最现实的利益问题之一","要努力办好人民满意的教育"。因此,尽管"追四之路"比预期艰难了许多,比预期多奔跑了十余载,但国家投资教育的决心与努力不容否认。

如今,"4%"终于实现,这在我国教育发展史上无疑具有里程碑式的意义,然而我们也应清醒地认识到,教育经费保障机制不健全、经费投入不足、管理制度不完善、经费使用效率有待提高等突出问题并没有随之得到根本性解决。李克强总理在2016年全国"两会"上所作的《政府工作报告》中指出:"要保证投入,花好每一分钱,促进教育公平发展和质量提升。"这可以说是我国进入"后4%时代"后教育财政发展与改革的根本目标与使命。

笔者作为新生代的比较教育学习者和研究者,希冀从国际比较的视角对这些问题做出一些自己的思考。本书立足中国,放眼世界,系统研究了美、英、澳、日、法、德六国的教育财政最新政策与实践,并通过专题研究,比较分析了各国的经验,探寻了国际发展趋势与走向,以期为我国进入"后4%时代"的教育财政发展与改革提供些许可资借鉴的国际经验。诚然,与其他任何一项教育改革一样,教育财政改革是一个常说常新的议题,因此,本书只能算是其中的一个阶段性研究成果,这一议题还需要笔者及同仁在未来不断追问,继续探索。

本书得以付梓,需要感谢的人太多。首先,在此对整个研究团队表示由衷的感谢,没有他们的智力支撑和辛勤付出,仅凭笔者微薄之力,本书恐怕难以完成。其次,感谢国家社会科学基金及北京师范大学教育学部为本书的研究及出版提供资助。此外,有劳北京大学教育学院院长、我国著名教育财政学专家陈晓宇教授于百忙之中为本书拨冗作序，受之有愧，甚是感激。最后，笔者还要感谢高等教育出版社的梁宝贵同志及其团队为本书的编辑、出版所做的一切工作。

前面已言及，教育财政改革这一课题内涵丰富，跨度广博，而笔者才疏学浅、精力不足，加之资料数据获取渠道及研究条件有限，因而难免有诸多粗浅和谬误之处，还恳请广大读者批评指正。

刘　强

2017 年 11 月于北京师范大学